喜楽研の DVD つき授業シリーズ

新版 全授業の板書例と展開がわかる DVDからすぐ使える 1年(下)

～菊池省三 授業実践の特別映像つき～

まるごと授業 国語

※パソコン専用 DVD付

著者：岡 篤・菊池 省三　企画・編集：原田 善造

わかる喜び学ぶ楽しさを創造する教育研究所　略称 喜 楽 研

はじめに

教育現場の厳しさは，増していくばかりです。多様な子どもや保護者への対応や様々な課題が求められ，教師の中心的活動であるはずの授業の準備に注ぐことができる時間は，とても十分とはいえません。

このような状況の中で，授業の進め方や方法についても，制限が加えられつつあるという現状があります。制限の中で与えられた手立てが，目の前の子どもたちと指導する教師に合っていればよいのですが，残念ながらそうとばかりはいえないようです。

そんなときは，派手さは無くても，きちんと基礎をおさえ，着実に子どもに達成感を味わわせることができる授業ができれば，まずは十分です。そんな授業を作るには，以下の２つの視点が必要です。

１つ目は，子どもに伝えたいことを明確に持つことです。

音読を例に取れば，「初期の段階なので子どもたちに自分がどの程度の読みができるのかを自覚させる」のか，「最終的な段階なので指導した読み方の技術を生かして，登場人物の心情を思い浮かべながら読む」のかといったことです。

２つ目は，子どもがどんな状態にあるのかを具体的に把握するということです。

どうしても音読に集中できない子がいた場合，指で本文をなぞらせることが有効かもしれません。また，隣の子と交代しながら読ませれば楽しんで取り組むかもしれません。

こういった手立ても，指導者の観察，判断があってこそ，出てくるものです。

幸い，前版の「まるごと授業　国語」は，多くの先生方に受け入れていただくことができました。指導要領の改訂に伴い，この「まるごと授業　国語」を新たに作り直すことになりました。もちろん，好評であった前版のメインの方針は残しつつ，改善できる部分はできる限りの手を加えています。

前回同様，執筆メンバーと編集担当で何度も打ち合わせをくり返し，方針についての確認や改善部分についての共通理解を図りました。また，それぞれの原稿についても，お互い読み合い，検討したことも同じです。

新版では，授業展開の中のイラストの位置をより分かりやすい部分に変えたり，「主体的・対話的で深い学び」についての解説文をつけたりといった変更を行っています。

その結果，前版以上に，分かりやすく，日々の実践に役立つ本になったと思います。

この本が，過酷な教育現場に向かい合っている方々の実践に生かされることを心から願ってやみません。

本書の特色

全ての単元・全ての授業の指導の流れが分かる

学習する全単元・全授業の進め方が掲載されています。学級での日々の授業や参観日の授業，研究授業や指導計画作成等の参考にしていただけます。

本書の各単元の授業案の時数は，ほぼ教科書の配当時数にしてあります。

主体的・対話的な学びを深める授業ができる

各単元のはじめのページや，各授業案のページに，『主体的・対話的な深い学び』の欄を設けています。また，展開例の４コマの小見出しに，「読む」「音読する」「書く」「対話する」「発表する」「交流する」「振り返る」等を掲載し，児童の活動内容が一目で具体的に分かるように工夫しています。

1 時間の展開例や板書例を見開き 2 ページで説明

どのような発問や指示をすればよいか具体例が掲載されています。先生方の発問や指示の参考にして下さい。

実際の板書をイメージしやすいように，２色刷りで見やすく工夫しています。また，板書例だけでは細かい指導の流れが分かりにくいので，詳しく展開例を掲載しています。

DVD に菊池省三 授業実践の特別映像を収録

菊池省三の「対話・話し合いのある授業」についての解説付き授業映像を収録しています。映像による解説は分かりやすく，日々の授業実践のヒントにしていただけます。また，特別映像に寄せて，解説文を巻頭ページに掲載しています。

DVD 利用で，楽しい授業，きれいな板書づくりができる

授業で活用できる黒板掲示用イラストや児童用ワークシート見本を，単元内容に応じて収録しています。カードやイラストは黒板上での操作がしやすく，楽しい授業，きれいな板書づくりに役立ちます。

1年下（目次）

はじめに …… 2

本書の特色 …… 3

本書の使い方 …… 6

付録ＤＶＤ－ＲＯＭについて …… 8

対話・話し合いのある授業に，一歩踏み出そう　菊池 省三 …… 10

おもいうかべながら　よもう …… 22
くじらぐも

しらせたいな，見せたいな …… 40

まちがいを　なおそう …… 58

ことばを　たのしもう …… 64

かん字の　はなし …… 70

せつめいする　文しょうを　よもう
じどう車くらべ …… 80

じどう車ずかんを　つくろう …… 96

かたかなを　かこう …… 102

ともだちの　こと，しらせよう …… 108

本は　ともだち …… 118
むかしばなしを　よもう
おかゆの　おなべ

ものの　名まえ …… 132

わらしべちょうじゃ …… 148

日づけと　よう日 …… 152

てがみで　しらせよう …… 158

つづけよう③
こえに　出して　よもう「かたつむりの　ゆめ」「はちみつの　ゆめ」…… 168
ききたいな，ともだちの　はなし …… 172
たのしいな，ことばあそび …… 176

すきな　ところを　見つけよう
たぬきの　糸車 …… 180

かたかなの　かたち …… 198
ことばを　見つけよう …… 206

くらべて　よもう
どうぶつの　赤ちゃん …… 214

これは，なんでしょう …… 234

よんで　かんじた　ことを　はなそう
ずうっと，ずっと，大すきだよ …… 242

にて　いる　かん字 …… 258

いい　こと　いっぱい，一年生 …… 266

本書の使い方

◆板書例について

時間ごとに，教材名，本時のめあてを掲載しました。実際の板書に近づけるよう，特に目立たせたいところは，赤字で示したり，赤のアンダーラインを引いたりしています。DVDに収録されているカード等を利用すると，手軽に，きれいな板書ができあがります。

◆授業の展開について

①１時間の授業の中身を3コマ～4コマの場面に切り分け，およその授業内容を表示しています。

②展開例の小見出しで，「読む」「書く」「対話する」「発表する」「振り返る」等，具体的な児童の活動内容を表しています。

③本文中の「　」表示は，教師の発問です。

④本文中の　・　表示は，教師の発問に対する児童の反応等です。

⑤「　」や　・　がない文は，教師への指示や留意点などが書かれています。

⑥□の中に，教師や児童の顔イラスト，吹き出し，授業風景イラスト等を使って，授業の進め方をイメージしやすいように工夫しています。

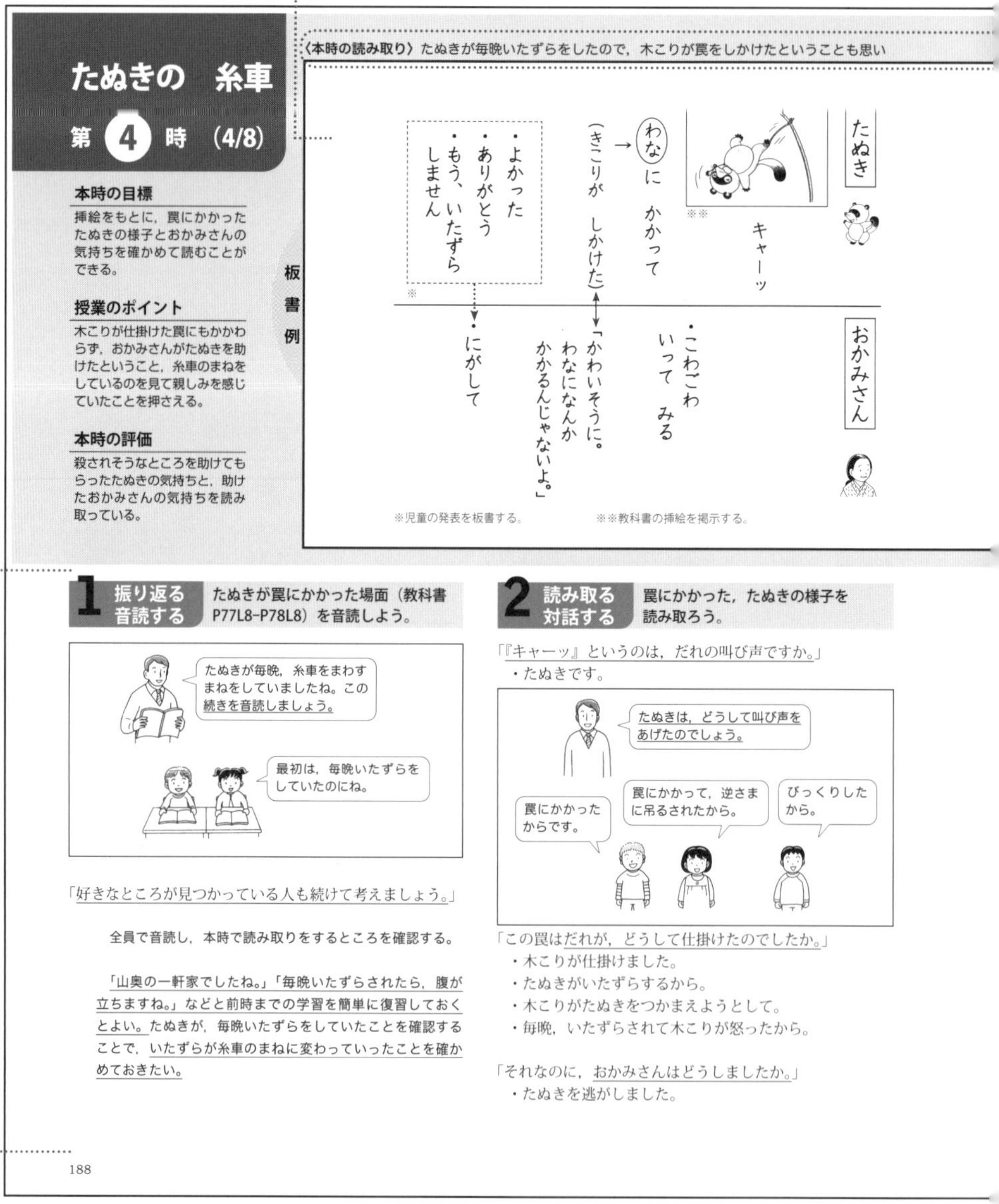

たぬきの　糸車

第 4 時 (4/8)

本時の目標

挿絵をもとに，罠にかかったたぬきの様子とおかみさんの気持ちを確かめて読むことができる。

授業のポイント

木こりが仕掛けた罠にもかかわらず，おかみさんがたぬきを助けたということ，糸車のまねをしているのを見て親しみを感じていたことを押さえる。

本時の評価

殺されそうなところを助けてもらったたぬきの気持ちと，助けたおかみさんの気持ちを読み取っている。

〈本時の読み取り〉たぬきが毎晩いたずらをしたので，木こりが罠をしかけたということも思い

板書例

たぬき

キャーッ

わなに　かかって

→（きこりが　しかけた）

・よかった

・ありがとう

・もう、いたずら　しません

おかみさん

・こわごわ　いって　みる

「かわいそうに。わなになんか　かかるんじゃないよ。」

・にがして

※児童の発表を板書する。　※※教科書の挿絵を掲示する。

1 振り返る 音読する　たぬきが罠にかかった場面（教科書P77L8-P78L8）を音読しよう。

たぬきが毎晩，糸車をまわすまねをしていましたね。この続きを音読しましょう。

最初は，毎晩いたずらをしていたのにね。

「好きなところが見つかっている人も続けて考えましょう。」

全員で音読し，本時で読み取りをするところを確認する。

「山奥の一軒家でしたね。」「毎晩いたずらされたら，腹が立ちますね。」などと前時までの学習を簡単に復習しておくとよい。たぬきが，毎晩いたずらをしていたことを確認することで，いたずらが糸車のまねに変わっていったことを確かめておきたい。

2 読み取る 対話する　罠にかかった，たぬきの様子を読み取ろう。

「『キャーッ』というのは，だれの叫び声ですか。」

・たぬきです。

たぬきは，どうして叫び声をあげたのでしょう。

罠にかかったからです。

罠にかかって，逆さまに吊るされたから。

びっくりしたから。

「この罠はだれが，どうして仕掛けたのでしたか。」

・木こりが仕掛けました。

・たぬきがいたずらするから。

・木こりがたぬきをつかまえようとして。

・毎晩，いたずらされて木こりが怒ったから。

「それなのに，おかみさんはどうしましたか。」

・たぬきを逃がしました。

188

◆スキルアップ一行文について

時間ごとに，授業準備や授業を進めるときのちょっとしたコツを掲載しています。

◆「主体的・対話的で深い学び」欄について

この授業で，「主体的・対話的で深い学び」として考えられる活動内容や留意点について掲載しています。

出させたいところです。

たぬきの　糸車

㋱ たぬきが　した　ことと　おかみさんが
おもった　ことを　よみとろう

〈これまでの　たぬきの　ようす〉
・まいばん　いたずら
↓
・まいばん　まいばん
糸車を　まわす　まね

〈わなに　かかった　たぬき〉

※※

主体的・対話的で深い学び

・国語は言葉を中心に学ぶ教科であるが，この教材では挿絵も重要な役割を果たしている。折々に挿絵を見直したり，くわしく見たりした上で，文章に戻ることで，より深い学びにつながってくる。

準備物

・教科書の挿絵の拡大コピー，または，黒板掲示用イラスト
DVD 収録【1下_18_03】より
・黒板掲示用イラスト「たぬき」「おかみさん」
（第3時で使用したもの）

3 想像する 対話する おかみさんがたぬきを逃がした理由を考えよう。

どうしておかみさんはたぬきを逃がしたのでしょう。
「かわいそうに」って言って逃がしているよ。
木こりにおかみさんが怒られるかもしれないのにね。
毎晩いたずらをされたんだからね。
もう，いたずらはしていなかったのではないかな。

・糸車をまわすまねをしていたたぬきが，おかみさんはかわいくなったんだよね。
・おかみさんは，初めから木こりほどは怒っていなかったのだと思います。
・たぬきのことが好きになったのかな。

おかみさんのたぬきに対する思いが変化していることに気づかせたい。

4 想像する 対話する 逃がしてもらったたぬきは，どんなことを思ったのか想像しよう。

「もし，おかみさんが逃がしてくれなかったら，たぬきはどうなっていたでしょう。」
・「たぬきじる」にされていた。
・殺されていたかもしれないんだね。

助けてもらったとき，たぬきはどう思ったのでしょう。
殺されなくてよかった，と思ったよね。
足が痛かったなあ，とか。
おかみさん，ありがとう！
もう，いたずらしません。

おかみさんに対するたぬきの気持ちを自由に想像させ出し合わせ，発表させる。

「今日のところで，好きなところが見つかった人はいますか。好きなところに線は引けましたか。」
・線がいっぱいになっちゃった。

たぬきの　糸車　189

◆準備物について

1時間の授業で使用する準備物が書かれています。準備物の一部は，DVD の中に収録されています。準備物の数や量は，児童の人数やグループ数などでも異なってきますので，確認して準備してください。

◆本書付録 DVD について

（DVD の取り扱いについては，本書 P8，9に掲載しています）

DVD マークが付いている資料は，付録 DVD にデータ収録しています。授業のためのワークシート見本，黒板掲示用イラスト，板書作りに役立つカード，画像等があります。

◆赤のアンダーラインについて

本時の展開でとくに大切な発問や留意点にアンダーラインを引いています。

付録ＤＶＤ－ＲＯＭについて

DVD の利用で，楽しい授業・わかる授業ができます。
きれいな板書づくりや授業準備に，とても役立ちます。

◆ＤＶＤ－ＲＯＭの内容について

DVD-ROM

1 年（下）　●各［単元］ごとのフォルダ　　　●ファイル（例）

- 1年下 01 くじらぐも ── ワークシート／資料や画像等／-------
- 1年下 02 しらせたいな，見せたいな
- 1年下 03 まちがいをなおそう
- 1年下 04 ことばをたのしもう
- 1年下 05 かん字のはなし
- 1年下 06 じどう車くらべ
- 1年下 07 じどう車ずかんをつくろう
- 1年下 08 かたかなをかこう
- 1年下 09 ともだちのこと，しらせよう
- 1年下 10 むかしばなしをよもう・おかゆのおなべ
- 1年下 11 ものの名まえ
- 1年下 13 日づけとよう日
- 1年下 14 てがみでしらせよう
- 1年下 15 こえに出してよもう 3
- 1年下 18 たぬきの糸車
- 1年下 19 かたかなのかたち
- 1年下 20 ことばを見つけよう
- 1年下 21 どうぶつの赤ちゃん
- 1年下 22 これは，なんでしょう
- 1年下 23 ずうっと，ずっと，大すきだよ
- 1年下 24 にているかん字
- 1年下 25 いいことといっぱい，一年生
- 菊池 省三　特別映像 ── 菊池省三の動きのある豊かな対話の授業 03（1-3 年生）

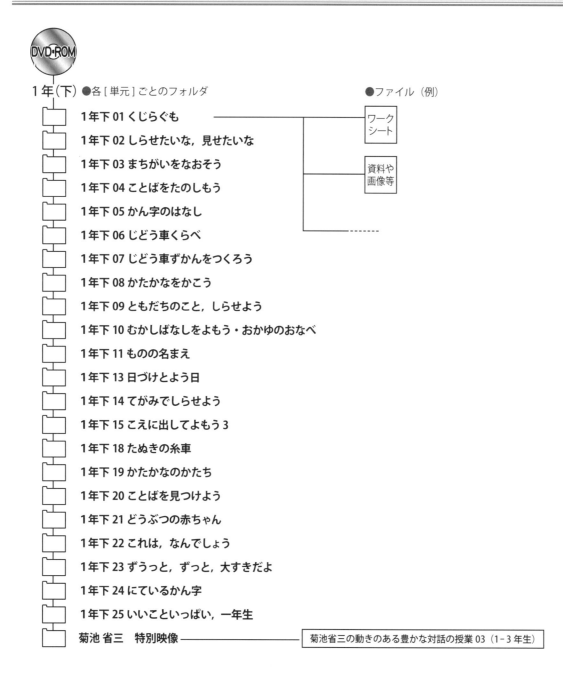

◆使用上のご注意

このＤＶＤ－ＲＯＭはパソコン専用となっております。DVD プレイヤーでの再生はできません。
ＤＶＤプレイヤーで再生した場合，DVD プレイヤー及び，ＤＶＤ－ＲＯＭが破損するおそれがあります。
※ OS 以外に，ファイルを再生できるアプリケーションが必要となります。
PDF ファイルは Adobe Acrobat および Adobe Reader5.0 以降で開くことができます。

【その他】
このＤＶＤ－ＲＯＭに収録されている動画の中で，各単元フォルダ内の動画には，音声は含まれておりません。
プロジェクターや TV モニターで投影する場合は，各機器および使用しているパソコンの説明書を参照してください。

◆動作環境　Windows

【CPU】	Intel®Celeron®M プロセッサ 360J1.40GHz 以上推奨
【空メモリ】	256MB 以上（512MB 以上推奨）
【ディスプレイ】	解像度 640 × 480，256 色以上の表示が可能なこと
【OS】	Microsoft windows XP 以上
【ドライブ】	ＤＶＤ－ＲＯＭドライブ

上記のハードウエア，OS，ソフト名などは，各メーカーの商標，または登録商標です。

※ファイルや画像を開く際に時間がかかる原因の多くは，コンピュータのメモリ不足が考えられます。
詳しくは，お使いのコンピュータの取扱説明書をご覧ください。

◆複製，転載，再販売について

本書およびＤＶＤ－ＲＯＭ収録データは著作権法によって守られています。

個人で使用する以外は無断で複製することは禁じられています。

第三者に譲渡・販売・頒布（インターネット等を通じた提供も含む）することや，貸与及び再使用することなど，営利目的に使明することはできません。

本書付属ＤＶＤ－ＲＯＭのご使用により生じた損害，障害，被害，その他いかなる事態について著者及び弊社は一切の責任を負いません。

ご不明な場合は小社までお問い合わせください。

◆お問い合わせについて

本書付録ＤＶＤ－ＲＯＭ内のプログラムについてのお問い合わせは，メール，FAX でのみ受け付けております。

メール：kirakuken@yahoo.co.jp
ＦＡＸ：075-213-7706

紛失・破損されたＤＶＤ－ＲＯＭや電話でのサポートは行っておりませんので何卒ご了承ください。

アプリケーションソフトの操作方法については各ソフトウェアの販売元にお問い合せください。小社ではお応えいたしかねます。

【発行元】
株式会社喜楽研（わかる喜び学ぶ楽しさを創造する教育研究所：略称）
〒 604-0827 京都市中京区高倉通二条下ル瓦町 543-1　　TEL：075-213-7701　FAX：075-213-7706

対話・話し合いのある授業に，一歩踏み出そう

菊池　省三

教育の世界は，「多忙」「ブラック」と言われています。不祥事も後を絶ちません。

しかし，多くの先生方は，子どもたちと毎日向き合い，その中で輝いています。やりがいや生きがいを感じながら，がんばっています。

このことは，全国の学校を訪問して，私が強く感じていることです。

先日，関西のある中学校に行きました。明るい笑顔あふれる素敵な学校でした。

3年生と授業をした後に，「気持ちのいい中学生ですね。いい学校ですね」

と話した私に，校長先生は，

「私は，子どもたちに支えられています。子どもたちから元気をもらっているのです。我々教師は，子どもたちと支え合っている，そんな感じでしょうか」

と話されました。なるほどと思いました。

四国のある小学校で，授業参観後に，

「とてもいい学級でしたね。どうして，あんないい学級が育つのだろうか」

ということが，参観された先生方の話題になりました。担任の先生は，

「あの子たち，とてもかわいいんです。かわいくて仕方ないんです」

と，幸せそうな笑顔で何度も何度も話されていました。

教師は，子どもたちと一緒に生きているのです。担任した1年間は，少なくとも教室で一緒に生きているのです。

このことは，とても尊いことだと思います。「お互いに人として，共に生きている」……こう思えることが，教師としての生きがいであり，最高の喜びだと思います。

私自身の体験です。数年前の出来事です。30年近く前に担任した教え子から，素敵なプレゼントをもらいました。ライターになっている彼から，「恩師」である私の本を書いてもらったのです。たった1年間しか担任していない彼からの，思いがけないプレゼントでした。

教師という仕事は，仮にどんなに辛いことがあっても，最後には「幸せ」が待っているものだと実感しています。

私は，「対話・話し合い」の指導を重視し，大切にしてきました。

ここでは，その中から6つの取り組みについて説明します。

1.　価値語の指導

荒れた学校に勤務していた20数年前のことです。私の教室に参観者が増え始めたころです。ある先生が，

「菊池先生のよく使う言葉をまとめてみました。菊池語録です」

と，私が子どもたちによく話す言葉の一覧を見せてくれました。

子どもたちを言葉で正す，ということを意識せざるを得なかった私は，どちらかといえば父性的な言葉を使っていました。

・私，します。
・やる気のある人だけでします。
・心の芯をビシッとしなさい。
・何のために小学生をしているのですか。
・さぼる人の2倍働くのです。
・恥ずかしいと言って何もしない。
　それを恥ずかしいというんです。

といった言葉です。

このような言葉を，私だけではなく子どもたちも使うようになりました。

価値語の誕生です。

全国の学校，学級を訪れると，価値語に出合うことが多くなりました。その学校，学級独自の価値語も増えています。子どもたちの素敵な姿の写真とともに，価値語が書かれている「価値語モデルのシャワー」も一般的になりつつあります。

言葉が生まれ育つ教室が，全国に広がっているのです。

教師になったころに出合った言葉があります。大村はま先生の「ことばが育つとこころが育つ　人が育つ　教育そのものである」というお言葉です。忘れてはいけない言葉です。

「言葉で人間を育てる」という菊池実践の根幹にあたる指導が，この価値語の指導です。

2.　スピーチ指導

私は，スピーチ指導からコミュニケーション教育に入りました。自己紹介もできない６年生に出会ったことがきっかけです。

お師匠さんでもある桑田泰助先生から，

「スピーチができない子どもたちと出会ったんだから，１年かけてスピーチができる子どもに育てなさい。走って痛くなった足は，走ってでしか治せない。挑戦しなさい」

という言葉をいただいたことを，30年近くたった今でも思い出します。

私が，スピーチという言葉を平仮名と漢字で表すとしたら，

『人前で，ひとまとまりの話を，筋道を立てて話すこと』

とします。

そして，スピーチ力を次のような公式で表しています。

『スピーチ力＝（内容＋声＋表情・態度）×思いやり』

このように考えると，スピーチ力は，やり方を一度教えたからすぐに伸びるという単純なものではないと言えます。たくさんの要素が複雑に入っているのです。ですから，意図的計画的な指導が求められるのです。そもそも，コミュニケーションの力は，経験しないと伸びない力ですからなおさらです。

私が，スピーチ指導で大切にしていることは，「失敗感を与えない」ということです。学年が上がるにつれて，表現したがらない子どもが増えるのは，過去に「失敗」した経験があるからです。ですから，

「ちょうどよい声で聞きやすかったですよ。安心して聞ける声ですね」

「話すときの表情が柔らかくて素敵でした。聞き手に優しいですね」

などと，内容面ばかりの評価ではなく，非言語の部分にも目を向け，プラスの評価を繰り返すことが重要です。適切な指導を継続すれば必ず伸びます。

3. コミュニケーションゲーム

私が教職に就いた昭和50年代は，コミュニケーションという言葉は，教育界の中ではほとんど聞くことがありませんでした。「話し言葉教育」とか「独話指導」といったものでした。

平成になり，「音声言語指導」と呼ばれるようになりましたが，その多くの実践は音読や朗読の指導でした。

そのような時代から，私はコミュニケーションの指導に力を入れようとしていました。しかし，そのための教材や先行実践はあまりありませんでした。私は，多くの書店を回り，「会議の仕方」「スピーチ事例集」といった一般ビジネス書を買いあさりました。指導のポイントを探すためです。

しかし，教室で実践しましたが，大人向けのそれらをストレートに指導しても，小学生には上手くいきませんでした。楽しい活動を行いながら，その中で子どもたち自らが気づき発見していくことが指導のポイントだと気がついていきました。子どもたちが喜ぶように，活動をゲーム化させる中で，コミュニケーションの力は育っていくことに気づいたのです。

例えば，対決型の音声言語コミュニケーションでは，

・問答ゲーム（根拠を整理して話す）
・友だち紹介質問ゲーム（質問への抵抗感をなくす）
・でもでもボクシング（反対意見のポイントを知る）

といった，対話の基本となるゲームです。朝の会や帰りの会，ちょっとした隙間時間に行いました。コミュニケーション量が，「圧倒的」に増えました。

ゆるやかな勝ち負けのあるコミュニケーションゲームを，子どもたちは大変喜びます。教室の雰囲気がガラリと変わり，笑顔があふれます。

4.　ほめ言葉のシャワー

菊池実践の代名詞ともいわれている実践です。30年近く前から行っている実践です。

2012年にNHK「プロフェッショナル仕事の流儀」で取り上げていただいたことをきっかけに，全国の多くの教室で行われているようです。

「本年度は，全校で取り組んでいます」

「教室の雰囲気が温かいものに変わりました」

「取り組み始めて5年が過ぎました」

といった，うれしい言葉も多く耳にします。

また，実際に訪れた教室で，ほめ言葉のシャワーを見せていただく機会もたくさんあります。どの教室も笑顔があふれていて，参観させていただく私も幸せな気持ちになります。

最近では，「ほめ言葉のシャワーのレベルアップ」の授業をお願いされることが増えました。

下の写真がその授業の板書です。内容面，声の面，表情や態度面のポイントを子どもたちと考え出し合って，挑戦したい項目を自分で決め，子どもたち自らがレベルを上げていくという授業です。

どんな指導も同じですが，ほめ言葉のシャワーも子どもたちのいいところを取り上げ，なぜいいのかを価値づけて，子どもたちと一緒にそれらを喜び合うことが大切です。

どの子も主人公になれ，自信と安心感が広がり，絆の強い学級を生み出すほめ言葉のシャワーが，もっと多くの教室で行われることを願っています。

5.　対話のある授業

菊池実践の授業の主流は，対話のある授業です。具体的には，

・自由な立ち歩きのある少人数の話し合いが行われ

・黒板が子どもたちにも開放され

・教師が子どもたちの視界から消えていく

授業です。教師主導の一斉指導と対極にある，子ども主体の授業です。

私は，対話の態度目標を次の３つだと考えています。

① しゃべる

② 質問する

③ 説明する

それぞれの技術指導は当然ですが，私が重視しているのは，学級づくり的な視点です。以下のような価値語を示しながら指導します。

例えば，

・自分から立ち歩く

・一人をつくらない

・男子女子関係なく

・質問は思いやり

・笑顔でキャッチボール

・人と論を区別する

などです。

対話のある授業は，学級づくりと同時進行で行うべきだと考えているからです。技術指導だけでは，豊かな対話は生まれません。形式的で冷たい活動で終わってしまうのです。

学級づくりの視点を取り入れることで，子どもたちの対話の質は飛躍的に高まります。話す言葉や声，表情，態度が，相手を思いやったものになっていきます。聞き手も温かい態度で受け止めることが「普通」になってきます。教室全体も学び合う雰囲気になってきます。学び合う教室になるのです。

正解だけを求める授業ではなく，新たな気づきや発見を大事にする対話のある授業は，学級づくりと連動して創り上げることが大切です。

6. ディベート指導

私の学級の話し合いは，ディベート的でした。

私は，スピーチ指導から子どもたちの実態に合わせて，ディベート指導に軸を移してきました。その理由は，ディベートには安定したルールがあり，それを経験させることで，対話や話し合いに必要な態度や技術の指導がしやすいからです。

私は，在職中，年に２回ディベート指導を計画的に行っていました。

１回目は，ディベートを体験することに重きを置いていました。１つ１つのルールの価値を，学級づくりの視点とからめて指導しました。

例えば，「根拠のない発言は暴言であり，丁寧な根拠を作ることで主張にしなさい」「相手の意見を聞かなければ，確かな反論はできません。傾聴することが大事です」「ディベートは，意見をつぶし合うのではなく，質問や反論をし合うことで，お互いの意見を成長させ合うのです。思いやりのゲームです」といったことです。これらは，全て学級づくりでもあります。

２回目のディベートでは，対話の基礎である「話す」「質問する」「説明する（反論し合う）」ということの，技術的な指導を中心に行いました。

例えば，「根拠を丁寧に作ります。三角ロジックを意識します」「連続質問ができるように。論理はエンドレスです」「反論は，きちんと相手の意見を引用します。根拠を丁寧に述べます」といった指導を，具体的な議論をふまえて行います。

このような指導を行うことで，噛み合った議論の仕方や，その楽しさを子どもたちは知ります。そして，「意見はどこかにあるのではなく，自分（たち）で作るもの」「よりよい意見は，議論を通して生み出すことができる」ということも理解していきます。知識を覚えることが中心だった今までの学びとは，180 度違うこれからの時代に必要な学びを体験することになります。個と集団が育ち，学びの「社会化」が促されます。

ディベートの持つ教育観は，これからの時代を生きる子どもたちにとって，とても重要だと考えています。

【１年生の授業】

１年生の授業は，スピーチの基本を学ぶ授業です。

「ほめ言葉のシャワー」を素材に，スピーチの指導をしています。

１年生の「ほめ言葉のシャワー」は，子どもどうしが観察し合い，お互いのいいところをほめ合うということはまだ十分とは言えません。

ですからこの授業は，一人一人とつながっている先生に対して，子どもたちが「ほめ言葉のシャワー」をするというものです。担任の先生に，子どもたちが「ほめ言葉」をプレゼントしています。その時のスピーチのよさを，私がほめながら板書しています。そうすることで，子どもたちに「ほめ言葉」のスピーチのポイントを理解させようとしています。

私は，スピーチ力を次のような公式で考えています。

『スピーチ力＝（内容＋声＋態度）×思いやり』

ほめ言葉のスピーチも，内容，声，笑顔，表情，そして，一番大切な相手を優しく思う気持ち，それらがポイントだと思います。

本映像は，子どもたちのほめ言葉のスピーチから，そのような要素の良さ，素晴らしさを引き出し，見える化を図り，ほめ言葉のシャワーのスピーチの質そのものを高めていく授業場面です。

板書を見ていただければ，そのような指導の在り方を理解していただけるのではないかと思います。

このような指導の手順を踏むことで，子どもどうしがほめ合う「ほめ言葉のシャワー」が１年生の教室でも成立するようになります。

【２年生の授業】

２年生の授業は，黒板を子どもたちにも開放するダイナミックな対話・話し合いの授業です。

本授業は，「幸せって何だろう」というテーマについて，対話・話し合いを通して考えを深め合っているものです。

私は，対話・話し合い授業の成立のポイントの一つに，

『黒板を子どもたちにも開放する』

ということがあると思っています。つまり，黒板は先生だけが書くものではなくて，子どもたちも黒板に自分の思いや意見や，感想を書いていいということです。

「一人一人違っていい」といったキーワードで，子どもたちに自信と安心を与え，黒板を活用したダイナミックな対話・話し合いが行われる，そういった教室を目指したいと思っています。

全員が自分の意見を黒板に書き，それらをもとにみんなで考えるという，全員参加の授業が成立すると思います。一人一人が考えたレベルから，全員のものを比較検討するという対話・話し合いによって，授業の質がそこでもう一段上がるはずです。

「黒板は教師が使うもの，それらをもとにした先生の説明を子どもたちは黙って聞くもの」といった従来の授業観から脱却すべきです。

黒板を子どもたちに開放することによって，活動的な参加型の学びが成立する教室へと変わっていきます。

子どもたちの学びが，ダイナミックなものに飛躍的に進化していくのです。

【３年生の授業】

３年生の授業は，２つの話し合いに挑戦しています。２つの話し合いとは，広げる話し合いと絞る話し合いです。

話し合いのテーマは，『クラスで頑張っていること，一生懸命やっていること，自慢できること，成長していること』です。つまり，

『自分たちの生活に関わること』

が話し合いのテーマです。

私は，対話・話し合いの目的の大きな一つに，「自分たちのことを自分たちで話し合って，何かを決めたり変えたりして，自分たちの生活をより良いものにしていく」ということがあると思っています。このような目的を意識させながら，テーマに沿って話し合いをさせている３年生の授業です。

話し合いには大きく二つの方向，種類があると思います。

一つは，意見をたくさん出すという話し合いです。拡散型の話し合いです。映像を見ても分かるように，時間を決め，数値努力目標を子どもたちにも考えさせて，たくさんの意見を出すように指導しています。

その後，たくさん出た意見の中から一つに絞る，一つに決めるという，もう一つの話し合いに取り組ませています。収束型の話し合いです。

この二つの話し合いの様子が映像から分かると思います。

このような話し合いを定期的に行うことによって，

・話し合いは，自分たちの生活をより良いものにするために必要である

・みんなで話し合うことは，大切で楽しいことである

といったことにも，子どもたちは気づいていきます。

３年生なりに話し合いの価値を理解し始めるのです。

まるごと授業
国語 1 年(下)

おもいうかべながら　よもう

くじらぐも

全授業時間 8 時間

◉ 指導目標 ◉

・場面の様子に着目して，登場人物の行動を具体的に想像することができる。
・かぎ（「　」）の使い方を理解して文や文章の中で使うことができる。
・語のまとまりや言葉の響きなどに気をつけて音読することができる。
・場面の様子や登場人物の行動など，内容の大体を捉えることができる。

◉ 指導にあたって ◉

①　教材について

児童と同じ 1 年生が出てくるお話で，くじらぐもという設定も楽しい文章です。挿絵も想像力をふくらませるようなものが使われています。ぜひ，作品の世界に浸らせて，作品中の 1 年生になって気持ちを想像させたい文章です。

音読を中心に進めたい教材です。特に，会話を表す「　」が出てきているので，これを重点的に指導します。そのためには，「　」の部分の読み方を地の文とは変えることを教える必要があります。内容を理解し，誰の声か，どんな気持ちで読んでいるかといったことを明確にした上で，読み方を考えさせるとよいでしょう。

音読の練習方法や発表の仕方などは，一貫していることで，質も高まり，効率的に進めることもできます。これまでの方法を確認して，指導済みのことをきちんと意識してできるように繰り返し声をかけていきます。声の大きさや，間の開け方などは，児童自身が感じているより，声は小さく，間が短いのがふつうです。

②　主体的・対話的で深い学びのために

児童が共感しやすい文章です。文中の子どもたちやくじらぐもの様子・動きなどを具体的にイメージさせることで，主体的で深い学びにつながります。教材文のどの部分を選んでイメージを広げさせるかを教材分析の段階から考えておくとよいでしょう。

音読練習を多く取り入れ，読み方の工夫を考えさせていきます。一人ひとりが感じたこと考えたことを，ペアやグループなどの対話を通して共有します。お互いの考え方や読み方の工夫などを対話で知り合わせ，学びを深めさせたいところです。

〈教科書のイラストについて〉

教科書のイラストは，とても工夫して考えられています。本稿では，第 1 時 1 コマで終えていますが，私（著者）は表紙の絵を見るだけで 1 時間使うこともあります。時間さえ与えれば，それくらい児童は，様々なことを見つけます。令和 2 年度版はイラストも新しくなっています。1 年下でいえば，やぎの頭に子どもたちが乗っています。ずいぶん大きなやぎですね。それとも子どもたちが小さいのでしょうか。クローバーの大きさもかなりのものです。手紙を持っている子もいれば，やぎの鼻にとまっている蝶もいます。

少し時間をとれば，クラスの子どもたちは次々と見つけていくはずです。実は，ほぼ同じ構成で 2 年から 5 年までの教科書の表紙が構成されています。では，6 年の教科書では？それはぜひ，先生ご自身で確かめて下さい。きっと，子ども達に話したくなるはずです。

◎ 評価規準 ◎

知識 及び 技能	・かぎ（「　」）の使い方を理解して文や文章の中で使っている。 ・語のまとまりや言葉の響きなどに気をつけて音読している。
思考力，判断力，表現力等	・「読むこと」において，場面の様子や登場人物の行動など，内容の大体を捉えている。 ・「読むこと」において，場面の様子に着目して，登場人物の行動を具体的に想像している。
主体的に学習に取り組む態度	これまでの学習をいかして，積極的に想像力を広げて物語を読み，想像したことを友達に伝えようとしている。

◎ 学習指導計画　全 8 時間 ◎

次	時	学習活動	指導上の留意点
1	1	・新しい教科書を見て見通しをもつ。 ・教科書 P1 扉の詩「ともだち」を声に出して読む。 ・教科書 P4-13「くじらぐも」をさっと見て学習の見通しをもつ。	・教科書のイラストをさっと見ていく。 ・「おもいうかべながらよもう」という学習課題を確認する。
2	2	・教師の範読を聞き，挿絵であらすじを捉える。	・登場人物や場面などを押さえる。
	3 4	・いろいろな方法で音読練習する。 ・かぎ（「　」）の意味を知る。	・教師に続いて読む練習のあと，列ごとや 2 人組などで練習を繰り返す。 ・かぎの部分の音読を工夫させる。
	5	・教科書 P6-9 の場面で，かぎの部分が誰の言葉か確かめる。 ・役になりきって音読する。	・吹き出しに書き込ませる。 ・先生，くじらぐもの声を想像させる。
	6	・くじらぐもにのっている子どもになって会話を想像する。	・イラストの吹き出しに書き込ませる。
3	7	・自分がいちばん思い浮かべることができた場面を発表する。 ・グループで好きな場面を選び，音読練習する。	・どんなことを思い浮かべたか（人物の表情，言葉，動き，周りの様子など）も言わせる。 ・グループで役を決めて練習する。
	8	・音読を発表し合う。 ・学習を振り返る。	・発表後に感想を交流する。 ・教科書 P15「たいせつ」を確認する。

DVD **収録（画像，動画，イラスト，児童用ワークシート見本）** ※本書 P33「準備物」欄，及び P38，39 に掲載しています。

くじらぐも

第1時 (1/8)

本時の目標

下巻の教科書を，全体的に目を通して学習への意欲を引き出す。
「くじらぐも」の学習の見通しをもつことができる。

授業のポイント

イラストも目次もこだわり出せばきりがないくらいの情報がある。学習の意欲を引き出すように，「くじらぐも」の挿絵も活用する。

本時の評価

下巻の教科書を見て，学習に興味をもとうとしている。
「くじらぐも」の学習の見通しをもっている。

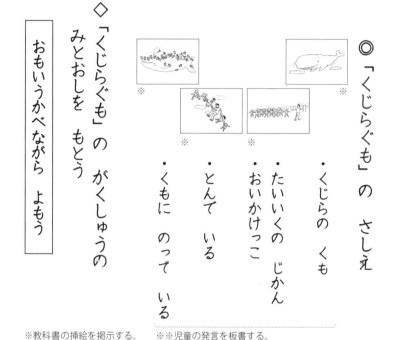

〈学習意欲〉教科書の表紙や目次を少し詳しく見ると，いろいろな発見があります。新しい教科書

板書例

◎「ともだち」の し
・だれでも ともだち

◎「くじらぐも」の さしえ

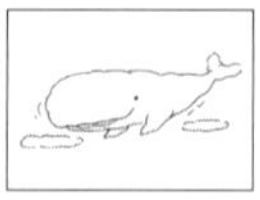

※

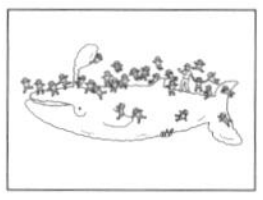

※

※

※

・くじらの くも
・たいいくの じかん
・おいかけっこ
・とんで いる
・くもに のって いる

◇「くじらぐも」の がくしゅうの みとおしを もとう

おもいうかべながら よもう

※教科書の挿絵を掲示する。　※※児童の発言を板書する。

1 確かめる　下巻の教科書を開いてみよう。

「今日から２冊目の本に入ります。２冊に分かれている本の２冊目を下巻というときがあります。下（した）という字です。『こくご一』の次にありませんか。」
・本当だ。ありました。

「１冊目は上巻でした。上（うえ）の字です。上も下も『かん字のはなし』というところ (教科書 P24-27) で習う漢字です。では，まず折り目をつけましょう。」

表表紙・裏表紙・本文とていねいに折り目をつけてから，下巻の内容にさっと目を通していく。

では，表紙の絵から見ていきましょう。
（表紙の絵を見て）これ，何だろう。
広げてみると，大きなヤギの絵だ！

2 音読する　扉の詩を音読しよう。

表紙から1ページめくってみましょう。
動物もいるよ。
女の子がとんでいる！

「一緒に読んでみましょう。『ともだち，ともだち』，さん，はいっ。」
・ともだち，ともだち。

以下，同様に音読を続ける。

「この絵では誰がともだちでしょう。」
・きつねと，ねこです。洋服を着ているね。
「『だれでもともだち』と書いてありますね。」
・きつねやねこの方が，人間のことをともだちって言っているのかもしれないよ。
「そう考えるのも面白いですね。」

を活用して学習への意欲を引き出しましょう。

くじらぐも

ⓜ「ともだち」の　しを　よもう
「くじらぐも」の　がくしゅうを
みとおそう

◇あたらしい　きょうかしょ　下《げ》かんを
みて　みよう

（表紙）

・ひょうしの　え
・もくじ

主体的・対話的で深い学び

・挿絵を見るという一見単純な活動でも，児童の意識はとても主体的に動く場合がある。児童によっては，「何か気がついたことはありますか」と尋ねても，「何もない」「分かりません」といった反応をする場合もある。しかし，何人かに先に発表をしてもらい，「このことに気づいていた人」と尋ねると，それまでに手を挙げていた数よりも多くの児童が挙手をするものである。具体的に，どの絵のどの部分を見るかといったことを全員で確認しながら進めていくと，徐々に多くの児童が集中し主体的に挿絵を見るようになっていく。

準備物

・教科書の挿絵の拡大版，または，
黒板掲示用イラスト　DVD 収録【1下_01_01】より

3 見る　「くじらぐも」の挿絵を見てみよう。

「下巻の最初は『くじらぐも』です。これもさっと見てみましょう。」

くじらぐもの最初のページをあけましょう。4ページと5ページです。
体育の時間なのかな。みんなで体操しているよ。
くじらのくもだ！だから，題名が「くじらぐも」なんだね。

ページをさっとめくっていき，挿絵を見せていく。

「6 ページと 7 ページの絵はどう見えますか。」
・くじらぐもをみんなで追いかけているみたいです。
・(P8，9) 手をつないで飛んでいるね。
・(P10，11) くじらぐもに乗っているよ！
・(P12，13) みんな，ジャングルジムからくじらぐもにバイバイしているのかな。

4 見通す　学習の見通しを持とう。

「4 ページの最初の一行を読みましょう。」
・(全員で) おもいうかべながら　よもう

思い浮かべるって，どうしたらいいのでしょう。
心の中でくじらぐもや子どものことを思うってことかな。
お話の様子を考えてみること。

「お話に書いてあることから，出てくる人がしたことや言ったことを，たぶんこうだろうと，頭の中で考えられるといいですね。」

「みんなでお話の様子を思い浮かべながら，次の時間から読んでいきます。どんな場面があるでしょうね。」
・くじらぐもと追いかけっこしているところ。
・空に浮かぶ大きなくじらぐもに乗っているところが楽しみだな。

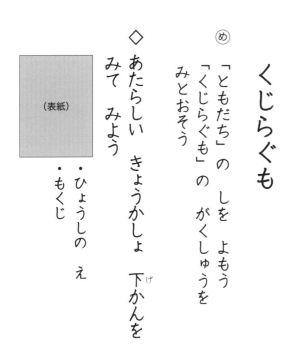

くじらぐも

第 2 時 (2/8)

本時の目標

全文を読み，作品のあらすじをつかむことができる。

授業のポイント

この時間の目的は，あらすじをつかませて，学習への興味を引き出すことである。挿絵もこの点を意識して活用する。

本時の評価

登場人物やお話の場面について大体の内容を捉えようとしている。

〈音読の事前学習〉この教材の学習に入る 1，2 週間前から音読練習をしたあと，宿題として

板書例

〈おんどくれんしゅう〉

・子どもたちが　たいそう
・くもの　くじらが　あらわれ…
　↓　たいそう
「おうい。」
「ここへ　おいでよう。」
「天まで　とどけ、一、二、三。」
・かぜが、みんなを　空へ
ふきとばしました。
・くもの　くじらに　のって…
「さあ、およぐぞ。」
・くじらは、…　空の　なかを、
すすんで　いきました。
「では、かえろう。」
「さようなら。」

※挿絵であらすじを確認しながら，補足的に教科書の文を板書する。

1 想像する　題名から想像してみよう。

「くじらの形の雲って，見たことありますか。」

- ありります！
- ないなあ。
- うろこぐもならあるよ。

題名の「くじらぐも」ってどんな雲でしょう。
目と大きな口があるね！
くじらの形の雲が描いてあるよ。

「先生は，この前，こんな雲を見ましたよ。」

くじらぐもに似た写真が撮れればそれを使う。そうでなくても，雲が何かの形に見えるような写真があれば使う。実際に，教室の窓から空の雲を覗いてみてもよい。

2 聞く　「くじらぐも」の範読を聞こう。

まずは，先生が読みます。ちょっと長いけれど，しっかり聞きましょう。

範読のときに，感情を込めて読むと以降の読み取りに影響するので，淡々と読む方がよいという説もある。ただ，この教材は会話文を意識して読むことも学習の 1 つと位置づけている。教師の範読も，この点を意識して指導することを明確に示すとよい。

○ 「　」の前後は，充分にあける。
○ 登場人物と会話のときの心情を理解して読む。

などが考えられる。

(教科書 P4 の二次元コードから，読み聞かせのサイトにつなげることもできる)

音読させておくと，授業がスムーズに進みやすくなります。

くじらぐも

㋱ さしえから　あらすじを　かんがえよう
おんどくしてみよう

〈とうじょうじんぶつ〉

・一ねん　二くみの　子どもたち
・せんせい
・くじらぐも

〈あらすじ〉

主体的・対話的で深い学び

・挿絵であらすじをつかませる場合，なんとなく眺めて教師が説明してしまうと，一部の理解力のすぐれた児童だけが分かる展開になりかねない。「この絵はどこでてできたかな」→「最初」→「どうして分かった？」→「体操しているから」→「そうだね。1年2組の子どもたちが体操をしていたんだったね。じゃあ，次は？」などと，どうしてその挿絵の順番が分かったかを言わせていく。そうすると，気づいていない児童も分かり，また発表を聞くことであらすじも捉えられる。考え方が分かったら，隣どうしなどで対話的に相談させてもよい。

準備物

・教科書の挿絵の拡大版，または，
　黒板掲示用イラスト DVD 収録【1下 01 01】
・画像「くも」 DVD 収録【1下_01_02】
・動画「くじらぐも」 DVD 収録【1下_01_03】

3 つかむ　登場人物を確かめ，挿絵であらすじをつかもう。

「登場人物はだれでしょう。」
・せんせいと，1年2組の子どもたち。
・くじらぐも！

こんな挿絵がありましたね。
体操をしているところだ。
最初の場面です。

挿絵をカラーコピーなどで準備しておく。子どもが描かれている部分を中心に拡大コピーするとよい。

挿絵であらすじを確認しながら，補足的に教科書の文を板書していく。挿絵は，最初から順に並べても，あえてばらばらの順番で見せて児童に考えさせてもよい。まだ学習に入る前なので，ここでは，あらすじが確認できればよく，深入りする必要はない。

4 音読する　音読練習をしよう。

この教材の学習に入る1，2週間前から音読練習だけでも行い，宿題にだしておくと，授業がスムーズに進みやすくなる。

分からない言葉はありませんでしたか。では，隣の人と2人組で音読の練習をしましょう。
間違えずに読めるかな。
わたしから読むから聞いてね。

クラスの実態によるが，できれば，2人組で練習する。間違えずに読む練習として効率がよい。

「かぎ（「　」）は，話をしているところです。どんなふうに読んだらいいかな。」

「　」の部分を意識して読む練習もさせたいところだが，ここでは時間がないので，具体的な指導までは難しい。考える視点を示す程度にとどめておく。

くじらぐも

第3,4時（3,4/8）

本時の目標

場面の様子や人物の行動について，好きなところを見つけることができる。
場面の様子がよく分かるように会話文を工夫し，音読することができる。

授業のポイント

役になって読む前に，まずすらすら読めることが大切である。音読が苦手な児童がどの程度できているかを意識しながら，進める。

本時の評価

いろいろな読み方で音読練習をして，すらすらと読んでいる。

〈時間配分・音読〉３時と４時は１時間扱いでもよいでしょう。音読練習をしたあとは，具体的に

板書例

・空を　とんで　いる　ところ
・空へ　ふきとばされる　ところ
※※

※挿絵を掲示する。

かぎ（「」）の　ところ
かいわ（はなした　ことば）

○ さいしょの　かぎ
「一、二、三、四。」の　よみかた
・たいそうの　ごうれい
・うごきながら
※※

※※児童の発言を板書する。

1 音読する（第３時）　先生に続けて，全文を音読してみよう。

「『くじらぐも』は，全部で 10 ページあります。長い文ですが，一度最後まで音読してみましょう。」
・やりたい！
・全部読めるかなあ。

先生が読みますから，
繰り返して読みましょう。
「くじらぐも」
くじらぐも

「四じかんめのことです。」
・四じかんめのことです。
「一ねん二くみの子どもたちがたいそうをしていると」
・一ねん二くみの子どもたちがたいそうをしていると

以降，原則句読点ごとに繰り返して，全文を音読していく。

2 音読する　いろいろな方法で練習しよう。

「しっかり練習したら，絶対に上手くなるからがんばりましょう。では，まず，全員で読んでみましょう。用意はいいですか。さん，はいっ。」
・くじらぐも～
（全員でそろえて読んでいく）

長い文なので，難しいですね。
これからたくさん練習していきましょう。
じょうずに読めるようになるかなあ。
いっぱい間違えちゃったよ。

読めていない児童が多ければ，１ページ程度で区切って繰り返し練習させる。児童が「できた」「うまくなった」という実感が持て，それを褒めてもらったという達成感を味わわせることで，練習への意欲が出る。

列ごと，２人組などいろいろな方法で練習を繰り返していく。

上手くなった点を取り上げてほめましょう。

くじらぐも

㋱ すらすら　よめるように　れんしゅう
しよう
すきな　ところを　みつけよう

〈おんどくれんしゅう〉
・ぜんいんで　こえを　そろえて
・れつごとに　こうたいで
・となりの　ひとと　こうたいで

〈すきな　ところ〉

主体的・対話的で深い学び

・音読は意識次第で主体的な活動になるか，作業的にこなすだけになるか分かれやすい学習である。練習しているときに，教師が積極的に上手な読みを取り上げ，ときには全体をとめて，「ちょっと○○さんの読み方聞いてくれる？」などと紹介するとよい。そうすることで，クラス全体の意欲も高まり，主体的に音読に取り組む意識が生まれてくる。

準備物

・黒板掲示用イラスト（第2時で使用したもの）

3 発表する 対話する　好きなところを伝え合おう。

（第４時）

「何回か読んでみて，お話は分かったと思います。」

・わたしも飛びたい！
・怖そうだけど，笑っている子もいるね。

「みんな，いろいろですね。勉強して，他にも好きなところが増えるといいですね。好きなところは，思い浮かぶことがいろいろ出てくると思いますよ。」

音読練習だけでの発表なので，文章の内容ではなく挿絵の様子から発表する児童がいても，あまり追求せずに，楽しく交流する。

4 とらえる 音読する　かぎ（「　」）の意味を知り，音読の工夫の仕方を考えよう。

「文の中に，かぎ（「　」）がたくさん出てきますね。」
・本当だ！いっぱいあります。

「これは，会話といって，話しているところでよく使われる記号です。」

「では，最初のかぎを練習してみましょう。『一，二，三，四』です。何をしているのでしょう。」
・体操！体操の号令みたいに読んだらいいんだ。
・ちょっと体操みたいに動いてみたらどうかな。

上手な児童に見本で読ませてイメージをふくらませたり，意見を取り入れたりしながら，音読練習していく。

くじらぐも

第 5 時　(5/8)

本時の目標

「くじらぐも」「先生」「子ども」の役になって音読することができる。

授業のポイント

役になりきるだけである程度声の変化は出るが，できればどんな声が役にあっているかも意識させたい。

本時の評価

「くじらぐも」「先生」「子ども」の役になりきって音読をしている。

〈会話の読み方〉会話部分の声は，実際に変化がつくことよりも，児童が「くじら」「先生」などと

板書例

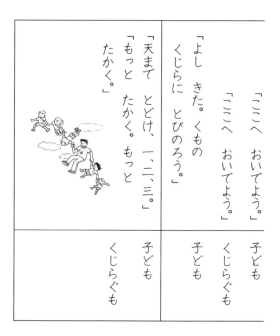

「ここへ　おいでよう。」	子ども
「ここへ　おいでよう。」	くじらぐも
「よし　きた。くもの　くじらに　とびのろう。」	子ども
「天まで　とどけ、一、二、三。」	子ども
「もっと　たかく。もっと　たかく。」	くじらぐも

〈どんな　こえかな〉

・せんせい…　ひくい　こえ、はっきり
・くじらぐも…　もっと　ひくい　こえ

※児童の発言を板書する。

〈かいわの　よみかた〉

・だれに　むかって
・どんな　きもちで

1 音読する

くじらぐもとの呼応の場面からくもにとび乗る場面まで音読しよう。

今日は，6～9ページの音読練習をしてみましょう。「まわれ，みぎ。」からです。さん，はいっ。
「まわれ，みぎ。」
せんせいが　ごうれいを　かけると，…

「だいぶ，上手に読めるようになりましたね。」
- 間違えませんでした。
- すらすら読めました。

音読練習は，いろいろな形でできるだけ小刻みに取り入れたい。すらすら読むことができない児童には，内容を味わったり，イメージを広げたりすることはできない。音読練習の時間を確保する。

2 つかむ 想像する

かぎ（「　」）のところは誰の言葉か確かめ，先生の声を想像しよう。

このページは，だれの会話が書いてあるか分かりますか。
「あのくじらは～」は子どもの言葉だよね。
「まわれ，みぎ。」は，ぜったい先生だよ。

- 「おうい。」も，子どもです。
- 2回目の「おうい。」はくじらぐもです。
- 「ここへおいでよう。」も1回目が子どもで，2回目がくじらぐもです。

会話部分がそれぞれ誰の言葉か確認していく。

「子どもの声は，『一，二，三，四』で練習しましたね。先生は大人だから，どんなふうに読むとよいでしょう。」
- 子どもより少し低い声かな。
- はっきり話した方がいいよね。

意識し，イメージを持って読むことが大切です。

くじらぐも

㋱ かいわの　よみかたを　くふうしよう

かいわ	だれ
「まわれ、みぎ。」	せんせい
「あの　くじらは、きっと　がっこうが　すきなんだね。」	子ども
「おうい。」	子ども
「おうい。」	くじらぐも

主体的・対話的で深い学び

・声を想像する学習は，適当に思いついたことをいうのではなく，なぜそう思ったのかまでを言わせることで深い学びにつながるようになる。「くじらは，大きいからお父さんみたいな声だと思います」「遠くから言っているから，よく響く声だと思います」などと理由がつくと，発表する側も，聞いている側もより考えが深まるはずである。

準備物

・黒板掲示用イラスト（第2時で使用したもの）

3 学びを深める　くじらぐもの声を想像しよう。子どもの声とは変えて言ってみよう。

「くじらぐもは，どんな声でしょう。」
・くじらだから，声は先生より低い声じゃないかな。

ちょっと『おうい。』でくじらぐもの声をやってみましょうか。胸をはって，息をしっかり吸って，くじらのつもりで。
（低く響くような声で）おうい。

「なるほど，そんな感じかもしれませんね。」

「同じ『おうい。』でも最初の『おうい。』は子どもの言葉だから，みんなのそのままの声でいいですね。『おうい。』を２回続けて言ってみましょう。」

実際には，あまり声が変わらない児童もいる。それでも，イメージを広げるための音読と考え，声そのものよりも，イメージをもって取り組むことを重視する。

4 対話する　会話の読み方を工夫して練習しよう。

「子どもたちは，だれに『おうい。』と言っていますか。」
・くじらぐも！
「くじらぐもは，どこにいますか。」
・空の上です。

では，空に届くような声で「おうい。」と言ってみましょう。さん，はい。
おーうい。

くじらぐもの分も同様に練習し，続いて「ここへおいでよう。」「天までとどけ，一，二，三。」「もっとたかく。～」の言葉についても，それぞれ誰が誰に向かってどんな気持ちでどんな行動をとりながら言ったものか想像させ，音読の工夫を考えて練習していく。

「音読練習では，会話の読み方も考えていきましょう。」

くじらぐも

第 6 時 （6/8）

本時の目標

くじらぐもに乗っている子どもになって会話を想像して音読し，自分が考えた会話をつけ加えることができる。
会話文の書き方（「 」の使い方）を理解することができる。

授業のポイント

挿絵を有効に生かして，児童のイメージを広げる。

本時の評価

くじらぐもに乗っている子どもになって会話を想像し，吹き出しに書き込みをしている。

板書例

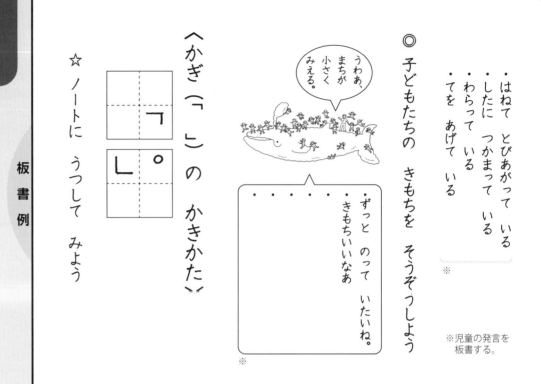

〈挿絵の活用〉「気持ち」の想像が難しいときは，「何と言っているのだろうね」と挿絵の中の１人

・はねて　とびあがって　いる
・したに　つかまって　いる
・わらって　いる
・てを　あげて　いる
※

※児童の発言を板書する。

◎子どもたちの　きもちを　そうぞうしよう

うわあ，まちが小さくみえる。

・ずっと　のって　いたいね。
・きもちいいなあ
・・・・・・・
※

〈かぎ（「」）の　かきかた〉

「
。」

☆ノートに　うつして　みよう

1 音読する　くじらぐもに乗って空を進む場面を音読しよう。

「今日は，くじらぐもに乗っている子どもたちの気持ちを想像してみます。10，11ページを読みましょう。」
・「さあ，およぐぞ。」くじらは，青い～

くじらぐもは，どんなふうに動いていますか。
うみのほうへ，むらのほうへ，まちのほうへ。
げんきいっぱい。

「そうですね。絵で海は分かりますね。押さえてみて。」

同様に「村は分かるかな。」「町はどうかな。」と，絵の中の村と町と思われる部分を確認する。

「くじらぐもに乗っている子どもはどんな様子かな。」
・跳ねて飛び上がっている子がいます。
・下につかまっている子もいます。

2 想像する 対話する　くじらぐもに乗っているつもりで，子どもたちの気持ちを想像しよう。

この場面の気持ちはどんなだろうね。
ぜったい楽しいと思う。
わたしも乗ってみたい！

「そうでしょうね。他にはありますか。」
・ぼくの家が見える。
・気持ちいいなあ。
・もっと高く！
・くじらぐも，ありがとう！

挿絵の子どもの様子を見ながら考えさせると，想像しやすくなる。

の子どもを指定すると，想像しやすくなります。

くじらぐも

(め) くじらぐもに のって いる つもりで
子どもたちの きもちを そうぞうしよう

〈くじらぐもと 子どもたちの ようす〉

くじらぐも

・げんき いっぱい
・うみの ほうへ、むらの ほうへ、まちの ほうへ
※

子どもたち

主体的・対話的で深い学び

・この場面は，何となく想像するのではなく，挿絵のどの子の気持ちを想像するかを決めてから考えた方が深い学びにつながりやすい。挿絵を掲示して，その子を指さし確かめた上で，「この子は，高くはねているから，もっと高く飛びたくなって『もっと高く！』と言っていると思います」「この子は下を見ているから，『ぼくの家が見える』と言っていると思いました」などと発表するように促すとよい。他の児童の発表を聞いて，はじめて気がつくことがたくさん出てくることも期待できる。

準備物

・黒板掲示用イラスト（第2時で使用したもの）
・ワークシート（児童数）
（児童用ワークシート見本
DVD 収録録【1下_01_04】）

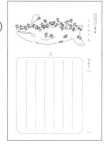

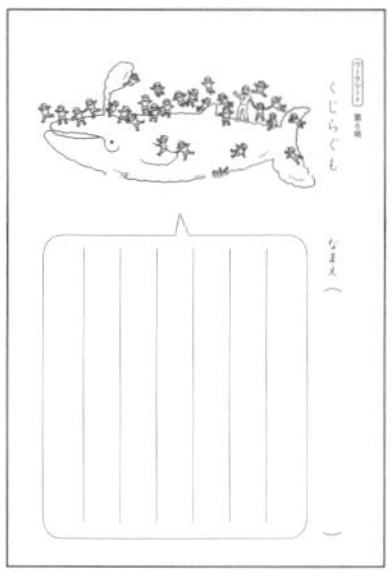

3 書く 交流する　吹き出しに子どもたちの言葉を書き込もう。

15ページを見ましょう。雲の上の子どもたちの会話を想像して書いてみましょう。
空に飛びあがっている子は，「気持ちいいなあ」って言ってそう。
「うわあ，まちが小さくみえる」だって。

「では，だれか書けた人，言ってもらいましょう。」
・ずっと乗っていたいね。

書く勢いをつけるために，早く書けた児童にまず発表させる。それによって，イメージがつかめたり，安心して書けるようになったり児童もいる。

「しばらく時間を取ります。1つ書けても，時間いっぱい，できるだけたくさん考えて書いてみましょう。」

10分程度時間を取ったら，次々と発表させたり，黒板に書かせたりする。最後に，黒板の吹き出しの言葉を付け加えて音読してみても楽しい。

4 つかむ 視写する　かぎ（「　」）の書き方を知り，例文を視写しよう。

「16ページを開きましょう。会話のところで使うかぎ(「　」)の練習をします。」
・かぎを書く場所が決まっているんだね。

「まず，教科書のかぎをなぞりましょう。」

教科書16ページの文をノートに写しましょう。かぎを書く場所に気をつけましょう。
きれいに丁寧に書こう！
なぞったとおりに，下のマスに丸も書かないと…。

かぎの位置は，1回では定着しにくいので，機会があるごとに確認するとよい。

また，教えれば，全員ができるとは思わず，一人ずつチェックする必要がある。かぎだけでなく，句読点も抜けたり位置が違ったりするので，クラスに間違いが多ければ全体指導も行うようにする。

くじらぐも

第7時　(7/8)

本時の目標

様子をいちばん思い浮かべることができた場面を選び，音読練習をすることができる。

授業のポイント

理由を考えることでじっくり読み，場面を想像させたい。

本時の評価

様子をいちばん思い浮かべることができた場面を選び，音読練習をしている。

板書例

〈個別の支援〉選ぶ場面が決められない児童には，教師が候補を示し，その中から選ばせてもよい

（わけ）・空を　とんでみたい
・たのしそうだから
・がんばって　とべたのが
よかったから

※児童の発言を板書する。

○　くじらと　こえを
かけあう　ところ

〈おんどくはっぴょうの　れんしゅう〉

①　グループで　すきな　ところを　えらぶ
・かぎ（「　」）の　ある　ところ
・二ページくらい

②　やくを　きめる
（子ども、せんせい、くじらぐも、じのぶん）

③　おんどくれんしゅう
・かぎ（「　」）の　ところを　くふうする
（だれが、どんな　きもちで）
・うごきを　いれても　よい

1 選ぶ

様子をいちばん思い浮かべられた場面を選び，その場面を線で囲もう。

いちばん思い浮かべることができた場面を選びます。忘れないように線で囲んでおきましょう。
くじらに乗っているところにしようかな。
どこにしようかな。

自分が選んだところが後で分からなくなってしまう児童もいる。印をつけることでそれが防げ，また文の途中までにしていないか教師が確認できる。宿題で練習させる場合も有効となる。

「前 (第 4 時) に言ったところと変わってもいいです。」
・長さは，どれくらいですか。
「だいたい 1 ページくらいにしましょう。それより少し長かったり短かったりしてもかまいません。」

「では，時間を取りますから，最初から読み直して決めましょう。選んだ理由も考えておいて下さい。」

2 発表する　交流する

選んだ場面を発表しよう。理由も言おう。

選んだところを発表してもらいましょう。理由も言えるといいですね。
ぼくは，飛び上がるところにしました。空を飛んでみたいし，みんな楽しそうだからです。

「理由もあわせて上手に言えましたね。同じところを選んだ人はいますか。」
• わたしも同じところを選びました。始めは，30 センチしかジャンプできなかったのが，がんばって 50 センチになって，もっとがんばって最後には飛べたのがよかったと思ったからです。

今回は原則として理由を考えさせたい。それによって，本人もしっかり読もうとするし，同じ場面でも違った理由が出るなどの交流も期待できる。

でしょう。

くじらぐも

㋱ ばめんを　えらんで　おんどくしよう

◇ おんどくする　ところを　えらぼう

☆ いちばん　ようすが　おもいうかんだ　ばめん

・一ページくらい（せんで　かこむ）

・えらんだ　わけ

えらんだ　ばめん

○ とびあがる　ところ

主体的・対話的で深い学び

・場面を決めたからといって，必ずしもその理由が明確になっているというものではない。選んだ理由がなかなか言葉で伝えられない児童には，「この場面の好きなところを言いましょう」「どこを工夫して読みたいですか」などと問いを変えるとよい。自分たちが選んだ場面にコメントをさせることで，音読練習により主体的に取り組むだろう。

準備物

・黒板掲示用イラスト（第２時で使用したもの）

3 対話する　グループで好きな場面を選び，役を決めよう。

「次の時間に，グループで音読の発表をしてもらいます。どこを音読するかグループで話し合って決めましょう。」

「グループでの発表なので，子どもやくじらぐもなどの役に分かれて音読してもらいます。会話のかぎのたくさんあるところがいいですね。長さは２ページくらいにしましょう。」

よし，飛び上がるところにしよう！
「くじらぐも」と「子ども」と地の文の３つに分かれて読むことになるね。
誰が何の役をするか決めよう！

先に教師が役の分け方をある程度指示しても，各グループで決めさせてもよい。

4 練習する　グループで選んだ場面の音読練習をしよう。

「次の時間に発表してもらいます。残りの時間は練習しましょう。」

・読み方の工夫はどうすればいいのかな。

特に，かぎのところは，言っている人のことを想像して，読み方を工夫できるといいですね。
くじらぐもだから，低くて響くような声がいいと思う。
この言葉は，誰の言葉だったかな。

「動きを取り入れて工夫してもいいですよ。」

・みんなで本当に手をつないで「天までとどけ，一，二，三」って言ってみようよ。

・ジャンプもしよう！

それぞれ自分たちで選んだ好きな場面を，読み方の工夫を思い出しながら練習させる。

くじらぐも

第8時 （8/8）

本時の目標

音読を工夫してグループ発表し，友達の発表を聞いて感想を伝えることができる。
学習を振り返ることができる。

授業のポイント

音読練習で指摘したことをすぐに発揮できるとは限らないが，できるだけ意識をさせて取り組ませたい。

本時の評価

グループで選んだ部分を工夫して音読発表し，友達の発表を聞いて感想を伝えている。

〈発表の進め方〉1つの班の発表が終わる毎に感想を発表する方法もあります。「1つ前に終わった班の人は必ず

板書例

◎きく ひと
「はい。」

○おんどくを きいて よかった ところ
・くじらぐもの こえ
・かぎ「 」で まを あけていた
・「天まで とどけ、一、二、三」が だんだん 大きく なった
※

○たのしかった こと
・れんしゅうどおり こえを そろえて はっぴょうできた
※

〈ふりかえり〉
・おんどくの しかた
（こえ、かぎの ところ）
・くもの うえでの きもち
・かぎの かきかた
※

※児童の発言を板書する。

1 練習する　発表前に音読練習をしよう。

「今日は音読発表です。発表前の練習をしましょう。音読発表するときに自分が読む場所をグループで確認し合いましょう。」
・最後の練習になるね。がんばろう！

音読のときの工夫も確かめましょう。特に，会話のところは，どんな声にするのか確かめて，練習よりもっと間をあけるといいですよ。
もっと，間をあけるの？
よし，やってみよう！！

ほとんどの児童は，間が小さすぎる。間をゆったりとあけることで，聞いている方もイメージを広げやすくなる。

「上手な人は，覚えるくらいにしておくと安心ですね。」
・たくさん練習して上手くなったから，覚えてみよう。

2 発表する　グループで音読発表をしよう。

「では，グループごとに発表してもらいましょう。」
・練習通りにがんばろう！

音読する人は，いきなり始めないで，『読みます。』や「音読を始めます。」と言ってから始めましょう。聞いている人は，返事をしましょうね。
音読を始めます。
はい。

もじもじして読み始めないような児童には，このように最初の言葉が決まっていることで多少は始めやすくなる。また，聞いている児童にとっても，集中するきっかけとなる。

また，クラスの実態によっては，聞き手に「声の大きさ，音読の工夫等」の項目ごとに◎○△などを書かせるチェック表を配って書かせると，より集中して聞くことができる。

感想を言う」といった進め方をすると落ち着いて聞くことができます。

くじらぐも

㋱ おんどくはっぴょうを　しよう

〈れんしゅう〉

・じぶんが　よむ　ところ、
　おんどくの　くふう

・かいわ「　」のところ…「ま」を　あける

おんどくはっぴょう

◎ おんどくする　ひと

「おんどくを　はじめます。」

主体的・対話的で深い学び

・感想の交流もちょっとした声かけで，かなり質が変わってくる。ばくぜんと「がんばっていました」「上手に読めていました」といったものではなく，「最初のところの声がそろっていて，しっかり読めていました」「○○さんのくじらの声が大きくて，本当にくじらが言っているような感じがしました」などと，より具体的な感想が言えるように，ポイントをあらかじめ示すとよい。声の大きさや工夫が感想の中心になるが，姿勢やグループでの協力などについてのコメントでもよいことにすると，発表の質がより高まる。

準備物

・黒板掲示用イラスト（第２時で使用したもの）

3 交流する　発表後に感想を交流しよう。

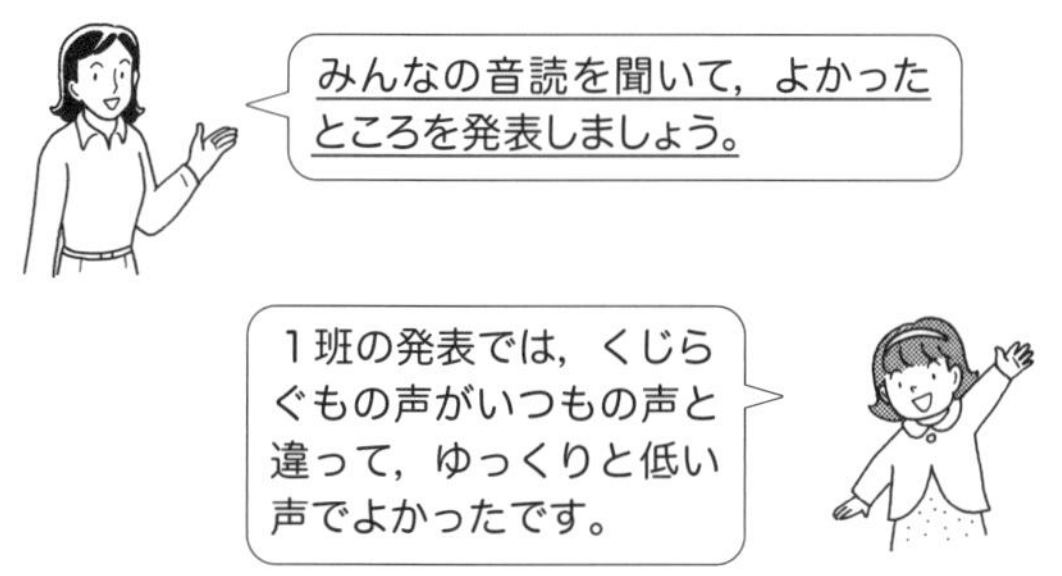

みんなの音読を聞いて，よかったところを発表しましょう。
１班の発表では，くじらぐもの声がいつもの声と違って，ゆっくりと低い声でよかったです。

・２班の発表では，かぎのところの前と後にたっぷり間をあけていて，よかったと思います。
・３班は，「天までとどけ，一，二，三。」の声が１回目，２回目，３回目とだんだん大きくなっていったのが分かりました。

「みんな，練習で工夫したところがしっかり発表できましたね。では，グループで音読発表して楽しかったことを発表できる人いますか。」
・はい！みんなで練習通り声をそろえて発表できて楽しかったです。

4 振り返る　学習を振り返ろう。

学習を振り返りましょう。お話に出てくる人がしたことや言ったことを思い浮かべながら読めましたか。
くじらぐもの声を変えて音読しました。
子どもの声と先生の声も変えました。

「役にあわせて声を変える他にもいろいろ工夫していました。音読の仕方がみんな上手になりましたね。」
・会話のところを考えると，よかった。
・かぎのところは，間をあけるようにしました。

「音読の他には何をしましたか。」
・吹き出しに，雲の上でみんながどんな話をしたかも想像して書きました。絵を見ると，落ちそうな子や跳ねている子がいる面白い絵なので，いろいろな会話を思いつきました。
・かぎの書き方も分かりました。

収録（画像，動画，イラスト）

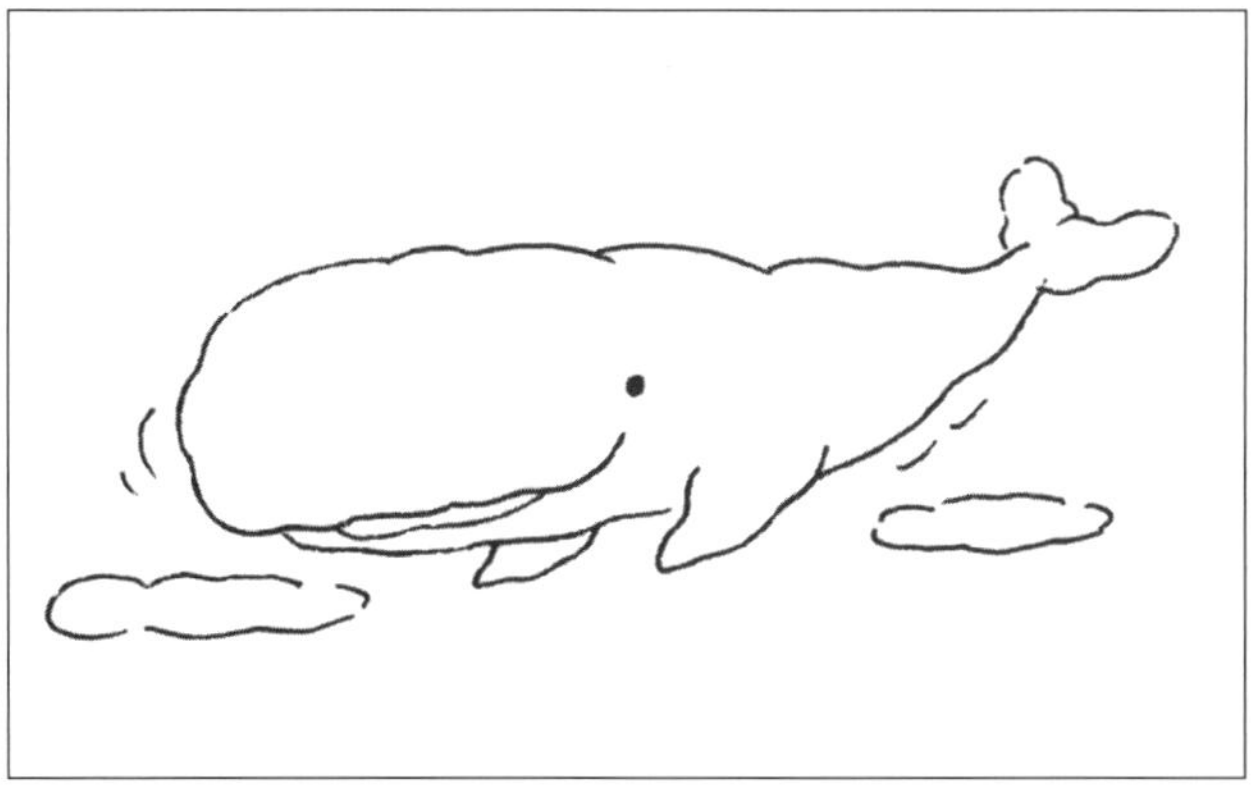

しらせたいな，見せたいな

全授業時間 10 時間

◉ 指導目標 ◉

・経験したことなどから書くことを見つけ，必要な事柄を集めたり確かめたりすることができる。
・語と語や文と文との続き方に注意しながら書き表すことができる。
・文章を読み返す習慣を付けるとともに，間違いを正したり，語と語や文と文との続き方を確かめたりすることができる。
・助詞の「は」，「へ」及び「を」の使い方，句読点の打ち方，かぎ（「　」）の使い方を理解して，文や文章の中で使うことができる。

◉ 指導にあたって ◉

①　教材について

絵とメモを活用して作文を書く教材です。絵は，楽しんで描く児童が多いでしょう。一方，メモは丁寧に指導しないと，最初から書くことが分からないと言い出す児童や，作文につなげられない児童もいるはずです。その点を意識しておけば有効な指導ができるでしょう。

作文は，回数を重ねないと力はつきません。この単元だけでなく機会を見つけては作文を書く時間を作るようにします。生活科や日記などと連動させることで回数の確保もしやすくなります。その際，「絵を描いてから」「メモをして」などの指導内容については，どの場面でも同じように指導すると効果的となるでしょう。

1 年生は，絵を描くにも時間がかかる児童がいます。そして，書き出したら，途中でなかなかやめられないのも 1 年生です。図工の時間ではないので，絵に時間をかけ過ぎて作文がいい加減になってしまっては意味がありません。「今日は，15 分だけ描くので簡単でいいですよ。」「色が塗れなかったら，作文の後で塗りましょう。」などとあらかじめ声をかけておく方がよいでしょう。

②　主体的・対話的で深い学びのために

作文は，苦手意識を持つ児童が出やすい分野です。主体的に取り組む姿勢を引き出すには，「何を書くか」「どう書くか」が，はっきりしているかを意識しながら指導する必要があります。

本単元では，学校にいる生き物や，見つけたものを扱うことになっています。まず，児童の興味を引く，書きやすい対象をあらかじめ選んでおくことがポイントになります。

◉ 評価規準 ◉

知識 及び 技能	助詞の「は」，「へ」及び「を」の使い方，句読点の打ち方，かぎ（「　」）の使い方を理解して，文や文章の中で使っている。
思考力，判断力，表現力等	・「書くこと」において，経験したことなどから書くことを見つけ，必要な事柄を集めたり確かめたりしている。 ・「書くこと」において，語と語や文と文との続き方に注意しながら書き表している。 ・「書くこと」において，文章を読み返す習慣を付けるとともに，間違いを正したり，語と語や文と文との続き方を確かめたりしている。
主体的に学習に取り組む態度	学習の見通しをもち，知らせたいものを丁寧に観察し，見つけたことを文章にして伝えようとしている。

◉ 学習指導計画　全 10 時間 ◉

次	時	学習活動	指導上の留意点
1	1	・教科書 P17-20 を読んで，「学校にいるいきものや，学校で見つけたものをよく見て，家の人に知らせる文章を書く」という課題を理解する。	・実際に学校を見てまわる。 ・絵とメモを必ず使って書くことを確認する。
2	2	・家の人に知らせたいものを決める。 ・書き方を確かめる。	・「しらせたいことカード」を使う。
	3	・カードに知らせたいものの絵を描き，見つけたことのメモも書き込む。	・絵に時間をかけすぎてメモの時間がなくならないようにする。
	4 5	・教科書の P18 と P19 を見比べてどのように文章化したのかを考える。 ・書き込んだメモをもとに箇条書きで文にする。	・教科書挿絵にある吹き出しの言葉に留意させ，文を書く順番も考えさせる。 ・ノートに箇条書きした文の順番を考え，番号をつけさせる。
	6 7	・文の順番を考える。 ・書き方の注意を確かめ，考えた順で文章を下書きする。	・1 文目に「何を知らせたいのか」書くことを確認する。 ・教科書 P20「たいせつ」で文の書き方の注意点を確かめる。
3	8	・書いた文章を読み返して直す。 ・清書する。	・声に出して読むと間違いに気づきやすい。
	9 10	・書いた文章をもとに友達と交流する。 ・学習を振り返る。	・時間がある場合は，2 つめのテーマを決めて書いてみる。 ・家の人にも読んでもらい，感想をもらう。

DVD 収録（画像，イラスト，児童用ワークシート見本）※本書 P43，45，51，53「準備物」欄，及び P56，57 に掲載しています。

しらせたいな，見せたいな

第 1 時（1/10）

本時の目標

学習の見通しをもち，家の人に知らせたいものを考えたり思い出したりすることができる。

授業のポイント

読んでもらいたい人，書きたいことを具体的に決めさせ，それを発表したりノートに書かせたりして確認する。

本時の評価

知らせたいものについて，進んで考えたり思い出したりしている。

〈事前準備〉「知らせたいもの」が見つけられない児童のために，書きやすいものをあらかじめ

板書例

〈よんで　もらう　ひと〉
いえの　ひと

◇しらせたい　ことを　どのように
かくか　たしかめよう

①「しらせたい　こと　カード」
・え
・メモ（みじかい　ことば）

→②文しょう

◇しらせたい　ことを　見つけよう
・はな
・ことり
・とんぼ

1 めあて　教科書 P17 を読み，学習課題を確かめよう。

「教科書にこれから勉強することが書いてありますよ。17ページを読んでみましょう。」

これから勉強することは，『学校にいるいきものや，学校で見つけたものをよく見て，家の人にしらせる文章を書こう』ということです。
文章を書くんだね。
家の人に書いた文を見せるのか…。

「『学校にいるいきもの』って，何があるでしょう。」
- 小鳥。
- めだか。

「『見つけたもの』では，何があるでしょう。」
- 花壇に花が咲いていました。
- バッタもいたね。

児童が思いついたことを自由に発表させる。DVD 収録の，虫や自然の画像を見せて参考にしてもよい。

2 つかむ　家の人に読んでもらうために書くということを確かめよう。

「読んでもらうのは家の人です。誰に読んでもらうか考えてみましょう。」
- 誰がいいかなあ。

読んでもらう人のことを考えながら書くといいですね。
おかあさんは，花が好きだよ。花のことを書くと喜んでくれるかな。
虫が大好きなおにいちゃんに，虫について書いて見せたいな。

各児童の家庭状況を十分考慮し，場合によっては「いえのひと」の範囲を広く考えさせることも必要になる。

準備しておくとよいでしょう。

しらせたいな、見せたいな

㋱ 学しゅうの 見とおしを もち、
しらせたいことを かんがえよう

《学しゅうすること》

学校に いる いきもの
学校で 見つけた もの

→ 文を かく
いえの ひとに しらせる

主体的・対話的で深い学び

・児童にとって，家の人に読んでもらうという設定は主体的に取り組みやすいものである。折々にこのことを取り出し，意識するように促していく。

準備物

・画像 12 点「アキアカネ」など
DVD 収録【1 下_02_01 ～ 1 下_02_12】

・「しらせたいこと」カード用紙
（児童用ワークシート見本
DVD 収録【1 下_02_13】）

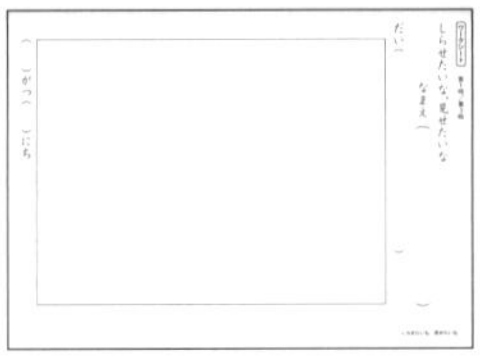

3 見通す　どんなふうに書くか理解し，学習の見通しをもとう。

「書き方を説明します。（DVD から出力したカード用紙を見せながら）これは『しらせたいことカード』と呼びます。」

・作文じゃないんだ。
・絵を描くのは好きだよ！

まず，このカードに知らせたいものの絵を描いて，書くことをはっきり決めます。そこに短い言葉でメモを書いて，作文にすることを考えます。
絵を描いてから，メモを書いて，それから作文だね。

「教科書 18 ページから 20 ページを見てみましょう。どんなことをするのか大体分かりますね。」

どのように学習を進めるのかを簡単につかませる。

4 探す 見つける　いちばん知らせたいことを，学校を見て歩いて考えよう。

「今から学校の中を歩きます。何を書くか，考えながら見ていきましょう。」

何か見つかりましたか。
きれいな花が咲いていたよ。
飼育小屋に小鳥がいました。
大きなトンボを見つけました！

実際に校舎内や校庭などを歩いて，知らせたいものを見つけたり確かめたりする時間をとる。できれば，この時点で，書くことをある程度決めさせ，メモを取らせておくようにしたい。

「今すぐに決まらなくても大丈夫ですよ。休み時間でも書くことが決まったら教えてくださいね。」

しらせたいな，見せたいな

第 2 時（2/10）

本時の目標

家の人に知らせたいものを決めることができる。

授業のポイント

次の時間に活動することをできるだけ具体的にイメージさせ，意欲を引き出したい。

本時の評価

家の人に知らせたいものを決めている。

板書例

〈選択したものの確認〉１つ選んだら○をつけるという指示で，教師はまだ見つけられていない

（文しょう）

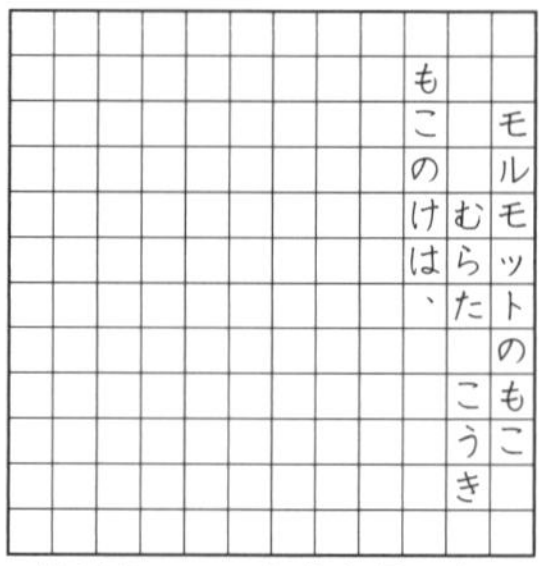

モルモットのもこ
むらた　こうき
もこのけは、

※教科書 P19 の作文を掲示する。

☆　くらべて　きづいた　こと

・メモ　→　文しょう

・じゅんばん…　よみやすく　かえる

〈しらせたい　こと〉

・ノートに　ぜんぶ　かく

←　一つ　えらぶ

1 読む　教科書 P19 の作文例を読もう。

「『しらせたいことカード』から作った文章の例が教科書に載っています。」

教科書 19 ページの文章を一緒に音読してみましょう。
もこのけは，しろとちゃいろとくろです。…
モルモットのもこ
むらた　こうき

教科書の作文見本を一斉音読し，簡単に内容を確認していく。

「モルモットって知っていますか。」

・飼ったことあります。ねずみみたいだね。

「ひげはどこか分かりますか。」

「『もぐもぐ食べる』ってどんなふうかな。」

読解ではないので，あまり時間をかける必要はない。分からなければ教師が説明する。

2 比べる　「しらせたいことカード」と作文を比べよう。

「教科書 18 ページの『しらせたいことカード』と隣のページの作文とを比べてみましょう。」

順番に見ていきましょう。まず『モルモットのもこ』は，作文に出てきますか。
作文の題になっています。
最初にあります。

「では，『もぐもぐたべる』はどうですか。」

・ないかな。

・いや，最後に出てくるよ。

・カードのメモの順番じゃないんだね。

「カードに書いたことをそのままの順番で書くのではなく，読みやすいように変えているのです。」

児童が分かり，本人も選んだものを忘れなくなります。

しらせたいな、見せたいな

ⓜ しらせたいことを　きめ、かきかたを　たしかめよう

◇カードと　文しょうを　くらべよう

（カード）

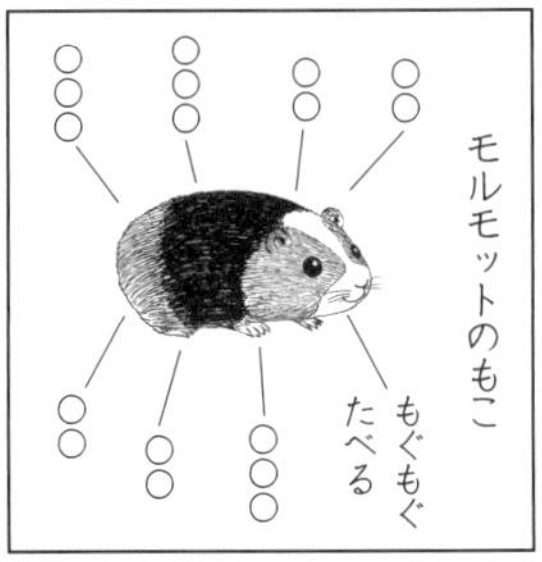

モルモットのもこ
もぐもぐ たべる

※教科書 P18 のカードを掲示する。

・えから　せんを　ひく
・みじかい　ことばで　メモする
・たくさん　かく

主体的・対話的で深い学び

・書くものを選ぶことは，主体的に作文に取り組む上で大切な段階である。「どんなことを知らせたいかな」「書くことは，頭の中に浮かんでる？」などと問うことで，書きやすい対象を選んでいるかどうかが分かる。

準備物

・黒板掲示用イラスト　DVD 収録【1 下 _02_14】

3 決める　家の人に知らせたいものを決めよう。

「さあ，自分が家の人に伝えたいものは決まりましたか。」
・飼育小屋の鳥にしようかな。
・いくつも伝えたいものがあるなあ。

思いついたことを全部ノートに書いてみましょう。いくつも書けたら，その中からいちばん書きたいものを選ぶといいですね。
ぼくは，お花がいいな。
お花といっても，たくさんあるけど，どのお花？

「2 つ以上書いた人は，書いた中から 1 つ選んで上に丸をつけましょう。」

4 確かめる　「しらせたいことカード」のかきかたを確かめよう。

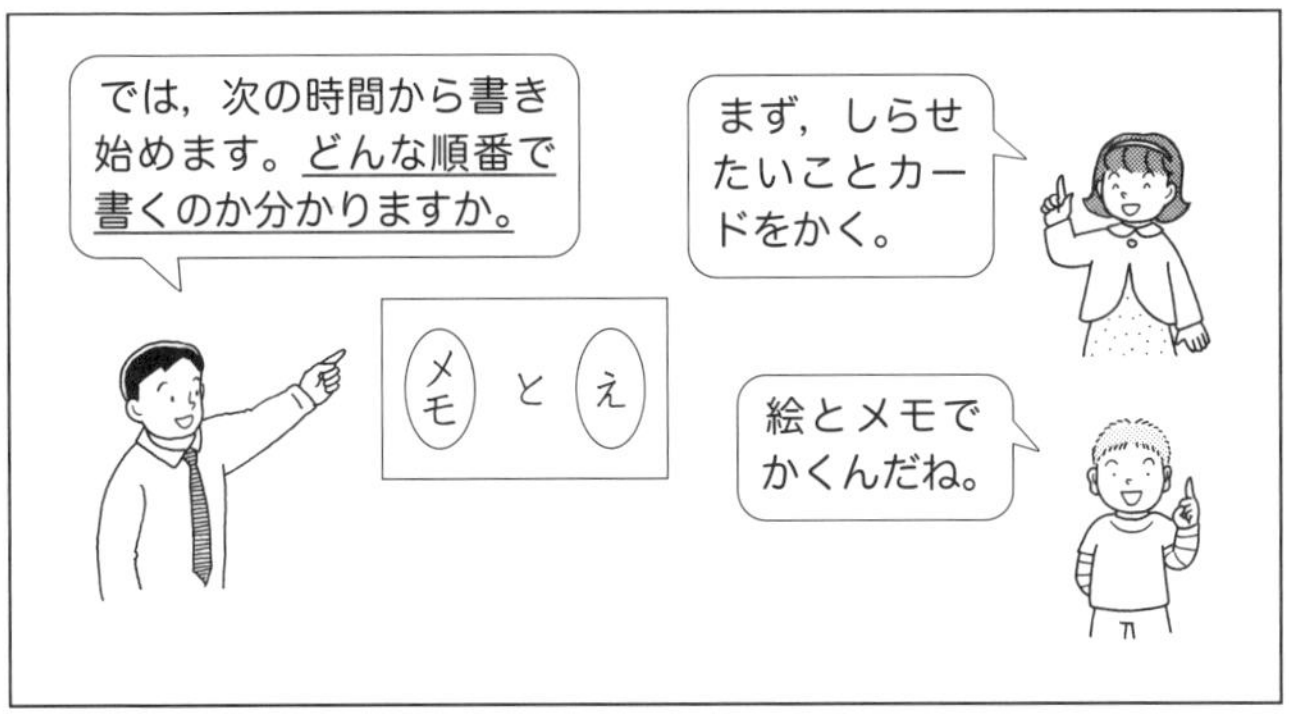

では，次の時間から書き始めます。どんな順番で書くのか分かりますか。
まず，しらせたいことカードをかく。
メモ　と　え
絵とメモでかくんだね。

「『しらせたいことカード』には，まず絵を描きます。」
・じゃあ，鳥の絵から描けばいいんだ。
・わたしは，お花。
・つぎに，カードにメモを書いていくんだね。

教科書 P18 の吹き出しを読み，メモは「絵から線を引く」「短い言葉で書く」ことをおさえる。

「メモをたくさん書くと作文が書きやすくなります。」
・できるだけ，たくさん書くといいんだね。

しらせたいな，見せたいな

第 3 時（3/10）

本時の目標

よく観察して知らせたいものの絵を描き，見つけたことを書き込むことができる。

授業のポイント

絵に時間をかけすぎず，メモをたくさん書くように時間配分を調節する。

本時の評価

知らせたいものの絵を描き，見つけたことのメモも書き込んでいる。

〈活動の進め方〉 絵が描けていない児童にも，先にメモを書くように促した方が，後の活動が

板書例

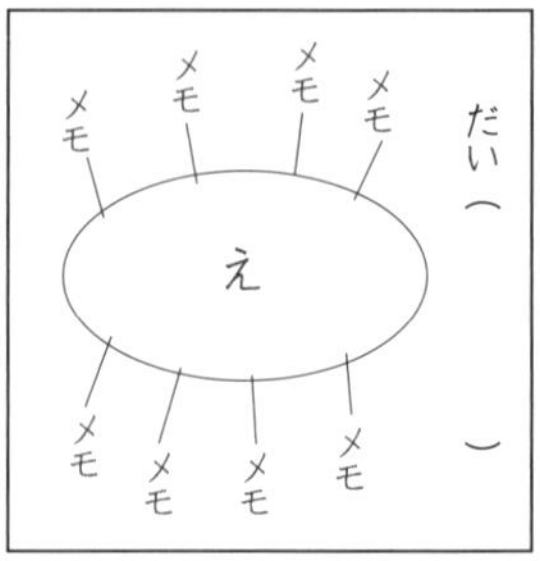

② メモを　かく

○ えと　せんで　つなぐ

○ 見つけた　ことを　たくさん　かく

・いろ
・かたち
・大きさ（ながさ、かず）
・さわった　かんじ
・うごき

◇ メモを　みなおそう

○ となりの　ひとと　見せあう

・しつもん（メモに　ない　こと）

← ・こたえた　ことを　かきたす

1 出し合う　知らせたいものを発表しよう。

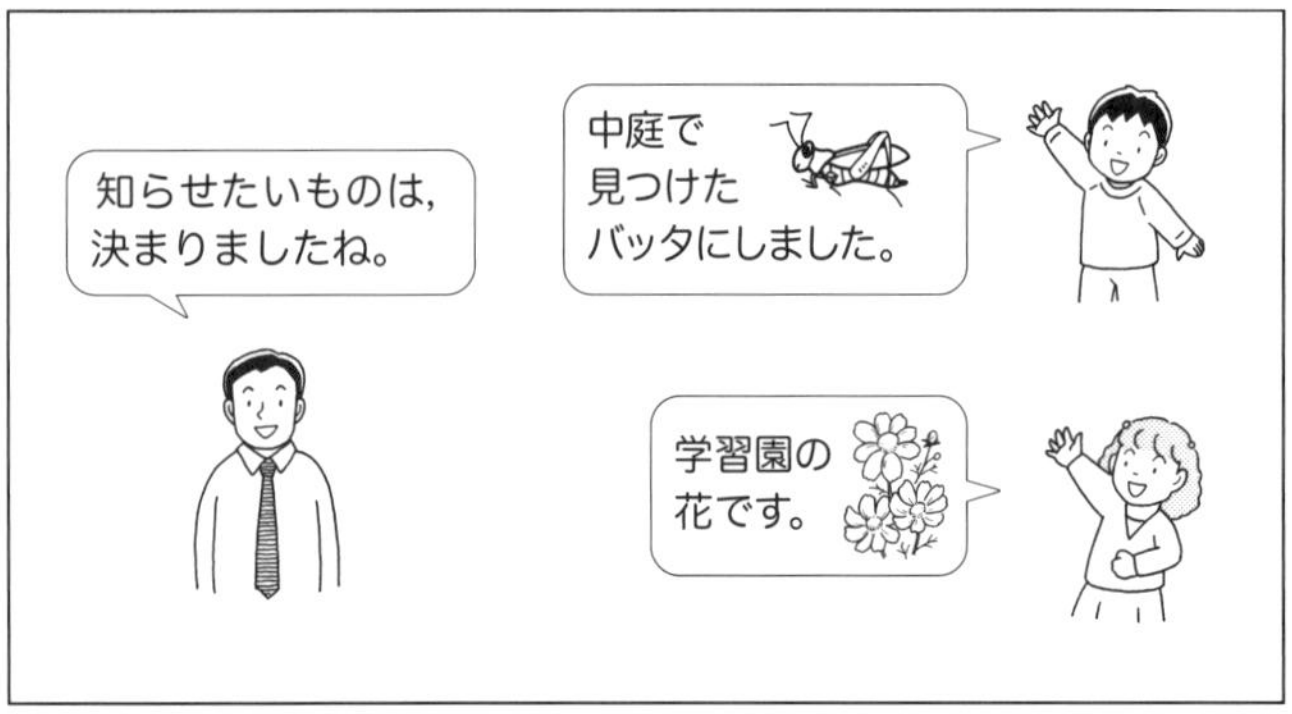

「ノートにいくつか書いた人は，選んだものに○をつけていますね。みんなの発表を聞いて，もし，やっぱり別のものがいいと思ったら，今なら変えてもいいですよ。」

・決めたのでいいです。

・やっぱり変えようかな。

「いつまでも迷っていてはかけないので，とにかく『しらせたいことカード』にかいてみましょう。」

2 描く　知らせたいものの絵を描こう。

「まず，カードに絵を描きましょう。」

「しらせたいことカード」用紙を配る。

「15 分で描けたところまでにします。」

各児童の進み具合を確認しながら，時間がきたら作業をとめる。

「時間です。絵を描くのをやめましょう。」

・まだ色が塗れていません。

「全部，塗れていなくてもいいですよ。」

スムーズに進みます。

しらせたいな、見せたいな

㋱ しらせたいことカードを　かこう

〈しらせたい　こと〉

・バッタ

・はな

※児童の発表を板書する。

◇しらせたい　ことを　カードに　かこう

① えを　かく（十五ふん）

主体的・対話的で深い学び

・隣の児童に質問してもらったり，答えたりすることで，対話的で深い学びにつながる。質問が苦手な児童のために，数，色，名前など，具体的に尋ねるポイントを示しておくのもよい。

準備物

・「しらせたいこと」カード用紙（児童数）（第1時に使用したもの）

3 書く　見つけたことを絵にメモ書きしよう。

「次は，メモです。見つけたことは何かありますか。」

・バッタの色は黄緑色です。

・花びらが5枚ありました。

「よく見ていますね。みんなもどんどん見つけたことをメモに書いていきましょう。」

教科書P18の「色・形・大きさ・触った感じ・動き」のポイントを確かめる。

色，形，数，長さや大きさなどはどうかな。どこが何色で，どんな形で，何が何本とか，見つけたことをたくさん書きましょう。
触った感じや，動いたときの様子も書くといいんだね。

上手く書けている児童のカードを取り上げて例示し，説明するとよい。

4 見直す 対話する　メモに書き込んだことを見直そう。2人組で質問し合って書き足そう。

「自分が書いたことを見直しましょう。」

「隣の人と見せ合いをしましょう。メモにないことでも質問をしてあげられたら，上手ですよ。誰かできそうな人，やってもらおうかな。」

では，見本の2人は，『しらせたいことカード』を交換しましょう。何か質問できそうですか。
花びらの数は何枚ですか。何色ですか。
ええっと，5枚です。ピンク色です。

見本のペアに質疑応答させる。

「上手に質問できました。答えたことはメモに書いておくといいですね。こんなふうに進めてみましょう。」

しらせたいな，見せたいな

第 4, 5 時 (4, 5/10)

本時の目標

見つけたことを書いたメモをもとに，文を書く順番を考えることができる。
1 文ずつ書くことができる。

授業のポイント

メモを見ながら，言葉に出させたり，質問したりして，文を考えさせることで，作文の準備をさせたい。

本時の評価

メモをもとに，文を書く順番を考え，文を書いている。

〈見本の提示〉 メモから文にする活動は，見本となる児童に自分のメモと文を言ってもらい，

板書例

☆ しらせたい　じゅんばん
（見た　ようすが　よく　わかるように）

文のかきかた

・もこのけは、～　です。
・ながいひげが、～　います。
・さわると、～　です。

☆ ［　　］は、／が、［　　］です。／ます。

☆ ［（する）］と、［　　］です。

◇ じゅんばんを　かんがえよう

○ メモを　一つずつ　文にして
ノートに　かいてみる

↓

○ じゅんばんを　見なおす
・ばんごうを　つける
・やじるしを　かく

1 見直す　「しらせたいことカード」に書いたメモを読み直そう。

（第 4 時）

「前の時間に頑張ってたくさんメモができましたね。」
・いっぱい書けました。

自分が書いたメモを読み直しましょう。それを使って，文をどう書くか考えましょう。
あ，間違いを1つ見つけた！直しておこう。
やっぱり，動く様子のことも書こうかな。

教科書 P18 下のポイントを再確認し，追加がないか見直しさせる。

「メモの追加や間違い直しは，もうないですね。では，何人かにメモしたことを発表してもらいましょう。」

2 比べる つかむ　メモと文章を見比べて，作文の書き方を確認しよう。

メモが完成しましたね。今度は，メモからどのように作文にするのか，教科書を見直しておきましょう。
メモそのままじゃないよね。
長い文になっているよ。

「『モルモットのもこ』を題名にしてします。『しろ』『くろ』『ちゃいろ』のメモで，『もこのけは，しろとちゃいろとくろです。』という文を書いていますね。」
・そうか，そのままじゃ，読んでも分からないよね。
・でも，メモがあれば，書くことは分かるね。

「書く順番は，どうだったか見てみましょう。」
・メモのままじゃなかったね。
・見たことを先に書いて，もぐもぐ食べることを最後にしているよ。

教科書 P19 下の吹き出しを確かめ，参考にさせる。

それを板書しながら実際に確認してもよいでしょう。

しらせたいな、見せたいな

ⓜ メモから かく じゅんばんを
かんがえ、文を つくろう

◇ さく文の じゅんばんと かきかたを
たしかめよう

じゅんばん

① けのいろ、さわった かんじ
② からだの ようす（め、はな）
③ えさを たべる ようす

主体的・対話的で深い学び

・この時間の内容がしっかりできていれば，作文にすることはそんなに難しいことではないはずである。活動内容もイメージできて主体的な姿勢が期待できる。それだけに，ここでなかなか書き進められない児童への個別指導が重要となる。

準備物

（第５時）

3 書く　作文を書く順番を考えながら，文に書き直そう。

「さあ，みんなは，どの順番で書きますか。」

・最初は，題名だね。それから，自分の名前。

書こうと思う順番に，１つずつ文にしてノートに書き直してみましょう。
思ったことは後の方がいいかな。
色のことを先にしようかな。

文にする際は，「何は（が）～です（ます）。」の形にすること，句読点をつけることなどを意識させる。

文の順番は，知らせたい順や，色や形など見た目の描写を先にして文を読む人がイメージしやすくするとよいことなど伝える。

「順番は，文を書いてみてから見直すといいですね。後で，番号や矢印で順番を変えてもいいですよ。」

・まず，メモをぜんぶ文にしていってみよう。

4 決める　作文を書く順番を決めて，番号をつけましょう。

「メモをぜんぶ文にできましたか。できた文をよく見て，書く順番の番号がつけられましたか。」

・できました！

「次の時間から，教科書 19 ページのような作文を書いていきます。」

読む人が分かりやすいような文章にしたいですね。順番を変えた人は，忘れないように，ちゃんと番号をつけたり，矢印をかいたりしておきましたか。
ノート
順番を見直しました。もう，これで書けるよ！

・このままで，大丈夫。順番を入れ替えずに書けそう。

各児童の書いた文章は，この段階で一度教師が目を通すようにしたい。

しらせたいな，見せたいな

第 6,7 時（6,7/10）

本時の目標

メモを使って家の人に知らせる文を書くことができる。

授業のポイント

事前のメモや書く順番に時間をかけて準備しているので，それを生かして，書くことに苦手意識を持たせないようにしたい。

本時の評価

メモを使って，順番を考えて文を書いている。

板書例

〈書き出し〉最初の一文だけでも決めて書き出すと，勢いがついて次々と文が浮かんでくることも

〈文しょうを　かくとき〉

たいせつ
・じの　まちがいが　ない
・文の　おわりに　まる（。）
・てん（、）を　つける　ところ
・「は」「を」「へ」の　つかいかた

・一マスあけ
・かんじ

（まちがえた　とき）
・モルモト ──→ モルモット ※①
・モルモルット → モルモルット ※②　モルモ　ット ※③

◇ したがきを　かいてみよう
・かく　まえに　文を　見なおす

※①小さい「ツ」を横に書き入れる。
※②「ル」の字の上に×を書く。
※③「ル」の字だけ消しゴムで消す。

1 （第 6 時）見直す 確かめる　メモの文を読み直して，書く順番を確かめよう。

「前の時間にノートに書いたメモの文を読み直しましょう。」
・メモを文にして，順番を考えたんだったね。

今日は，いよいよ文を書きます。
うまく書けるかな。
順番を見直ししたから，番号通りに書き直せばいいね。

「『しらせたいことカード』も見ながら書いた方が，書くことが思い浮かぶかもしれませんね。」
・メモにないことも書いていいですか。

「そうですね。書いているうちに，浮かんだことも書いていいことにしましょう。」

2 発表する　考えた 1 文目を発表しよう。

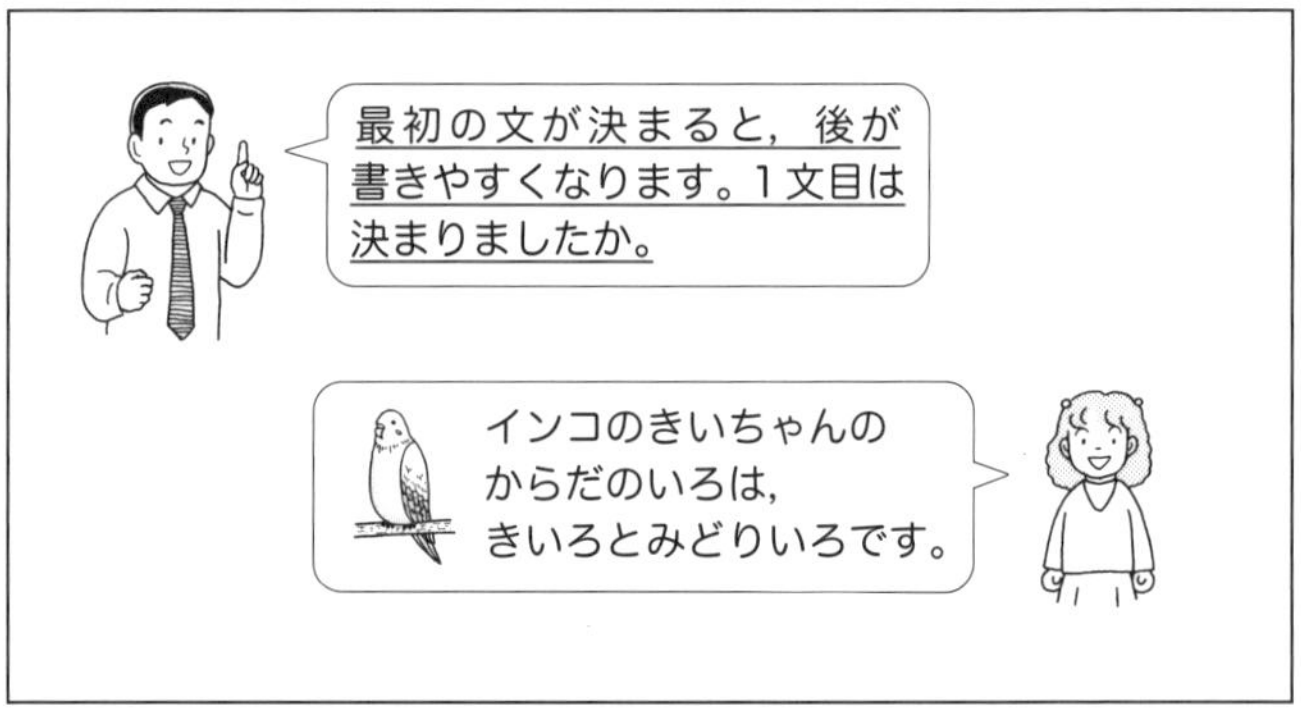

最初の文が決まると，後が書きやすくなります。1 文目は決まりましたか。
インコのきいちゃんのからだのいろは，きいろとみどりいろです。

「いいですね。初めに，色を伝えているので様子がよく分かります。さあ，他の人はどうでしょう。」
・学校の花壇に，コスモスの花がたくさん咲きました。
・生活科で大きな赤トンボをつかまえました。
・どうしようかな…。

「分からない人は，何を書くか言ってみてください。みんなで考えてあげましょう。」
・中庭で拾った落ち葉のことを書きます。
・じゃあ，「中庭で，落ち葉を拾いました。」では？
・あ，そうか。

よくあります。

しらせたいな、見せたいな

(め) いえの ひとに しらせる 文しょうを かいてみよう

〈はじめの 文〉

・インコの きいちゃんの からだの いろは、きいろと みどりいろです。

・学校の かだんに コスモスの はなが たくさん さきました。

・せいかつかで 大きな あかとんぼを つかまえました。

※児童の発表を板書する。

主体的・対話的で深い学び

・この作文では「家の人」というはっきりした相手があるので，文章が書けずにとまってしまっている児童には，「家の人はこのことを知っているかな」「おうちの人になんて書いたらいいだろうね」などと声掛けするとよい。文章を見せる相手を意識させることで，主体的に活動するきっかけとなるかもしれない。

準備物

・下書き用の作文用紙
（児童用ワークシート見本
DVD 収録【1 下_02_15】）

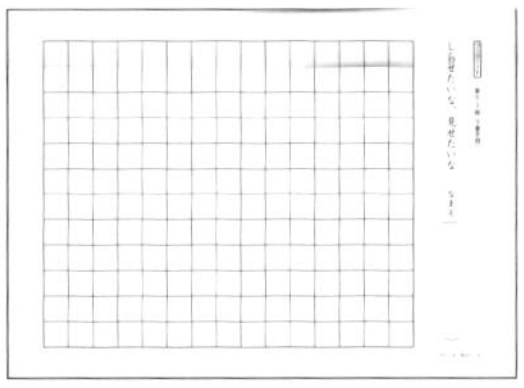

3 つかむ　書き方の注意を確かめよう。

「いよいよ書きます。作文を書くときの注意を確認しておきましょう。」

・字をきれいに書く。

きれいな字でていねいに書くことは大事です。その他にもあります。教科書 20 ページで確かめましょう。
文の終わりに，丸（。）をつける。
点（、）をつけて，読みやすくする。
「は」「を」「へ」を正しく。

他に，1 マスあけ（改行したとき），字の間違いなどの注意点も確認する。

「今までに学習した漢字も使えるといいですね。」

・書いたら，読み直してみるといいね。

（第 7 時）

4 書く　作文の下書きをしよう。

では，書きましょう。最初の文は決まっているので，ゆっくり丁寧に書き始めましょう。
最初は，題名と名前を書く。
文の書き始めは，1 マスあけて，だね。

ノート，または下書き用の作文用紙に書かせる。

「書く前に，もう 1 度文を見直すといいですね。」

・順番は考えてあるから，番号通りに書いていこう。

「間違えたと思っても，最初から全部消さなくてもいいですよ。その字だけ消したり，間に書き入れたりしてもいいことにします。」

低学年の児童は，1 文字でも間違いがあり，それを直すと全体がずれてくる場合でも，全てを消しゴムで消そうとすることがよくある。時間がかかってしまうので，それはしなくてもよいことを伝えておく。

しらせたいな，見せたいな

第 8 時（8/10）

本時の目標

書いた作文を読み直して，推敲することができる。

授業のポイント

書き直すことは悪いことではなく，そのおかげで作文をよくすることができた，ということを繰り返し言葉にして印象づけたい。

本時の評価

指示にしたがって作文を読み直し，推敲している。

板書例

〈書き直し〉ある程度の時間で区切りましょう。あまり進められない児童が多い場合は，分からない

○ さらに　見なおすこと

・一マスあけ
・かんじ
・くわしく　かく

◇ したがきを　かきなおそう

○ まちがいは　できるだけ　けさない

・つけくわえる
・まちがえた　じに　×
・けした　ままに　する

◇ せいしょを　しよう

◎ よんで　くれる　ひとの　ことを
かんがえて　ていねいに　かく

1 音読する　自分の作文を音読しよう。

「今日は，みんなが書いた作文を，もっとよい作文にするための時間です。」

・どうやったら，もっとよくなるのかな。

まず，自分の作文を音読してみましょう。すぐに間違いに気づくかもしれませんよ。
あ，字が抜けていた。
あれ，なんて書いているのかな。

各自，ノートに書いた自分の作文を音読させる。

「自分の作文でも読むのは難しいですね。」

「読んでみて，間違いを見つけた人がいますね！」

2 確かめる　見直しの仕方を再確認しよう。

「今から，見直しの仕方を説明します。」

字の間違いがないかを，まず確かめます。他には何がありましたか。
文のおわりに，丸（。）があるか。
点（、）を入れた方がよいところはないか。
「は」「を」「へ」の使い方。

教科書 P20「たいせつ」の内容を再度確認する。他にも，下記 3 項目のことが考えられる。

○最初は 1 マスあけているか。
○漢字が使えるところはないか。
○詳しく書けているか。

ただし，すべてを一気に教えるのでは課題が多すぎる。ここでは，最初の 4 項目ぐらいを教え，児童が見直しに慣れてきたら徐々に増やしていくのがよい。

ところや進まない児童の推敲を全体で考えてもよいでしょう。

しらせたいな、見せたいな

㋱ もっと じょうずな さく文に しよう

◇ さく文を 見なおそう

○ おんどくする

○ 見なおすこと

・じの まちがいが ない
・文の おわりに まる（。）
・てん（、）を つける ところ
・「は」「を」「へ」の つかいかた

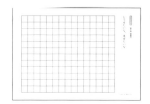

主体的・対話的で深い学び

・直すという作業に気が乗らない児童もいるかもしれない。たくさん見直せた児童を取り上げて褒めたり，隣の児童の分も一緒に考えさせたりといったことをすると，主体的で対話的な学びにつなげられるだろう。

準備物

・清書用の作文用紙
（児童用ワークシート見本
DVD 収録【1下_02_16】）

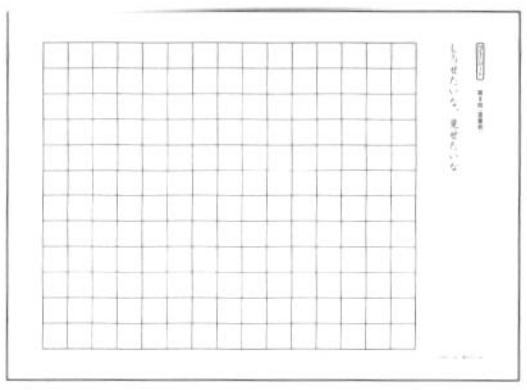

3 見直す 書く　自分の作文を見直し，書き直してみよう。

「では，黒板に書いたことを考えながら，自分の作文をもっとよくしていきましょう。」
・たくさん見直しすることがあるなあ。

今日は，初めてだから1つずつやっていくといいですよ。「字の間違いはないかな」と考えながら音読します。次は，文のおわりの丸（。）です。
あ，もう見つけた！
間違いがいっぱいで，書き直すの大変だなあ。

「前にも言いましたが，下書きでは，間違えてもできるだけ消すところを少なくしましょう。間に付け加えて書いたり，消したところがそのまま空いていたりしてもよいことにします。」

「見直しができた人から，先生に作文を見せてください。」

4 書く　作文の清書をしよう。

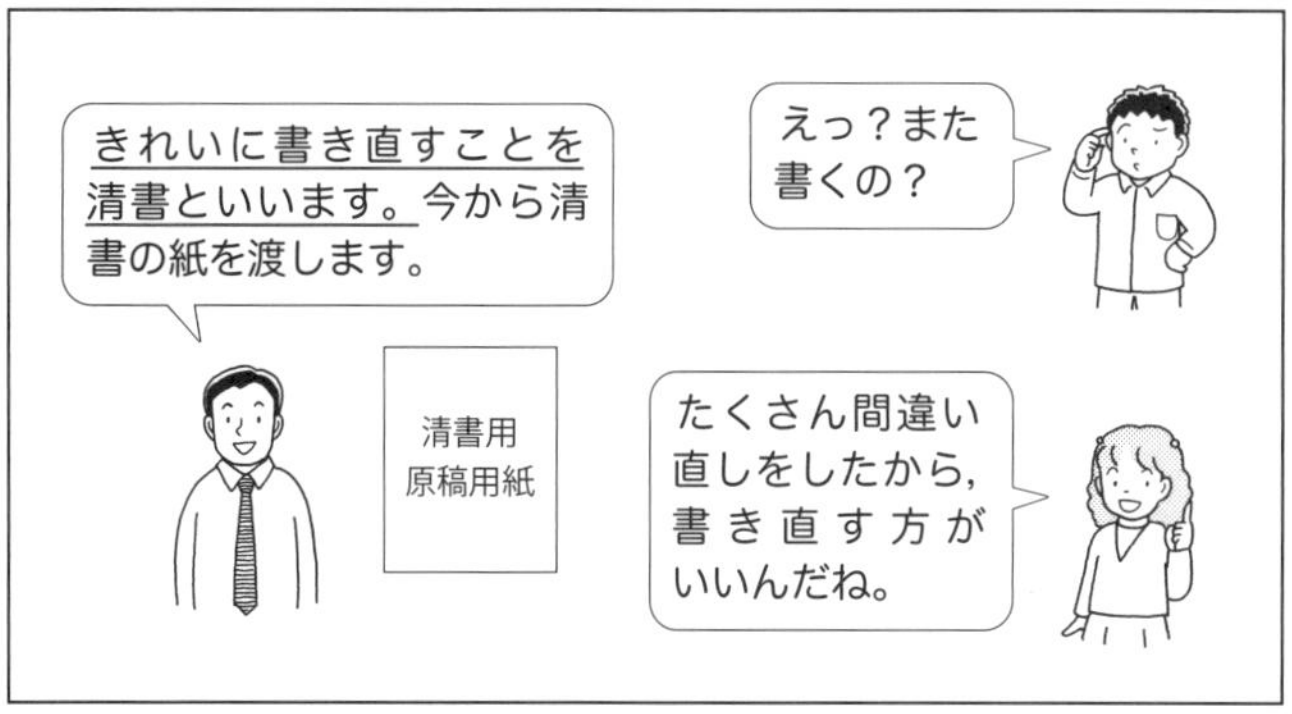

きれいに書き直すことを清書といいます。今から清書の紙を渡します。
えっ？また書くの？
清書用
原稿用紙
たくさん間違い直しをしたから，書き直す方がいいんだね。

「これは，読んでもらうために渡す作文です。消した後や書き直した部分がたくさんあるままでは人に見せるのは失礼ですよね。」
・間違い直しがいっぱいあると，読むのも大変だよね。
・きれいな字で，お母さんをびっくりさせたい。

「時間いっぱい使って丁寧に書くと，きれいな字のものが渡せますよ。」
・うちの人も，そのほうが喜ぶね。
・間違いも直しているから，文も上手になっているね。

しらせたいな，見せたいな

第9,10時（9,10/10）

本時の目標

友達と作文を読み合って，よいところを見つけることができる。
学習を振り返ることができる。

授業のポイント

楽しい雰囲気で読み合いができるように，事前に感想の言い方を具体的に指導する。

本時の評価

友達の作文のよいところを伝えている。
学習を振り返っている。

〈家の人に見せるとき〉具体的に家の人に渡す場面まで想像しておくと，渡し忘れや，何と言って

板書例

・じの　まちがいが　ない
・文の　おわりに　まる（。）
・てんを　つける　ところ
・「は」「を」「へ」の　つかいかた

○ かんそう
・〜が　じょうずだと　おもいました。
・〜が　おもしろいです。

◎ よみおわった　とき
「ありがとう。」

◇ いえの　ひとに　よんでもらおう
○ いえに　もって　かえる
○ いえの　ひとに　よんでもらって
かんそうを　もらう

◇ ふりかえろう

※前時の見直しのポイントを画用紙などに書いている場合はそのまま掲示する。それ以外に

1 めあて つかむ　作文を読み合う前に，読み合うときのマナーや感想の言い方を知ろう。

「みんな，がんばって作文を書きましたね。今日は，友達と作文の読み合いをしましょう。」
・友達にも読んでもらうんだね。

まず，作文をどんなふうに渡したらいいですか。
それと，読み終わって返すときは？
渡すときは「お願いします。」
返すときには「ありがとう。」

「せっかく読んでもらったり，読ませてもらったりするのだから，あいさつも上手にできるといいですね。それとよいところを見つけられるといいですね。」

前時の見直しの注意点「字の間違い，句読点，は・を・へ，漢字」などを振り返り，それをもとによいところを見つけられることを示す。

2 読み合う 交流する　友達と作文を読み合い，よかったところを伝え合おう。

では，隣の人と交換しましょう。
読み終わったら，よかったところを相手に伝えましょう。
よろしくお願いします。
はい。

「○○さんと，△△さんの２人組は，相手の作文の上手なところをお互いにきちんと言えていますね。」

読み合う様子を見まわりながら，うまく言えているところを取り上げて褒める。

「読み終わって，じょうずなところ，面白かったところをしっかり相手に伝えられましたか。」

「では，隣の人と読み合うのが終わったら，今度はグループの人と交換しましょう。」

グループでも交換して読み合い，感想を交流させる。

渡せばよいか分からないなどということが少なくなります。

しらせたいな、見せたいな

㋱ ともだちと　さく文を　よみあおう
よい　ところを　見つけよう

〈よみあう　とき〉

◎ さく文を　わたす　とき
「おねがいします。」

◎ よい　ところを　見つけて　つたえる

○ 見なおしの　ちゅういてん

ほめやすいポイントをつづけて書く。

主体的・対話的で深い学び

・低学年にとって，おうちの人との関わりは主体的学びの意欲づけにとても効果がある。それだけに，教師から保護者に対して，あらかじめ作文を持ち帰ることを伝えておいたり，学習の途中経過を知らせておくなどしたりして，受け取る心づもりをお願いしておくようにしたい。

準備物

3 持ち帰る 見せる　家の人に読んでもらおう。

「みんなの作文でよいところがいっぱい見つかりましたね。これを家の人に読んでもらいましょう。」

・やったー！
・うまく書けたね，って褒めてもらえるかな。

先生はお手紙で家の人に作文を持って帰ることを伝えてあります。みんなも，作文をくしゃくしゃにしてしまったり，持って帰ることを忘れたりしないように気をつけましょう。
連絡帳にはさんでおこう。
帰ったら，すぐに渡そう！

「家の人に読んでもらったら，作文を読んだ感想をもらってきてくださいね。」

家の人に感想をもらえるように，作文を持って帰ることとあわせて学年便りなどで事前に伝えておくとよい。

4 振り返る 交流する　学習を振り返ろう。感想を書いて交流しよう。

「しらせたいね，見せたいな」で勉強したことを振り返りましょう。
最初は教科書で書き方を勉強しました。
すぐに作文を書くのではなくて，絵を描いたり，メモを書いたりしました。

・ノートにどの順番で書くか考えて，書き直しました。
・声に出して読み直すと，間違いを見つけやすいと思いました。
・下書きを書いたあとに「見直しで注意するところ」に気をつけて読み直したら，いっぱい直すところがみつかりました。

「知らせたいことを作文にしてみて，思ったことを書きましょう。」

ひと言でも感想を書かせ，交流する。

収録（画像）

まちがいを　なおそう

全授業時間２時間

◉ 指導目標 ◉

・文章を読み返す習慣を付けるとともに，間違いを正すことができる。
・助詞の「は」，「へ」及び「を」の使い方を理解して，文や文章の中で使っている。

◉ 指導にあたって ◉

①　教材について

「しらせたいな，見せたいな」で作文の見直しを経験しています。この単元では，その見直しのみを取り上げて学習します。作文指導の中での見直しは，つい後回しになったり，徹底しなかったりしがちです。この単元で，しっかり指導しておきたいところです。

ただし，作文技術の中でも，一度の指導で見直し（推敲）が定着することはほとんどありません。また，書くことももちろんですが，間違いを直すことも簡単なことではありません。作文を書いたら見直すということを習慣化し，繰り返していく中で，少しずつ見直しのポイントやコツも体得していくことでしょう。

②　主体的・対話的で深い学びのために

はじめのうちは「見直しなさい」と言われても，何をすればよいのか分からず，やる気も出ない，という児童も多いはずです。見直しポイント（句読点「、」「。」や，字の間違いなど）を明確に示し，繰り返し評価することで，児童もするべきことが分かり，はじめは前向きではなかった児童も，徐々に主体的に課題に向かう姿勢が見られるようになります。

作文指導は手間がかかるので，忙しい毎日の中では時間を確保することが難しくなりがちです。継続するためには，日番（日直）が黒板に作文を書いてそれをみんなで推敲するといったことをシステム化するという方法もあります。（日直作文，野口芳宏氏提唱）１日２人ずつで，30 人学級なら 15 回で全員にまわります。気をつけるポイントを明確にしておけば，書く方も読む方も意識するため，一回りした頃には確実に力がついています。

◎ 評価規準 ◎

知識 及び 技能	助詞の「は」,「へ」及び「を」の使い方を理解して，文や文章の中で使っている。
思考力，判断力，表現力等	「書くこと」において，文章を，読み返す習慣を付けるとともに，間違いを正している。
主体的に学習に取り組む態度	これまでの学習をいかし，進んで文章の文字を見直し，適切な表記に正そうとしている。

◎ 学習指導計画　全 2 時間 ◎

次	時	学習活動	指導上の留意点
1	1	・既習の「しらせたいな，見せたいな」の学習で，文章を読み返して間違いに気づいた経験や，日常的に文章を読み返す習慣がついているかなど，これまでの学習を振り返る。	・「しらせたいな，見せたいな」の学習で書いた下書きを見直す。
		・なぜ作文を読み直すとよいのか確かめる。	・作文の見直しは意味があることだと印象づけたい。
		・教科書文章例の間違いを直す。 ・正しい文章をノートに書く。	・間違いに×をつけて，その横に正しいものを書き込ませる。
	2	・教師の出題した文の間違い直しをする。	・文章の見直しポイントを事前に確かめた上で，間違い探しをさせる。
		・「間違い直し」クイズの問題を作る。	
		・自作の「間違い直し」問題の出し合いをする。	・友達と交換して確認させる。

DVD 収録（児童用ワークシート見本）

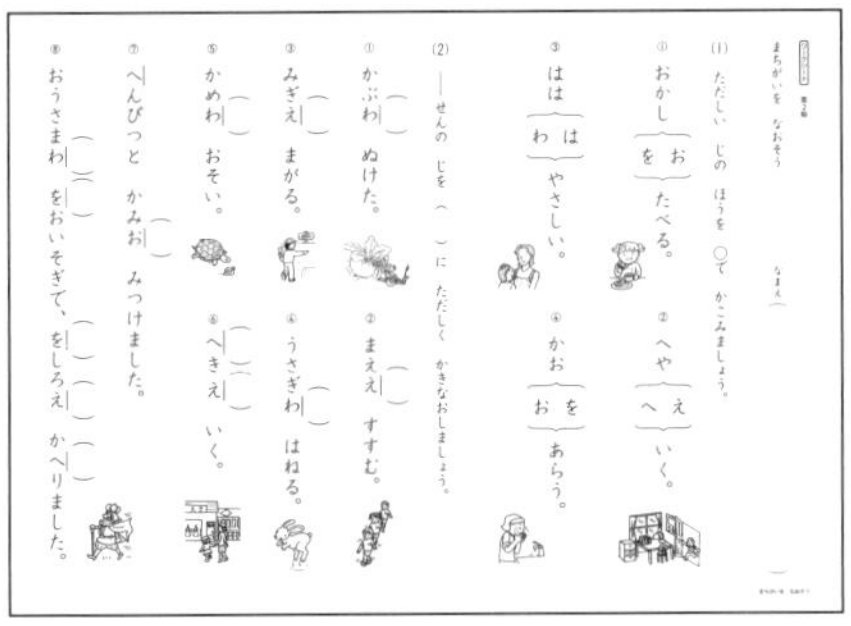
まちがいを なおそう
なまえ（　　）
(1) ただしい じの ほうを ○で かこみましょう。
① おかし｛お・を｝たべる。
② へや｛え・へ｝いく。
③ はは｛は・わ｝やさしい。
④ かお｛を・お｝あらう。
(2) ―せんの じを（　）に ただしく かきなおしましょう。
① かぶわ（　）ぬけた。
② まええ（　）すすむ。
③ みぎえ（　）まがる。
④ うさぎわ（　）はねる。
⑤ かめわ（　）おそい。
⑥ へきえ（　）（　）いく。
⑦ へんぴつと かみお（　）みつけました。
⑧ おうさまわ（　）（　）をおいそぎて，を（　）しろえ（　）（　）かへりました。

まちがいをなおそう

第 1 時 (1/2)

本時の目標

文章を読み返し，間違いを見つけたり，正しく直したりすることができる。

授業のポイント

作文の見直しは，意味があることだと印象づけたい。

本時の評価

文章を読み返し，間違いを見つけたり，正しく直したりしている。

〈事例の提示〉文章を直すことで上手に分かりやすくなった具体的な事例に触れながら説明すると，

板書例

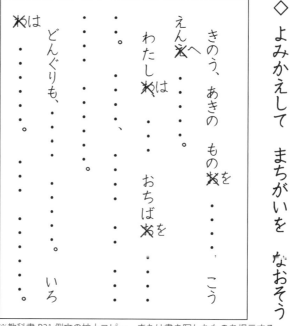

・字の　まちがい
・文の　おわりに　まる（。）
・てん（、）を　つける　ところ
・「は」「を」「へ」の　つかいかた

◇よみかえして　まちがいを　なおそう

きのう、あきの　もの~~お~~を……、こう
えん~~え~~へ……。
わたし~~わ~~は、………おちば~~お~~を……
……、……………
………。
どんぐりも、………。いろ
~~わ~~は…………。

※教科書 P21 例文の拡大コピー，または書き写したものを掲示する。

1 振り返る　作文を読み直した経験について出し合おう。

「『まちがいをなおそう』は，作文の間違いを直す勉強です。」
・「しらせたいな，見せたいな」でも間違い直ししたね。

ノートなどの下書きを見直しながら振り返らせる。

「他にも今までに読み直したり，書き直したりしたことはありますか。」
・先生に言ってもらって，書き直すことはよくあるよ。
・友達との読み合いで，教えてもらったこともある。
・自分では，面倒くさくて，書けたら終わりにしちゃう。

これまでの経験，日常的な習慣を振り返らせる。

2 確かめる　なぜ作文を見直すとよいのか考え，見直すポイントを確かめよう。

「書いた後で，読み直したり書き直したりするのは，だれでも面倒ですね。なぜ，見直しするのでしょう。」
・間違ったままにしないためだよね。

「そうですね。作文が上手になって，分かりやすい文章を書けるようになる方がいいですよね。」

「作文を読み直すときのポイントを覚えていますか。」
・字の間違いがないか。
・文のおわりに丸（。）。
・点（、）をつけるところ。
・「は・を・へ」の使い方。

「作文を書いたら，いつもこのポイントに気をつけて読み直しをすると作文が上手になりますね。」

説得力が増します。

まちがいを　なおそう

ⓜ まちがいなおしを　しよう

◇なぜ　見なおしするのか
かんがえよう

・さく文が　じょうずに　なるから
・わかりやすい　文しょうが　かけるから

※児童の発表を板書する。

〈見なおしで　きを　つけること〉

主体的・対話的で深い学び

・作文を書くことが好きな児童でも，「見直しするのはあまり好きではない」という場合も少なくない。クイズ感覚で見直し，直すところを見つける面白さを味わわせることで，主体的に学習に取り組むことが期待できる。

準備物

・教科書P21の例文の拡大コピー

3 読む 見つける　教科書 P21 の例文を読み，間違いを見つけて直そう。

「教科書 21 ページの『まちがいをなおそう』の文を声に出して読みましょう。」

例文を音読する。

読んでみて，間違いは見つけられましたか。
「ものお」の「お」が間違いです。
「こうえんえ」の最後の「え」も違います。

「たくさん，間違いがありそうですね。間違っているところを正しく直しましょう。教科書に書き込んだらいいですよ。間違いに×をつけて，その横に正しいものを書きましょう。」

・まだいっぱいあるよ。
・全部みつけるぞ。

児童それぞれで取り組ませる。

4 確かめる 書く　間違いをみんなで確かめ，正しい文章をノートに書こう。

「間違いを全部見つけられましたか。まず，間違いがいくつあったか聞いてみましょう。1 個の人。」

・それは，ないよ。

「では，2 個の人いますか。」

順に聞いていく。数を尋ねることで，自分の答えを確かめようとするはずである。これだけでも見落としや，勘違いが減少するだろう。

間違いが5個だという人が多かったですね。では，順番に言ってもらいましょう。まず，最初が？
「ものお」の「お」
「こうえんえ」の「え」
「わたしわ」の「わ」

他に「おちばお」「いろわ」と順に確かめていく。

「すべて『は』『を』『へ』の間違いでしたね。では，正しい文章をノートに書きましょう。」

まちがいを なおそう

第 2 時 (2/2)

本時の目標

書いた文章を読み返し，助詞「は・を・へ」などを正しく使って書くことができる。

授業のポイント

間違い直しに楽しく取り組ませたい。そのために，テンポよくできない児童には，ヒントを与えて正解を出させるなど工夫する。

本時の評価

書いた文章を読み返し，助詞「は・を・へ」などを正しく使って書いている。

〈個別の支援〉 問題の文を作ることが難しい児童には，教科書から文を取り出し，一部を間違いに

板書例

〈まちがいなおし　もんだい〉

・き~~よ~~ょう~~わ~~は、がっこうが　やすみだった。

・き~~よ~~ょうの　し~~ゆ~~ゅくだいプリント~~お~~を

わすれずに　もってかえ~~つ~~ってください。

◇もんだいを　つくって　だしあおう

・き~~よ~~ょう、わたし~~わ~~は、なかにわ~~え~~へ

い~~つ~~って、かだんに　みずやり~~お~~を

しました。

※児童が発表した問題を板書する。

1 めあて　本時の課題を知り，文を見直すポイントを確かめよう。

「前の時間は，教科書の文で間違っているところを見つけて直す勉強をしましたね。」

・間違い探しクイズみたいで楽しかったね。

今日は，自分たちで間違い探しクイズの文を書いて，友達とクイズを出し合います。
わざと間違いのある文を作るってことだね。
クイズの文なんて，どうやったら作れるのかな。

「間違いのある文をクイズで作るには，正しい文が分かっていないと書けません。まずは，間違いを見つけるポイントを確かめましょう。」

字の間違い，句読点，「は・を・へ」などの見直しポイントを再確認する。

2 つかむ　間違い直しの練習をしよう。

では，最初に，先生が問題を出します。間違いを見つけてください。
どんな間違いがあるかな。
ぜんぶ見つけられるかな。

「黒板に書くので，分かった人は，だまって手を挙げてください。」

黒板に「きようわ，がこうがやすみだた」と書く。

・すぐ分かるよ。

・間違いがいくつもあるね。

「では，分かる人，手を挙げて。」

1人ずつ指名して，前に出して書かせる。

「丸（。）もあわせると，5個の間違いでした。」

・もっとやりたい。

いくつか問題を出し，クラス全体で間違い探しをする。

変更して作るようにさせてもよいでしょう。

まちがいを　なおそう

㋱ まちがいなおしクイズを　つくろう

〈見なおしで　きを　つけること〉

・字の　まちがい
・文の　おわりに　まる（。）
・てん（、）を　つける　ところ
・「は」「を」「へ」の　つかいかた

主体的・対話的で深い学び

・練習のときは，ペアで考える時間をとってもよい。対話的に取り組むことで気づきも増え，より深い理解につながるだろう。

準備物

・間違いさがしワークシート　（児童数）
（児童用ワークシート見本　DVD 収録【1下_03_01】）

3 書く 対話する　自分で問題を作ってみよう。

「今度は，みんなに問題を作ってもらいます。」
・どうやって書いたらいいのかな。

「昨日や今日あったできごとや思ったことをまず正しく書いてみましょう。それを，教科書のように，わざと間違った文字にいくつか変えてみればいいんです。」

あんまり長いと大変なので，問題の文は１つにしましょう。
「きのう，ぼくは　おばあちゃんの　いえへ　いきました。」これを，間違った字に入れ替えてクイズの問題文にすればいいんだな。

「書くことが分からない人は，教科書の文を使ったらいいですよ。たとえば，くじらぐもの文を写して，その中の字をわざと間違いにするのでもいいですよ。」
・それならできるね。

4 対話する　問題の出し合いをしてみよう。

「誰かできた人いますか。」
・はい，「きよう，わたしわ，なかにわえ　いつて，かだんに　みずやりお　しました」です。

発表する児童が書いた問題文を，板書し，クラス全体で間違い探しをしてみる。

「うまく問題が作れましたね。みんなも同じように作れましたか。」

では，ノートを交換して，友達の作った問題の間違い直しをしましょう。
「きようわ　みんなで　うたお　うたいました。」間違いは…，２つかな。いや，３つだ。
「きのう，ぼくわ　おばあちゃんの　いええ　いきました」の中の間違いは…。

時間があれば，２回目，３回目に取り組ませたり，ワークシートに取り組ませてもよい。

ことばを　たのしもう

全授業時間 2 時間

◉ 指導目標 ◉

・長く親しまれている言葉遊びを通して，言葉の豊かさに気づくことができる。

◉ 指導にあたって ◉

①　教材について

日本語のリズムや楽しさを体感する教材です。どちらの教材も，笑い出す児童がきっとたくさんいることでしょう。音読は楽しいものだということを実感させてくれる教材を使って，列ごとや男女交代など様々な形式で楽しみたい単元です。

音読を楽しむこと，暗唱して自分の言葉として表現することで，言葉の感覚が育ちます。「ぞうさんのぼうし」では濁音，「きっときって〜」では促音について意識させます。教科書巻末（P130－132）の 50 音表なども合わせて活用するとよいでしょう。

朝の会や終わりの会のプログラムに詩の暗唱を取り入れることも可能です。週ごとに教材を変えて暗唱していくのもよいでしょう。1 年間，継続するとかなりの数の蓄積ができます。暗唱することは，覚えた詩が多いというだけでなく，集中力や自信にもつながります。学級経営上もよい影響が期待できます。

②　主体的・対話的で深い学びのために

国語の授業で指導している期間だけでなく，できれば一定期間，早口言葉などについて朝の会で発表するなど，楽しく活動に取り組ませましょう。そうして，主体的に言葉遊びについて調べたり練習したりする機会を増やします。そのうち，友達と遊んだりしている自由時間にも，自然と，早口言葉や言葉遊びのフレーズが出るくらい親しんでくれるようになるでしょう。

◉ 評価規準 ◉

知識 及び 技能	長く親しまれている言葉遊びを通して，言葉の豊かさに気づいている。
主体的に学習に取り組む態度	これまでの学習や経験をいかし，積極的に詩や早口言葉を楽しみ，発声や姿勢に気をつけながら声に出して読もうとしている。

◉ 学習指導計画　全 2 時間 ◉

次	時	学習活動	指導上の留意点
1	1	・教科書 P22，23 の詩「ぞうさんのぼうし」を楽しく音読する。 ・読み方の工夫を思い出し，いろいろな読み方で音読してみる。 ・グループ別に読み方を工夫して音読する。 ・教科書 P22「きっときって～」を楽しく音読する。	・濁音や濁音が繰り返すおもしろさを味わわせる。 ・暗唱するくらい，繰り返し取り組ませる。
	2	・教科書 P23 の早口言葉を楽しく音読する。 ・早口言葉を視写する。 ・他の早口言葉を見つけて唱える。 ・早口言葉大会をする。	・最初はゆっくり音読し，少しずつ速く読めるよう練習させる。 ・他の早口言葉も用意しておく。

早口言葉例（DVD資料より）

・赤パジャマ黄パジャマ青パジャマ
・隣の客はよく柿食う客だ
・この釘は引き抜きにくい釘だ
・坊主が屏風に上手に坊主の絵をかいた
・どじょうにょろにょろ三にょろにょろ
　あわせてにょろにょろ六にょろにょろ
・老若男女
・除雪車除雪作業中
・新春シャンソンショー
・東京特許許可局許可局長
・バスガス爆発 バスガス爆発 バスガス爆発
・竹屋の竹薮に竹立てかけたのは，竹立てかけたかったから，
　竹立てかけた
・親亀子亀子孫亀 親鴨子鴨子孫鴨（子孫を「こまご」と読む）
・お綾や親にお謝りお綾やお湯屋に行くと八百屋にお言い
・大皿の上におおよもぎ餅 小皿の上にこよもぎ餅
・桜咲く桜の山の桜花 咲く桜あり 散る桜あり
・裏庭には二羽，庭には二羽，ニワトリがいる
・瓜売りが瓜売りに来て 瓜売りのこし 瓜売り帰る瓜売りの声

DVD 収録（黒板掲示用イラスト，資料）

ことばをたのしもう

第1時 (1/2)

本時の目標

楽しく音読して言葉のおもしろさを味わうことができる。

授業のポイント

音読の楽しさを味わわせたい。変化をつけながら繰り返し音読し，「楽しんでいるうちにいつの間にかうまくなっていた」という状態を目指す。

本時の評価

色々な工夫をして音読し，言葉の楽しさを味わっている。

板書例

〈音読の工夫〉音読の工夫をするときは，内容と合わせた読み方が説明できれば，とてもよい工夫

☆ グループで
・一人一ぎょうずつ
・みんなで よむところ、一人で よむところを わけて
・はんぶんずつ

※

だじづでど・・・
でん・・・・
ばびぶべぼ・・・
ぱぴぷぺぽ・・
ふ・・・・
（なかがわ りえこ）

※※

きっと・・・・・・
きっと・・・・・・・・・
（たにかわ しゅんたろう）

※※

※※教科書 P22，23 の詩の拡大コピー，または書き写したものを貼る。

1 音読する つかむ

「ぞうさんのぼうし」をリズムよく音読しよう。

「分からない言葉はありますか。」

「ざくろ」「でんぐりがえり」など簡単に説明する。あわせて挿絵の様子もおさえ，理解を確かめる。

読むことが上手な児童は，すぐに楽しんで読むだろう。一方，苦手な児童は，濁音，半濁音の混じった文にとまどうかもしれない。

この時間は，ほとんど暗唱するくらいに，繰り返し音読に取り組ませたい。リズムが重要なので，1 行ごとに一気に読んでいくように指導していく。

2 音読する 工夫する

いろいろ工夫した読み方で音読してみよう。

実際に，声の大小，速さ，間などを変えて音読してみせるか，何人かの児童に見本で音読してもらう。

「こんな読み方もできますよ。」

手拍子をしながら読んでみせる。各行の最初の 5 文字「ざじずぜぞ」「ざくろのえ」などの部分だけを 1 文字 1 打ちするなど，様々なことが考えられる。1 つ 1 つの読み方を完璧にする必要はなく，楽しんで読むことを前提にテンポよく進めていく。

児童にも，動作やメロディをつけるなど，いろいろな工夫を考えさせるとよい。

と言えます。

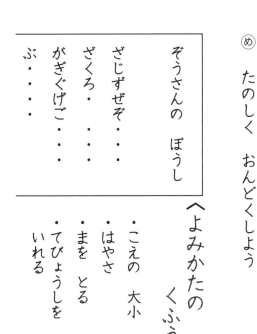

ことばを　たのしもう

㋱　たのしく　おんどくしよう

ぞうさんの　ぼうし
ざじずぜぞ・・・
ざくろ・・・・
がぎぐげご・・・
ぶ・・・・

〈よみかたの　くふう〉
・こえの　大小
・はやさ
・まを　とる
・てびょうしを　いれる

※児童の発表を板書する。

主体的・対話的で深い学び

・読み方を工夫する場面では，ペアで取り組むことも考えられる。対話的に読み方を考えることで，いろいろなアイディアが生まれてくるかもしれない。

準備物

・教科書P22，23の詩の拡大コピー（または書き写したもの）
・黒板掲示用イラスト　DVD 収録【1下_04_01】

3 音読する 対話する　グループになって，いろいろ工夫して音読しよう。

「次は，グループで読んでみましょう。最初は，どこかのグループに見本で音読してもらいます。」

グループでそろって全文を読む方法で，1つか2つのグループに全体の前で音読してもらう。

「どのグループも上手にそろって読めましたね。」

今度はグループで工夫してみましょう。どんなことができるでしょう。
1行ずつ，交代で読んでみようよ。
全員で読む行と，一人ずつ読む行とで分けて読むのはどうかな。

なかなか考えが出ないようであれば，「1人1行ずつ」「グループを半分に分けて交互に」「半分ずつ大小の声で」など例を出してもよい。

時間を見ながら，いくつかの班に発表させる。

4 音読する つかむ　「きっときって～」を音読しよう。

「次は，『きっときって～』の詩です。」
・なにこれ～?!
・切手のことだよ。挿絵があるから分かる！

「意味は分かりますか。」
・最初の「きっと」は，「絶対に」の意味かな。
・次の「きって」は，挿絵にもなっている切手だよ。
・「きっと，切手を買ってきてね。きっと，切手を買って，葉書や封筒に貼ってきて」っていう意味だね。

おもしろい詩ですね。どんなふうに読むか考えてみましょう。
じゃあ，わざと速く読んでみる？
あわてている感じはどうかな。

途中でリズムを変えるなどの読み方を紹介してもよい。

ことばをたのしもう

第 2 時 (2/2)

本時の目標

早口言葉を唱えて楽しむことができる。

授業のポイント

楽しく取り組むことで，結果的に言葉への関心が高まる。苦手な児童はゆっくりでもよいので，楽しい雰囲気を崩さずに取り組ませたい。

本時の評価

早口言葉を暗唱したり，早く唱えることに挑戦したりしている。

〈音読の工夫〉早口言葉は教師も一緒に楽しむつもりで，楽しい雰囲気の中で取り組むとよいで

板書例

あおまきがみ
あかまきがみ
きまきがみ

※

かえる　ひょこひょこ
三《み》ひょこひょこ
あわせて　ひょこひょこ
六《む》ひょこひょこ

※

・あかパジャマ　きパジャマ　あおパジャマ
・となりの　きゃくは　よく　かき　くう
きゃくだ
・どじょうにょろにょろ　三にょろにょろ
あわせて　にょろにょろ　六にょろにょろ
・ぼうずが　びょうぶに　じょうずに
ぼうずの　えを　かいた

※児童の発表を板書する。

はやくちことば　たいかい

※教科書 P23 の早口言葉の拡大コピー，または書き写したものを貼る。

1 めあて 音読する　教科書の早口言葉をゆっくり音読しよう。

「早口言葉」って知っていますか。
おもしろいけれど，速く言うのは難しいんだよね。
知ってる！　速く言う言葉だ。

「そうですね。ふつうの言葉より少し言いにくくなっているのをわざと速く読むのですね。」

「では，教科書 23 ページの早口言葉を先生が読むので，続けて読んでください。」

最初なのでゆっくり読む。

「なまむぎなまごめなまたまご。」

・なまむぎなまごめなまたまご。

残り 2 つの早口言葉も同様にゆっくり読む。

「ゆっくりなので，上手に読めましたね。」

2 読む 書く　早口言葉を練習しよう。早口言葉を視写しよう。

「それでは，速くしていきますよ。『なまむぎ～』」

・なまむぎ　なまごめ　なまたまご。

「次はもっと速いですよ。『なまむぎ～』」

・なまむぎなまごめなまたまご。

「どうでしたか。ちゃんと言えましたか。」

残り 2 つの早口言葉も同様に練習する。

では，これらの早口言葉を視写しましょう。読むときは速く読みましたが，字はゆっくりていねいに書きましょう。
言いながら，書いていこう。
もう覚えたから，見なくても書けそう。

短くて分かりやすい文なので，「字をていねいに」「改行 1 行あけを忘れない」などしっかり意識させる。

早く書けた児童には，これらの早口言葉を暗唱させたり，もっと速く言うことに挑戦させたりする。

しょう。

ことばを　たのしもう

㋱　はやくちことばを　たのしもう

〈はやくちことば〉

・はやく　よむ

・いいにくい　ことば

なまむぎ　なまごめ　なまたまご

※

主体的・対話的で深い学び

・早く読む場面では，全体や列ごとなどで速さを比べることを予告すると，より主体的に練習に取り組むだろう。

準備物

・教科書P23の早口言葉の拡大コピー（または書き写したもの）

・黒板掲示用イラスト　DVD 収録【1下_04_02】

・早口言葉例（資料　DVD 収録【1下_04_03】）

3 交流する 唱える　他の早口言葉も見つけて，唱えよう。

「早口言葉は，他にもいろいろあります。何か聞いたことありますか。」

・赤パジャマ，黄パジャマ，青パジャマ
・隣の客はよく柿食う客だ
・どじょうにょろにょろ三にょろにょろ
　合わせてにょろにょろ六にょろにょろ

なかなか発言が出ない場合，事前に用意しておいた早口言葉を板書する（掲示する）。難易度に差があるものを用意できると児童の意欲が高められる。

言えるようになったら，隣の人に聞いてもらいましょう。
うまく言えるかな…。
最初はゆっくりでもいいよ。だんだん速く言ってみたら？

4 発表する　早口言葉大会をしよう。

好きな早口言葉をみんなに紹介しましょう。
坊主が屏風に上手に坊主の絵をかいた
すごく速く言えたね！

「他に，言いたい人いますか。そんなに速く言えなくても大丈夫ですよ。」

早口言葉大会では，上手に言えたかどうかで順位をつけることよりも，たくさんの早口言葉に触れ，楽しさを味わわせたい。

１人で挑戦したい児童には，１人で発表させる。練習の様子を見て１人での発表が難しそうな場合は，教師が読み上げて紹介して，みんなで唱えて楽しむようにしてもよい。

かん字の　はなし

全授業時間 6 時間

◉ 指導目標 ◉

・第 1 学年に配当されている漢字を読み，漸次書き，文や文章の中で使うことができる。
・語と語との続き方に注意しながら，内容のまとまりが分かるように書き表し方を工夫することができる。

◉ 指導にあたって ◉

①　教材について

漢字の成り立ちについて学ぶ教材です。小学生の間に学ぶ漢字の大半は，意味と音との組み合わせによる形声文字です。この教材で扱う漢字 11 字は，見える物の形や様子を具体的にえがいた文字（象形文字）と，目に見えない事柄を印や記号を使って表した文字（指示文字）であり，その成り立ちは，漢字への関心を高めることになるでしょう。

学年が進むと，とにかく覚えることに精一杯になりがちです。漢字嫌いを増やさないためにも，成り立ちを印象づけることで漢字の楽しさを味わわせたいものです。

1 年生の配当漢字は 80 字です。2 年生以降と比べると，数は少なく，画数も少ないものが多いと言えます。その一方で，初めて漢字を本格的に学習する学年であり，指導時期も 2 学期からであることを考えると，実は，児童にとってはそんなに簡単なことではないことも分かります。1 年生の漢字だからといって楽観視せず，定期的に小テストを行ったり，定着が不十分な児童がいないかのチェックをしたりということも忘れずに行いたいものです。

②　主体的・対話的で深い学びのために

漢字に成り立ちがあることを知るだけでも，興味を持つ児童が増えるはずです。ぜひこの単元だけに終わらず，日常的に漢字の字源を話題にすることで漢字に主体的に向かう姿勢を育てたいところです。

◎ 評価規準 ◎

知識 及び 技能	第１学年に配当されている漢字を読み，漸次書き，文や文章の中で使っている。
思考力，判断力，表現力等	「書くこと」において，語と語との続き方に注意しながら，内容のまとまりが分かるように書き表し方を工夫している。
主体的に学習に取り組む態度	積極的に漢字の成り立ちに興味をもち，学習課題に沿って漢字を使った短い文を書こうとしている。

◎ 学習指導計画　全６時間 ◎

次	時	学習活動	指導上の留意点
1	1 2	・教科書 P24，25 を読み，絵や印からできた漢字の成り立ちに興味を持つ。	・成り立ちを知ることで漢字が覚えやすくなることも印象づけたい。
	3	・教科書 P26，27 を見て，絵の部分に漢字があてはめられることを理解する。 ・教材文にある漢字の成り立ちや筆順を知り，正しく読む。	・次時にゆとりを持って書く練習ができるように，できるだけこの時間で読み方を覚えさせる。
	4	・新しく習った漢字を正しく書く練習をする。 ・新出漢字の小テストをする。	・1字ずつ練習させ，字形や筆順を覚えさせる。 ・間違えた漢字は，ノートに練習させる。
2	5 6	・習った漢字を使って，語と語の続き方に注意して短文を書く。 ・作った文を読み合い，交流する。	・文作りは，児童によってとても差がでる活動なので，全く書けない児童がいることを前提に，見本やアドバイスを用意しておく。

DVD 収録（黒板掲示用カード，児童用ワークシート見本）

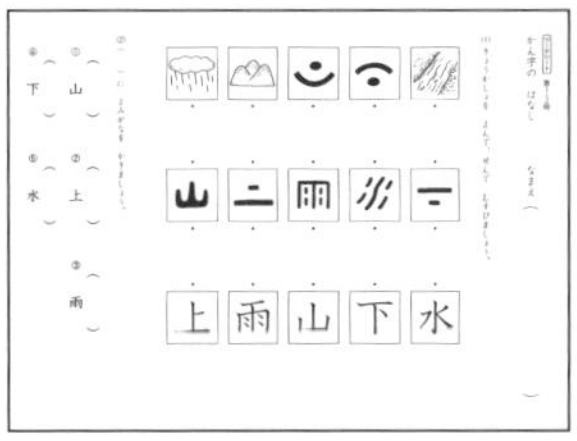

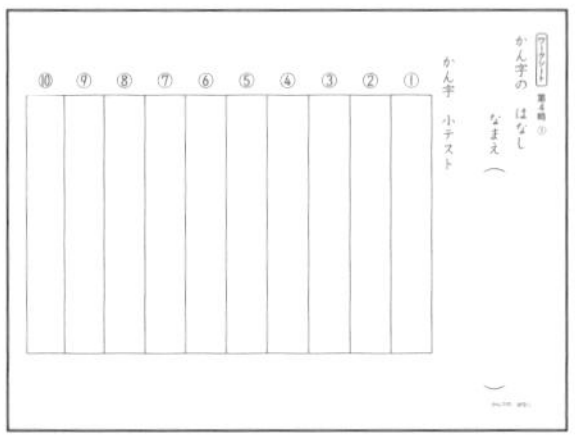

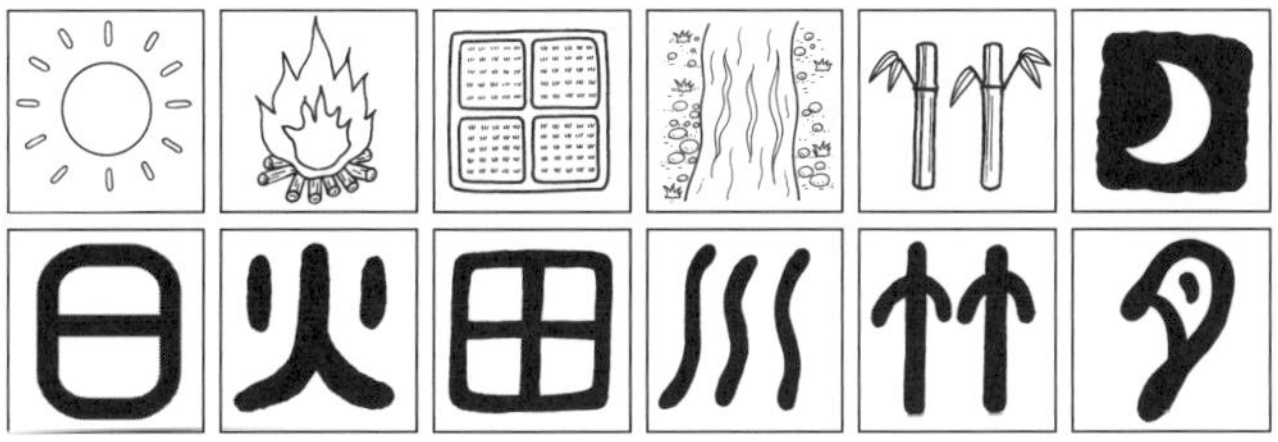

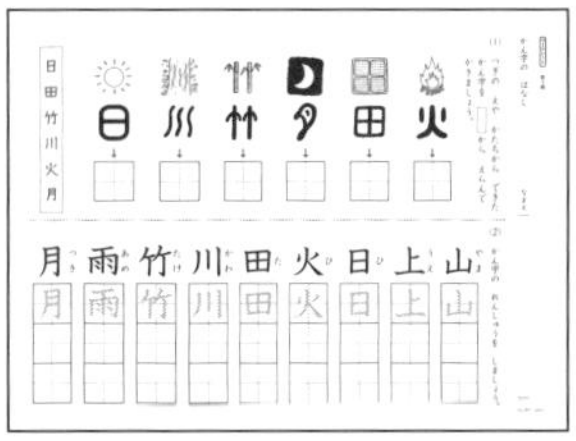

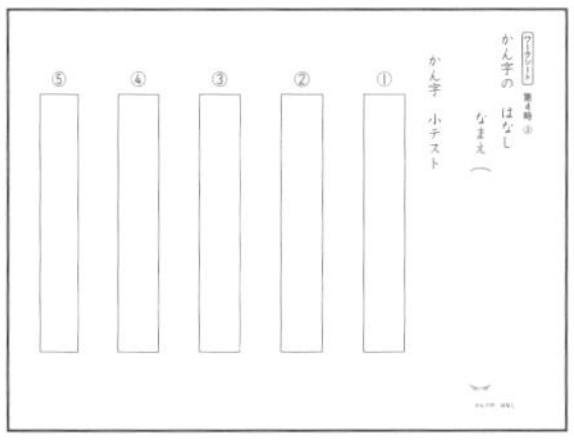

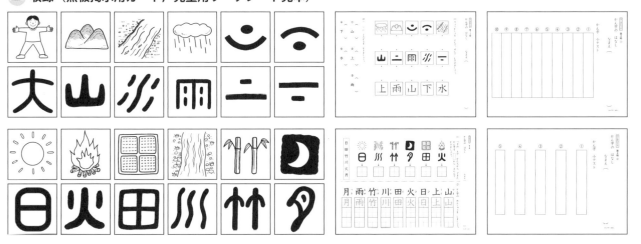

かん字のはなし

第1,2時（1,2/6）

本時の目標

絵や印からできた漢字の成り立ちに興味をもつことができる。

授業のポイント

成り立ちについて児童の予想がでたらそれも尊重するなど，できるだけ意欲や関心を重視した時間にしたい。

本時の評価

漢字の成り立ちについて関心をもって話を聞いている。

〈理解を深める〉字源については，実際に描かせたり，「大」の字のように体で再現させたりすると，

板書例

かん字の　なりたち

かん字は　どのように　できたのか

（かんたんな　え）

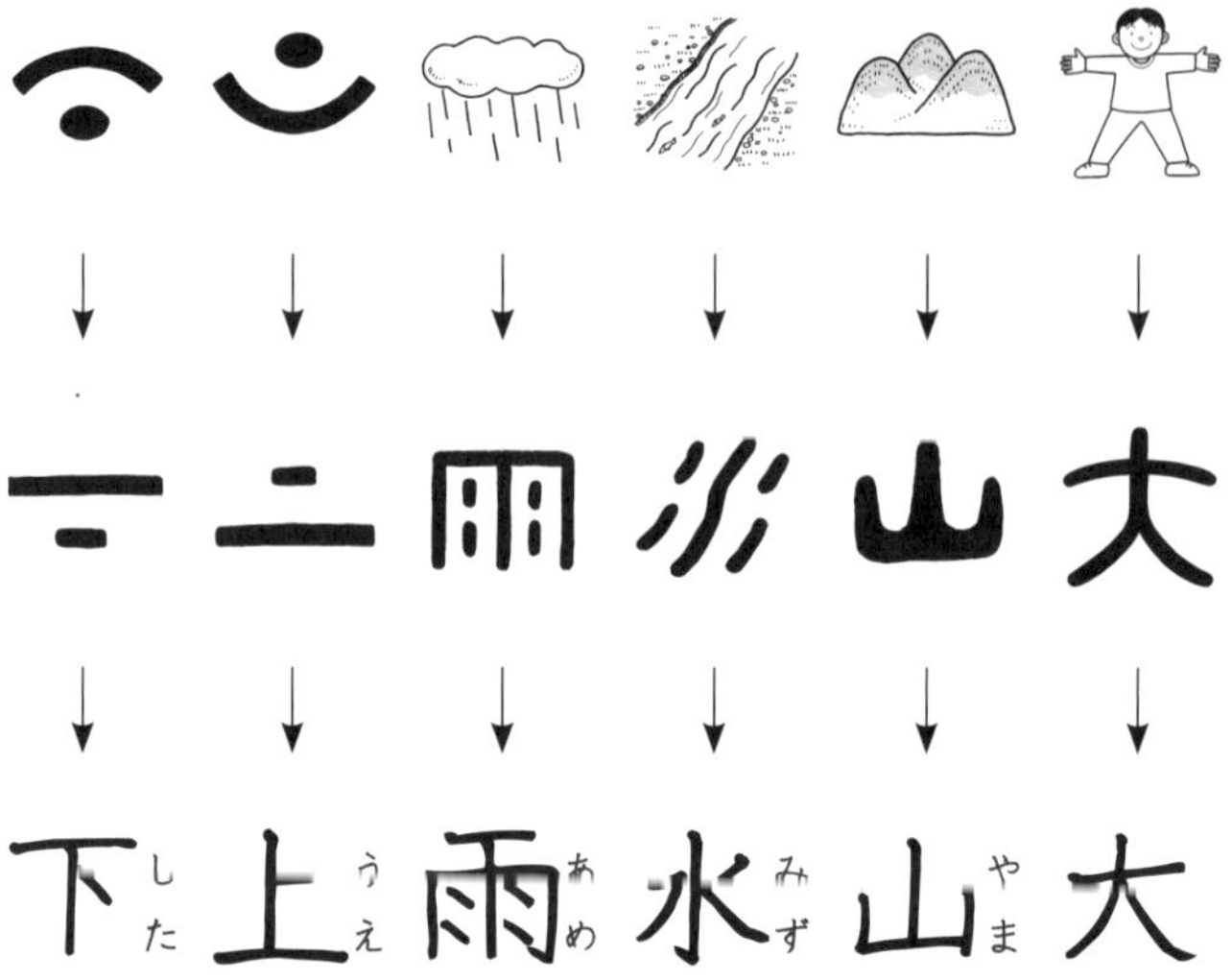

（かん字）

大
山《やま》
水《みず》
雨《あめ》
上《うえ》
下《した》

1 振り返る めあて

既習の漢字を思い出そう。
本時の課題を確かめよう。

今までに習った漢字は，何がありましたか。
「くじらぐも」で子，空，男，女…と，たくさん習いました。
一，二，三，…，十！

「そうでしたね。『一』や『二』は，どうしてこんな形だったか分かりますか。」
・ぼうが１本と２本の絵から。

「よく分かりましたね。そういうふうに，どのようにして漢字ができたのか，そのでき方を漢字の『成り立ち』と言います。今日は新しい漢字の成り立ちの勉強をします。」

2 読む 確かめる

教科書 P24，25
「かん字のはなし」を読もう。

「先生が『かん字のはなし』を読みます。教科書の絵も見ながら聞きましょう。」（P24，25 を範読）

「次は，みんなで読みましょう。」

いろいろな読み方で繰り返し音読する。

では，『山』という漢字は，文章の下のどこにありますか。
山の絵です。
はい！
最初にあります。

各漢字の説明文を１文ずつ区切りながら，下の絵と見比べていく。

「それでは，『水』は？」
・「山」の字の横にあります。
・川の絵からできたんだね。

より理解が深まります。

かん字の はなし

(め) かん字の なりたちを しろう

〈いままで ならった かん字〉

・木、大、小

・一、二、三、四、五、六、七、八、九、十

・子、空、男、女、手、天、青

・見、学、校、虫、文、正、字

※児童の発表を板書する。

主体的・対話的で深い学び

・漢字の字源（成り立ち）は，教科書に出ているものだけでなく何種類もあるのがふつうである。そう考えると，児童が思いついたものが，たとえ，字典に載っていなくても必ずしも間違いとは言えない。このような意識をもって，児童の意見を否定せずたくさん引き出すことで，主体的に漢字に向かう姿勢ができてくるはずである。

準備物

・黒板掲示用カード　DVD 収録【1下_05_01～1下_05_06】

・ワークシート（児童数）

（児童用ワークシート見本　DVD 収録【1下_05_07】）

3 知る つかむ　漢字「大」の成り立ちについて知ろう。

「漢字は，はじめは何だと書いてありましたか。」

・簡単な絵のようなものです。

「『山』は，最初から今の形ではなかったのですね。」

・２つ目の形が絵と漢字の間の形のようだね。

『大』もはじめは，簡単な絵でした。分かりますか。
大きな人に見えます。
大きなものかな。

「そうです。人が手足を広げている絵からでした。」

・大きい，って言っているのかな。

・大きく見せようとしているみたい。

「このような漢字の成り立ちについて，いろいろ予想すると楽しいですね。」

既習の漢字の成り立ちから，意欲や関心を引き出す。

4 知る とらえる　「かん字のはなし」で出てくる漢字の成り立ちを絵と文で確かめよう。

「山の絵はどれでしたか。教科書を指で押さえてみましょう。（全員が押さえていることを確認して）では，その１つ下を押さえて。次に，その下の『山』の漢字を押さえてください。」

「こうして，『山』の漢字ができたのですね。」

「水」「雨」「上」「下」の漢字の成り立ちも順番に見て，読み方も確認していく。教科書の二次元コードから「山」「雨」「上」の成り立ち動画を見せるとよい。

お話を読んで，５つの漢字が，その姿や様子，何かを示す印からできたということが分かりましたね。
「山」は姿から，「水」「雨」は様子からだね。
「上」と「下」は印からです。

成り立ちの違いについて確かめ合う。時間があれば，ワークシートで成り立ちや読み方の理解を確認する。

かん字のはなし

第 3 時 (3/6)

〈関心を引く〉 教室に字源の載っている本や字典を置いておくと，興味を持った児童は自分から

本時の目標

漢字の成り立ちを理解し，正しく読むことができる。

授業のポイント

次の時間の書く練習がゆとりをもってできるように，できるだけこの時間で読み方を覚えさせることを目指す。

本時の評価

新しく習った漢字の成り立ちを理解し，漢字を正しく読んでいる。

板書例

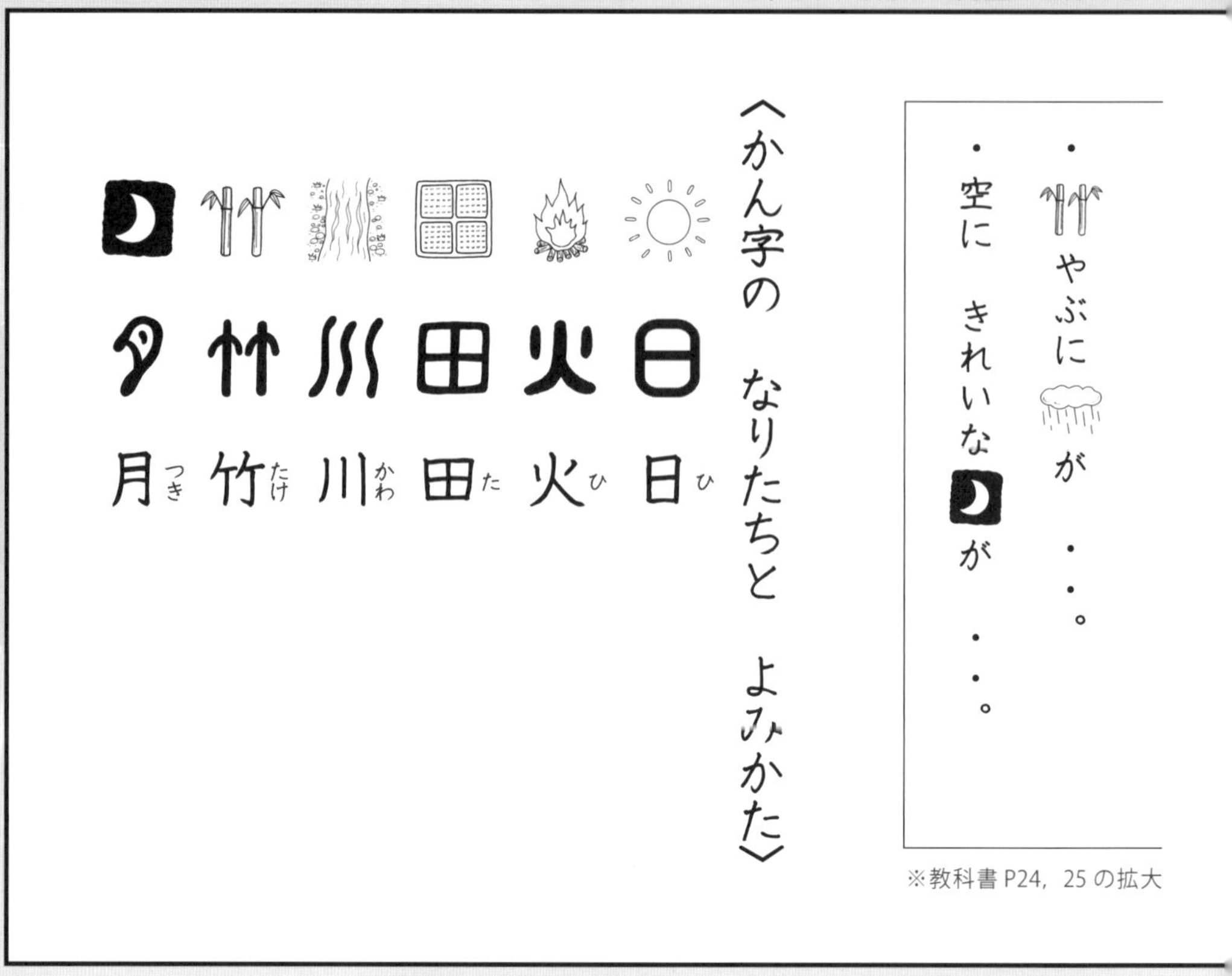

・やぶにが・・。
・空に　きれいなが・・。
〈かん字の　なりたちと　よみかた〉
日　火　田　川　竹　夕
日《ひ》　火《ひ》　田《た》　川《かわ》　竹《たけ》　月《つき》

※教科書 P24，25 の拡大

1 めあて つかむ

教科書 P26，27 を見て，本時の課題を確かめよう。

教科書 26, 27 ページを見ましょう。文章に絵が入っていますね。どういうことか分かりますか。
最初の問題の始まりは山の絵だ。
ここに「山」の字を入れて読めばいいんだ！

「そうです。『山』は分かりましたね。前の時間にやったことを思い出してみましょう。他にどんな漢字の成り立ちを勉強しましたか。」

・「水」「雨」「上」「下」です。

「そうです。前のページを見れば分かりますね。」

教科書 P26，27 の教材文を見て，絵の部分にそれぞれの漢字を入れることで文章ができ上がることに気づかせる。

「最初の文は，どう読めるか確かめましょう。」

・2 つ目の絵は「上」という漢字です。

2 知る

新出漢字の「成り立ち」を見ていこう。

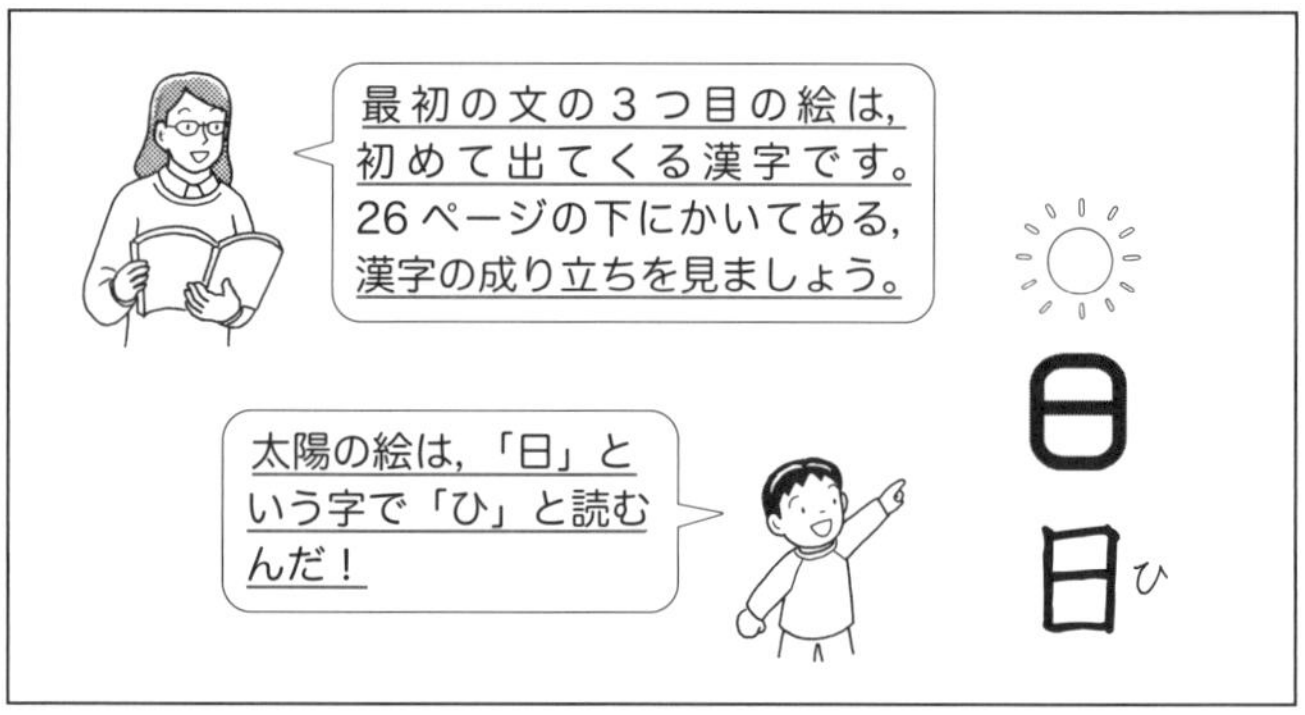

最初の文の 3 つ目の絵は，初めて出てくる漢字です。26 ページの下にかいてある，漢字の成り立ちを見ましょう。
太陽の絵は，「日」という字で「ひ」と読むんだ！
日
日《ひ》

「では，最初の問題文は，もう読めますね。」

・はい！「山の上に日がのぼる。」です。

「『日』という漢字は，どのようにできたと言えますか。」

・「お日様」の姿から，「日」という漢字ができました。

「では，2 行目の文を見てみましょう。『火』の漢字の成り立ちはどうですか。」

・燃える火の絵からできています。

・「火」が燃える様子から，「火」の漢字ができました。

「田」「川」「竹」「月」も同じように進める。

手に取るようになります。

㋱

かん字の　はなし

あたらしい　かん字の　なりたちを　しり
よみかたを　おぼえよう

・の　に　が・・・。
・ろうそくの　を・・・。
・んぼに　なえを・・・。
・に　小さな　さかなが・・・。

コピーを掲示する。

主体的・対話的で深い学び

・児童が教科書に出ている以外の漢字についても興味を示せば，積極的に拾い上げて話題に取り上げていきたい。漢字字典を紹介してもよいし，単なる予想を楽しむ活動でも主体的な学習につなげられるだろう。

準備物

・黒板掲示用カード　DVD 収録【1下_05_08～1下_05_13】

3 書く　教材文の絵の漢字を，教科書に書き込もう。

「文の中にある絵に入る字が分かりましたね。1行目にある絵は，何の字になりますか。」
・「山」です。

「『山』の字の書き順は，最初がまん中の線で次がかぎかっこの下のような線です。最後に，右側の縦線です。」

「また，何度も練習するから大丈夫です。今は，初めてなので，1つずつ説明していきます。」

教科書P27左側の書き順を参考にさせながら，教材文の絵の横に当てはまる文字を教科書に書き込ませる。

4 読む　教科書の例文を読もう。

「読み方を忘れたら，下に書いてあるから見てください。」
・下を見なくても大丈夫。もう覚えたよ。

「では，最初からゆっくり読みます。さん，はいっ。」
・（全員で）山の上に日が～

普段の音読よりも，ゆっくり1行ごとに間をおいて読んでいく。

「新しい漢字の読み方は，もう，みんな覚えたかな。」

黒板の漢字を指して練習する。

かん字のはなし

第4時　(4/6)

本時の目標

筆順を理解し，習った漢字を正しく書くことができる。

授業のポイント

この時間で字形や書き順を覚えるとともに，練習の仕方についても意識させたい。

本時の評価

新しく習った漢字を正しく読んだり，書いたりしている。

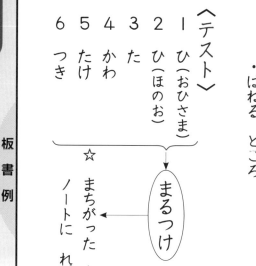

〈聞き取り学習〉問題を耳で聞いて取り組むという学習は，１年生にとっては高度な方法です。

板書例

川　かわ
竹　たけ
月　つき

上　うえ
下　した

◎　きを　つける　こと
・かきじゅん
・かどを　まるく　しない
・ていねいに
・はねる　ところ

〈テスト〉
1　ひ（おひさま）
2　ひ（ほのお）
3　た
4　かわ
5　たけ
6　つき

まるつけ

☆　まちがった　かん字は
ノートに　れんしゅう

1　書く　習った漢字を空書きしてみよう。

「前の時間に習った漢字は，覚えていますか。」
・もう読める！
・でも，書けるかな…。

「では，空書きをしてみましょう。人差し指を出して。」
・空中に字を書くんだね。

『日』を書きます。縦の線からです。二画目は，鍵型になっているので，『にい』ではなく，『にいーい』とした方がいいですね。さん，はいっ。
いち，にいーい，さん，し。

「残りの漢字も空書きしてみましょう。」

新出漢字をひとつずつ確認していく。

2　書く　習った漢字を練習しよう。

「今度は，ノートに書いてみましょう。」（ワークシートでもよい）

「空書きで，『日』の二画目は，気をつけて『にいーい』としましたね。ノートに書くときも，角が丸くならないように，ていねいに書きましょう。１度，角で止まってから下にいくと，うまく書けますよ。」

角やはねといった細かい部分を意識させると，文字全体をていねいに書くようになる。

１文字ずつ書いてみましょう。書いたら先生が丸をつけていきますので，手を挙げて下さい。
ていねいに書こう。
２画目は「にいーい」だね。

机間巡視しながら，挙手した児童がいれば丸つけしていく。

黒板を指したり，ゆっくり確かめたりしながら進めます。

かん字の　はなし

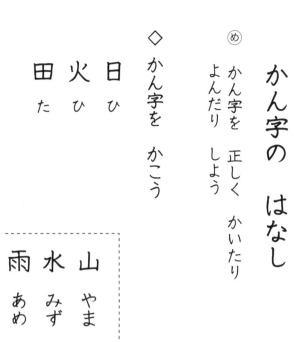

㋱ かん字を　正しく　かいたり
よんだり　しよう

◇かん字を　かこう

日《ひ》　火《ひ》　田《た》

山《やま》　水《みず》　雨《あめ》

主体的・対話的で深い学び

・漢字練習は，単調な反復練習のイメージがあるかもしれないが，それだけに主体的に取り組めるかどうかで定着の具合が大きく変わってくる。クラスの実態を見極めて，問題の出し方（問題数，直前の確認，テスト中のヒントなど）に配慮していくようにしたい。

準備物

・ワークシート（児童数）
（児童用ワークシート見本　DVD 収録【1下_05_14】）

・漢字テスト用紙（児童数）
（児童用ワークシート見本　DVD 収録【1下_05_15, 1下_05_16】）

3 確かめる　漢字テストをしてみよう。

「教科書を見ずに書けたら本当に覚えたことになりますね。今からテストをしてみましょう。」

漢字小テストの用紙を配る。今回は６問出題するので 10 問用を配る。

「では，黒板の漢字を消します。問題を書きますよ。」
・ぜんぶ書けるから大丈夫。

「黒板に問題を書いたので，見て考えてもいいですよ。」

問題を出し終わったらその場で丸つけをする。

4 書く　間違えた漢字を練習しよう。

「テストはできましたか。」
・ぜんぶ○だったよ。
・「月」の字のハネを忘れちゃった。

「次のテストで○になったら大丈夫ですよ。」

間違えた漢字をノートに書かせる。

宿題と小テストを連動させ，宿題に出したところを小テストの問題にすると，児童の意欲も高まり，定着もよくなる。

同様に「山」「水」「雨」「上」「下」の字でも取り組む。

かん字のはなし

第5,6時（5,6/6）

本時の目標

習った漢字を使って短文を作ることができる。

授業のポイント

文作りは，とても差がでる活動である。書くことが全く思いつかない児童がいることを前提に，見本やアドバイスを用意しておく。

本時の評価

習った漢字を使って文を作っている。

〈個別の配慮〉文が思いつかない児童や，ゆとりのある児童には，友達の作った文を写すように

板書例

◇かん字を　つかって　文を　つくろう

・山に　雨が　ふります。

・山のぼりに　いきました。　※

〈つくった　文〉

・お日さまが　のぼりました。

・お日さまが　空に　でて　きました。

・学校は　たのしいです。

・川で　あそびました。

・月が　まんまるです。

※※児童に板書させる。

1 書く　教科書 P26，27 の文を視写しよう。

絵を漢字に直した文をノートに書き写しましょう。
１文目は，「山の上に日がのぼる。」

「新しい漢字の書き方を勉強しましたね。特に，その漢字には気をつけて間違えないように書きましょう。」

・絵のところは，漢字に直して書けばいいんだね。

「教科書の問題の順番で書いていきましょう。分からないところはあけておいていいですよ。」

机間巡視で，個別に指導していく。

「習った漢字は，間違いなく書けましたか。」

・ちゃんと書けました。

・「日」のかどもまるくしなかった。

2 確かめる　習った漢字を思い出そう。

今度は習った漢字を使って，文を作ってもらいます。まずは，前の時間に習った漢字を確かめましょう。
「日・火・田・川・竹・月」です。
その前に「山・水・雨・上・下」も習いました。

「それまでに習った漢字もありますよ。」

・「一」から「十」も習いました。

・「見る」「学校」「虫」。「文」も「字」も！

・「くじらぐも」でもでてきたね。

「そうですね。教科書の 134 ページを開きましょう。」

・うわぁ，これならすぐ分かる。

・これから習う漢字も書いてあるね。

巻末にある単元別の新出漢字一覧で確認する。

促すとよいでしょう。

かん字の　はなし

ⓜ ならった　かん字を　つかって
文を　つくろう

〈ならった　かん字〉
日　火　田　川　竹　月
山　水　雨　上　下
一～十
見　学校　虫　文　字

※

※児童の発表を板書する。

主体的・対話的で深い学び

・漢字は，最終的には生活の中で使いこなせるようになることが目標である。そのためにも，漢字を使って文を作る楽しさを味わわせたい。
・作文するときは，一人ひとりで考えるだけでなく，ペアで考えて同じ文をノートに書くなど対話的な方法を取り入れてもよい。

準備物

3 つかむ 書く　習った漢字を使って文を作ろう。

「では，文を作りましょう。最初にみんなで練習します。『山』を使った文が思いつく人いますか。」
・はい！「山に雨がふります。」

「すごいね。さっとできたね。『雨』の字も使っていますね。他にありますか。」
・山のぼり。
「文にするには，そのあとどんな言葉を続けたらいいでしょう。」
・山のぼりにいきました。

文で考えられるといいですね。では『日』の字を使って，みんなノートに書いてみましょう。
お日さまがのぼりました。
お日さまが空にでてきました。

作文しやすいように，場面の絵を用意してもよい。

4 書く　作った文を黒板に書こう。

「作った文を黒板に書いてもらいましょう。」

黒板を区切るので，そこに１人ずつ書きましょう。書いてくれる人はいますか。
「川」の字を使って書きます。
はい！「学校はたのしいです。」って書きたい！

たくさんいたら，順番に指名する。少なければ，できた児童が黒板に書くことで，まだ書けていない児童の参考にさせる。

「さあ，書いてもらった文は，間違いはないかな。みんなで見直してみましょう。」

せつめいする　文しょうを　よもう

じどう車くらべ

全授業時間７時間

◉ 指導目標 ◉

・事柄の順序などを考えながら，内容の大体を捉えることができる。
・事柄の順序など情報と情報との関係について理解することができる。
・文章の中の重要な語や文を考えて選び出すことができる。

◉ 指導にあたって ◉

①　教材について

「しごと」と「つくり」というキーワードで書かれている，構成が明確な文章です。この２つを繰り返し強調し，押さえながら読むことで，児童も無理なく文の構成を理解していくことでしょう。

教材文では，同じ形式で３種類の車が出てきます。板書やノートの形式を一貫し，指示がなくても児童ができる部分を少しずつ増やしていきます。最終的に，はしご車では，児童だけでノートにまとめることができることを目指します。

ここでは，視写を短時間でも続けることで，表記や字形への意識を高めさせています。また，１年間を見通して，継続的に取り組むことで，効率的に進められるようになり，「今日は句読点を重点的に意識させよう」などと細かいステップで指導することが可能になります。

②　主体的・対話的で深い学びのために

車に関心がある児童は，文章や挿絵に興味をひかれることでしょう。特に車に興味がない児童にも，挿絵を詳しく見て発見を引き出したり，車の話題に普段から触れたりすることで，徐々に主体的に取り組む姿勢に変わっていくことが期待できます。

◉ 評価規準 ◉

知識 及び 技能	事柄の順序など情報と情報との関係について理解している。
思考力，判断力，表現力等	・「読むこと」において，事柄の順序などを考えながら，内容の大体を捉えている。 ・「読むこと」において，文章の中の重要な語や文を考えて選び出している。
主体的に学習に取り組む態度	進んで文章を読み，説明における順序の重要性を知ることで，自分が説明するときにいかしたいことを見つけようとしている。

◉ 学習指導計画　全 7 時間 ◉

次	時	学習活動	指導上の留意点
1	1	・教科書 P28-31 の範読を聞く。 ・どのような自動車が出てきたか確かめる。 ・学習課題を知り，学習の見通しをもつ。	・知っている車やよく見る車についての話題に触れ，意欲を引き出す。
	2	・教科書を音読し，難語句を確かめる。 ・「しとご」と「つくり」を比べて読むことを理解する。	・「しごと」と「つくり」の言葉は，今後も繰り返し強調していく。
2	3	・「問いの文」と「答えの文」があることを知る。 ・教科書 P29 で，「しごと」と「つくり」の言葉を確認する。	・「しごと」「つくり」「そのために」という言葉について，板書を活用して押さえる。
	4 5 6	・3つの事例で，「しごと」と「つくり」についてまとめる。 ・「しごと」と「つくり」を「そのために」でつないでいることを知る。 ・3つの事例の「つくり」の違いが「しごと」の違いからくることを知る。 ・3つの事例の説明の仕方について確かめ，事例が出てくる順番の意味を考える。	・3種類の車について，同じような板書をすることで，児童が考えやすくする。 ・ノートも徐々に児童が考える部分を増やしていく。 ・各時間で学習したページの視写をすることで，学習内容の定着を図る。
3	7	・はしご車の「しごと」と「つくり」を調べ，ノートにまとめる。	・はしご車は児童が全て考えて書くことを目指す。 ・次単元の学習に触れ，書く対象を考えてくるよう伝えておく。

DVD 収録（黒板掲示用イラスト）

じどう車くらべ

第1時 (1/7)

本時の目標

自動車にはさまざまな種類があることに気づき，学習の見通しをもつことができる。

授業のポイント

知っていることや見たことのある車について尋ね，学習への意欲をもたせたい。

本時の評価

自動車にはさまざまな種類があることに気づき，学習の見通しをもっている。

〈指名の方法〉できるだけ多くの児童に発表させたいときは「2つ以上思いついた人？」と確認した

板書例

〈でて きた じどう車〉

・バスや じょうよう車

・トラック

・クレーン車

◎ せつめいする 文しょうを よもう

・しごと

・つくり

〈学しゅうの めあて〉

じどう車の 「しごと」と「つくり」を まとめよう

1 交流する 知っている自動車について出し合おう。

今日から「じどう車くらべ」の勉強です。知っている自動車には，どんなものがありますか。
タクシー。
救急車。
トラック。

まず，知っている自動車を自由に発表させる。

「たくさん知っていますね。それぞれの自動車は，どんな『しごと』をしていますか。」

・トラックは，荷物を運ぶ仕事かな。

・タクシーはお客さんを乗せています。

・救急車はけがや病気の人を運んでいます。

「今日から勉強する『じどう車くらべ』では，いろいろな車を比べている文を読んでいきます。」

・車の何を比べるのかな。さっき話した「しごと」かな。

・比べるって，どうするのかな。

2 聞く 「じどう車くらべ」本文の範読を聞こう。

最初に，先生が読みます。何を比べているのかも考えながら，しっかり聞きましょう。
車の何を比べるのかな。
どんな車が出てくるのかな。

途中でコメントを入れて，児童に意識させたい言葉に着目させてもよい。

「『じどう車くらべ』という題名の前に，『せつめいする文しょうをよもう』とありますね。」

「今，車が出てきましたね。」

「何を比べるか，分かってきましたか。」

上で，「1 つだけ」という児童から指名していく方法があります。

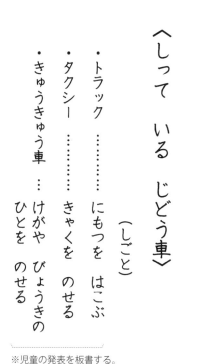

じどう車くらべ

㋱ 学しゅうの　見とおしを　もとう

〈しって　いる　じどう車〉

（しごと）

・トラック ……………… にもつを　はこぶ

・タクシー ……………… きゃくを　のせる

・きゅうきゅう車 … けがや　びょうきの　ひとを　のせる

※児童の発表を板書する。

主体的・対話的で深い学び

・「図鑑」と聞いても，よく分からない児童がいるかもしれない。実際に図鑑を見せて，「みんなでこれを作りましょう」と伝えると，イメージが明確になり，主体的な取り組みが期待できる。

準備物

・黒板掲示用イラスト　DVD 収録【1下_06_01】

・（教科書P35カードの拡大コピー）

3 確かめる　どんな車が出てきたか確かめ合おう。

最初に出てきた車は何でしょう。
じょうよう車も出てきました。
バス！

「バスは分かりますね。」

・知っています。よく乗ります。

「では，じょうよう車ってなんでしょう。」

・教科書に絵があるよ。

「絵では，どんな車ですか。」

・バスの横にふつうの車があるから，これのことかな。

「そうですね。みんなが家で使うような車がじょうよう車ですね。あとは何の車が出てきましたか。」

・トラック。

・クレーン車。

4 めあて つかむ　「しごと」と「つくり」についてまとめるという学習課題を知ろう。

「自動車のどんなことについて説明する文でしたか。」

・いろいろな自動車の「しごと」です。

・「つくり」という言葉もありました。

「つくり」という言葉が児童から出なければ，教科書 P32 をさっと確認する。

「じどう車くらべ」では，自動車の「しごと」と「つくり」についてまとめる勉強をします。
出てきた自動車についてまとめるんだね。
「つくり」ってよく分からないな…。

「『しごと』や『つくり』はどういうもので，何をどうまとめればよいか，これから勉強していきましょう。」

次の単元で作る「自動車カード」（教科書 P35 の救急車の例）を紹介して，さらに見通しをもたせてもよい。

じどう車くらべ

第2時　(2/7)

本時の目標

「しごと」と「つくり」を比べて読むことを理解することができる。

授業のポイント

「しごと」と「つくり」は，今後も繰り返し強調していきたい。

本時の評価

「しごと」と「つくり」を比べて読むということを理解している。

〈視写の指導〉視写をさせるときは，最初の一文字だけを書かせて全員が同様に書いているかを

板書例

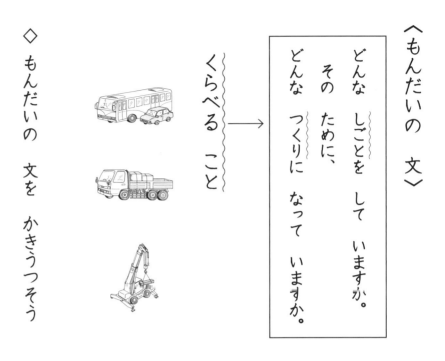

〈もんだいの　文〉

どんな　しごとを　して　いますか。
その　ために、
どんな　つくりに　なって　いますか。

くらべる　こと　→

◇もんだいの　文を　かきうつそう

1 読む　「じどう車くらべ」本文を音読しよう。

「みんなで『じどう車くらべ』の音読をしましょう。」
・初めての音読だね。

題名は特に大きな声で読みましょう。さん，はいっ。
じどう車くらべ。

「続けて。」
・いろいろなじどう車が…

全員で読むときは，句読点で間をとって読ませる。そうすると，揃ってばらばらにならずに読める。

2 確かめる　難語句を確かめよう。

「分からない言葉はありましたか。」
・「つくり」って何のことか，よく分かりません。

「つくり」は，自動車でいうと，「形」とか「自動車についているもの」です。
「形」なら，分かる。
じゃあ，「どんなつくりに～」は「どんな形に～」ってことなんだね。

「他にありますか。」
・にだい（荷物を載せる台）
・車たい（荷物や人を乗せる部分）

その他，児童から出てきた言葉を簡単に説明する。その部分の読み取りに入ったときに，もう一度具体的に説明する機会がある。ここでは，簡単な説明にとどめておけばよい。

チェックすると，ノートの使い方を揃えやすくなります。

じどう車くらべ

(め) おんどくしよう
くらべかたを　たしかめよう

〈わからない　ことば〉
・つくり…かたち
　　　　ついて　いる　もの
・にだい
・車たい

主体的・対話的で深い学び

・「比べる」ということは，考え方の主要な方法の一つである。ただし，何を比べるのかが明確になっていないと何となく読み進めてしまうことになりかねない。「しごと」と「つくり」を繰り返し強調することで，深い学びにつながる可能性が高まるだろう。

準備物

・黒板掲示用イラスト（第1時で使用したもの）

3 つかむ 「しごと」と「つくり」について比べることを理解しよう。

最初のページに何かを尋ねている「問題の文」があります。分かりますか。
どんなつくりになっていますか。
どんなしごとをしていますか。

「『じどう車くらべ』は，この問題に答えるように，このあと書いてあります。だから，出てくる自動車について比べるのも，この２つのことです。」

板書した質問の文のなかで，「しごと」と「つくり」に波線を引く。

「問題の答えについては，次の時間から勉強します。宿題で音読するとき，この『問題の文』の答えのことをできたら考えておいて下さい。」

4 書く 視写をしよう。

「これから視写をします。」
・どこを書くのかな。

今日は，問題の文のことを勉強したので，ここの視写をしましょう。『どんなしごとをしていますか。そのために，どんなつくりになっていますか。』のところです。
ちょうど，黒板に書いてあるね。

「２つの問題の文に，『そのために』も入れて，そのまま写しましょう。」

視写は，児童の注意力や根気も育てられる活動である。できれば，今回のように，その時間に扱った範囲の重要な文を書かせるのが理想的といえる。

じどう車くらべ

第 3 時 (3/7)

本時の目標

全文を読み，問いの文と答えの文について理解することができる。

授業のポイント

1年生が文の構造について理解することは難しい。「もんだいの文」「こたえの文」があることは，覚えさせたい。

本時の評価

問いの文と答えの文について理解している。

〈板書・ノートの指導〉同じパターンの問いが続く場合，板書・ノートが一貫していることが重要

板書例

もんだいの 文

どんな しごとを して いますか。

その ために、

どんな つくりに なって いますか。

こたえの 文

・しごと
・つくり
に ついて こたえて いる

◇ バスや じょうよう車の 「しごと」の
文を かきうつそう

1 振り返る 読む 「じどう車くらべ」の本文を音読し，「問いの文」を確かめよう。

「全文を音読します。どんな自動車が出てきたか，どんな問題の文があったか確かめながら読みましょう。」

・(全員で) じどう車くらべ…

全員で全文を音読する。

「さあ，どうですか。どんな自動車が出てきましたか。」

・バスやじょうよう車。
・トラック。
・クレーン車。

「そうですね。3つの例が出てきました。」

問題の文は，2つありました。確かめられましたか。
「どんなしごとをしていますか。」です。
もう一つは，「そのために，どんなつくりになっていますか。」

2 つかむ 「問いの文」と「答えの文」について理解しよう。

「『問題の文』があるということは，その後に何の文がくるはずですか。」

・「答えの文」です。

そうです。『答えの文』です。そして，何について答えているかというと？
「しごと」!
「つくり」もです。

黒板の「問題の文」の波線部分を指しながら尋ねるとよい。

「だから，『じどう車くらべ』は，『しごと』と『つくり』についてどう答えているかを考えながら読んでいくとよいのです。」

です。

じどう車くらべ

㋱「しごと」と「つくり」に ついて
たしかめよう

〈でて きた じどう車〉

① バスや じょうよう車

② トラック

③ クレーン車

主体的・対話的で深い学び

・「しごと」と「つくり」について明確に意識できていれば，トラックやクレーン車の部分でも主体的に取り組みやすくなるはずである。板書やノートも，この点を考えて計画的に指導していきたい。

準備物

・黒板掲示用イラスト（第1時で使用したもの）

3 確かめる　教科書 P29 で「しごと」と「つくり」の言葉を確認しよう。

「教科書 29 ページを見てみましょう。何の自動車について書いてありますか。」

・バスやじょうよう車です。

「バスやじょうよう車の『しごと』と『つくり』については，次の時間に勉強します。」

「今日は，29 ページで『しごと』と『つくり』の言葉がどこに書いてあるか見てましょう。」

まず，「しごと」の言葉を押さえてみましょう。「しごと」が押さえられたら，「つくり」の言葉を押さえましょう。
「しごと」はここにあります。
「つくり」は…，「つくって」という言葉しかありません。

「では，次の時間にじっくり考えてみましょう。」

4 書く　「バスやじょうよう車」の「しごと」の文を視写しよう。

「今日も視写を続けていきたいと思います。長い文は書かないので，ていねいに書きましょう。」

・今日は見たページのところかな。

今日はバスやじょうよう車のページを見たので，29 ページの最初の 3 行を書きましょう。
文が１つだけだから，簡単だね。
「しごと」の言葉が入っているね。

「よく気がつきました。『しごと』と『つくり』が大事でしたね。」

「しごと」と「つくり」については，繰り返し強調して児童の意識に定着させていくとよい。

じどう車くらべ

第 4 時 （4/7）

本時の目標

バスやじょうよう車の「しごと」と「つくり」について理解することができる。

授業のポイント

板書計画が重要である。決めたパターンで書き，児童にもきちんと写させることが重要となる。

本時の評価

バスやじょうよう車の「しごと」と「つくり」について理解している。

〈板書・ノートの指導〉「―（傍線）」「〜（波線）」や「→（矢印）」などの使い方を一貫させると，

板書例

①　バスや　じょうよう車

こたえの　文

しごと

・人を　のせて　はこぶ

その　ために

つくり

・ざせきが　ひろい

・おおきな　まど

※イラストを掲示し，「つくり」を確かめる。

◇バスや　じょうよう車の「しごと」の

文を　かきうつそう

1 読む 振り返る　最初の2ページを音読しよう。問いの文を確かめよう。

「最初の２ページを読みましょう。」

教科書 P28，29 を全員で音読する。

問題の文は何でしたか。
そのために，どんなつくりになっていますか。
どんなしごとをしていますか。

前時で学習した問いの文を確かめ合わせてから，その文を書いた掲示物を貼る。

「そうですね，『しごと』と『つくり』が大事でした。今読んだページの車の種類は何でしょう。」

・バスやじょうよう車です。

「では，バスやじょうよう車の『しごと』と『つくり』について確かめていきましょう。」

2 読み取る　バスやじょうよう車の「しごと」について確かめよう。

「バスやじょうよう車のページで『しごと』という言葉はどこに書いてありましたか。指で押さえてみてください。」

・３行目にあるね。

「隣の人と同じところを押さえていますか。確認してみましょう。分からない人には，分かっている人が教えてあげましょう。」

・押さえられた！もう大丈夫。

バスやじょうよう車の『しごと』は何と書いてありますか。
「人をのせてはこぶ」ことです。

児童の理解も高まります。

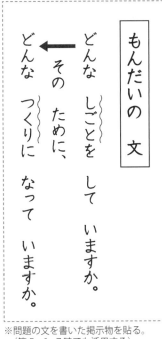

じどう車くらべ

㋱ バスや じょうよう車の「しごと」と
「つくり」を まとめよう

もんだいの 文

どんな しごとを して いますか。

← その ために、

どんな つくりに なって いますか。

※問題の文を書いた掲示物を貼る。
（第５，６，７時でも活用する）

主体的・対話的で深い学び

・「視写」とは，ただ書き写しているだけのようだが，継続して取り組んでいるうちに書き方や文の特徴などを児童なりに理解していくようになるものである。少しずつ指示や確認を減らしていき，児童の主体性が増えていくようにしたい。

準備物

・黒板掲示用イラスト（第1時で使用したもの）
・問題の文を書いた掲示物
・「こたえの文」と書いた掲示物
・「しごと」「つくり」「そのために」の言葉と，矢印の形の掲示物

3 読み取る バスやじょうよう車の「つくり」について確かめよう。

「では，『つくり』はどうでしょう。『つくり』という言葉は書いてありませんでしたね。」
・「つくって」と書いてあるところがあります。
「『つくり』とは何のことでしたか。」
・かたち。
・ついているもの。

だから，人を乗せて運ぶ『しごと』のために，どうなっているのでしょう。『そのために』？
座席のところが，広くつくってあります。
外の景色がよく見えるように，大きな窓がたくさんあります。

「短くまとめるとこうなりますね。」

「ざせきがひろい」「おおきなまど」と板書し，イラストでも「つくり」の特徴を確かめる。

4 書く バスやじょうよう車の「つくり」の文を視写しよう。

今日の視写は，４行目からにしましょう。
「つくり」のところだね。

「では，一度，視写するところをみんなで読んでおきましょう。『そのために』からです。さん，はいっ。」
・（全員で）そのために，ざせきのところが，ひろくつくってあります。そとのけしきがよく見えるように，大きなまどがたくさんあります。

「点（、）や，丸（。）にも気をつけて，ていねいに書きましょう。」

じどう車くらべ

第5時（5/7）

〈板書・ノートの継続指導〉たかが「・(中点)」ですが，この点だけで，次に書くことが分かる児

本時の目標

トラックの「しごと」と「つくり」について理解することができる。

授業のポイント

同じパターンでの２回目の板書である。児童がどの程度予測しているかを観察しながら進める。予測している児童がいたら，大いにほめる。

本時の評価

トラックの「しごと」と「つくり」について理解し，ノートに書いている。

板書例

② トラック

こたえの 文

しごと

・にもつを はこぶ

その ために

つくり

・ひろい にだい

・タイヤが たくさん

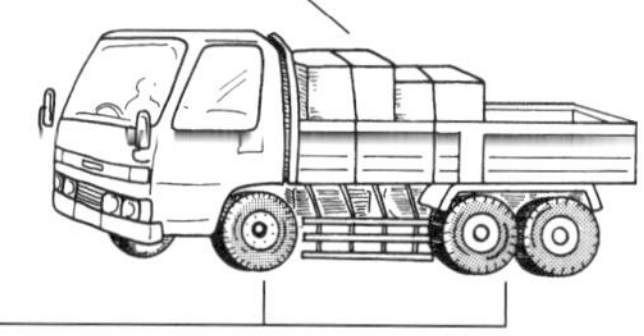

※イラストを掲示し，「つくり」を確かめる。

◇トラックの 文を かきうつそう

1 読む めあて　トラックの文章を音読し，本時の学習の見通しをもとう。

「前の時間は，バスとじょうよう車の『しごと』と『つくり』について勉強しました。今日は，何についての勉強でしょう。」

・次は，トラックです。

では，トラックの『しごと』と『つくり』は何かを考えながら読みましょう。
トラックは，にもつを　はこぶ　…

「しごと」「そのために」という言葉は強調しながら読む。全体で音読する場合は，「しごと，だ」「出てきたね」などと言葉を挟むと児童の意識が集中する。

「比べることは，『しごと』と『つくり』なので，先に書いておきます。『そのために』も出てきましたね。」

共通する重要語句を先に板書する。

2 読み取る　トラックの「しごと」について確かめよう。

トラックの「しごと」は，何でしたか。
にもつをはこぶしごと。
はこぶ！

１年生は，問いに答える場合，以下のような違いに戸惑いを感じ先に進めなくなってしまうことがある。

○にもつをはこぶしごとをしています。
○にもつをはこぶしごと
○にもつをはこぶ
○はこぶ

「できるだけ短い方が分かりやすいね。」「『はこぶ』だけでは，荷物じゃなくて人を『はこぶ』かも分からないね。」などと教師が説明するとよい。ここでは，問題の答えは「にもつをはこぶ」として板書する。

童が出てくることでしょう。

じどう車くらべ

ⓜ トラックの「しごと」と「つくり」を まとめよう

もんだいの 文

どんな しごとを して いますか。

その ために、

どんな つくりに なって いますか。

主体的・対話的で深い学び

・前時までに「しごと」と「つくり」についてしっかり理解できていれば，この時間はクイズ感覚で楽しく主体的に取り組める児童が増えてくることが期待できるだろう。

準備物

・黒板掲示用イラスト（第1時で使用したもの）

・問題の文を書いた掲示物

・「こたえの文」と書いた掲示物

・「しごと」「つくり」「そのために」の言葉と，矢印の形の掲示物

3 読み取る トラックの「つくり」について確かめよう。

「つくり」のところは，どのように書けばよいでしょう。
タイヤがたくさん。
ひろいにだい。

児童に文章の構造を意識させ，自力で考える布石として，同じパターンの板書をあえて繰り返して書く。

ここでは，中点（・）を書くところから考えさせたい。これまで，「しごと」と「つくり」の具体的な内容を書くときは，中点で書いてきている。ノートを見直したり，「しごと」の板書を見たりして，それを想起させる。

中点を使うことが重要なのではなく，同じパターンで進めることで，児童が主体的にできる部分を増やすことがポイントとなる。

4 書く トラックの文を視写しよう。

今日は，トラックの『しごと』と『つくり』について勉強しましたね。そこを視写します。
うわあ，10行もある。
間違えないように書こう！

かなり細かいところまで意識して読んだ部分である。視写をすれば，いっそう学習したことが定着するだろう。

ただし，時間によって，無理のないように配慮が必要となる。視写が遅い児童は，途中まででもよいことにする。一方で，速い児童には，トラックの絵を描かせてもよい。

じどう車くらべ

第 6 時 (6/7)

本時の目標

クレーン車の「しごと」と「つくり」について理解することができる。

授業のポイント

同じパターンで３回目の授業となる。下に書いたことだけにこだわらず，内容・書き方をできるだけ児童に判断させてノートに書かせていく。

本時の評価

クレーン車の「しごと」と「つくり」をノートに書いている。

板書例

〈板書・ノートの継続指導〉ノートの書き方が分かるということは，考え方が分かるということです。

③ クレーン車

こたえの 文

しごと

・おもい ものを つり上げる

その ために

つくり

・じょうぶな うでが、

のびたり うごいたり

・しっかりした あし

◇ せつめいの じゅんを かんがえよう

① バス、じょうよう車

② トラック

③ クレーン車

☆ わかりやすい

よく しって いる じゅん

※イラストを掲示し，「つくり」を確かめる。

1 読む めあて　クレーン車の文章を音読し，本時の学習の見通しをもとう。

今日は，クレーン車のところを勉強します。何を考えながら音読をするとよいでしょう。
これまでと同じだね。
クレーン車の「しごと」と「つくり」です。

一斉読み，交代読み，２人組など，クラスの実態に合わせた方法で，音読する。

「（黒板を指差しながら）ここ（答えの文）には，何を書くのか分かる人！」

・クレーン車です。

「そうですね。他にも，最初から書くことが決まっているところもありました。覚えていますか。」

・「しごと」と「つくり」，それと「そのために」。

・矢印も書きました。

同じ型で３回目の授業なので，予想させながら進める。

2 読み取る　クレーン車の「しごと」について確かめよう。

クレーン車の仕事は何でしょう。書いてあるところを指で押さえましょう。
おもいものをつり上げること。

前時でも触れているように，同じ部分を押さえていても，児童によって，どこまでを答えとするかは微妙に違っていることが多い。それをあえて，まずノートに書かせた上で，板書で並べて考えさせることも学習の一つだといえる。ただし，考える基準が明確でないと，堂々めぐりになってしまうので気をつけたい。

○できるだけ短く。

○内容は分かるように。などの原則を確認する。

また，ノートの間違いは消させずに，間違った箇所の隣に正解を書かせるとよい。

じどう車くらべ

㋱ クレーン車の「しごと」と「つくり」を
まとめよう
せつめいの じゅんを かんがえよう

もんだいの 文

どんな しごとを して いますか。
← その ために、
どんな つくりに なって いますか。

主体的・対話的で深い学び

・同じパターンで授業を進めていることで，多くの児童が次の展開の予想ができるようになっているはずである。その分，答えを考えることにも主体的な姿勢が見られるようになってくる。
・展開４の視写活動では，机間指導のときに，間違いを指摘していくだけではなく，丁寧に書いている児童を取り上げて「きれいに書いている子がいるね」「速くて，きれいで，間違いがないなんてすごいね」などの声をかけ，よい点をクラス全体に広げていく。

準備物

・黒板掲示用イラスト（第1時で使用したもの）
・問題の文を書いた掲示物
・「こたえの文」と書いた掲示物
・「しごと」「つくり」「そのために」の言葉と，矢印の形の掲示物

3 読み取る 対話する　クレーン車の「つくり」について確かめよう。

「クレーン車の『つくり』をノートに書きましょう。」
・前の時間の書き方で，書けばいいね。
・できるだけ短く，内容が分かるように。

ここまで同じパターンで繰り返してきたので，どこに答えを書いたらよいのかは，ほとんどの児童が分かっているはずである。あえて，「（黒板を指さして）ここに書きましょう。」ということを言わずに，どれだけの児童が分かっているか観察した上で，理解していない児童に個別指導したり，全体で確認したりしたい。

では，ノートに書いた『つくり』の答えを発表しましょう。
しっかりしたあし。
じょうぶなうでがのびたりうごいたり。

4 書く 対話する　クレーン車の文を視写しよう。説明の仕方について確かめよう。

「今日は，クレーン車の文を視写しましょう。」

視写は，内容を定着させると共に，注意力や丁寧さを身につけるためにも適した方法だといえる。句読点や１マスあけ，改行なども意識させて取り組ませたい。

「この『じどう車くらべ』の文章を振り返ると，３つの自動車が同じような説明の仕方で書いてありました。」
・バスや乗用車，トラック，クレーン車だね。

３つの自動車はどんな順序で出てきたと思いますか。どうしてこんな順序で説明しているのでしょう。
よく見かける，身近な自動車の順だと思うな。
クレーン車から書いてあったら，分かりにくいような気がするね。

「説明する文章のときは，読む人が知っていそうなことから，あまり知らないようなことについて説明すると，読む人に分かりやすい文になるのですね。」

じどう車くらべ

第 7 時 （7/7）

本時の目標

挿絵や，自分の知識などを基に，はしご車の「しごと」と「つくり」について理解することができる。

授業のポイント

４回目の活動である。ぜひ，児童に最初から全て書かせたい。板書は，児童を後追いするペースで進める。

本時の評価

はしご車の「しごと」と「つくり」についてノートに書いている。

〈並行読書〉次単元「じどう車ずかんをつくろう」に向けて，この時間から（または，より前の

板書例

こたえの 文

しごと

・たかい ところの かじを けす

・たかい ところに いる 人を たすける

← その ために

つくり

・のびちぢみする ながい はしご

・じょうぶな あし

・はしごに かごや ホース

※※

〈じどう車ずかんの じゅんび〉

○ じどう車の ほんや ずかん

・としょかん

・いえ

※※児童の発表を板書する。

※教科書 P32 の「はしご車」の挿絵

1 見る めあて　教科書のはしご車の絵をよく見よう。

「今日は，『はしご車』の勉強をします。教科書 32 ページを見ましょう。」

・「しごと」と「つくり」の文が書いてありません！

今日は，はしご車の「しごと」と「つくり」を，みんなに考えてもらいます。できそうですか。
絵があるから分かる。
これまで見てきたトラックやクレーン車のように考えればいいね。

「答えの文は最初に何を書いたらいいのでしょう。」

・はしご車。

「そうですね。車の種類が最初でした。次は？」

・「しごと」「つくり」「そのために」と，矢印です。

「4 回目だから，できるだけ自分で書きましょう。後で黒板にも書くので，分からない人は見てもいいです。」

2 考える 対話する　はしご車の「しごと」について考えよう。

「最初に何を考えればいいのでしょう。」

・はしご車の「しごと」です。

はしご車の「しごと」は何でしょう。はしご車は，どんなときに，どのようにはたらく自動車ですか。
火事のときにはたらく自動車です。
長いはしごを使って，高いところではたらくことができます。

ちょっと難しいので，ノートに書く前に思いついた人に発表してもらうとよい。このとき，「はしごがある」「高いところまで伸びる」など「つくり」と混同する発表もあるかもしれない。区別してまとめていく。

・高いところの人を助ける。

・高いところの火事を消す。

「そうですね。『高いところ』がないと，普通の消防車と同じになってしまいますね。」

時間から）本探しをさせておくとよいでしょう。

じどう車くらべ

㋱ はしご車の「しごと」と「つくり」を
まとめよう

もんだいの 文

どんな しごとを して いますか。
その ために、
どんな つくりに なって いますか。

◎ はしご車

主体的・対話的で深い学び

・これまでの学習から，まず何から書けばよいか，「しごと」「つくり」「そのために」や矢印など，ほとんど指示なしで主体的に学習を始められる児童が多いはずである。絵から読み取るところは，クラスの実態に応じて，隣どうし，グループ，クラス全体などで取り組ませる。
・次の単元の「じどう車ずかん」作りでは，まず，どの車を選ぶかで，その後の意識がかなり変わってくる。文を書くことが苦手な児童には，特に寄り添って，書くことができそうな車，あるいは，参考になる本を選ばせることで，主体的な姿勢を引き出すことができるだろう。

準備物

・黒板掲示用イラスト（教科書P32イラストの拡大版）
・問題の文を書いた掲示物
・「こたえの文」と書いた掲示物
・「しごと」「つくり」「そのために」の言葉と，矢印の形の掲示物
・図鑑や本（何冊か）

3 書く 対話する　クレーン車の「つくり」について確かめよう。

「『しごと』が分かりましたね。では，この『しごと』のために『つくり』がどうなっているでしょう。」

「つくり」について考えたことを，まず各自ノートに書かせる。
クラスの実態や取り組んでいる様子で，隣どうしで相談させたり，口頭の発表を先にさせたりしてもよい。

「さあ，何を書きましたか。」

他の車と違う，はしご車の『しごと』のための『つくり』は何でしょう。
長いはしごがついていて，はしごは伸び縮みします。
じょうぶな足がついています。

・はしごの先に人が乗ることのできるかごがある。
・はしごのかごのところにホースがある。

教材文と同様に，「つくり」の説明を２文に限定してまとめさせてもよい。

4 見通す　「じどう車カード」作りの準備を考えよう。

「すごいね！みんな，文が書いてなくても絵を見て『しごと』と『つくり』が書けましたね。」
・他の車でも書けそう。

次の時間から『じどう車カード』をかいて自動車図鑑を作ります。どの自動車にするかを選ぶところからやってもらいます。
勉強したのと違うものを選ぶんだよね。
ぼくは，パトカーにする！

「『じどう車くらべ』に出てこなかった種類の車でカードを作ってもらいます。」

「そのためには，車の本や図鑑がたくさんあった方がいいですね。図書館に探しに行きましょう。」
・家の本を持ってきてもいいですか。

あらかじめ参考になる図鑑や本を準備し，示すとよい。

じどう車ずかんを　つくろう

全授業時間５時間

◉ 指導目標 ◉

・事柄の順序に沿って簡単な構成を考えることができる。
・事柄の順序など情報と情報との関係について理解することができる。

◉ 指導にあたって ◉

①　教材について

前単元「じどう車くらべ」では，「しごと」と「つくり」という視点で読み進めました。繰り返し同じパターンで表現されるため，児童は読み方，考え方に慣れたと思われます。

この単元では，多種多様な自動車の中から自分で選んだ自動車についての説明文を書きます。具体的には，前単元で学習した「しごと」と「つくり」という視点からの情報を，自分で整理し，カードに書くという活動を行います。図鑑や本などでは，「しごと」と「つくり」ごとに記述があるとは限りません。たくさんの情報から必要な情報だけを取り出したり，写真やイラストなどから想像したりして，説明対象の特徴を文章に分かりやすく表すことが必要となってきます。

教材文の挿絵や具体的な作例を参考にさせながら，取り出した情報を順序立てて構成を考えさせるようにします。

②　主体的・対話的で深い学びのために

学んだことがきちんと定着していれば，それを活用して自分なりのカードを書くことは楽しい活動となるはずです。さらに，取り上げる自動車も自分で好きなものを選ぶために，より主体的な学習になりやすい内容です。

クラス全員が「つくり」「しごと」という同じ視点でカードを書いているため，違いや共通点も分かりやすくなります。対話的な学びも意識したい単元です。

◉ 評価規準 ◉

知識 及び 技能	事柄の順序など情報と情報との関係について理解している。
思考力，判断力，表現力等	「書くこと」において，事柄の順序に沿って簡単な構成を考えている。
主体的に学習に取り組む態度	分かりやすい説明のしかたについて興味をもち，説明の順序に気をつけながら，自分でも自動車図鑑を作ろうとしている。

◉ 学習指導計画　全 5 時間 ◉

次	時	学習活動	指導上の留意点
1	1 2 3	・「自動車の『しごと』と『つくり』を説明する『自動車カード』をみんながかいて，クラスでまとめて自動車図鑑を作る」という単元の課題を確かめる。 ・図鑑などの本からカードにかきたい車を選ぶ。 ・「しごと」と「つくり」についてまとめる。 ・「しごと」と「つくり」について文章をノートに書く。 ・カードに文章を清書し，絵を描く。	・前教材「じどう車くらべ」の学習を振り返らせる。 ・図鑑や本の説明が「しごと」と「つくり」に明確に分けて書かれていない場合，1 年生には文章にまとめることは難しい。適宜アドバイスが必要となる。 ・文章は，ノートに下書きさせてから，カードに清書させる。絵は，その後に描かせる。
2	4 5	・友達とカードを交換して読み合い，感想を伝え合う。 ・読み合った感想を発表する。 ・クラスの自動車図鑑を作る。 ・学習を振り返る。	・カードを読むときに気をつけること，伝える感想の内容などを，あらかじめ指導しておく。 ・振り返りでは，教科書 P35「たいせつ」を確かめる。

DVD 収録（児童用ワークシート見本）

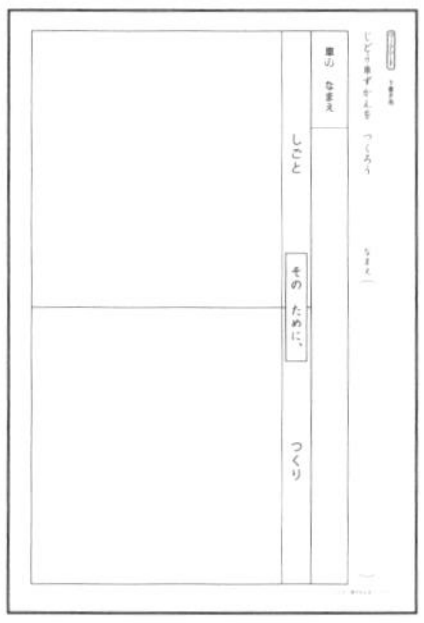

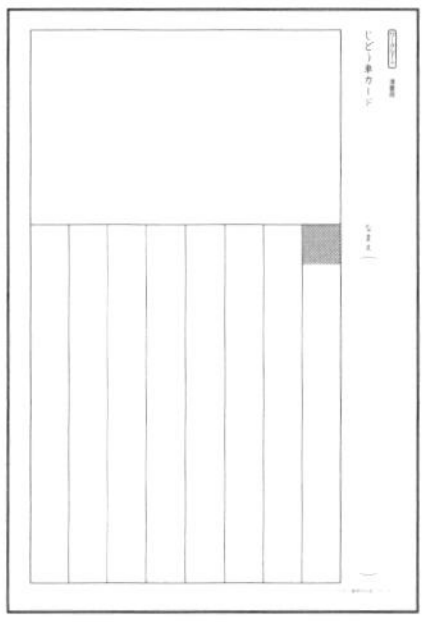

じどう車ずかんをつくろう

第1,2,3時（1,2,3/5）

本時の目標

かきたい車を選んで，「しごと」と「つくり」を書き，「じどう車カード」を作ることができる。

授業のポイント

「しごと」と「つくり」について授業で学習したことを思い出させた上で，作業が進まない児童には，どんどんアドバイスをする。

本時の評価

かきたい車を選んで，「じどう車カード」を作っている。

〈対象の確認〉この時間が始まるまでに全員がカードにかく自動車を決めているかどうかを確認

板書例

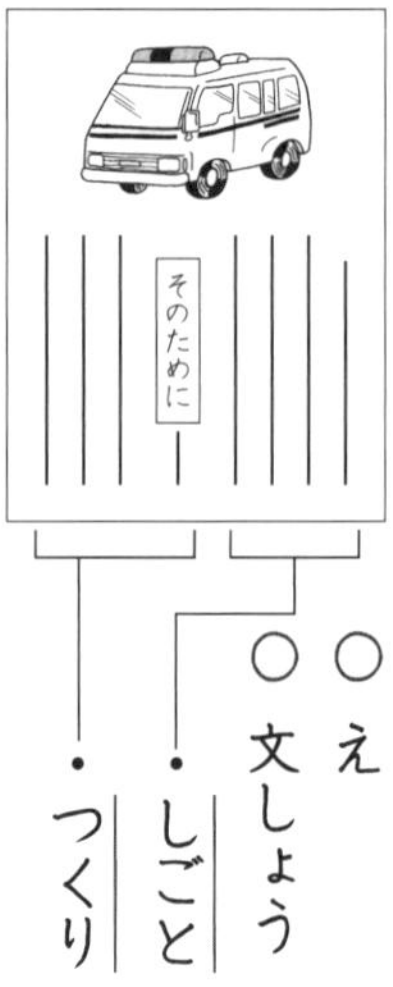

※教科書P35カード例の拡大コピーを貼り，確かめる。

① じどう車を　えらぶ

② 「しごと」と「つくり」を　まとめる

③ ノートに　文しょうを　かく

◎「しごと」と「つくり」の　じゅん

④ カードに　かく

（文しょう・え）

☆ 文しょうの　かきかた

しごと

「○○は、～の　しごとを　して　います。」

その　ために、

つくり

・「しごと」に　かんけいする　こと

・えから　さがす

1 めあて つかむ　単元の課題を確かめ，「じどう車カード」について理解しよう。

「『じどう車くらべ』では，いろいろな自動車の『しごと』や『つくり』を説明する文を読みました。今日からは，自分で選んだ自動車について『しごと』と『つくり』を説明する文を書いてみましょう。そして，みんなのカードを集めて『じどう車ずかん』を作りましょう。」

教科書P33～35を読み，流れを確かめる。

「まず，カードにかきたい車を選ばなくてはいけませんね。図鑑や本から，少し探してみましょう。」

事前に予告し，家に車の図鑑などがある児童は持ってきてもよいことを伝えておく。

「じどう車カード」には，絵だけではなくて，『しごと』と『つくり』を説明する文章も書くので，それも考えて選びましょう。

教科書には救急車が載っていたね。

どの自動車にしようかな。

2 発表する まとめる　カードにかきたい自動車を選び，「しごと」と「つくり」をまとめよう。

かきたい自動車は決まりましたか。決まった人に，発表してもらいましょう。

ぼくはパトカーを書きます。

わたしは，教科書の絵にもあるごみ収集車にしました。

決まらない人の参考に，何人かに発表させる。

「『しごと』と『つくり』は，分かりそうですか。」

・図鑑に書いてあります。
・トラクターにしました。おじいちゃんがトラクターを持っているので「しごと」や「つくり」も分かります。

「なるほど，見たことがある車もかきやすいですね。」

決めた児童から，教科書P34を参考にして，ワークシートなどに「しごと」と「つくり」をまとめさせる。

選択が難しい児童には，教科書の二次元コードを活用し，ショベルカーの動画をかく題材とさせてもよい。

しておくようにしましょう。

じどう車ずかんを　つくろう

㋱　じどう車カードを　つくろう

〈学しゅうの　めあて〉

じどう車の「しごと」と「つくり」を
せつめいする　「じどう車ずかん」を
つくろう

〈じどう車カードの　かきかた〉

主体的・対話的で深い学び

・いきなり図鑑からの読み取りをすることが困難な児童もいると考えられる。クラスの実態によっては，先に図鑑の一部を拡大コピーしたものを準備し，隣どうしやグループ対話などを通して，１～２例の説明文作りをクラス全体で取り組ませるとよい。
・作文の見直しが苦手，あるいは，避けたがる児童もいるはずである。一貫して指導してきた「しごと」と「つくり」がきちんと書けているかなど，具体的なポイントを示すことで，見直しにも主体的に取り組むようになることが期待できる。

準備物

・じどう車カードに使える図鑑や本（できるだけたくさん）
・（黒板掲示用）教科書P35「じどう車カード」の拡大コピー
・「しごと」と「つくり」下書き用ワークシート（児童数）
（児童用ワークシート見本　DVD 収録【1下_07_01】）
・じどう車カードの清書用紙（児童数）
（児童用ワークシート見本　DVD 収録【1下_07_02】）

3 書く　「しごと」と「つくり」を説明する文章をノートに書こう。

では，「しごと」と「つくり」の文章をノートに書きましょう。図鑑に載っている場合は，そのまま文を写してもいいですよ。

この文に「しごと」のことが書いてあるな。「つくり」は，なんて書けばいいかな。

「分からなくなった人は，まず教科書の『しごと』と『つくり』のところを見直してみましょう。書き方の参考になりますよ。」
・「○○は，～のしごとをしています。」と書けばいいね。
・「そのために，」と書いてから，「つくり」の文だ。
・「つくり」は，絵から「しごと」と関係のあることを探せばいいんだったね。

図鑑の説明が，「しごと」と「つくり」を明確に分けて書かれていない場合，１年生には難しい作業になる。「ここを写そうか」などのアドバイスをしていく。

4 清書する　「じどう車カード」を完成させよう。

「『しごと』と『つくり』がノートに書けた人は先生に見せてください。」

各児童の説明文の下書きを読み，必要に応じて修正のアドバイスをする。

「『つくり』は色だけかな。」
・そうか，パトカーにはランプもある。

「じどう車カード」用紙を配る。

ノートが合格になった人は，カードに清書をします。先に,「しごと」と「つくり」の文章をていねいに書きましょう。

見てもらうカードだから，字もきれいに書こう。
絵はいつ描くのかな。

「絵は，１人でも写せますね。『しごと』と『つくり』は，先生が確認しないと分からなくなるかもしれないので，文章を先に書いてしまいましょう。」

じどう車ずかんを つくろう
第 4,5 時（4,5/5）

本時の目標
「しごと」と「つくり」を書いたじどう車カードを読み合い，感想を伝えることができる。
学習を振り返ることができる。

授業のポイント
感想がすぐに出ない児童も多いかもしれない。あらかじめ「『しごと』と『つくり』が書けているか」などのポイントを教えておく。

本時の評価
カードを読み合い，感想を伝えている。
学習を振り返っている。

〈読み合いの方法〉 カードの読み合いを全体で行う場合は，それぞれの机の上にカードを置き，

板書例

① となりの　人と　こうかんして　よむ
☆ あいさつ
☆ よむ　ときに　気を　つける　こと
・「しごと」と「つくり」
・くわしく
・ていねいな　字、え

② かんそうを　つたえる
☆ つたえる　こと
・よかった　ところ
・はじめて　しった　こと

◇ じどう車ずかんを　つくろう
・ひょうし
・とじる　じゅんばん

◇ ふりかえろう

1 めあて 見直す　自作の「じどう車カード」を見直そう。

今日は，できたカードを他の人に読んでもらいます。読んでもらう前に，もう一度，見直しておきましょう。文章の見直しのポイントがありましたね。
字の間違い。
丸（。）と点（、）。
「は・を・へ」の使い方。

「では，見直しをしましょう。」
・もうちょっときれいにかいておこう。
「字の間違いを直すのはもちろんですが，書き直したらきれいに書ける字があったり，色塗りがもっとていねいにできたりするところがあるかもしれません。」

見直し前に，一度，教師の方でチェックする時間をとっておきたい。各自が見直しした後に修正するときなど，個々のアドバイスにつなげられる。

2 交流する　カードを隣どうしで交換して読み合おう。

では，自分のカードを隣の人と交換しましょう。
お願いします。
どうぞ。

「渡すときに，きちんとあいさつできた人がいました。カードを返すときも声をかけられるといいですね。」
・「ありがとう。」って言えばいいかな。

「カードの文章で，大事なことが２つありました。何でしたか。」
・「しごと」と「つくり」です。
「まず，それがきちんと書けているかがいちばん大事ですね。後は，詳しく書けているか，字や絵がていねいか，なども見ましょう。では，どうぞ。」

読み合い方は，グループ，自由に，なども考えられる。

席を立って見に行くという方法もあります。

じどう車ずかんを　つくろう

㋱ じどう車カードを　よみあおう
じどう車ずかんを　つくろう

◇ カードを　見なおそう
・字の　まちがい
・まる（。）てん（、）
・「は」「を」「へ」の　つかいかた

◇ カードを　よみあおう

主体的・対話的で深い学び

・それぞれが違う自動車を取り上げているという点が面白いところである。ぜひ，ゆっくり時間をとって多くの友達の作品を読ませて対話的な学びの場を作りたい。
・感想を伝え合う場面では，上手な発言を取り上げて全体に紹介するなどして，児童の意欲を高めるとよい。

準備物

・表紙用紙
・（大型）ホッチキス，製本テープ

3 対話する　感想を伝え合おう。

「ちょっと誰かに言ってもらいましょう。」
・「しごと」と「つくり」がちゃんと書けていました。
「そうですね。大事なことでしたね。他にありますか。」
・初めて知った車でした。絵もじょうずです。
・説明が詳しくてよく分かりました。

「では，カードをかいた友達に感想を伝えましょう。」

時間があれば，ペアを変更して読み合わせる。

「友達からよいところを伝えてもらった感想を言いましょう。」
感想を全体で発表させるか，簡単に書かせてもよい。

4 対話する 振り返る　「じどう車ずかん」を作ろう。学習を振り返ろう。

表紙の他に，カードを綴じる順番を話し合ったりして，クラスの図鑑を一緒に作る意識を盛り上げたい。綴じるときは，１人１枚分をホッチキスでとめ，製本テープで仕上げると見映えよくできあがる。１人で２枚かいた児童の分は，２冊目としてまとめてもよい。

「『じどう車くらべ』『じどう車ずかんをつくろう』の学習を振り返りましょう。」

内容を伝えるための情報の選び方，順序を考えた説明文の構成のしかたで学んだことを教科書 P35「たいせつ」などを確認して振り返る。

かたかなを　かこう

全授業時間２時間

◉ 指導目標 ◉

・片仮名を読み，書くとともに，文や文章の中で使うことができる。
・語と語との続き方に注意しながら，書き表し方を工夫することができる。

◉ 指導にあたって ◉

①　教材について

１年下巻では，片仮名の最初の指導です。字形だけでなく，長音，拗音，促音もでてきて，一通りの使い方も学ぶ教材です。

平仮名と漢字に比べると，片仮名は指導時間が短くなっています。そのためもあってか，定着しないままに終わってしまうことになりがちです。しかし，高学年になっても片仮名の字形が不正確だったり，漢字の学習の基礎になったりということを考えると，この単元終了後も，機会を見つけては，片仮名について触れたいものです。

「シ」と「ツ」，「ソ」と「ン」などの，形を間違えやすい字については，後の単元「かたかなのかたち」（教科書 P86，87）で扱います。ここでは，出てくる字をていねいに取り上げるとともに，促音，長音，拗音の書き方をしっかり押さえ，指導していきます。

②　主体的・対話的で深い学びのために

１年生にとっては，片仮名は新鮮で学習意欲のわく対象である場合が多いようです。教科書の例に終わらず，身の回りの片仮名の言葉を積極的に取り上げることで，児童の主体性も引き出せることでしょう。

◉ 評価規準 ◉

知識及び技能	片仮名を読み，書くとともに，文や文章の中で使っている。
思考力，判断力，表現力等	「書くこと」において，語と語との続き方に注意しながら，書き表し方を工夫している。
主体的に学習に取り組む態度	これまでの学習をいかし，片仮名の表記のしかたに気をつけながら，文の中で使おうとしている。

◉ 学習指導計画　全 2 時間 ◉

次	時	学習活動	指導上の留意点
1	1	・身の回りのものの中にある片仮名の言葉を出し合い，教科書 P36，37 の言葉を読む。 ・教科書の片仮名の言葉を書く。	・長音・拗音・促音の書き方や，書き順も確認する。 ・教科書をなぞる，空書きする，の段階を経て書く練習をさせる。
2	2	・片仮名の言葉を集め，集めた言葉を使って文を作る。 ・作った文を発表し，交流する。	・言葉集めでは，教科書の別のページや他の本から探してよいことにする。 ・読み直したり，交流したりしながら，間違いがないかを確かめさせる。

DVD 収録（黒板掲示用イラスト，児童用ワークシート見本）

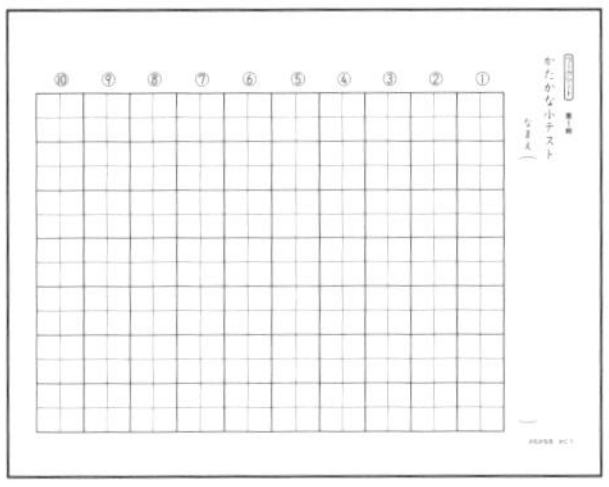

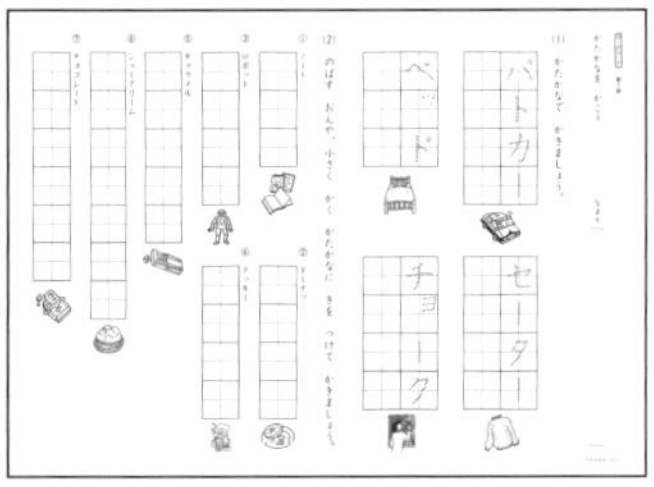

かたかなを かこう

第 1 時 (1/2)

本時の目標

教科書に出ている片仮名を正しく読んだり書いたりすることができる。

授業のポイント

角やはらいもていねいに書かせることで，字形を意識させたい。

本時の評価

教科書に出ている片仮名を，長音・促音・拗音に気をつけて書いている。

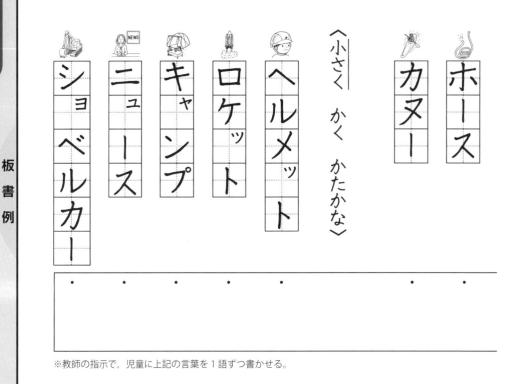

〈間違えやすい片仮名〉ここでは，片仮名の長音・促音・拗音の言葉が示されていますが，片仮名

板書例

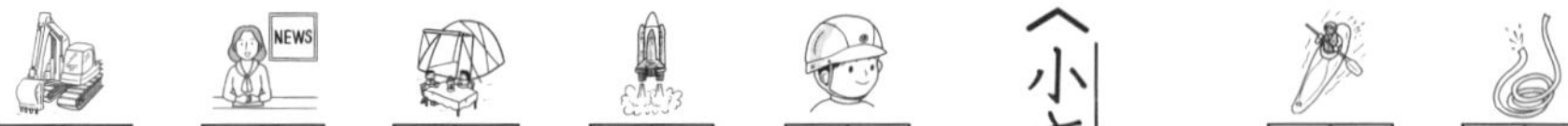

ホース

カヌー

〈小さく　かく　かたかな〉

ヘルメット

ロケット

キャンプ

ニュース

ショベルカー

※教師の指示で，児童に上記の言葉を１語ずつ書かせる。

1 交流する 読む　身の回りの片仮名の言葉を出し合い，教科書の言葉を読もう。

「今日は，片仮名の勉強です。身の回りのものの中で，片仮名の言葉は思いつきますか。」

・コップ。　　　　・ジャングルジム。

「前に『かたかなをみつけよう』で習いましたね。教科書 36，37 ページによく見る片仮名の言葉がいっぱいあります。一緒に読んでみましょう。『ソース』」

・（全員で）ソース。

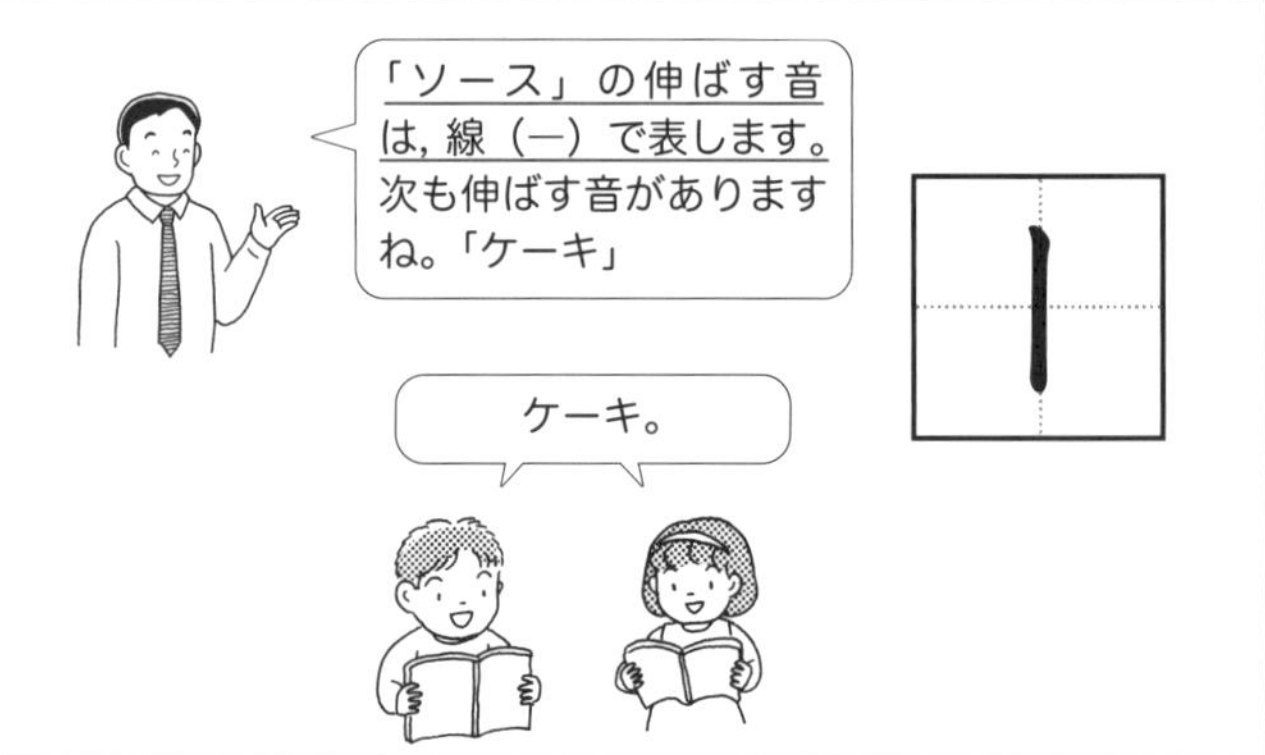
「ソース」の伸ばす音は，線（ー）で表します。次も伸ばす音がありますね。「ケーキ」
ケーキ。

「ヘルメットは，小さい『ツ』がありますね。ひらがなといっしょの場所に小さく書きますよ。」

注釈を入れながら，言葉を確認していく。

2 なぞる　教科書の字を指でなぞり書きして，書き方を覚えよう。

書く練習をしましょう。まず，教科書の字を指でなぞります。
片仮名にも書き順があるんだね。
①
②

「『ソ』からです。最初はどれかな。」

・てんから。

「では，書きますよ。1，2。」

・２は，上から下へ書くよ。

「そうですね。矢印がついているので，よく見てどちらから書くか間違えないようにしましょう。」

教科書の字をすべてなぞっていく。

文字としては「ツ」「シ」「ン」「ソ」が間違いの多い字です。

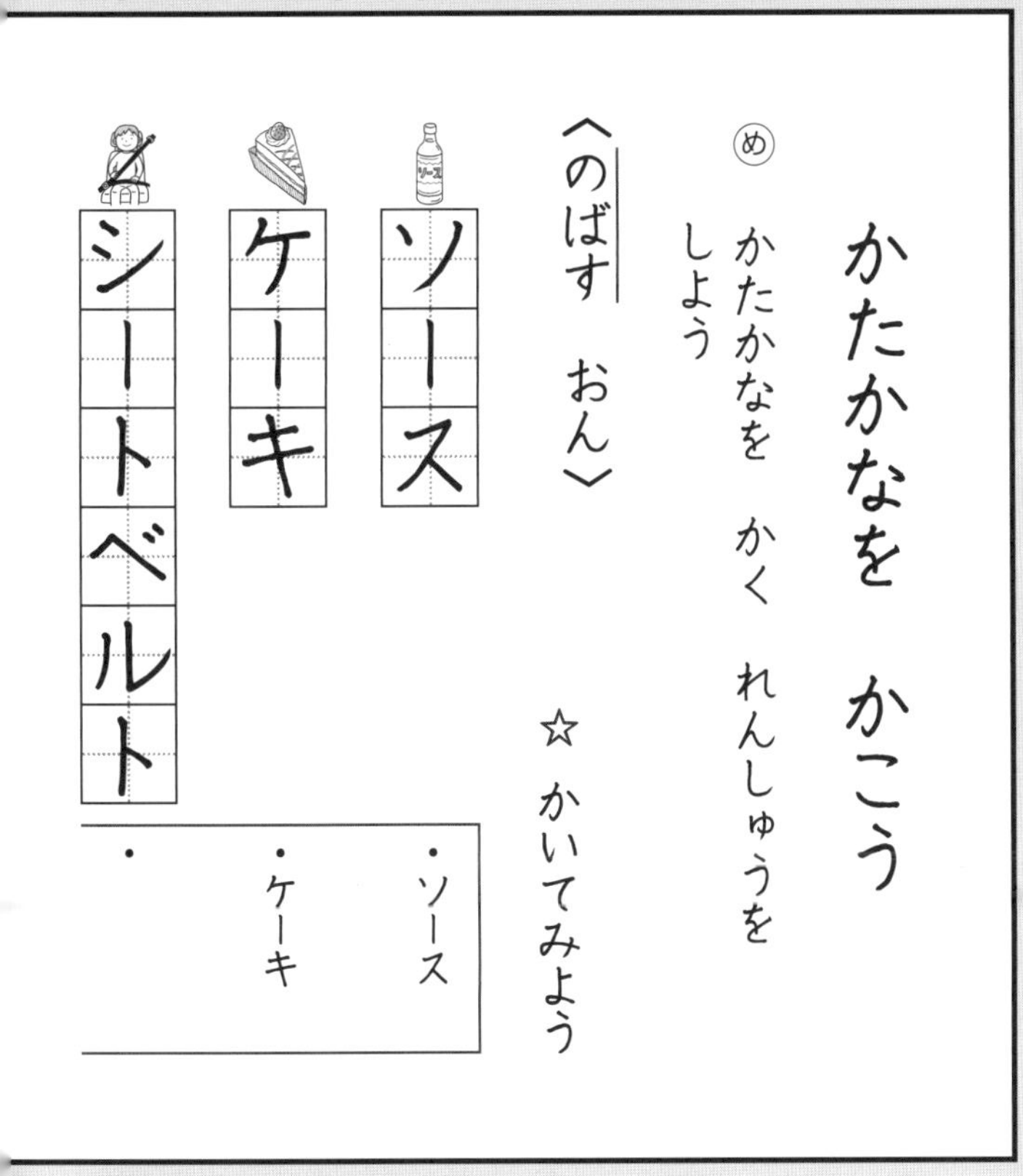
かたかなを　かこう
め　かたかなを　かく　れんしゅうを　しよう
〈のばす　おん〉
ソース
ケーキ
シートベルト
☆ かいてみよう
・ソース
・ケーキ
・

主体的・対話的で深い学び

・何となくは覚えていても，正確な形で書くことができない児童は，２年生以上の学年でも意外といるものである。「『ツ』の点は，どう書けばいいのだったかな？」などと細かい部分に着目させることで，主体的に形を見分け，書き分けることが期待できる。

準備物

・黒板掲示用イラスト　DVD 収録【1下_08_01】

・小テスト用紙（児童数）
（児童用ワークシート見本　DVD 収録【1下_08_02】）

・ワークシート（児童数）
（児童用ワークシート見本　DVD 収録【1下_08_03】）

3 練習する 書く　空書きと板書で，片仮名を書く練習をしよう。

次は空中で書いてみましょう。まだなぞってみただけですから，教科書を見てもいいですよ。
見ずに書けるか試してみよう。
「ソ」と「シ」の書き順が，まだよく分からないよ。

「また，『ソース』からです。さん，はい。」

「ソース」と続けて書けないようであれば，１文字ずつ進めていく。筆順を確認するために，１画ずつ確かめながら進める。

「次は，黒板に書いてもらいましょう。列ごとに出てもらいます。上の方に書いてあるので，それを見てもいいですよ。では，順番に，ソース，ケーキ，…。」

１人ずつ黒板に書く言葉を指示する。

クラスの実態によって，各自が教科書を見ながらノートに書く練習をしてもよい。

4 書く　教科書の片仮名の言葉を覚えられるように全部書こう。

「最後にそれぞれ書く練習をします。できれば教科書を閉じてください。」

教科書にある片仮名の言葉を，ノートか小テスト用紙を配って，それぞれ書かせる。

これも，教科書の順番に言いますから，書いていきます。分からなくなったら黒板や教科書を見てもいいです。
最初は，「ソース」だったね。
どれだけ書けるかな。

「では，いきます。『ソース』。みなさん，書けましたか。次，『ケーキ』…。」

教科書の片仮名の言葉をしっかり定着させる。

時間があれば，ワークシートに取り組ませてもよい。

かたかなを かこう

第 2 時 (2/2)

本時の目標

片仮名で書く言葉を使って，文を作ることができる。

授業のポイント

片仮名をできるだけ使わせたい。細かい間違いを気にせずどんどん発表させる。

本時の評価

片仮名で書く言葉を使って，文を作っている。

〈言葉集め〉片仮名の言葉探しでは，学級文庫も使ってよいことにすると活気のある学習となり

板書例

・バターン
・イチョウ
・チューリップ
・パンダ
・ジュース
・サッカー

※

◇かたかなを　つかって　文を　つくろう

・ゲームの　カードを　かった。
・シャワーを　あびたら、ボディーソープと　シャンプーが　なかった。
・レストランで　ナイフと　フォークを　つかって　ハンバーグを　たべた。

※

※児童の発表を板書する。

1 めあて 探す　片仮名の言葉を集めよう。

「今日は，片仮名の言葉を使って，文を作ります。最初に，片仮名で書く言葉を集めましょう。」
・教科書の言葉と違うものがいいのかな。
・ゲームの言葉なら，いっぱい言える！

教科書 36，37 ページに出ている言葉は，もう分かっていますね。他にも見つけられますか。
それだったら，たくさん見つけられそう。
教科書の他のページから探してもいいですか。

「いいですよ。国語の教科書以外の本からでもいいことにしましょう。」

他の教科書や，学級文庫の本など手近な本を使って探させてもよいことにする。

2 発表する　集めた言葉を発表しよう。

見つけた言葉を発表しましょう。
ジャンプ。
カード。
モルモット。

「教科書にもたくさん載っていますね。」
・「キーカラカラ」もいいですか。

「音も片仮名で書くことがありますから，いいことにしましょう。」
・じゃあ，「ドン」とか「バターン」もいいんだ。
・「イチョウ」の木も片仮名で書いてあったよ。

「植物や動物の名前も片仮名で書くときがあります。あと，外国からきたものは片仮名で書くのがふつうです。」
・チューリップとかパンダがあるね。
・ジュースとかサッカーもそうかな。

ます。

かたかなを　かこう

(め) ことばを　あつめて　文を　つくろう

〈あつめた　かたかな〉

・ゲーム
・ジャンプ
・カード
・モルモット
・キーカラカラ
・ドン

☆ヒント

・おと
・木の　なまえ
・どうぶつ
・がいこくから　きたもの

主体的・対話的で深い学び

・隣どうしやグループでノートを見せ合って写してもよいことにすれば，対話的な学びとなり，学習も深められる。

準備物

3 書く　片仮名の言葉を使って文を作ろう。

「まだまだ見つかりそうですが，これくらいにして文を作りましょう。」

・片仮名の言葉が１つ入った文を作ればいいですか。

片仮名の言葉を，１つは絶対入れることにして文を作りましょう。もっと多く片仮名言葉を入れた文が作れたらすごいですね。
いきなり，片仮名言葉が２つも入っている文が作れたね。
「ゲームのカードを買った。」できた！

・シャワーをあびたらボディーソープもシャンプーもなかった。

「それは，大変でしたね（笑）。片仮名の言葉の方は３つも入っていて上手でしたね。みなさん，発表していない言葉を使ってもいいですよ。ノートに箇条書きで書いていきましょう。書けたら見直しもしましょう。」

4 交流する　作った文を発表し，交流しよう。

たくさん書けたようですね。では，発表してもらいましょう。いくつも文が書けた人は，発表したい文に丸をつけましょう。
片仮名がいっぱい入った文にしよう。

「端から順に，どんどん発表してください。次に発表する人は先に立っておいてくださいね。」

・レストランでナイフとフォークをつかってハンバーグをたべた。

発表する児童と次の児童は立つことにしておくと，無駄な間があかずに，進行がスムーズになる。

「全員，発表できましたね。まだ，発表した文の他にたくさん書いている人もいるので，班でノートを交換して読み合いをしましょう。」

交流しながら，間違いがないかを確かめ合わせる。

ともだちの　こと，しらせよう

全授業時間６時間

◎ 指導目標 ◎

・話し手が知らせたいことや自分が聞きたいことを落とさないように集中して聞き，話の内容を捉えて感想をもつことができる。
・文章に対する感想を伝え合い，自分の文章の内容や表現のよいところを見つけることができる。
・身近なことや経験したことなどから話題を決め，伝え合うために必要な事柄を選ぶことができる。
・語と語や文と文との続き方に注意しながら，内容のまとまりが分かるように書き表し方を工夫することができる。
・身近なことを表す語句の量を増し，話や文章の中で使うとともに，言葉には意味による語句のまとまりがあることに気づき，語彙を豊かにすることができる。

◎ 指導にあたって ◎

①　教材について

まず，友達について質問をして，話し手が知らせたいことや自分が聞きたいことをしっかり聞きます。それから，その話の内容を簡単な文章に書き，クラスの友達に紹介して読み合うという学習です。前半のインタビュー活動は話し合いの基礎であり，後半は聞き取ったことを整理しながら簡単な文章にまとめて書き表していく作文の基礎となるものです。どちらも，この単元だけでなく，様々な場面で応用がきく指導内容でもあります。

最初の質問は，あらかじめ決めておけばできますが，話を受けての質問はそういうわけにはいきません。まず，相手の話をしっかり聞いて内容を理解することが求められます。その上で，話に合わせた質問を考えなくてはなりません。難しいだけに，しっかり聞いてそのことについて質問することを十分に強調し，意識させたいところです。

次に，聞き取ったことを紹介する文章を書くには，伝えたい内容を整理し明確にしていく必要があります。教科書の例文を参考に，主語を明確にして「初め」「中」「終わり」の構成で書き表していく練習をします。

最後には，書いた文章を読み合うことを通して，内容について感想を伝え合う大切さも学びます。

②　主体的・対話的で深い学びのために

いつも一緒にいるクラスの友達でも，あらためて質問してみると知らないことがいろいろと見つかるはずです。自分が友達のことで初めて知ったりあらためて気づいたりしたことがあれば，主体的にみんなに伝えようという意識につながります。まずは，しっかり質問ができるように指導したいところです。

◉ 評価規準 ◉

知識 及び 技能	身近なことを表す語句の量を増し，話や文章の中で使うとともに，言葉には意味による語句のまとまりがあることに気づき，語彙を豊かにしている。
思考力，判断力，表現力等	・「話すこと・聞くこと」において，身近なことや経験したことなどから話題を決め，伝え合うために必要な事柄を選んでいる。 ・「話すこと・聞くこと」において，話し手が知らせたいことや自分が聞きたいことを落とさないように集中して聞き，話の内容を捉えて感想をもっている。 ・「書くこと」において，語と語や文と文との続き方に注意しながら，内容のまとまりが分かるように書き表し方を工夫している。 ・「書くこと」において，文章に対する感想を伝え合い，自分の文章の内容や表現のよいところを見つけている。
主体的に学習に取り組む態度	紹介するという見通しをもち，進んで友達に質問し，友達について書こうとしている。

◉ 学習指導計画　全 6 時間 ◉

次	時	学習活動	指導上の留意点
1	1	・教科書 P38 -41を読んで学習の見通しをもち，学習課題「ともだちがいまいちばんたのしいことを，みんなにしらせよう」を確かめる。 ・教科書のインタビューの例から，友達への質問の仕方を学ぶ。	・友達紹介を先にしてみることで，「友達のことを知っているようで知らない」ことに気づかせる。 ・あれば，指導書付録 CD を聞いて尋ね方を確かめさせる。
2	2 3	・2 人組になって，友達に質問する。 ・友達から聞いたことをノートにメモする。 ・教科書を見て，紹介する文章の書き方を確かめる。	・上手な児童に見本で発表してもらう。 ・簡単な箇条書きで書くよう指導する。
	4 5	・どのような順番で書くかを考える。 ・友達のことを知らせる文章を書く。	・書く順序を示す。 ・書いた後で読み直すよう指導する。
3	6	・文章を読み合い，感想を伝え合う。 ・学習を振り返る。	・読み合いのポイントを事前に確かめる。 ・よいところを見つけるように意識させる。

DVD **収録（児童用ワークシート見本）** ※本書 P113「準備物」欄に掲載しています。

ともだちの　こと，しらせよう

第 1 時　(1/6)

本時の目標

学習の見通しをもち，友達のことをもっとよく知るための質問の仕方を理解することができる。

授業のポイント

話に合わせての質問がポイントである。しっかり聞いて，そのことについて質問することの大切さに気づかせたい。

本時の評価

学習の見通しをもっている。
友達のことについてもっと知るための，質問の仕方を理解している。

〈導入の工夫〉先に友達紹介をしてみることで，「友達のことをもっとよく知ってうまく紹介したい」

板書例

〈しつもんの　しかた〉
「いま、いちばん　たのしい　ことは、
なんですか。」
・いつから
・どんな（なにを）
・どこで
・どうやって
・だれと
・どうして（わけ）
・かんそう
「すごいですね。」

☆
はなしに　あわせて　きく　こと
・おもしろい　ところ
・おどろいた　こと
・もっと　しりたい　こと

1 読む めあて　教科書を読み，学習課題を確かめよう。

「教科書を読みましょう。」

教科書 P38 - 41 を読む。

今度は「友達にいちばん楽しいことを聞いて，みんなに文章で知らせよう」という勉強です。
今いちばん楽しいことを，友達に聞くんだね。面白そう。
それから，聞いたことを文章に書かないといけないね。

・聞いたことをうまく文章に書けるかなあ。
・聞いたことを忘れちゃだめだね。

「そうですね。最後は 41 ページの 2 人のように，友達に聞いたことをみんなに知らせる文章を読み合って，感想を伝え合います。」

2 試す　友達について知っていることを紹介してみよう。

「では，一度やってみましょう。」
・え？どうするの？

今，お隣の人が楽しいと思っていることを，グループの人に紹介してみましょう。
ええっと，○○さんはドッジボールが好きです。あとは何て言ったらいいのかな…。

・◇◇さんは，よく本を読んでいるけれど，どんな本が好きなのかはよく分かりません…。
・△△さんは，ピアノをひくのが楽しいと聞いたことがあります。あとは，知りません。

クラスの友達のことを，あまり詳しくは知らないことに気づかせる。

という意欲をもたせます。

ともだちの　こと、しらせよう

㋱　しつもんの　しかたを　たしかめよう

〈学しゅうの　めあて〉

いま、いちばん　たのしい　ことを
ともだちに　きいて、みんなに　しらせよう

主体的・対話的で深い学び

・インタビューせずに，隣の友達のことを他の人に紹介しようとしても「知っているようで知らなかった」「うまく話ができない」ということに気づかせたい。そうすることで，主体的に「友達の話をしっかり聞いて，そのことを他の友達に知らせたい（文章を書いてみたい）」という意識をもたせる。

準備物

・（あれば）指導書付録CD

3 対話する　質問することを確かめよう。

「ちょっと難しかった人が多かったようですね。」
- 話がすぐに終わっちゃった。
- 何を言えばいいのか分からなかった。

「今度は，友達のことを紹介する前に，いろいろ質問して話を聞いてから紹介します。」

友達のことをうまく紹介できるようになるために，どんなことを聞いておくとよいでしょう。
どうして楽しいのかを聞きたいな。
どれぐらいピアノを習っているかも聞くとよさそう。

「せっかく質問するのですから，その友達のことをもっとよく知り，みんなにも紹介できるような聞き方ができるといいですね。」

4 読む つかむ　質問のしかたを理解しよう。

まず，聞くことは「いま，いちばん楽しいこと」です。
最初に「いま，いちばん楽しいことは何ですか」と聞けばいいよね。
それからは，どんな質問をすればいいのかな。

「では，教科書の男の子（たくやさん）が，りかさんにどんな聞き方をしているか確かめましょう。」
（指導書付録の CD を聞いてもよい）
- 「どんな」「どうやって」と話に合わせて質問しています。
- 「すごいですね」と感想も言っています。

「他には，『いつから』『どこで』『だれと』『なぜ』などの質問をしてもいいですね。話の中で『面白いところ』『驚いたこと』『もっと知りたいこと』を考えながら，話に合わせて質問できるといいですね。」

ともだちの　こと，しらせよう

第2,3時（2,3/6）

本時の目標

インタビューや紹介の仕方を理解し，話の内容に合わせて，友達に質問することができる。

授業のポイント

しっかり話を聞いて，そのことについて質問することを意識させる。

本時の評価

話の内容に合わせて，友達に質問をしている。

〈質問タイムの区切り〉時間を見計らって「もう紹介できるように聞けたかな」などと確認して，

板書例

②　くわしく
・いつから
・どんな（なにを）
・どこで
・どうやって
・だれと
・どうして（わけ）

☆　きく　こと
・おもしろい
・おどろいた
・もっと　しりたい

③　かんそう

◇　メモを　かこう

〈メモの　かきかた〉
・わかった　こと
☆　かんたんに
（れい）・まい日
・おねえさん
・二じゅうとび　五かい
・おもった　こと

1　振り返る 確かめる　前時の学習を振り返り，質問の仕方を確かめよう。

「今日は，隣の人と2人組になって質問をしてもらいます。前の時間の『質問の仕方』を覚えていますか。」

・最初は「今，いちばん楽しいことは何ですか。」と質問する。
・そのあとは，「いつ」「どこで」「だれと」「どうやって」などの中から，話に合わせて質問していけばいい。

話を聞くときは，どんなことを考えながら聞けばよかったのですか。
おもしろいかどうか。
おどろいたこと。
もっと知りたいこと。

「そうですね。そのようなことを考えながら，話に合わせてうまく質問できるといいですね。」

前時に学習した内容を振り返る。

2　対話する　2人組になって，友達に質問しよう。

「では，友達に質問してみましょう。初めに，お互い『よろしくお願いします』とあいさつをしましょう。」

よろしくお願いします。
よろしくお願いします。
今，いちばん楽しいことは何ですか。
ドッジボールをすることです。

・ドッジボールはだれとしているのですか。
・クラスの友達としています。
・どんなときに楽しいと思うのですか。
・飛んできたボールをキャッチできたときです。

上手にやりとりをしている2人組があれば，みんなの前で見本として発表させ，理解を広める。

詳しい質問やメモをするように促します。

ともだちの　こと、しらせよう

ⓜ ともだちに、たのしいことを　きいて
メモに　かきとめよう

◇ ともだちに　きいてみよう
〈しつもんの　しかた〉
① 「いま、いちばん　たのしい
ことは、なんですか。」

主体的・対話的で深い学び

・メモを適切に取ることは，１年生にはとても難しいことである。しかし，書くという行為でインタビュー気分になり，対話的な学習が深まることも考えられる。上手な児童のメモをクラス全体に広めて見本にさせたい。
・メモの練習として，教師が話した内容の言葉を書く練習をしてもよい。

準備物

・メモのワークシート（児童数）
（児童用ワークシート見本
DVD 収録【1下_09_01】）

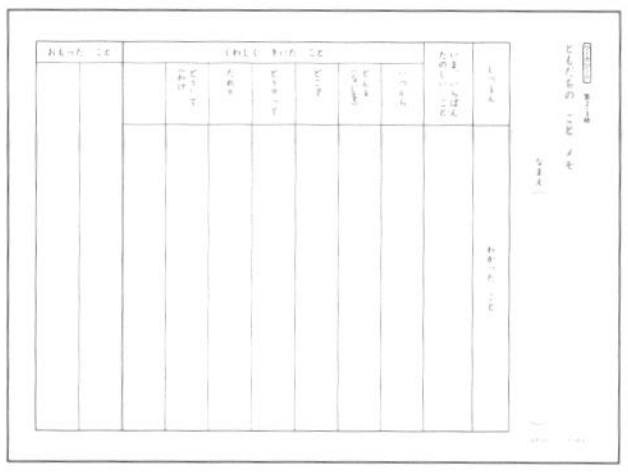

3 書く　聞いたことをメモしよう。

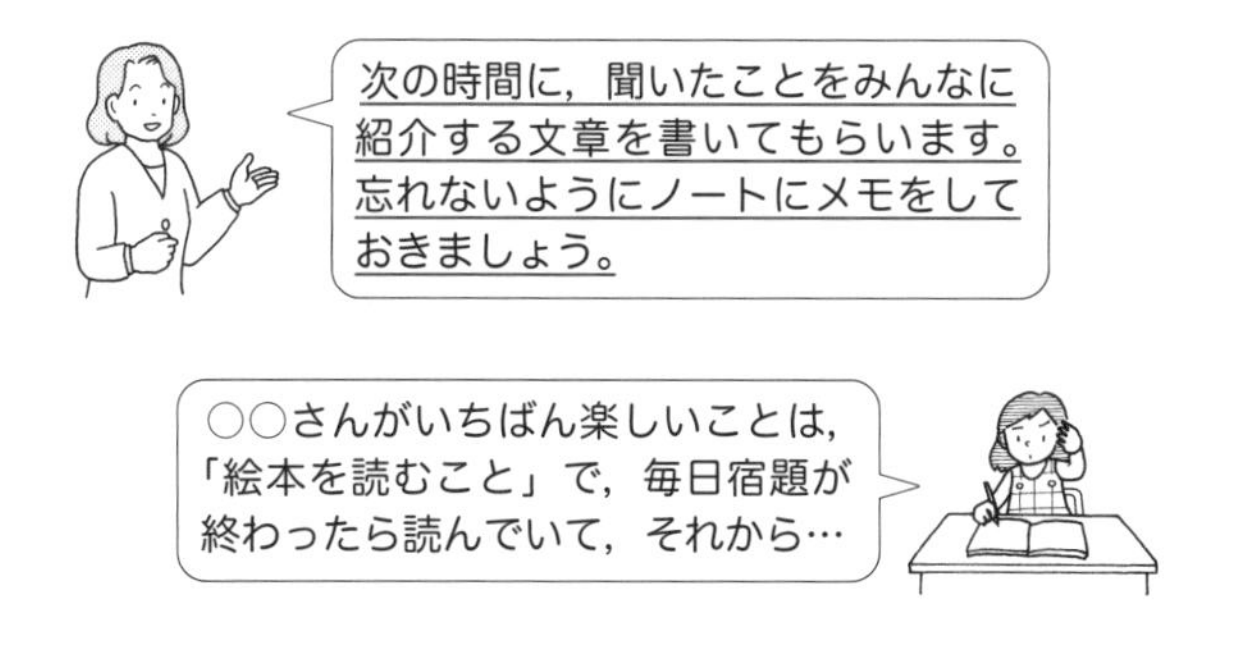
次の時間に，聞いたことをみんなに紹介する文章を書いてもらいます。忘れないようにノートにメモをしておきましょう。
○○さんがいちばん楽しいことは，「絵本を読むこと」で，毎日宿題が終わったら読んでいて，それから…

「次の時間に思い出せたらいいので，メモは簡単に書けばいいですよ。教科書の女の子（りかさん）のことであれば，『なわとび』と書いてから，『まい日』『おねえさん』とか『二じゅうとび』『五かい』だけを書くのでもいいですね。」

できれば簡単な言葉の箇条書きで書かせたい。１年生でも，点を書く位置からていねいに教えておけば，十分に可能であるし，今後も使える技能となる。

ワークシートを使ってもよい。

4 読む とらえる　紹介する文章の書き方を理解しよう。

「では，教科書 40 ページを読んで，文章の書き方を考えましょう。」
・最初の１行目は「りかさんとなわとび」。題名です。
・次は，「きくちたつや」。書いた人の名前だね。

名前の後からは，何が書いてありますか。１文目から見ていきましょう。
最初に，りかさんが，いちばん楽しいことを書いています。
次に，聞いて分かったことを詳しく書いています。

「最後の文も，聞いたことですか。」
・違います。自分が思ったことです。

「この文を読んでどう思いますか。」
・りかさんの「いちばん楽しいこと」がよく分かる。
・文を書いたたくやさんが思ったことも分かるね。

ともだちの　こと，しらせよう

第4，5時（4，5/6）

本時の目標

質問したことをもとに，友達のことを知らせる文章を書くことができる。

授業のポイント

まずは，いちばん楽しいことを明確にしてから，順序や構成を考え始めさせる。

本時の評価

メモを活用して，順序を考えながら文章を書いている。

〈書き始め〉まず，自分の名前までは，全員に書かせてしまいましょう。勢いがつく場合もあり

板書例

◎だいめい　△△さんと〇〇
◎じぶんの　なまえ
◎文
①ともだちが、いちばん
たのしいこと
②くわしく
・まい日
・おねえさん
・二じゅうとび　五かい
③かんそう
・見てみたいです

〈かく　ときに　気を　つける　こと〉
・ていねいな　字
・字のまちがい
・まる（。）てん（、）を　つける
・「は・を・へ」を　正しく
・「〜です。」「〜ます。」

1 振り返る　前時の学習を振り返り，文の書き方を確かめよう。

「では，友達から聞いたことを使って，文を書いていきましょう。」
・早く書きたい！どう書くのだったかな？

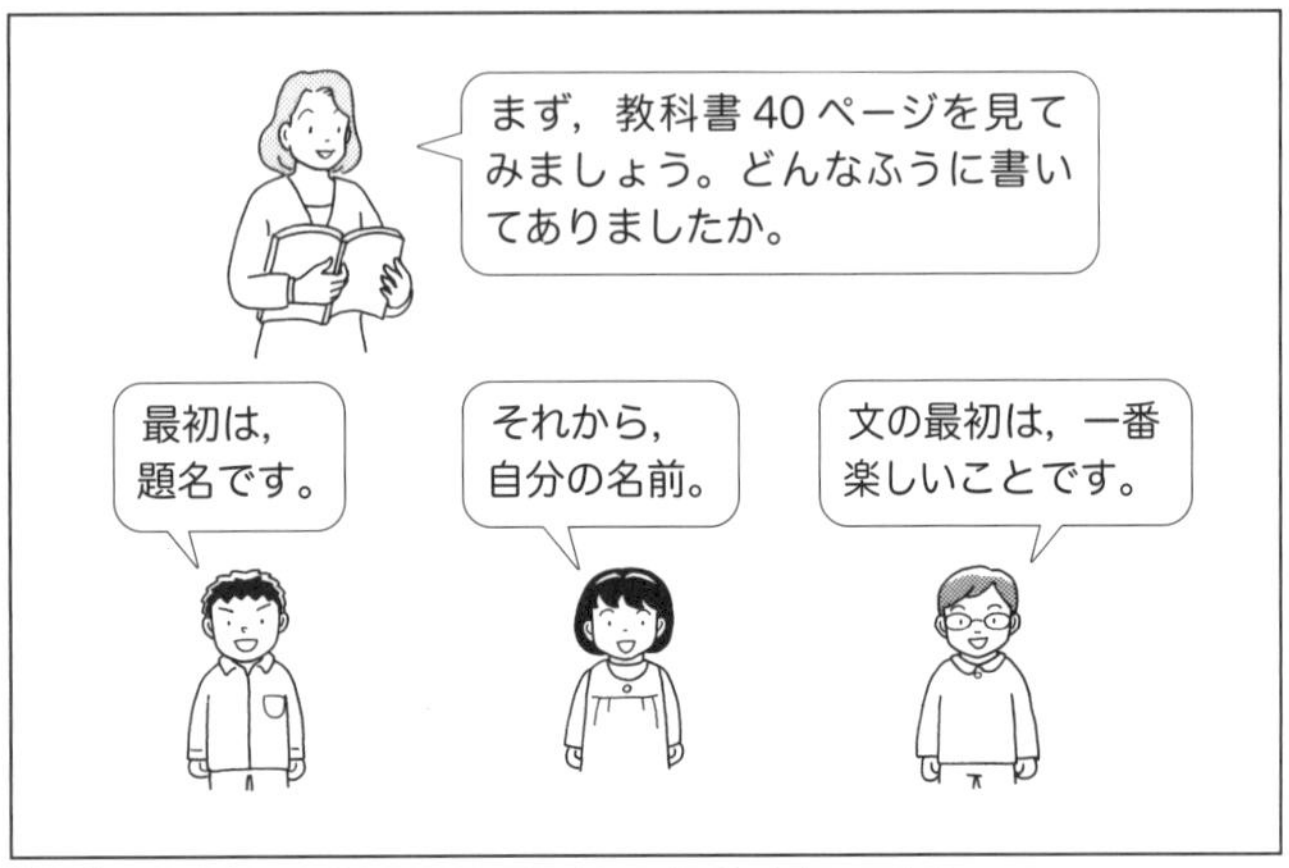

まず，教科書40ページを見てみましょう。どんなふうに書いてありましたか。
最初は，題名です。
それから，自分の名前。
文の最初は，一番楽しいことです。

「最初のところまでは，すぐに書けそうですね。」
・題名は，「〇〇さんと△△」でいいですか？
「いいですよ。でも，もし読む人がおもしろそうだなと思うような題名が思いついたら，それを使うともっといいですね。」
・あとは，聞いて分かったことを詳しく書く。
・最後に感想もつけているね。

2 対話する 確かめる　「友達が今，いちばん楽しいこと」を押さえ，書く順番を考えよう。

「友達が今，いちばん楽しいこと」は何か言えますか。この文では，ここが一番大切ですよ。ノートを見て，そこに線を引きましょう。
だいじょうぶ！
あれっ，どこに引いたらいいかな。

「友達に見てもらって，確認してもいいですね。」

文を書き出す前に，文章の主題にあたる部分を理解しているかは確認しておいた方がよい。

「書き始める前に，自分が書いたメモを見ながら，書くことを確認していきましょう。自分が書くことを言ってください。題名は？」
・山本さんとサッカー。
・鉄棒大好き，たかしさん。

続いて「自分の名前」「いちばん楽しいこと」「聞いたこと」「感想」と，自分のメモと照らし合わせながら書く順番を確かめる。

ます。

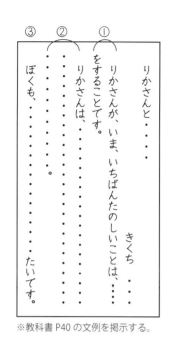

ともだちの　こと、しらせよう

㋱ ともだちが　いちばん　たのしい　ことを
文しょうに　かこう

〈文の　かきかた〉

りかさんと・・・・・
きくち　・・・・

① りかさんが、いま、いちばんたのしいことは、・・・・をすることです。

② りかさんは、・・・・・・・・・・・・・・・・・
・・・・・・・・・・。

③ ぼくも、・・・・・・・・・・・・・・・・たいです。

※教科書 P40 の文例を掲示する。

主体的・対話的で深い学び

・自分のメモの中から，「ともだちのいまいちばんたのしいこと」を短く書いた部分を選ぶ，という作業も児童の主体的な姿勢を引き出す手立てとなる。本来，聞いているはずのことも，児童によってはメモしていない場合もあるかもしれない。それに気づくことも学習といえる。抜けていることが分かった場合は，それをノートに書かせてからスタートしてもよい。

準備物

・（黒板掲示用）教科書P40の文例の拡大コピー

3 書く　メモを使って文章を書こう。

それでは，書いていきましょう。題名から書き始めましょう。どこから書けばよいか分かりますか。
最初の行です。
題名も一マスあけるのかな。

「そうですね。教科書と同じように，1 文字分あけて，ていねいな字で題名を書きましょう。」

クラスの実態に合わせて，最初に書くところを指で押さえさせるなどの確認をしてもよい。

「名前も書いていきましょう。」
・下の方に書くんだ。下から数えたら分かりやすいよ。

「どちらでもいいです」は，書くことが苦手な児童にとっては，難しい。原則として，教科書と同じように書くことにすると分かりやすいだろう。
文章を書くときに気をつけることも確かめ合う。

4 見直す　書いた文章を見直そう。

書き終わった人は，見直しをしましょう。見直しで気をつけることは何でしたか。
字の間違いがないか。
点や丸を忘れないように。
「は・を・へ」が正しいか。

「そうですね。あとは，教科書の文のように，文の最後は『です』『ます』になっているかも見ましょう。」
・字が間違っていた。直しておこう。

「使える漢字があれば，使えるといいですね。」

それぞれ自分が書いた文章の見直しをさせ，机間巡視で修正のアドバイスをしていく。

「見直しができましたか。次の時間は，友達と文章を交換して読み合います。」

ともだちの　こと，しらせよう

第 6 時　(6/6)

〈読み合いのポイント〉事前に読み方の態度的なことも指導しておくと，頑張って取り組もうと

本時の目標

書いた文章を読み合い，感想を交流することができる。

授業のポイント

読み合いをするときは，よいところを見つけるということを意識づけてから始めたい。

本時の評価

読み合った文章のよいところを伝えようとしている。

板書例

・よい　ところを　あとで　いえるように
おぼえて　おく
※

〈よい　ところ〉
・くわしく　かけて　いる
・かずを　つかって　くふう
・しらなかった
・びっくりした
※

◇ふりかえろう
・学しゅう　した　こと
・じぶんの　文を　よみなおして
おもった　こと

※児童の発言を板書する。

1 めあて つかむ　読み合うときに気をつけることを確かめよう。

「今日は，みんなが書いた文章の読み合いをしましょう。」
・みんな，どんなの書いてるのかな？
・ぼくの，読んでほしい！

「どんなことに気をつけて読み合いをしたらよいかを確かめましょう。」
・悪口言われたらイヤだな…。ちゃんと読んでほしい。
「そうですね。気をつけないと，勉強にならないどころか，嫌な気持ちになる人がでますね。」

どんなふうに読むとよいでしょう。
よいところを探しながら読む。
よいところを後で言えるように覚えておく。
一生懸命に読む。
最後まで読む。

読み合うときに気をつけることを押さえておく。

2 読み合う　書いた文章を読み合おう。

では，読み合いを始めましょう。読んだ後で，よいところが伝えられるように考えながら読めるといいですね。
ちゃんと覚えておかなきゃいけないね。
考えながら読まないとね。

「では，全員席を立ちましょう。移動して，声をかけて読み合いを始めましょう。」
・だれに読んでもらおうかな。

「相手が決まらない人は，まだ読み合いをしていない人を探しましょう。」
・だれかいるかな。
・いっしょにやろう！

クラスの実態によっては，自由に移動させるよりも，席を１つずつずらしていくなどというように，読み合いの相手を決めておくという進め方でもよい。

する児童がいるでしょう。

ともだちの　こと、しらせよう

㋱　文しょうを　よみあって
おもった　ことを　つたえよう

〈よみあいの　ポイント〉
・いっしょうけんめい　よむ
・さいごまで　よむ
・よい　ところを　さがしながら　よむ

主体的・対話的で深い学び

・読み合いという活動は，読むだけでも価値はあると考えられるが，できれば，ポイントを意識して取り組ませたい。細かい注意をたくさんいうと，忘れてしまう児童も出てくるので，「よいところを見つけて伝える」など１点を強調することで，主体的に読み合いに取り組み，深い学びにつながるだろう。

準備物

3 交流する　感想を伝え合って交流しよう。

・たかしさんが，そんなに鉄棒がじょうずだなんて知らなかったよ。
・ぼくも，前の休み時間に見せてもらってびっくりしたんだ。

「よいところ」を見つけることが難しい児童もいるだろう。教師が聞き取って，板書にしたり，全体に伝えて広めたりしてもよい。

4 振り返る 交流する　学習を振り返ろう。

・聞いたことをメモをするのが，ちょっと難しかった。
・作文は苦手だと思っていたけど，メモしたことを教科書のように書いてみたら，そんなに難しくなかった。
・自分の文のよいところを教えてもらって嬉しかった。

「では，もう一度自分が書いた文章を読んでみて，よかったところや，直してみたいところなど思ったことを振り返りましょう。」
・友達の書いた文を読んで，自分ももう一度うまく質問して，もっと詳しく書いてみたいと思った。

本は　ともだち

むかしばなしを　よもう／おかゆの　おなべ

全授業時間８時間

◎ 指導目標 ◎

・読書に親しみ，いろいろな本があることを知ることができる。
・語と語や文と文との続き方に注意しながら，内容のまとまりが分かるように書き表し方を工夫することができる。
・文章を読んで感じたことや分かったことを共有することができる。

◎ 指導にあたって ◎

①　教材について

教科書の絵では，６冊の絵本（外国の昔話）を紹介しています。まずは，表紙の絵や題名を見せて，知っていることを発表させたり想像を膨らませたりします。

この単元は，児童の読書につなげてこそ意義があります。また，読書は習慣になれば人生に影響を与えるほどの価値があります。そのきっかけを作るという意識で，教科書で紹介されている絵本を取り上げて，外国の昔話の面白さを再確認したり，興味を広げたりするようにします。

また，この単元では，グリム童話「おかゆのおなべ」の不思議なところや面白さに触れ，感じたことを交流します。ここでは読書の観点として「面白かったところや好きなところ」を取り上げ，「題名」「登場人物」とともに「おはなしカード」に記入して読み合います。友達のカードを見て，自分とは違う意見や感想があってもよいことにも気づかせます。

この物語を学習することを通して，物語の面白さを学び，これからの読書生活の幅が広がることを目指します。

②　主体的・対話的で深い学びのために

読書を好きになるかどうかは，児童のその後の学習や生活に大きな影響を与えます。押しつけになりすぎないように，他の学習と同様に，しかし，一定の後押しはするという微妙なさじ加減の指導が求められます。適切な支援ができれば，主体的に読書に向かう姿勢が期待できます。

また，読書した本の紹介カードを「おはなしの森」として一斉にクラスに掲示して交流する活動も取り入れています。この活動を通して，たくさんの友達の思いや感想に気づいたり，今後の自分の読書生活にいかしていこうという気持ちが出てきたりすることでしょう。

◉ 評価規準 ◉

知識 及び 技能	読書に親しみ，いろいろな本があることを知っている。
思考力，判断力，表現力等	・「書くこと」において，語と語や文と文との続き方に注意しながら，内容のまとまりが分かるように書き表し方を工夫している。 ・「読むこと」において，文章を読んで感じたことや分かったことを共有している。
主体的に学習に取り組む態度	これまでの学習をいかし，積極的に世界の昔話を読み，感想をカードに書いて伝えようとしている。

◉ 学習指導計画　全 8 時間 ◉

次	時	学習活動	指導上の留意点
1	1 2	・知っている昔話について出し合う。 ・教科書 P42，43 の外国の昔話の絵本の中で，知っている話について友達と話をする。 ・読みたい話の本を図書館で探して読み，読んで面白かったところを友達に伝える。 ・「いろいろなむかしばなしを読んで，友達にしらせよう」という学習課題を確認する。	・紹介されている本を何冊か集めておく。 ・本選びが難しい児童には，何冊か候補を挙げ，選ぶアドバイスをするなどして支援する。 ・教科書 P55 の「おはなしカード」を確かめ学習の見通しをもたせる。
2	3	・「おかゆのおなべ」の読み聞かせを聞いたり，自分で音読したりする。 ・『　』の使い方を理解する。 ・会話文や呪文の読み方の工夫を考えて音読する。	・「　」と『　』の使い方の違いに着目させ，話し合わせる。
	4	・「おかゆのおなべ」の登場人物を確かめ，あらすじを読み取る。	・かぎ（「　」）や，登場人物の動作などに着目させる。
	5	・「おかゆのおなべ」の内容を読み取る。 ・面白かったところや，好きなところについてノートに書く。 ・ノートを読み合い，感想を交流する。	・感想の交流を通して，自分とは違う意見や感想があってもよいことを理解させる。
3	6 7	・教科書 P55 の読書記録「おはなしカード」の書き方を知り，「おかゆのおなべ」の紹介カードを全員で書いてみる。 ・選んだ昔話の紹介カードを書く。	・一度，同じ題材で紹介カードを書く経験をさせ，各自が選んだ本のカードに取り組ませる。 ・紹介カードを集めて「おはなしの森」をつくり，全体で活動を共有し，学びを深め合わせる。
	8	・友達のカードを読んで感想をカードに書く。 ・昔話を読んで紹介カードを交流し合った学習を振り返る。	・学習の振り返りによって，今後の読書につながるような活用を目指す。

DVD **収録（児童用ワークシート見本）** ※本書 P121，129，131「準備物」欄に掲載しています。

むかしばなしを よもう

第1,2時（1,2/8）

本時の目標

外国の昔話に興味をもち，好きな昔話の本を選んで読むことができる。
学習の見通しをもつことができる。

授業のポイント

読書に親しむことを重視したい。面白そうな昔話を読んでいる児童や，他の児童が気づかなかった昔話の本を見つけた児童を取り上げて広める。

本時の評価

外国の昔話に興味をもち，読みたい本を選んで読み感想を友達に伝えている。
学習の見通しをもっている。

〈興味づけ〉最初の段階では，絵本の表紙の絵の細かい部分（動物の表情や背景など）に着目

板書例

◇ おはなしに　ついて　はなそう
・だいめい
・どのような　はなし
（おもしろい　ところ、すきな　ところ）

◇ むかしばなしの　本を　えらぼう
・きょうかしょの　おはなし
・ともだちから　きいた　おはなし

〈学しゅうの　めあて〉

むかしばなしを　よんで、すきな　ところや
おもしろかった　ところを　つたえよう

☆ おはなしカードを　かく

（第１時）

1 交流する　知っている昔話について発表しよう。

「昔話」とは何か分かりますか。どんなお話を知っていますか。
うらしまたろう！
昔のお話のことだよね。

「『うらしまたろう』は，面白いお話でしたか。」
・ぼくは，面白かったよ。

「どんなところが，面白かったか言えますか。」
・浦島太郎が助けたカメに連れられて，竜宮城に行くところです。
・竜宮城が楽しそうだった。行ってみたいと思った。
・最後に浦島太郎が，おじいさんになるところ。

他にも，児童に自分の好きなお話について，自由に発表させる。

2 対話する　教科書の絵本の中で知っているお話を丸で囲もう。友達と話をしよう。

教科書 42，43 ページに外国の昔話の絵本が載っています。知っているお話があれば，丸で囲みましょう。
「しらゆきひめ」もあるよ。
「ジャックと豆の木」だ。

「丸をつけた昔話について，隣の人と話しましょう。お話の題名と，簡単にどんなお話かを話しましょう。面白いところや好きなところを教えてあげられるといいですね。隣の人が質問をしてもいいですよ。」
・「しらゆきひめ」について話します。白雪姫の継母が自分より美しい白雪姫を殺そうとするお話です。継母の毒リンゴで白雪姫は死にそうになったけれど，王子様に助けられて生き返るところが好きです。

難しいようであれば，何人に見本をしてもらう。教師がアドバイスしながら，前で話をさせる。

させてもよいでしょう。

本はともだち
むかしばなしを　よもう

㋱ おはなしに　ついて　ともだちと　はなそう
むかしばなしの　本を　さがして　よもう

◇しって　いる　おはなしを　さがそう
・ジャックと　まめの木
・しらゆきひめ
・ブレーメンの　おんがくたい
・きたかぜと　たいよう
・ライオンと　ネズミ
・ながぐつを　はいた　ねこ

主体的・対話的で深い学び

・本を選ぶことができない児童がいたら，何冊かを候補にあげて，その中から選ばせるなどの個別の支援が必要だろう。そのとき，とりあえず教師の選んだ本を読ませて合わないと感じた場合，「もっと分かりやすい本がいい」「動物のお話がいい」などの意見を引き出し，友達と相談させたり，探し直しをさせたりするなどの手立てが考えられる。ただ止まっているよりも主体的に学習する可能性が高まるだろう。

準備物

・絵本（教科書P42，43で紹介されているものを含めて何冊か）

・「おはなしカード」の実例
　※教師が事前に書いておく
　（児童用ワークシート見本
　DVD 収録【1下_10_01】）

3 （第2時） 読む 対話する　読みたいお話の本を，図書館で探して読もう。友達と話をしよう。

今から図書館へ行きます。昔話の本棚から読んでみたいと思った本を１冊探して読みましょう。
「ジャックと豆の木」のお話，面白そうだった。
何にしようかな。

図書館に移動し，本を探して読む時間とする。本時の最初から図書館で授業してもよい。

ある程度どの昔話がどこにあるかを教師は把握しておき，決められない児童に「この本にしてみたら」と薦めたい。尚，今回選ばせるのは，昔話だけとする。

「読んだ本の題名と読んで面白かったところや好きだと思ったところを隣の人に話しましょう。」
・『赤ずきんちゃん』を読みました。おおかみをやっつけておばあちゃんを助けたところが面白かった。

4 見通す　学習の見通しをもとう。

「友達の読んだ本の感想を聞いて，どんなことを思いましたか。」
・ぼくも同じ本を読んでみたくなりました。

今度は，読んだ本について「おはなしカード」に書いて，友達に知らせる勉強をします。
「おはなしカード」書いてみたい！
どんなことを書けばいいのかな。

教科書 P55 を見て，「題名」「登場人物」「感想」「自分の名前」が書いてあることを簡単に確認する。教師が書いたカードの実物を１枚準備しておくとよい。

「これから，みんなで『おかゆのおなべ』というお話を読んで，『おはなしカード』を書きます。その後で，自分が選んだ本についてカードに書くことにします。」

学習課題を確かめ，単元の見通しをもたせる。

むかしばなしを　よもう／おかゆの　おなべ

第 3 時　(3/8)

本時の目標

読み聞かせを聞き，会話文を意識しながら音読することができる。

授業のポイント

音読は，まずは正しくすらすらと読めることが大切である。クラスの実態に合わせて，基本か工夫かの時間配分を判断する。

本時の評価

会話文に自分なりのイメージを持って音読している。

〈事前準備〉長い教材は，授業に入る１週間前くらいから音読だけを指導しておくとスムーズに

板書例

「　」かいわ

『　』かいわの　中の　かいわ

「○○○、『○○○○　○○○○。』○○○　○○○。」

〈おんどくの　くふう〉

・おばあさん…ひくく

・女の子　…ふつう

・じゅもん　…ゆっくり たのむように

※

◇「　」や『　』の　中の　ことばに

気を　つけて　おんどくしよう

1 聞く 交流する　「おかゆのおなべ」の読み聞かせを聞き，感想を発表しよう。

今日から『おかゆのおなべ』を読んでいきます。この題名を聞いて，どう思いましたか。
おかゆが入ったおなべかな。
へんな題名。

「まず，先生が『おかゆのおなべ』を読みます。後で，みんなにも読んでもらいます。だれが出てくるか，どんなお話か，聞かれたら答えられるといいですね。」

教科書 P44-54 を範読する。範読は，意識的にゆっくりと間を取って読むと，聞くことが苦手な児童も理解しやすくなる。

「お話を聞いた感想を発表しましょう。」

・呪文でおかゆが出てくる魔法のお鍋なんていいな。
・女の子の心が優しいから，おなべがもらえたのかな。
・町がおかゆだらけになるところが面白かった。

2 音読する　自分で読んでみよう。

今度は，自分で読みましょう。ゆっくりでもいいので，間違えたり，とばしたりしないように読みましょう。
おかゆのおなべ

各自で音読させる。

「早く読めた人は，２回目も読みましょう。」

・次も間違えないぞ。
・ええ～，まだまだある…。

「最初だから，すらすら読めない人がいても，当たり前ですね。最後までしっかり読みましょう。」

苦手な児童，読むスピードが遅い児童を焦らせないような声かけをする。

クラスの実態によっては，１文ずつ区切って教師の範読を聞かせ，音読させてもよい。

進みやすくなります。

むかしばなしを　よもう

おかゆの　おなべ

㋱ くふうして　おんどくしよう

〈はじめの　かんそう〉

・じゅもんで　おかゆが　でてくる
まほうの　おなべが　いいな

・こころの　やさしい　女の子だから
おなべが　もらえたのかな

・町が　おかゆだらけなんて　おもしろい

※

※児童の発言を板書する。

主体的・対話的で深い学び

・音読を工夫することが得意な児童は，最初から演劇のように声色を使ったり，表情豊かに読んだりすることができるかもしれない。一方で，苦手な児童は，どうしたらよいか分からず，恥ずかしさもあって，声がなかなかでないものである。無理に声を出させると，ますます萎縮してしまう場合もある。そういう場合は，結果としての声よりも，なぜどのように工夫しようとしたか，ということを聞き取り評価することで，主体的に工夫に取り組むようになってくる。

準備物

3 対話する とらえる 「　」や『　』の使い方を理解しよう。

「教科書 46 ページの 3 行目に，二重かぎ（『　』）があります。指で押さえましょう。」

文中の言葉の確認は，指で押さえさせ反対の手を挙げるように習慣づけておく。確認がスムーズにできる。

お話の文の中に,『　』がありますね。これは，どういう意味でしょうか。
『なべさん, なべさん。～』も話しているね？
「　」は，会話だったけど…。
なべへの呪文が『　』かな。

「他に『　』はありませんか。「　」とはどう違うのかな。」
・7 行目にもある。やっぱりなべに話しかけている。
・でも，次のページから同じ呪文なのに「　」だよ。
・『　』は，会話の中に呪文が入っているんだ！
・「　」の中に「　」があると，分かりにくいからかな。

「そうですね。会話の中に会話を書くとき『　』を使います。」

「　」と『　』の使い方について確かめ合う。

4 対話する 音読する 会話文や呪文の読み方の工夫を考えて音読しよう。

それでは，会話や呪文の部分にも気をつけて，音読の工夫をして考えてみましょう。
おばあさん，女の子，おかあさんと，あとは呪文だね。
「　」の中の言葉で音読の工夫をすればいいね。

・おばあさんの声は低くしたらいいよ。お年寄りは，声が低いんじゃないかな。
・女の子は，ふつうに読んだらいいね。
・呪文は，頼むようにいったらいいかな？
・ちょっとゆっくり言おうかな。呪文ってそんな感じがするから。

音読の工夫について，隣の人，またはグループなどで話し合わせる。

「では，会話や呪文に気をつけて，音読しましょう。」

むかしばなしを　よもう／おかゆの　おなべ

第4時　(4/8)

本時の目標

登場人物やあらすじを読み取ることができる。

授業のポイント

登場人物について確認しておくことは，話の展開を押さえたり，誰が話している会話文かを押さえたりする上で大切なことである。

本時の評価

登場人物や話の展開を読み取っている。

〈登場人物〉人間ではなくても登場人物になることがありますが，人のように描かれている必要が

板書例

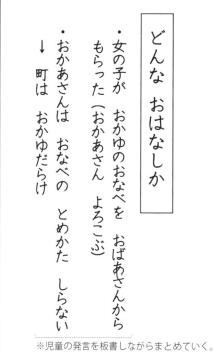

・おばあさん　「こんなところで～」おなべを　わたす

おばあさんが女の子になべを渡している場面

※教科書P46の挿絵を掲示する。

・おかあさん　大よろこび　「なべさん～」→　とめかた　わからない

・（なべさん）　（ぐらぐら　にえる）（おかゆが　うんじゃら　うんじゃら）

・人びと　たべながら　あるく

どんな　おはなしか

・女の子が　おかゆのおなべを　おばあさんから　もらった（おかあさん　よろこぶ）

・おかあさんは　おなべの　とめかた　しらない　→　町は　おかゆだらけ

※児童の発言を板書しながらまとめていく。

1　音読する　「おかゆのおなべ」を音読しよう。

「『おかゆのおなべ』の音読をします。」

・もう，間違えずに読めるよ。

・長いけど，大丈夫。

音読するときに工夫するところについて，決めていますか。
呪文のときにゆっくりと本当に呪文を唱えている人みたいに読む。
おばあさんの声を低くして，女の子と違う声で読みます。

何人かに，音読の工夫を発表させてもよい。

「では，音読の後で，登場人物が誰だったかを聞きます。できたら，それも覚えておいて下さい。」

・もう，分かるよ。女の子と…。

「おかゆのおなべ」全文を音読する。

2　対話する　確かめる　登場人物を確かめよう。

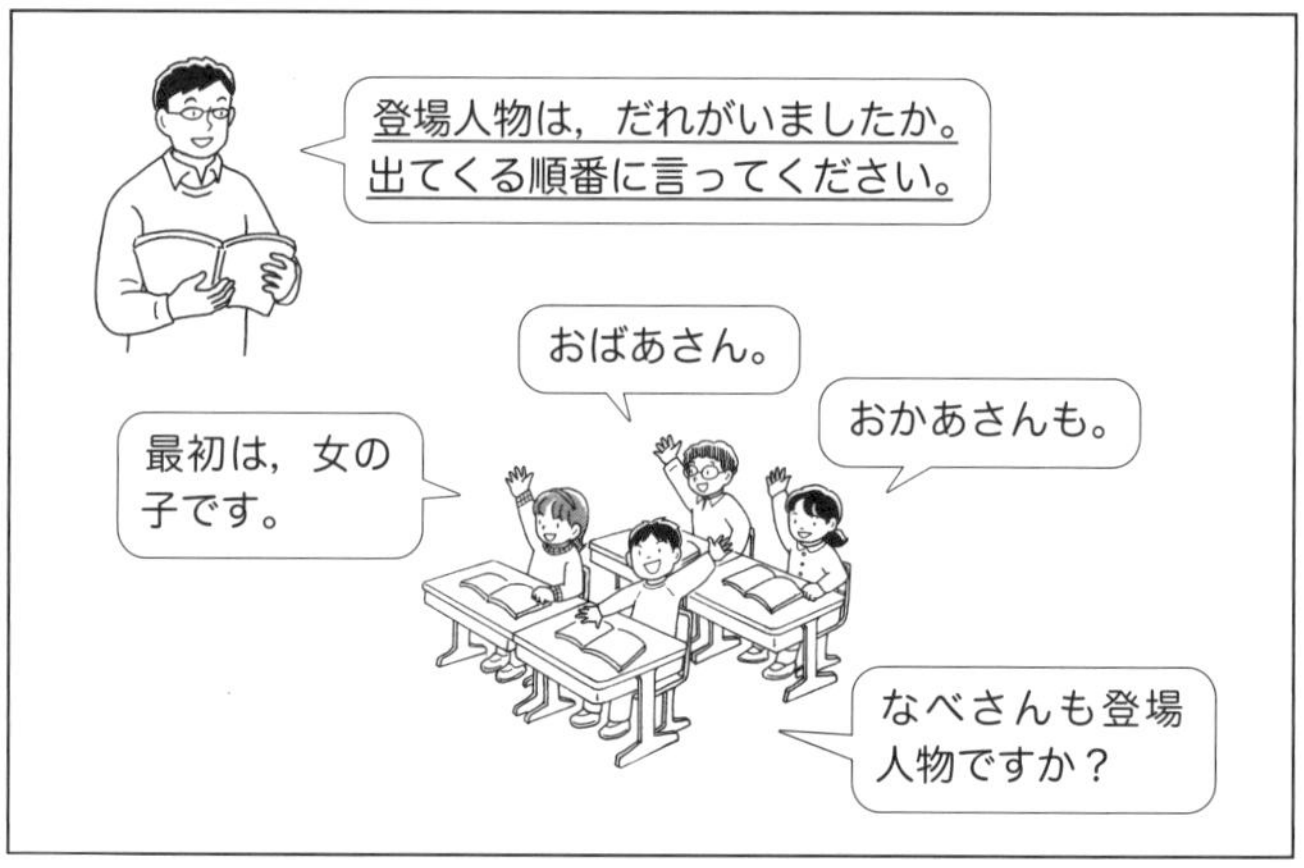
登場人物は，だれがいましたか。出てくる順番に言ってください。
おばあさん。
おかあさんも。
最初は，女の子です。
なべさんも登場人物ですか？

・なべさんは，違うよ。

・だって，なべさん，って人みたいに言っているよ。

・なべは，人みたいなことはしていないよ。

・でも，おかゆを出している。

「さあ，なべさんには，さんがついていますね。それに，おかゆを出しています。どうしましょうか？」

・おなべが，人みたいに，おかゆを作ったり出したりしていないから，違うんじゃないかな。

「そうですね。では，（　）をつけておきますよ。」

あることを教えます。

おかゆの　おなべ

(め) おはなしを　たしかめよう

とうじょう
じんぶつ

・女の子

したこと

森に　たべものを　さがしに
おなべを　もらう
「なべさん～」
出かけた、かえって　きた
おなべを　とめた

主体的・対話的で深い学び

・いきなり「どんなお話ですか」とあらすじを発表するよう求めても，的確に答えるのはとても難しい。登場人物，したこと，を板書に整理し，それを使いながら考えさせることで，どの児童も話し合いに参加しやすくなり，対話的で深い学びにつながるようになるだろう。

準備物

・教科書P46の挿絵の拡大コピー

3 とらえる　登場人物は，どんなことをしたのか確かめよう。

登場人物がどんなことをしたか，確かめましょう。まず，女の子からです。
森に食べ物を探しに行った。
おなべをもらった。
おなべに「なべさん～」と言った。

「次は，おばあさんがしたことを確かめましょう。」

・「こんなところで何を～」と女の子に尋ねた。
・おなべをわたした。

大まかなあらすじをおさえながら，登場人物の言動を確かめていく。その中で，細かいところまで全て取り上げようとする児童もいるかもしれない。その場合は意見としては受け止め，その上で，「まとめてこれにしとくね」と返すとよい。

4 対話する まとめる　どんなお話なのか，まとめよう。

さあ，簡単にまとめると，どんなお話だと言ったらいいかな？まず，いちばん中心の登場人物は？
女の子です。

「では，女の子がどんなことをしたお話ですか。」

・女の子がおなべをもらったお話。
・もらうだけじゃ，大事なことが入っていないよ。
・「おかゆのおなべ」をもらったお話かな。
・女の子がいないときおなべの止め方が分からなくて，町がおかゆだらけになったのも大切だよ。

「女の子が，おばあさんからおなべをもらって，呪文でおなべからおかゆを出した。おかあさんはおかゆの止め方が分からなくて，町中がおかゆだらけになったお話，でいいかな。」

むかしばなしを　よもう／おかゆの　おなべ

第5時　(5/8)

本時の目標

「おかゆとおなべ」の感想を友達と交流することができる。

授業のポイント

交流のとき，一方的に自分が話すだけになってしまいがちである。後でだれの感想がよかったかを発表してもらうという予告をして，聞く方も意識させるとよい。

本時の評価

「おかゆとおなべ」の感想を友達と交流することができている。

〈個別の指導〉感想を書くことが難しい児童には，まずは，どこが面白かったか，その場所だけ

板書例

◇ともだちと　こうりゅうしよう

・よみあう

・かんそうを　いう

おなじ　ところ

ちがう　ところ

◇ふりかえろう

・たくさん　かんそうが　かけて

よかった

・おなじ　かんそうで　うれしかった

・ぜんぜん　ちがう　かんそうが

おもしろかった

※児童の発表を板書する。

1 音読する　「おかゆのおなべ」を音読しよう。

「今日も，『おかゆのおなべ』を音読します。」

・間違えずに読めるよ。

・すらすら読める。

・読み方の工夫も覚えています。

今日は，読んだ後で，感想をノートに書いて，友達と交流してもらいます。
ノートに書くんだね。
何を書いたらいいのかな…。

「自分が面白いと思ったところがどこかを，まず覚えておきましょう。線を引いてもいいですね。」

・それなら，書けるよ。

・もう決まっている。

「それができたら，どうしてそこが面白いと思ったかも説明できると，とてもいいですね。」

2 書く　感想を書こう。

では，今から感想を書いてもらいます。難しい人は，面白かったところだけを写してもいいですよ。
早く書きたい！
面白かったところがいくつもあるのだけれど…。

「面白かったところは，1カ所とは限りませんね。2つ以上書いてもいいです。長い文は，全部写す必要はありません。交流のときに，友達に伝えられれば大丈夫です。」

・じゃあ，線を引いておこう。

・ここのところだけ写しておこう。

複数箇所を選んだ児童には，「その中でもいちばん面白かったところを決めてみよう」などと促すと思考が深められる。

でも先に選ばせます。

おかゆの　おなべ

㋱ かんそうを　かいて　こうりゅうしよう

◇ かんそうを　ノートに　かこう

・おもしろかった　ところ

（二つより　おおくても　よい）

→ その　中で　いちばんは？

・りゆう

・せんを　ひく　だけでも　よい

主体的・対話的で深い学び

・友達との違いを楽しめるようになれば，学び合いが深まってくる。違いを馬鹿にしたり，認めなかったりいということではなく，「違いがあるから，頭がはたらいて賢くなるんだよ」などと，交流の意義を分かりやすく伝えていきたい。交流が楽しくなれば，対話的で深い学びにつながるだろう。

準備物

3 交流する　感想を交流しよう。

「さあ，書けましたか。自分が友達に話せるくらいに書けたら，始めますよ。まだの人は，今，書いてしまいましょう。」

・これだけ書こう。

・後は，分かるからいいや。

「それでは，交流をします。」

隣の人とノートを交換して，読み合いましょう。必ず，読んだ感想も言うようにしましょう。
町がおかゆだらけになったところが書いてあるね。ぼくも同じところを選んだから嬉しいな。理由がちょっと違うのか…。

「読んだ感想として，自分と同じだとか，違ったとかは，必ず言えることですね。」

・それなら言えそう。

4 振り返る　この時間の学習を振り返ろう。

では，この時間の振り返りをしましょう。
感想がたくさん書けてよかった。
〇〇さんの感想がぼくと同じで，嬉しかったです。
全然違う感想の人がいて面白かったです。

「交流するのは，自分と違う考えの人や同じ考えでも理由が違う人など，いろいろなことが分かるので，勉強になりますね。」

・友達の感想の方がいいような気もしてきた。

・いろいろな感想があっていいんだよね。

交流で，考えが深まったり，刺激を受けたりすることが重要であることを強調して伝えておきたい。

むかしばなしを よもう

第6,7時（6,7/8）

本時の目標

選んだ本の紹介カードを書くことができる。

授業のポイント

手元にカードで紹介する本がないと，書きにくい。できれば前日までに持ってこさせ，忘れた児童には図書室で探してくるなどの準備をさせる。

本時の評価

選んだ本について，紹介カードに，題名・登場人物・好きなところなどについて書いている。

板書例

〈共通の題材〉全員が読んでいる「おかゆのおなべ」で，一度おはなしカードを書く経験をして

◇「おかゆのおなべ」の　カードを
かいてみよう

①「だいめい」「じぶんの　なまえ」

②「とうじょうじんぶつ」
はなしの　ちゅうしんの　人か、
あとで　しょうかいする人だけで　よい

③「すきな　ところ、おもった　ところ」
・どうして　すきか
・どこが　おもしろいか

◇えらんだ　本の　カードを　かこう

おはなしの　森　よんでおこう

☆（つぎの　じかん）かんそうカードを　かく

1 （第6時）めあて つかむ　「おはなしカード」について理解し，学習の見通しをもとう。

「今日は『おはなしの木』カードを書きます。教科書 55 ページを見ましょう。」

「おはなしカード」にはどんなことを書けばよいでしょう。
最初に，本の題名。
お話に出てくる人や動物。
好きなところや，面白かったところもです。

「お話に出てくる人や動物とは，登場人物のことですね。他にありますか。」
・自分の名前も，最後に書いてあります。
「他に，作者名，イラストなど入れてもいいですね。」

教科書 P55 で，これからの活動を確認する。

「前に図書館で選んだ本のことを『おはなしカード』で紹介します。そのカードを読んだ人は，感想を書きます。次の時間には，選んだ本を持って来てください。」

2 書く 交流する　「おかゆのおなべ」の紹介カードを書いてみよう。

まず，「おかゆのおなべ」について「おはなしカード」に書いてみましょう。
みんなで同じお話のカードを書くんだね。
うまく書けるかな。

「最初に書くのは何でしょう。」
・題名です。
「では，題名を書いてください。次に，自分の名前も書いてしまいましょう。登場人物は？」
・教科書では，女の子とおかあさんとおばあさんだけ。

「他に『町の人々』もいますが，全部書くと，読む人にもかえって分かりにくくなってしまいます。話の中心か，あとで紹介する人物だけでいいことにしましょう。」
・あとは，好きなところ，面白かったところだ。

書けた人に発表してもらい，よいところを広げる。

おくと，次の各自のカード作りに取り組みやすくなります。

本はともだち

むかしばなしを　よもう

(め)「おはなしカード」を　かこう

〈「おはなしカード」に　かく　こと〉

・だいめい
・とうじょうじんぶつ
・すきな　ところ
　おもしろかった　ところ
・じぶんの　なまえ

主体的・対話的で深い学び

・本を選んで，それについてコメントを書くという活動は，読書が苦手な児童にはハードルが高い学習となる。本を決めるときにおすすめの本を助言したり，カードに書く最初の文を一緒に考えたり，といった支援をすることでスタートラインに立った気になり，主体的に取り組み始めることが期待できる。

準備物

・「おはなしカード」下書き用紙（児童数）
（児童用ワークシート見本 DVD 収録【1下_10_02】）

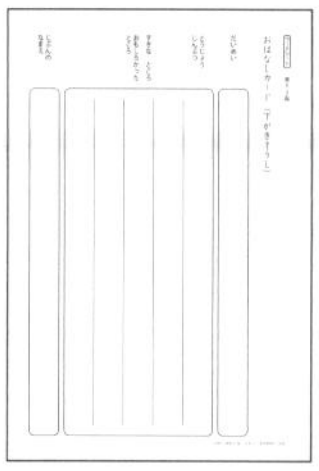

・「おはなしカード」用紙（児童数）
（第1，2時で使用したもの）

・好きな本（前日までに決めておく）

（第７時）

3 書く　選んだ本の紹介カードを書こう。

「今度は，自分が選んだ本の紹介カードを書きましょう。本は手元にありますか。」

できるだけ，この時間までに決めて手元に置かせたい。それでも忘れている児童がいた場合は，学級文庫の中から選ばせ，書く活動は一緒にさせる。

「おはなしカード」には，まず，何から書くのでしたか。
題名と自分の名前，それと登場人物です。
それから，好きなところや，面白かったところを書くんだね。何を書こうかな…。

「どうしてこの本を選んだの？」「どこの部分が面白い？」などの疑問を投げかけて考えさせる。

何人かの児童に発表させ，書くことをイメージさせる。また，余裕のある児童には，カードに色塗りさせてもよい。

4 見通す　「おはなしカード」を掲示し，「おはなしの森」を作ろう。

「『おはなしカード』は書けましたか。書けた人から，カードを貼って，『おはなしの森』をつくります。」

事前に「おはなしの森」をつくるスペースを確保し，カードを貼れるように準備しておく。

「カードの木がいっぱいあるから，大きな森ができます。この『おはなしの森』はしばらく貼っておきます。」

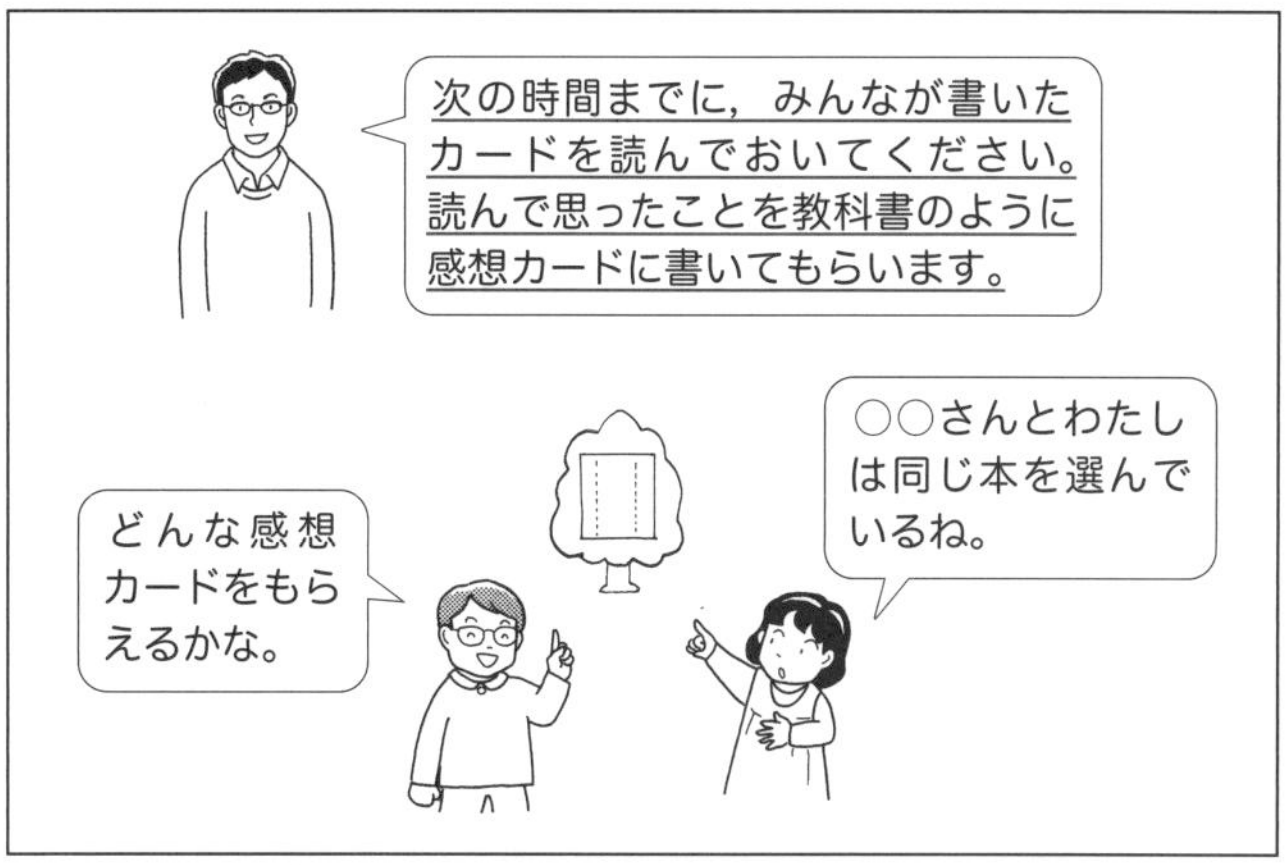
次の時間までに，みんなが書いたカードを読んでおいてください。読んで思ったことを教科書のように感想カードに書いてもらいます。
どんな感想カードをもらえるかな。
○○さんとわたしは同じ本を選んでいるね。

全員が感想カードをもらえるように，書く相手を確認したり，決めておいたりするとよい。

むかしばなしを よもう

第 8 時 (8/8)

本時の目標

友達の書いた本の紹介カードを読んで，感想を書くことができる。

授業のポイント

できるだけ全員が感想カードを貼ってもらえるように，書く相手を確認したり，決めておいたりするとよい。

本時の評価

友達の書いた本の紹介カードを読んで，思ったことを感想カードに書いて掲示している。

〈個別の支援〉感想カードを書くことができない児童には，知っている本のカードはないか，自分が

板書例

・かんそう
・じぶんの　なまえ

◇「おはなしの森」を　つくろう

◎よんだ「おはなしカード」の　下に
かんそうカードを　はる

かんそうの　はっぴょう

・だれの「おはなしカード」を　よんだのか
・「おはなしカード」の　文を　よむ
・じぶんの　かんそう

◇学しゅうを　ふりかえろう

「むかしばなしを　よもう」
「おかゆの　おなべ」

1 めあて つかむ　友達の書いた「おはなしカード」を読もう。

「大きな『おはなしの森』ができましたね。みんなの『おはなしカード』は読みましたか。」

今日は，友達の書いたカードを読んで，思ったことを感想カードに書いてもらいます。だれのカードの感想を書けばよいのか分かっていますか。
○○くんのカードの感想です！
分かっているけど，どんなことが書いてあったかな…。

「今から，感想カードを書いてもらいます。書く前にもう一度『おはなしの森』を見に来てもいいですよ。」

できるだけ全員に感想カードが貼ってもらえるように，書く相手を確認したり決めておいたりしておく。

2 書く　感想カードを書こう。

「では，友達のカードを読んだ感想を書きましょう。」

感想用のカード，または付箋を児童に配る。

教科書 55 ページの感想カードに何が書いてありますか。
感想はこんな文でもいいんだね。
「わたしも，このおはなしがすきです。」という感想と，名前です。

・「ぼくもよみたくなりました。」と書こう。
・同じ本を読んだことがある本だったから，「わたしもおなじところがすきです。」

「名前も忘れないように書きましょう。1 枚書いた人は，他の人の『おはなしカード』の感想を 2 枚目に書いてもいいですよ。」

読みたくなった本のカードはないか，などの具体的な助言をします。

本はともだち
むかしばなしを　よもう
㋱「おはなしカード」を　よんで
かんそうを　かこう
◇「おはなしカード」を　よもう
・かんそうを　かく　人の　カード
◇かんそうカードを　かこう

主体的・対話的で深い学び

・感想カードを書くことも，児童によって難易度はかなり変わってくるだろう。苦手な児童には，知っている本，読みたくなった本のことのカードを探すように指導するとよいだろう。一方で，得意な児童には，自分と違う意見のカードに感想を書くようにすすめるのも深い学習に向けての有効なアドバイスといえる。

準備物

・感想用のカード，または，付箋紙
（児童数×2，3枚）
（児童用ワークシート見本
DVD 収録【1下_10_03】）

3 交流する　感想カードを掲示し，みんなで感想を交流しよう。

感想カードが書けたら『おはなしの森』の『おはなしカード』の下に貼りましょう。
△△さんの木の下に貼ればいいね。

感想カードを『おはなしの森』に掲示していく。時間によっては，１人～数人ずつの児童に感想カードを貼りに来させ，「おはなしの木」カードを読み上げてもらってから，自分の感想を発表させてもよい。

- □□さんの「ブレーメンのおんがくたい」の「おはなしカード」を読みました。「としをとった動物たちが泥棒をやっつけたところがおもしろいです。」と書いてありました。わたしもこのお話を読んでみたいです。

「『おはなしの森』はしばらく貼っておきます。ここで紹介されている本を借りて読んでみてもいいですね。」

4 振り返る　学習を振り返ろう。

「では，『むかしばなしをよもう』『おかゆのおなべ』の学習を振り返りましょう。」

まず「おかゆのおなべ」のお話の勉強はどうでしたか。
おばあさんは特に低い声でやってみたね。
登場人物にあわせて，音読の工夫を考えました。

- 『　』の使い方を勉強しました。
- 好きなところを考えて発表しました。

「『おはなしカード』の勉強はどうでしたか。」
- 友達のカードを見て読みたくなる本がありました。
- 感想カードを書いてもらって，嬉しかったです。
- 同じ本を読んでも，人によって違うところが好きになることがあるんだって分かりました。

ものの　名まえ

全授業時間６時間

◎ 指導目標 ◎

・身近なことを表す語句の量を増し，言葉には意味による語句のまとまりがあることに気づくことができる。
・言葉には，事物の内容を表す働きがあることに気づくことができる。
・互いの話に関心をもち，相手の発言を受けて話をつなぐことができる。

◎ 指導にあたって ◎

①　教材について

上位語，下位語という概念は，言葉は知らなくても自然に身につけている児童が多いはずです。無意識に理解しているものを言葉で定義することで，より明確にしたり，他への応用ができるようにしたりすることができます。また，ふだんの生活では使わないような言葉を，店員と客という設定の中で使う経験もします。

上位語，下位語を理解することが難しい児童にとっては，言葉での説明だけでは全く理解できないかもしれません。挿絵や身の回りのものの具体例をたくさん挙げたり考えたりすることで，少しずつ納得するようになるでしょう。カード，ちらし，看板をかく活動は，学習したことの応用の場になります。上位語・下位語の学習を思い出させたり，実際のちらしの工夫を読み取らせたりしながら活動させます。

こういった活動は楽しいので，児童はいくらでも熱中することでしょう。しかし，それに引きずられて，指導計画を大きく上回った時間を使うようなことにならないように準備したいものです。カードや看板は凝り出せばいくらでも工夫もできますが，一定以上は休み時間での自由な活動にするなど限定することも必要です。

②　主体的・対話的で深い学びのために

上位語，下位語という概念をなかなか理解できずに苦手とする児童もいるでしょう。授業中だけでなく，様々な機会を捉えて話題にすることで，徐々に主体的に考えるようになることが期待できます。

また，各グループで「何のお店にするか」「どんな品物をカードにかくか」「だれがどのカードをかくか」などいくつもの課題についてそれぞれ話し合うことが必要になります。

さらに，お店屋さんごっこでは，「お店の人」と「お客さん」として，どのような言葉のやり取りが考えられるか，よりよい対話を目指して話し合い，実践で楽しく検証していくことで，上位語と下位語についての理解につなげます。

◉ 評価規準 ◉

知識 及び 技能	・言葉には，事物の内容を表す働きがあることに気づいている。 ・身近なことを表す語句の量を増し，言葉には意味による語句のまとまりがあることに気づいている。
思考力，判断力，表現力等	「話すこと・聞くこと」において，互いの話に関心をもち，相手の発言を受けて話をつないでいる。
主体的に学習に取り組む態度	学習の見通しをもって，積極的に言葉の上位語と下位語に関心をもち，言葉を集めて「おみせやさんごっこ」をしようとしている。

◉ 学習指導計画　全 6 時間 ◉

次	時	学習活動	指導上の留意点
1	1	・買い物をしたときの経験を出し合い，店での言葉のやり取りを思い出す。 ・教科書 P60，61 を見て，学習課題「ものの名前を集めてお店屋さんごっこをしよう」を確認し，学習の見通しをもつ。	・学習の最後にお店屋さんごっこをするために，言葉などの勉強をすることを理解させる。
	2	・教科書 P56－59 を読み，上位語と下位語があることを理解する。	・板書では，ものの名前の上位語と下位語を同じ形式で明確に示す。
	3	・ものの名前を上位語と下位語に分けて考え，ノートに書く。 ・ものの名前を発表し合う。	・ノートに書くときも，板書と同じように書かせる。 ・児童がそれぞれ考えたものの名前を全て発表させ，共通理解を図る。
2	4	・グループで開きたいお店を決める。 ・お店屋さんに使う品物カードや看板を作る。	・カードに書く品物をグループでたくさん考えさせる。
	5	・お店の人とお客さんの話し方を考え，言葉のやり取りの練習をする。	・お店の人とお客さんの設定でのやり取りの言葉を確認する。 ・言葉への意識を高めるため，質問をさせる。
	6	・お店屋さんごっこをする。 ・学習を振り返る。	・お店の人とお客さんの言葉使いを確認して活動させる。

DVD **収録（画像，黒板掲示用イラスト，児童用ワークシート見本）**※本書 P146，147 に掲載しています。

ものの　名まえ

第 1 時　(1/6)

本時の目標

学習の課題を理解し，学習の見通しをもつことができる。

授業のポイント

お店屋さんごっこをするために，言葉などの勉強をすることを理解させる。

本時の評価

学習の課題を理解し，学習の見通しをもっている。

〈全員参加に向けて〉１人が発表した後に，その意見を使って「パン屋さんで買い物をしたことが

板書例

・いらっしゃいませ。
・ありがとうございました
（おみせの人）
※※

〈学しゅうの　めあて〉

ものの　名まえを　あつめて、
おみせやさんごっこを　しよう

〈学しゅうすること〉

① ものの　名まえ
「どの　おみせで
なにを　うって　いるか」

② おみせやさんごっこ
・ものの　カード
・かんばん
つくる
・おみせの　人や
おきゃくさんの
はなしかた

すず
ふえ
がっきのおみせ
はなのおみせ

※教科書 P60，61 の拡大コピー

1 交流する　買い物の経験を出し合おう。

「みんなは，買い物をしたことがありますか。」
・いつもお母さんについていって荷物を持つよ。

「どんなお店で買い物をしたことがありますか。」
・パン屋さん。
・お肉屋さん。
・スーパーが多いかな。

お店の人に言ったことや言われたことを覚えていますか 。
「いくらですか。」ってお母さんが言っていました。
「メロンパンはありますか。」と聞いたことがあります。

・お店の人は「いらっしゃいませ」とか「ありがとうございました」とか言います。

2 読む　教科書 P60, 61 の「お店屋さんごっこ」の様子を見てみよう。

「教科書 60，61 ページの絵を見てみましょう。」
・お店屋さんごっこだ！
・「いらっしゃい。」って言っているね。

「教科書 60 ページの文を読んでみましょう。」
・（全員で）ものの名まえをあつめて，おみせやさんごっこをしましょう。あなたは，なんのおみせをひらきますか。なにをうりますか。
・何のお店がいいかな。

教科書にいろいろなお店が載っていますね。
「花のお店」の看板があるね。
「楽器のお店」も。
看板は見えないけど，あとは，くだもの屋さんと魚屋さんだね。

ある人」などと挙手をさせると，参加の場面が増えます。

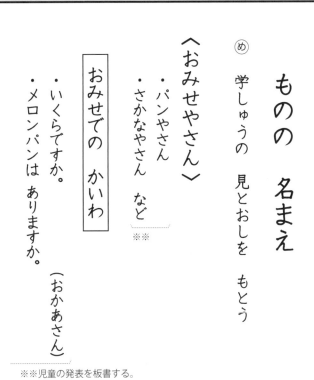

ものの　名まえ

㋱　学しゅうの　見とおしを　もとう

〈おみせやさん〉

・パンやさん

・さかなやさん　など

※※

おみせでの　かいわ

・いくらですか。

・メロンパンは　ありますか。

（おかあさん）

※※児童の発表を板書する。

主体的・対話的で深い学び

・お店屋さんごっこの予定を教室のカレンダーなどで提示しておくことで，一層主体的な取り組みが期待できる。

準備物

・画像「魚屋」「八百屋」
DVD 収録【1下_11_01，1下_11_02】

・教科書P60，61の拡大コピー，または，
黒板掲示用イラスト　DVD 収録【1下_11_03】

3 めあて つかむ　学習課題「ものの名前を集めて，お店屋さんごっこをしよう」を理解しよう。

「『ものの名まえ』では，最後にお店屋さんごっこをします。」

・やった！すぐ，やりたい！

お店屋さんごっこでは，どのお店に何が売っているかを考えないといけません。例えば，パン屋さんなら？
パンだけでは，どのパンのことか分からないよ。
メロンパン，あんパン，サンドイッチ，…。いろいろあるね。
パン！

「では，みかんは，何屋さんで売っているでしょう。」

・みかん屋さん？

・くだもの屋さんだよ。

・みかんだけを売っているんじゃないからね。

「『ものの名まえ』でそんなことも勉強してから，お店屋さんごっこをしましょう。」

4 見通す　学習の見通しをもとう。

「勉強することを確かめておきましょう。」

・最後にお店屋さんごっこをするのは，分かったよ。

では，お店屋さんごっこをするためには何がいるでしょう。教科書を見てみましょう。
お店の看板もいります。
売り物のカードがいります。

「そうですね。カードや看板をつくるために，何がどのお店のものかが分かっておかなくてはだめですね。それを次の時間から勉強します。お店の人やお客さんの話し方も練習しましょうね。」

・面白そうだね。

・「お店屋さんごっこ」，早くやりたいな。

ものの　名まえ

第 2 時　(2/6)

本時の目標

上位語と下位語について理解することができる。

授業のポイント

板書で，上位語と下位語を明確に示すことによって，分かりやすくなる。

本時の評価

果物屋，魚屋で売っているものを上位語と下位語で分けて理解している。

〈板書の書き方の統一〉板書の「・」や矢印の記号などは，単元を通して，使い方・書き方を決めて

板書例

〈きょうかしょの　おみせ〉

① くだものやさん

くだもの ⇒ ・りんご ・みかん ・バナナ

くだもの

② さかなやさん

さかな ⇒ ・あじ ・さば ・たい

さかな

まとめて　つけた　名まえ

一つ一つの　名まえ

×「さかなを　ください。」

○「たいを　ください。」

1 発表する　知っているお店について出し合おう。

「みんなは，どんなお店を知っていますか。」
- パンやさん。
- 八百屋さん。

「そのお店では，どんなものを売っていますか。例えば，パン屋さんでは？」
- パン。

パンには，どんなパンがありますか。
あんパン。
メロンパン。
食パン。

「いろんな種類があるけど，パンを売っているのがパン屋さんですね。」

「スーパー」が出てきたときは，「スーパーの中にはどんなお店が入っているかな」と具体的な店（売り場）を確認するとよい。

2 音読する　教科書 P56-59「ものの名まえ」を音読しよう。

「ものの名まえ」をみんなで音読しましょう。
「ものの名まえ」
けんじさんは，夕がた，おねえさんと　町へ…

「最初のお店で売っているものは何でしたか。」
- りんごです。
- みかん，バナナも。

「絵には，りんご，みかん，バナナのほかにも売っているものがありますね。」
- パイナップル！
- メロンと柿もあります。
- あとは，さくらんぼもある。

おくと，児童が考えやすくなります。

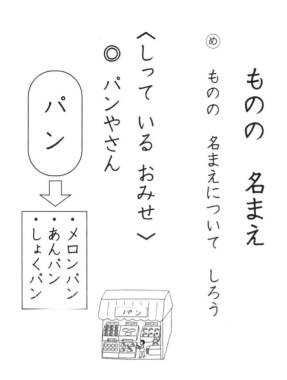

ものの　名まえ

㋱ ものの　名まえについて　しろう

〈しって いる おみせ〉

◎ パンやさん

パン

⇩

・メロンパン
・あんパン
・しょくパン

パン

主体的・対話的で深い学び

・上位語と下位語については，国語の授業以外でもときどき話題にすることで，より深い学びにつながるだろう。

準備物

・黒板掲示用イラスト DVD 収録【1下_11_04】

3 対話する　何のお店か考えよう。

りんご，みかん，バナナのことを，まとめて何と言うでしょう。
くだもの
「くだもの」です。

「そうですね。パンを売っているのがパン屋さんだから，くだものを売っているのが？」
・くだものやさん！

板書例の□や矢印の記号は，あえて同じ形にしている。「りんご，みかん」などの下位語が出そろった後に□で囲み，矢印をつける，というパンと同じパターンにすることで，児童は求められていることが明確になり答えがみつけやすくなる。

魚屋さんも同様に質疑応答し，同じ形式で板書していく。

4 とらえる　上位語と下位語について理解しよう。

「教科書 58 ページで，どうして，おじさんは『さかなじゃわからないよ』と言ったのでしょう。」
・どの魚か分からないからだと思います。

『さかな』はまとめてつけた名前で，1つ1つ分けて言うときの名前ではないからですね。では，何と言えばよかったのでしょう。
魚の1つ1つの名前を言わないと。
「あじをください。」とか言えばよかった。

板書を活用する場面となる。矢印の上の「さかな」を指してこれでは分からないことをまず確認する。次に，「あじ，さば，たい」をそれぞれ指して，買うときに言うことを確認していく。

「この魚（たい）を買いたいときは何と言えばよいでしょう。」
・たいをください。

ものの　名まえ

第３時　(3/6)

本時の目標

ものの名前を，上位語と下位語に分けて書くことができる。

授業のポイント

前時と同じ形式の板書にすると分かりやすい。

本時の評価

上位語と下位語について理解し，まとめた名前と１つ１つの名前をノートに書いている。

〈板書の書き方〉クラスの実態に応じて，矢印まで書く，「・」の後を考えさせる，ヒントなしで

板書例

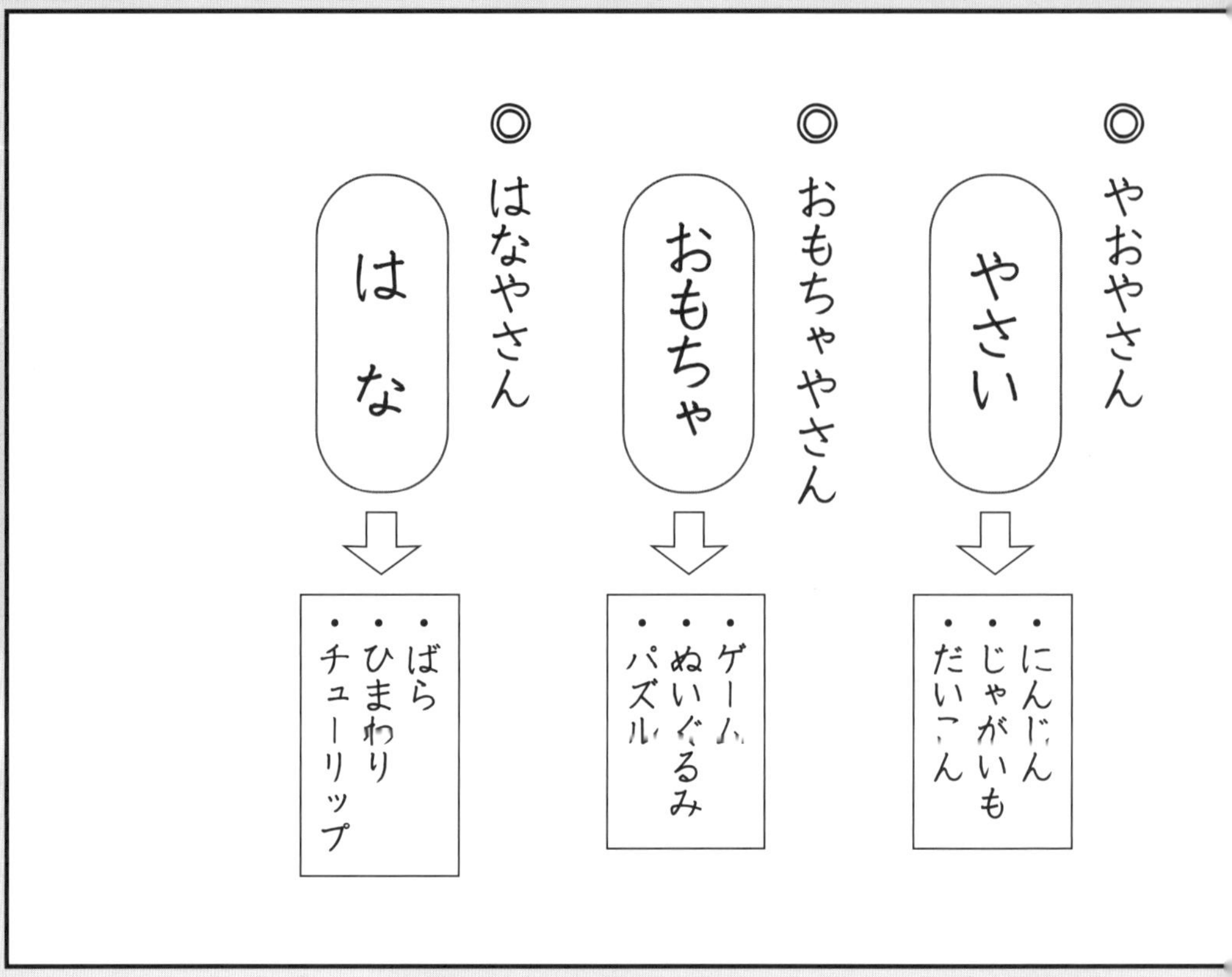
◎やおやさん
やさい
・にんじん
・じゃがいも
・だいこん
◎おもちゃやさん
おもちゃ
・ゲーム
・ぬいぐるみ
・パズル
◎はなやさん
はな
・ばら
・ひまわり
・チューリップ

1　振り返る　お店と売っているものについて思い出そう。

ものの名前には，１つ１つの名前と，それをまとめた名前がありましたね。教科書の例を１つ挙げると？
くだもの
・りんご
・みかん
・バナナ
りんご，みかん，バナナと「くだもの」です。

前時の学習を振り返る。

板書も前時と同じ形にすると理解しやすい。ここでは，「１つ１つの名前（下位語）」を箇条書きにし，大きな字で書いた「まとめた名前（上位語）」は赤線で囲み，矢印でつないで関係性を示している。

2　確かめる　他にも同じように分けられるものを考えよう。

他にも，１つ１つの名前とまとめた名前が言えるものはありませんか。だれか１つ１つの名前から言ってください。
にんじん！
その仲間なら，じゃがいも。
それから，だいこん！

「今，言ってくれた『にんじん』『じゃがいも』『だいこん』のまとめた名前は，分かりますか。矢印とまとめの名前を書いてみましょう。」

箇条書きを写させたあとで，残りも考えてそれぞれノートに書かせる。

このとき，「やおや」と「やさい」に分かれるかもしれないが，ここで書くことは店の名前「やおや」ではない。にんじん，じゃがいも，だいこんのことを，全体でまとめて何と言うか，その呼び名「やさい」であることを確認する。

考えさせるなどとスモールステップで進めるのもよいでしょう。

ものの　名まえ

㋱ ものの　名まえについて　しろう

◎ くだものやさん

くだもの

・りんご
・みかん
・バナナ

まとめて　つけた　名まえ

一つ一つの　名まえ

主体的・対話的で深い学び

・発表の時間が足りないときは，ペアやグループでの発表の場を設定することで，より深い学びにつなげることができるだろう。

準備物

3 書く　ものの名前を上位語と下位語に分けて，ノートに書いてみよう。

「まだ，他にも考えられますか。分かる人は自分でノートに書いてみましょう。」

・おもちゃで考えてみよう。

おもちゃ屋さんだったら，１つ１つの名前は，何が考えられるでしょう。思いついたら，ノートに書きましょう。
ゲーム！
ぬいぐるみがあるね。

同じパターンで進めているので，書き方は分かってきているはずである。念のため，「だいこん」の文字から１行あける，最初に箇条書きの中点を書く，というところまでは指示してもよい。

名前が浮かばない児童には，他の児童に最初の１つだけ言ってもらってヒントとさせる。それでも書けない場合，他の児童が発表したものを写させてもよい。

4 交流する　ノートに書いたものの名前を発表しよう。

１つ１つの名前と，まとめた名前を発表してください。
はな
・ばら
・ひまわり
・チューリップ
ばら，ひまわり，チューリップのまとめた名前は「はな」です。

各児童がノートに書いたそれぞれの名前を全て発表させるようにして共通理解を図る。ただし，ここでは全員分をノートに写させる必要はないだろう。

「いろんな名前が分かりましたね。次の時間からは，その名前を使ってお店屋さんごっこをします。」

・おもちゃ屋さんがいいな。
・わたしは，ケーキ屋さん！

ノートに書いてあるもので希望するものがあれば，◎をつけるなど明記させておくと，次時がよりスムーズに進められる。

ものの　名まえ

第4時　(4/6)

本時の目標

店で売るカードや看板をつくることができる。

授業のポイント

グループでの作業になる。1人1人の活動内容があるように，枚数を確認するなどの配慮をする。

本時の評価

分かりやすい看板をかいたり，上位語，下位語を意識してカードを作ったりしている。

板書例

〈取り組ませる順序〉 先に品物の名まえを全て書かせてから，絵に取り掛かると，カードが足りない

・はな
・がっき

カード　二十まい
・名まえ … ていねいに、きれいに
・え … かんたんに

（かく　じゅんび）
○ ノートに　かく
・おみせの　名まえ
・しなものの　名まえ（たくさん）
・だれが　どの　カードを　かくか

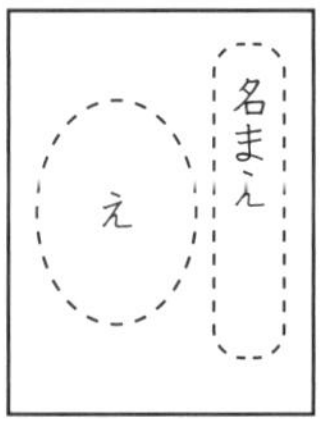

名まえ
え

かんばん
「～　の　おみせ」
・大きく
・ていねいに
・かざりつけ

1 めあて 対話する　グループで開きたいお店を考えよう。

「今日は『お店屋さんごっこ』の準備をします。みんなは何のお店を開きたいですか。」

クラスの実態に合わせて，先にグループ分けをしてから話し合ってお店を決めても，やりたいお店が同じ人どうしでグループに分かれてもよい。

お店で売る品物のカードはどんなものにすればよいでしょう。教科書60, 61ページを見ましょう。
たくさんカードを並べているね。
名前と絵がかいてあります。

「カードはできるだけたくさん，20枚くらいあるといいですね。『お店屋さんごっこ』では，お店の人とお客さんが前半と後半で交代します。だから半分だけを前半で売ると思って用意するといいですね。」

（前半終了後，カードを戻すという進め方もできる）

2 対話する　カードに書く品物を考えよう。

「カードにかく品物をグループで考えましょう。」
・カードを20枚かくには，品物を20こ考えないと。
・教科書を見ると2枚ずつでもよさそうだよ。

「最初に，自分のお店の名前を書きましょう。」
・ぼくらは，パン屋だから，「パンのお店」。
・わたしたちは，お花屋さん。

ノートに考えた品物の名前を全員に書いてもらいます。それから，グループの中で誰がどのカードをかくか決めることにしましょう。
メロンパン。
パンの名前を考えて書いていこう。
じゃあ，そのカードは，ぼくがかくよ。

「できるだけたくさん品物の名前をノートに書きましょう。箇条書きが分かりやすいですね。」

ノートのかわりにワークシートを使ってもよい。（この段階をふまず，カードに直接かくこともできる）

ということが防げます。

ものの　名まえ

(め) おみせやさんごっこの　じゅんびを　しよう

◇なんの　おみせに　するのか　きめよう

・さかな
・くだもの
・やさい
・パン
・おもちゃ

※教科書 P60，61 の拡大コピー

主体的・対話的で深い学び

・カードや看板の絵は，「ものの名まえ」としては中心の内容ではない。それでも，適度に取り組ませることで，主体的な課題に向かう児童が増えるだろう。

準備物

・カードの大きさにカットした画用紙（班の数×20枚以上）
・看板用の画用紙（班の数）
・ワークシート（児童数）
（児童用ワークシート見本　DVD 収録【1下_11_05】）
・教科書P60，61の拡大コピー，または　黒板掲示用イラスト（第1時で使用したもの）

3 つくる　カードを作ろう。

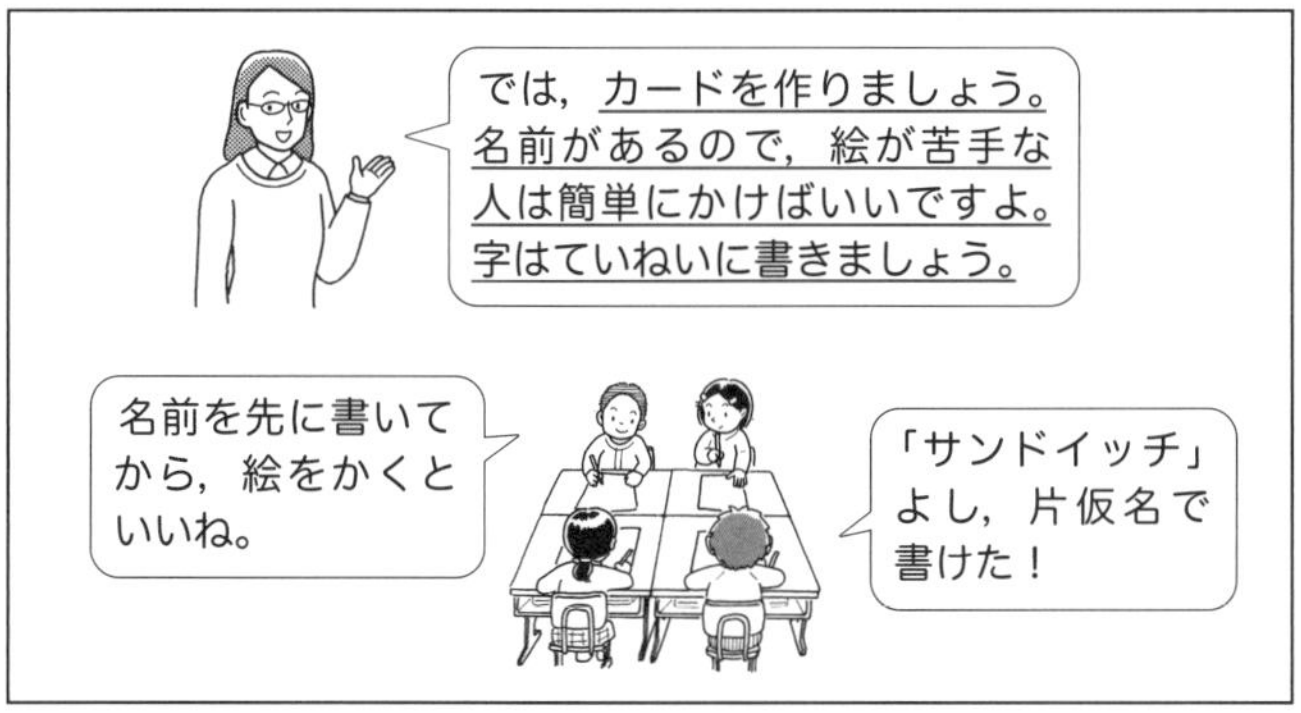

では，カードを作りましょう。名前があるので，絵が苦手な人は簡単にかけばいいですよ。字はていねいに書きましょう。
名前を先に書いてから，絵をかくといいね。
「サンドイッチ」よし，片仮名で書けた！

品物によっては片仮名を使うことも助言する。

「字はきれいに書きましょうね。端に寄りすぎたり，小さすぎたりする人がよくいますよ。」
・字の数をかぞえて，紙の幅いっぱいに書こう。
・えんぴつで下書きしてからマジックでなぞろう。

「時間があまった人は，カードを切ったり，色紙で品物を作って貼ったりしてもいいですよ。」

クラスやグループの進み具合を見て，アドバイスする。絵に凝りだして時間をかけすぎるような児童には，宿題でやらせたり休み時間を使ってよいことにする。

4 つくる　看板を作ろう。

看板も作りましょう。大事なことは，何のお店か分かることです。
教科書を見てみよう。
「はなのおみせ」とか「がっきのおみせ」と書いてあるね。

・大きく「パンのおみせ」って書こう。
・ていねいに書くのも大事だよね。
・飾りもつけたらどうかな。

「何のお店か分かればそれでいいですが，もっとやりたいところは，飾りをつけてもいいですよ。」
・花屋さんだから，花の絵をかこうか。
・看板だから，目立たせたいよね。周りを色ペンで囲もうよ。

まず，カードと看板ができていることを確認して，残りの時間を調整する。

ものの　名まえ

第 5 時　(5/6)

本時の目標

お客さんとお店の人になって品物や値段などを確認したり，質問に応答したりするやり取りの練習をすることができる。

授業のポイント

実際にお店屋さんごっこで起きそうなことだけを練習するのではなく，言葉への意識を高めるために，質問を入れるなどもさせたい。

本時の評価

お店の人とお客さんに分かれてやり取りの練習をしている。

〈個別の支援〉話すことが苦手な児童には，質問が具体的に決まっているか確認しておきます。

板書例

〈おみせの 人〉
・「いらっしゃいませ。」
・「きれいな おはなが ありますよ。」
・「〜 が やすいですよ。」（せんでん）
・「ありがとうございました。」
※※

〈おきゃくさん〉
・「こんにちは。」
・「〜 は、ありますか。」
・「〜 を ください。」
・「〜 を 一つ ください。」
※※

◇ れんしゅうしよう
・グループの なかで
「おみせの 人」「おきゃくさん」に わかれる
・しつもんを かならず する
「なにが やすいですか。」
「これは なんですか。」

※※児童の発表を板書する。

1 めあて 対話する　お店屋さんやお客さんはどんな話し方をするのか考えよう。

「今日は『お店屋さんごっこ』をするための練習をします。」
・練習って何をするのかな。

「お店屋さんごっこ」では，「お店の人」や「お客さん」らしく，話し方も気をつけましょう。
お店の人が，お客さんと話をするときの言葉だね。
お店に入ると，「いらっしゃいませ」とか言われるよね。

児童の経験から出し合わせてから，教科書 P60，61 の吹き出しを読み，言葉のやり取りを確かめる。

「全員が，『お店の人』と『お客さん』の両方をします。お友達と話すのではないから，ていねいな言葉で話すことができるといいですね。」

ていねいな言葉使いをするきっかけとしたい。

2 対話する　お店の人は，何に気をつけるとよいか考えよう。

「お店の人は。まず何と言えばよいでしょう。」
・「いらっしゃいませ！」だよね。

他に，お客さんに来てもらうための言葉を考えましょう。
花屋ですよ。
きれいなお花を売っています。
今日は，カーネーションが安いですよ。

「なるほど，花屋さんらしいし，宣伝の言葉もいいですね。次に，お客さんがお店に来てくれたら？」
・いらっしゃいませ。何にされますか。
・カーネーションはいかがですか。
・最後に「ありがとうございました」も言わないとね。

実際に教師とやり取りしてみるとよいでしょう。

ものの　名まえ

㋱ おみせやさんごっこの　れんしゅうを　しよう

はなしかた

ていねいな　ことば

※教科書 P60，61 の拡大コピー

主体的・対話的で深い学び

・お店屋さんやお客さんの話し方を考える場面では，実際に動作も加えて取り組むことでより深い学びにつながるだろう。

準備物

・教科書P60，61の拡大コピー，または　黒板掲示用イラスト（第1時で使用したもの）

3 対話する　お客さんはどんなふうに買えばよいか考えよう。

では，お客さんはどうですか。
「こんにちは」も言ったりするよ。
お店に入るときは，「すみません」って言っちゃう。

・買うものが決まっていたら，「これください」かな。
・見つからなかったら，「ひまわりはありますか」って聞くかもしれないね。

「できるだけ『これ』ではなく，品物の名前を言うようにしましょう。」
・カードに名前も書いたからね。

「いくつ買うか，数を言うのもいいですよ。」

実際，お店屋さんごっこではそれほど質問はないかもしれない。それだけに，様々なやり取りを想定させることで，多様な会話になる可能性を示したい。

4 交流する　グループで練習しよう。

グループで練習する前に，まずは何人かの児童に前に出て見本をしてもらう。

グループの中で分かれて，「お店の人」と「お客さん」を練習してみましょう。
最初にお店の人をやってみたい！
じゃあ，お客さんをするね。

「自分のお店で，質問はあまりないかもしれません。でも，練習だから必ず１回は質問してみましょう。」
・「今日は何が安いですか。」って聞こうかな。
・何を聞いたらいいのかなあ…。

「質問することが分からない人は『これは何ですか。』と，何かを指さして聞くのでもいいですよ。『お店の人』と『お客さん』の役は，５分ずつで交代しましょう。」

ものの　名まえ

第 6 時　(6/6)

本時の目標

お店の人とお客さんになって，売り買いのやり取りをすることができる。

授業のポイント

興奮してただの遊びにならないように気をつける。必要があれば，全員の動きを止めて，言葉使いなどの確認をする。

本時の評価

適切な言葉遣いや態度で，お店屋さんごっこに取り組んでいる。

〈場所の準備〉 机の配置などは，前日か休み時間のうちにすませておくとよいでしょう。

板書例

・「いらっしゃいませ。」
・「きれいな　おはなが　ありますよ。」
・「〜　が　やすいですよ。」(せんでん)
・「ありがとうございました。」

〈おきゃくさん〉
・「こんにちは。」
・「〜　は、ありますか。」
・「〜　を　ください。」
・「〜　を　一つ　ください。」

※前時の発表をまとめたものを掲示する。

おみせやさんごっこ

〈じゅんび〉
・つくえの　ばしょ
・カード、かんばん

○　おみせの人と　おきゃくさんは　こうたいする
○　一人　カード　(三まい)まで　かえる

※教科書 P60，61 の拡大コピー

1　振り返る　めあて

言葉遣いは，どんなことに気をつけるとよいのか思い出そう。

「お店の人」や「お客さん」の言葉はどんなことに気をつけたらいいのでしたか。
お店の人は，ていねいな言葉で話す。
お客さんも同じです。

・お店の人は，最後に「ありがとうございました」と言います。
・お客さんも，買ったあとに「ありがとう」と言った方がいいよね。

「話すときは相手の目を見て話す，聞くときは一生懸命に聞く，ということにも気をつけましょう。」

前時に想定した「お店の人」と「お客さん」のやり取りの言葉を掲示し，再確認する。

「ていねいな言い方で話をすることも勉強ですよ。気をつけてがんばりましょう。」

2　準備する

お店屋さんごっこの店開きの準備をしよう。

グループに分かれて，お店の準備をしましょう。
まず，カードをならべて…。
看板の紙をお店の前に貼りました。

まず机の配置を指示する。次に，それぞれの店でカードの配列と看板の貼り付けを行わせる。

店ごとに，どんなものを売っているかなどの宣伝タイムを設けてもよい。

「せっかくがんばって用意したから，全部のお店を回ることにしましょう。」

買う枚数は，人数との兼ね合いがあるので，1 人何枚まで買えるのかを決めておく方がよいだろう。

もののの 名まえ

㋱ おみせやさんごっこを しよう

◇おみせの人と おきゃくさんに
なって はなそう

・ていねいな ことばで はなす
・あいての 目を 見て はなす
・いっしょうけんめい きく

〈おみせの 人〉

主体的・対話的で深い学び

・1年生には難しいことの1つに，時間配分がある。交代や終わりの時刻を明示し，ときどき伝えることで，より主体的な取り組みが期待できる。

準備物

・教科書P60，61の拡大コピー，または 黒板掲示用イラスト（第1時で使用したもの）

・前時のお店の人とお客さんの言葉を書いた掲示物

3 交流する お店屋さんごっこをしよう。

「では，いよいよお店屋さんごっこを始めましょう。」
・やったー！

前半がお客さんの人は，買い物にいきましょう。楽しいのも大切だけど，言葉使いや態度も学習したことを忘れないようにしましょう。
お店の人は，「いらっしゃいませ」からだね。
お客さんも，「こんにちは」って言わないとね。

様子と時間を確認しながら，途中で前半と後半の役割交代をさせる。

楽しい活動だけに，状況によっては，興奮しすぎる児童が出てくるかもしれない。その場合は，1度活動を止めて約束を確認するなどの指導が必要となってくる。

4 振り返る 学習を振り返ろう。

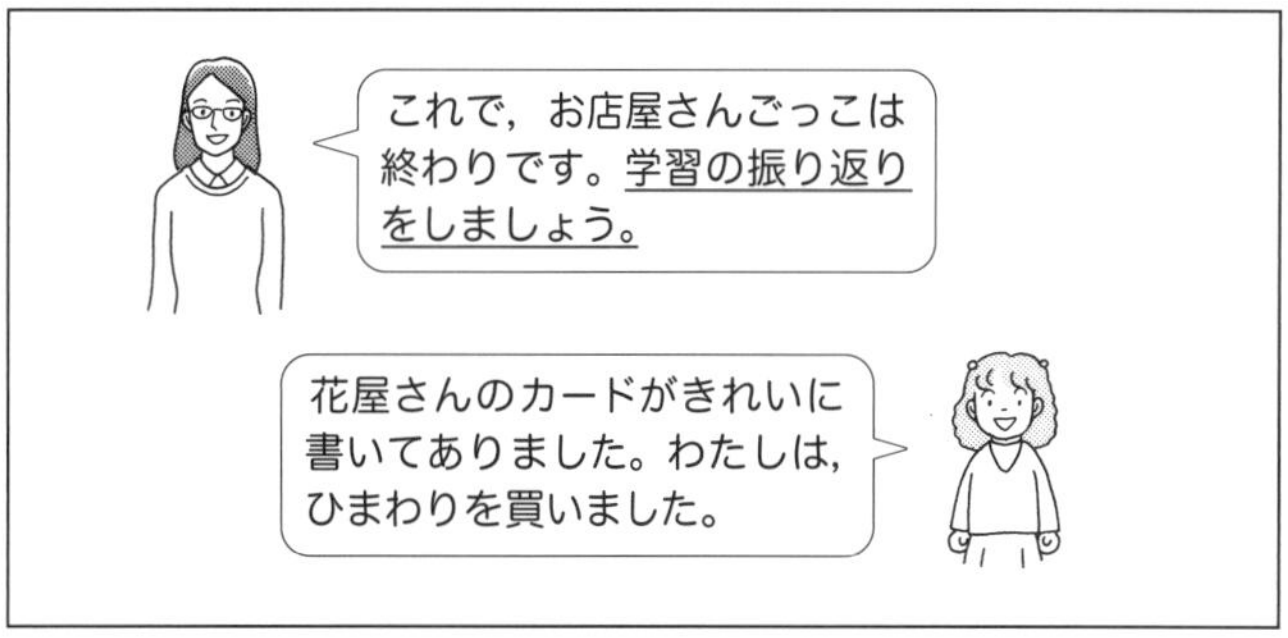

これで，お店屋さんごっこは終わりです。学習の振り返りをしましょう。
花屋さんのカードがきれいに書いてありました。わたしは，ひまわりを買いました。

・お店にある品物を考えてノートに書きました。
・パン屋のカードをつくるとき，最初「パン」って書いちゃったけど，あとで「あんパン」に直しました。

「言葉使いはどうでしたか。」
・気をつけてていねいに話しました。

国語の内容ではないが，できれば片付けの時間も計画的に授業時間に入れたい。片付けまで全員できちんと取り組めるように，時間的なゆとりをもって進めることは，学級経営上とても大切なことである。

愛知県産

ワークシート 第4時

ものの 名まえ

名まえ（　　　　）

おみせの 名まえ

ものの 名まえ

つくる人

ものの 名まえ

つくる人

わらしべちょうじゃ

全授業時間１時間

◉ 指導目標 ◉

・昔話の読み聞かせを聞くなどして，我が国の伝統的な言語文化に親しむことができる。
・文章を読んで感じたことを共有することができる。

◉ 指導にあたって ◉

① 教材について

内容は，「わらしべ」から「やしき」へと，幸運な物々交換によって「ひとりの男」が長者になっていくという分かりやすく，児童の反応がよいストーリー展開です。ただし，言葉に使い慣れないものもあり，説明や予備知識なしでは，よく分からないまますぎてしまう児童もいるかもしれません。

６枚の挿絵は，主人公の男が出会った相手（もの），交換したもの，最後に長者になった男の様子などが描かれている，どれも分かりやすいイラストです。事前にこの挿絵を使って，おおまかなストーリーを教えておき，読み聞かせの途中でも挿絵を活用しながら，内容を確認しつつ進めましょう。

読み聞かせでは，何といっても集中して聞くことが大切です。内容だけで引きつけられればいちばんよいのですが，なかなかそうもいかないのが実状です。読み聞かせを始める前から，机の上を片づけさせ，途中で話をしないことなどの約束をしておきます。読み聞かせの楽しさを感じれば，徐々に集中する時間も長くなっていきます。

読み聞かせは，１回で終わらずできるだけ回数を重ねていきたいものです。上記の態度や集中力も，継続的な取り組みがあれば，着実に成果を出していきます。そのことは，読み聞かせだけでなく，授業や学級経営にも必ずよい影響を及ぼすでしょう。

② 主体的・対話的で深い学びのために

読み聞かせが好きな児童は多いと思われます。そのため，ここではただお話を聞いて楽しむだけでなく，２回目は自分で読ませる中で，それぞれの視点をもたせて取り組ませることを目指しています。読み聞かせを聞いた後だけに主体的な読みができたといえるように，読み聞かせ後の交流で出し合ったことはしっかり押さえて，明確に意識させたいところです。

◉ 評価規準 ◉

知識及び技能	昔話の読み聞かせを聞くなどして，我が国の伝統的な言語文化に親しんでいる。
思考力，判断力，表現力等	「読むこと」において，文章を読んで感じたことを共有している。
主体的に学習に取り組む態度	今までの学習をいかし，積極的に昔話の読み聞かせを楽しみ，内容や感想を共有しようとしている。

◉ 学習指導計画　全1時間 ◉

次	時	学習活動	指導上の留意点
1	1	・教科書P62，63の挿絵を見ながら，「わらしべちょうじゃ」の読み聞かせを聞く。 ・面白かったところについて，感想を交流する。 ・教科書P126-129を見て，自分でも読む。	・場面を想像しやすいように，挿絵を活用する。 ・自分が気づかなかった面白いところを友達の発表で気づかせる。

読み聞かせについて

読み聞かせの練習をしたことのある人は少ないはずです。そんな方には，ぜひ自分の読み聞かせを録音してみることをお勧めします。

自分が思っている以上に，早口だったり，間が少なかったりということを感じるはずです。録音を聞くことを繰り返すだけでも確実に読み聞かせは上達します。

わらしべちょうじゃ

第1時 (1/1)

本時の目標

読み聞かせを聞いた感想を交流し，自分の読みに生かすことができる。

授業のポイント

2回目のそれぞれの読みに，読み聞かせ後の交流を生かすことができるように，まとめや板書などを行う。

本時の評価

読み聞かせを聞いた感想を交流し，自分の読みに生かそうとしている。

板書例

〈読み聞かせ〉 間をゆったり取ることで，児童が想像をふくらませやすくなります。

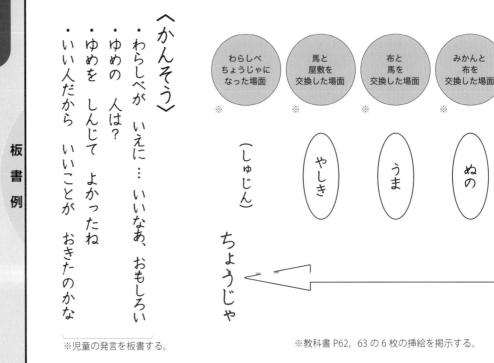

みかんと布を交換した場面 ※

布と馬を交換した場面 ※

馬と屋敷を交換した場面 ※

わらしべちょうじゃになった場面 ※

ぬの

うま

やしき

（しゅじん）

ちょうじゃ

※教科書 P62，63 の 6 枚の挿絵を掲示する。

〈かんそう〉

・わらしべが　いえに…　いいなあ、おもしろい

・ゆめの　人は？

・ゆめを　しんじて　よかったね

・いい人だから　いいことが　おきたのかな

※児童の発言を板書する。

1 見る 想像する　教科書の挿絵を見て，お話を想像しよう。

「今日は，『わらしべちょうじゃ』というお話を読みます。教科書 62 ページを開きましょう。」

・絵だけだね。

・このお話，知っているよ。

1枚目の絵をよく見てみましょう。何が描いてあるかな。
手のところに枝があるね。
男の子が転んでいる。

「そうですね。これは，稲で，わらしべともいいます。ちょうじゃは，お金持ちのことです。」

・だから，わらしべちょうじゃか！

・じゃあ，次の虫も関係あるのかな。…

できるだけ読み聞かせを有意義な時間にするために，挿絵を 1 枚ずつよく見せておき，あらかじめある程度のイメージを持たせておくとよい。

2 聞く　読み聞かせを聞こう。

後で感想を言ってもらいますから，思ったことがあったら覚えておいて下さいね。では，読みます。
あっ，わらしべがでてきた。
この虫は，あぶだったのか…。

ゆっくりと児童の理解を促すペースで読んでいく。文の間もゆったりとあけるとよい。

あぶ，ぬの，やしき，しゅじん，といった言葉は，理解できない児童がいるかもしれない。合間に，言葉の説明を簡単に入れていくのもよいが，その場合は，短く，できるだけお話の流れを途切れさせないようにする。

わらしべ ちょうじゃ

イネ →

おかねもち →

㋱ よみきかせの かんそうを こうりゅうしよう

ゆめ

わらしべ

あぶ

みかん

男がころんで わらしべを 手にした場面 ※

わらしべ（あぶ）と みかんを 交換した場面 ※

主体的・対話的で深い学び

・読書の力は，かなり差があると考えた方がよい。読書に慣れている児童には，友達の感想を自分の感想を比べながら読むことを助言することで主体的な読書につながるだろう。その一方で，読書に慣れていない児童には，必要に応じて，挿絵を参考にしながら読み進めるよう支援していく。

準備物

・（黒板掲示用）教科書P62，63の挿絵の拡大コピー

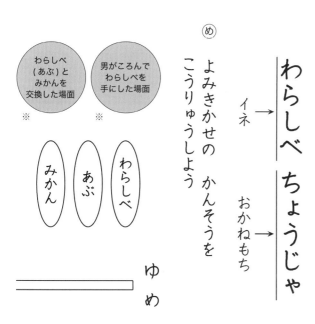

3 交流する　感想を交流しよう。

・夢で教えてくれた人はだれだろう。
・夢を信じてわらしべを持っていって，本当によかったね。
・全部，自分から交換してほしいなんて言ってないのに，どんどんいいものになっていくなんてすごいよ。
・親切ないい人だったから，いいことが起きたのかな。

お話をすべて聞き取れず，友達の感想の意味が分からない児童もいるかもしれない。それを「じゃあ，次に読むときに見つかるといいね」などと声をかけ，それぞれの読みに生かせるようにしたい。

4 読む　1人で読んでみよう。

読み聞かせの反応を見て，1人で読ませる前に，もう一度読み聞かせをしてもよい。

「読む前に，友達の感想を思い出しておきましょう。自分で読むときには，同じ感想を持つ人がいるかもしれませんね。」

また，せっかく昔話の言葉遣いなどに触れたので，つづけて昔話の読み聞かせをすることも考えたい。昔話の絵本は，表紙にインパクトがあるものも多い。教室の後ろなどに見やすく並べておき，興味をもつきっかけとさせたい。

日づけと　よう日

全授業時間 3 時間

◉ 指導目標 ◉

・身近なことを表す語句の量を増し，語彙を豊かにすることができる。
・語と語との続き方に注意しながら，内容のまとまりが分かるように書き表し方を工夫することができる。

◉ 指導にあたって ◉

①　教材について

日付と曜日の読み書きを扱う単元です。日付と曜日は，毎日何らかの形で使っているものです。ただし，「八日」を「ようか」と読むといったような，きちんと覚えていないものがあるのもよくあることです。これらをもれなく，正確に定着させることを目指します。

日付の読み方は，児童によっては，とても違和感のあるもののようです。少しでも早く覚えるようにさせてやるべきことです。曜日の漢字も，ノートなどに頻繁に使うものです。正しく，できれば美しく書けるように指導していきます。

ここで学習したことは，授業が終わった後も生活の中で使い続けます。そういう意味では，教師の意識が重要とも言えます。

②　主体的・対話的で深い学びのために

学習の内容自体はシンプルです。使いこなせるように，教室，生活の中でできるだけ触れていきます。カレンダーや時間割などを掲示し，話題にすることで，児童も主体的に日付や曜日に関する言葉を使うようになるでしょう。

◎ 評価規準 ◎

知識及び技能	身近なことを表す語句の量を増し，語彙を豊かにしている。
思考力，判断力，表現力等	「書くこと」において，語と語との続き方に注意しながら，内容のまとまりが分かるように書き表し方を工夫している。
主体的に学習に取り組む態度	積極的に日付や曜日を表す言葉に関心をもち，これまでの学習をいかして自分でも唱え歌を作ろうとしている。

◎ 学習指導計画　全 3 時間 ◎

次	時	学習活動	指導上の留意点
1	1 2	・教科書 P64，65 の日付歌を楽しく唱える。 ・日付歌を視写する。 ・教科書 P64，65 の曜日歌を楽しく唱える。 ・曜日歌を視写する。	・まずは，教室のカレンダーを使って，日付の読み方を確認する。 ・難しい読み方は掲示をするなどして，繰り返し練習する。
2	3	・日付歌，曜日歌のどちらか 1 つを作って，発表する。	・教科書の日付歌，曜日歌を見直し，どのようにつくればいいか考えさせる。

DVD 収録（児童用ワークシート見本）

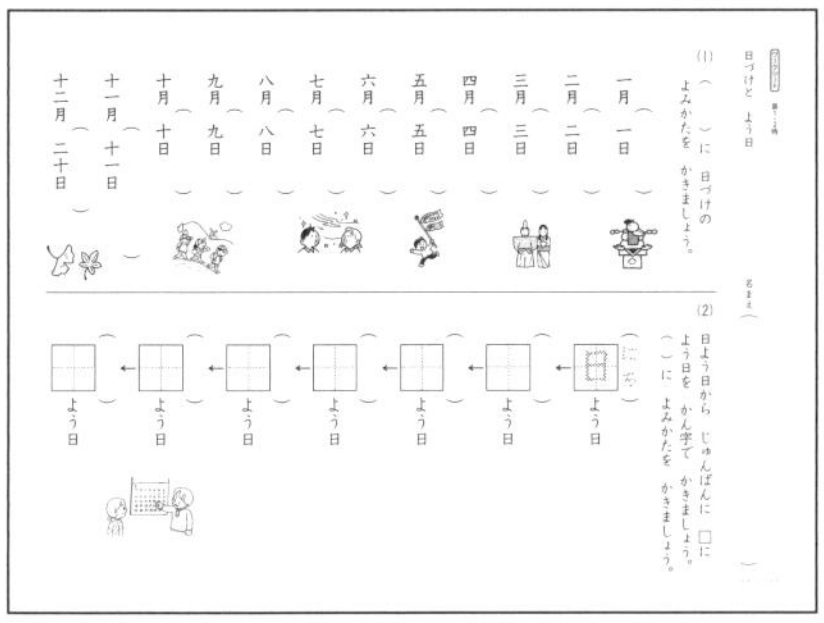

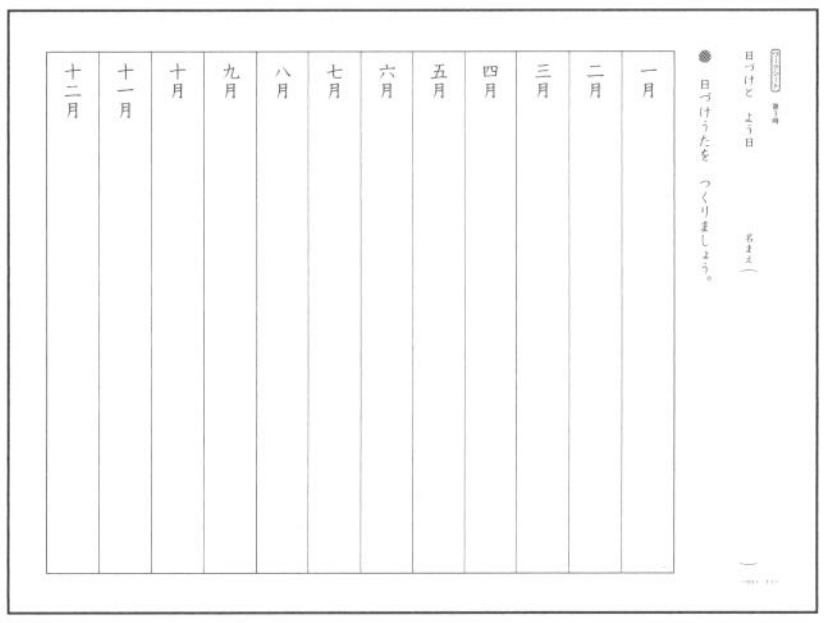

日づけとよう日

第1,2時（1,2/3）

本時の目標

日付歌，曜日歌を楽しく唱え，日付や曜日を正しく読んだり，漢字で書いたりすることができる。

授業のポイント

日付に関しては，生活の中でも繰り返し使い，確認して定着させていく。

本時の評価

日付歌，曜日歌を楽しく唱え，日付や曜日を正しく読んだり，漢字で書いたりしている。

〈音読〉テンポよく音読を進めると，児童もリズムにのりやすくなります。

板書例

三日　みっか
四日　よっか
五日　いつか
六日　むいか
七日　なのか
八日　ようか
九日　ここのか
十日　とおか
十一日　じゅういち
にち
二十日　はつか

◇日づけうたを
よもう

◇日づけうたを
かきうつそう

月が・・・・、
月よう日。
火の・・・・・、
火よう日は。
ホースで・・・、
水よう日。
くりの・・・・、
木よう日。
お金を・・・、
金よう日。
土あそび・・、
土よう日だ。

◇よう日うたを
かきうつそう

※教科書 P64，65 の曜日歌を板書する。

1 見る 読む（第１時）

カレンダーを見て，読み方を確かめながら日付を読もう。

「（カレンダーを指して）これは，いつも教室に貼っているカレンダーです。」

（１日を指さしながら）『１日（いちにち）』って書いて，何と読むのか分かりますか。
「ついたち」です。

「そう！よく知っていますね。では，順番に読んでいきましょう。」

２日，３日と指していき，児童に読ませる。

「少し自信がなさそうなところもありましたね。ずっと使うことだから，ちゃんと覚えてしまいましょう。」

板書を指し，もう１度順番に読ませる。その後，読みを消し，順不同で指して読ませ，理解を確かめるとよい。

2 音読する 書く

日付歌を音読し，視写しよう。

「教科書の日付歌をみんなで読んでみましょう。」

・（全員で）一月一日お正月。二月二日は…。

もう，読み方は大丈夫ですね。この文をノートに視写しましょう。
「〜か」と読むのが多いな…。
一日は「ついたち」だったな。

視写のノートへの書き方は，担任の考え方によって違ってかまわないが，句点（。）や読点（、），１マスあけは，教科書のまま写す，ノートが１行 12 マスのときは改行するなど，児童と決まりをつくっておくとよい。

また，視写は，その間違いの数で，その児童が現在どの程度の注意力があるか，どれくらい伸びてきたかも把握することができる活動だといえる。

日づけと　よう日

（第１時）

㋱ 日づけを ただしく おぼえよう

〈よみかた〉

一日　ついたち

二日　ふつか

（第２時）

㋱ よう日を ただしく おぼえよう

◇ よう日うたを よもう

お日さま ・・・、

日よう日。

主体的・対話的で深い学び

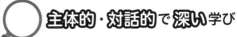

・折々にカレンダーを意識させることで，児童も日付と曜日に関する言葉に慣れ，使いこなすようになることが期待できる。

・日付歌や曜日歌の音読をするとき，展開３にあるような教師と児童の掛け合いの他に，列ごと，ペアやグループになって，また，手拍子を打ちながら，など様々な工夫が考えられる。音読の工夫をグループや全体での対話を通して考えさせてもよい。

準備物

・カレンダー

・ワークシート（児童数）
（児童用ワークシート見本　DVD 収録【1下_13_01】）

（第２時）

3 音読する　曜日歌を音読しよう。

「曜日歌を読んでみましょう。」

・（全員で）お日さま大すき，日曜日。月が…

では，教科書をなるべく見ないで唱えましょう。最初の１行は先生が言うので，続けて言ってください。
お日さま大すき？
日よう日！

続けて月曜日以降も児童と掛け合いをしながら曜日歌を唱えていく。

日付歌も同様であるが，短い文章をあえて暗唱すると，児童に自信がついて活気が出てくるものである。曜日歌は，曜日に関係のある文が先に出ている。正確に覚えていなくても答えられ，ゲーム感覚で楽しめるだろう。

4 書く　曜日歌を視写しよう。

曜日歌も視写します。点（、）や丸（。）にも気をつけましょう。先生も黒板に視写しますね。
お日さま・・・・
日よう日。
月が・・・・
月よう日，
火の・・・・
火よう日は。
ホース・・・・・
水・・・・
くりの・・・・
木よ・・・・・
お金・・・・
金・・・・・
土あ・・・・
土よう日だ。

曜日の漢字練習をするときは,「払い」を意識させるとよい。「月・火・水・木・金」と「払い」のある漢字が続いている。途中まではゆっくりていねいに進み，「払い」の部分だけ，「ふっ」と力を抜くようにするとうまくできることが多い。

「払い」が上手になると, 字全体が上手く見えるものである。「大人の字になったね」とほめると意欲が高まるだろう。早くできた児童には，引き続き，「払い」を意識した漢字の練習をさせることで定着を図る。

最後に，ワークシートで読み方，書き方を確かめるとよい。

日づけとよう日
第3時 (3/3)

本時の目標

日付や曜日を表す言葉を，漢字を使って正しく書き，自分の日付歌・曜日歌を作ることができる。

授業のポイント

日付，曜日に関心を持ち，正確に覚えるための活動である。作ることが苦手な児童は，友達の作品を写してもよいなどの配慮をする。

本時の評価

日付や曜日を表す言葉を，漢字を使って正しく書き，自分の日付歌・曜日歌を作っている。

〈行事情報の提示〉 実際にクラスが関わる行事等をあらかじめリストアップし提示することで，

板書例

・六月二十日は、プールびらき。※

〈よう日うた〉

お日さま 大すき、日よう日

ようびの かん字の よみかた

日 ひ(び)、にち、か
月 つき、げつ、がつ
火 ひ、か
水 みず、すい
木 き、もく
金 かね、きん
土 つち、ど

◎ つくってみよう

・日なたぼっこだ 日よう日。
・一日 あそんだ 日よう日。※

◇ はっぴょうしよう

※児童の発表を板書する。

1 めあて 読む　本時の課題を確かめ，日付歌を見直そう。

「今日は，みんなに日付歌か曜日歌を選んで作ってもらいます。」

「もう一度，教科書の日付歌を見てみましょう。」
・日付と説明になっている。

教科書のように，何か説明できる日で「日付歌」を作るといいですね。
何の日にしようかな。
この前あった「音楽発表会」の日で作ろうかな。

「何月でも，できる月から作ってみましょう。」
・四月七日　にゅうがくしき。
・六月二十日は，プールびらき。

ノートかワークシートに書かせる。年間の行事予定表から，児童の記憶に残っていそうな日を教師が挙げてもよい。

2 読む　曜日歌を見直そう。

「次は，曜日歌を見直してみましょう。」
・日月火水木金土の文だよね。

「曜日歌は，日付歌とは少し違う作り方ですね。」
・曜日の漢字を使っています。

難しそうなので，みんなで練習してみましょうか。『日』で何か言葉を考えられますか。
日なたぼっこだ，日よう日。できた！
一日あそんだ，日よう日。

1つの漢字を取り上げて，言葉をつくる練習をする。

「うまく作れましたね。他の曜日もその調子で考えましょう。」

練習して作り方が理解できたら，書かせていく。どの曜日からでもよいことにする。

児童は日付歌の歌詞をイメージしやすくなります。

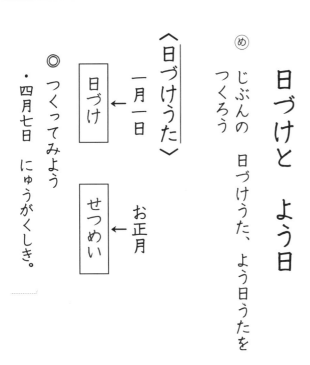

日づけと　よう日

(め) じぶんの　日づけうた、よう日うたを
つくろう

〈日づけうた〉

一月一日　　お正月

日づけ　←　せつめい

◎ つくってみよう

・四月七日　にゅうがくしき。

主体的・対話的で深い学び

・創作活動の場合，創作が苦手な児童も得意な児童も，授業時間だけでは足りない児童が出てくる可能性がある。あらかじめ活動内容を伝えておくことで，創作を得意とする児童は主体的に迷いなく取り組むことが期待できる。また，得意な児童の作品をお手本にすることで，苦手な児童も自分の歌作りが取り組みやすくなり，深い学びにつなげていけるだろう。

準備物

・カレンダー

・ワークシート（児童数）
（児童用ワークシート見本
DVD 収録【1下_13_02，1下_13_03】）

3 書く　日付歌か曜日歌のどちらかを選択し，作ってみよう。

「日付歌か曜日歌，どちらかを選んで作りましょう。」
・どっちにしようかな…。

「日付歌を作ろうと思う人？」
「では，曜日歌の人は？」

挙手をさせることが決断の機会となり，次のステップに進みやすくなる。

途中で，どうしても変えたくなったら変えてもいいです。まず，どちらかを作り出してみましょう。
よし，日付歌で，自分の誕生日を入れよう。
曜日歌にして，プールで水あそびする水よう日。

日付歌を 12 ヶ月全て作らせることは難しい。日付に関わる活動を楽しんで取り組むことに重点をおき，できない月があっても，1 つの月で複数作ってもよしとする。グループで作る活動としてもよい。

4 交流する　作った歌を発表しよう。

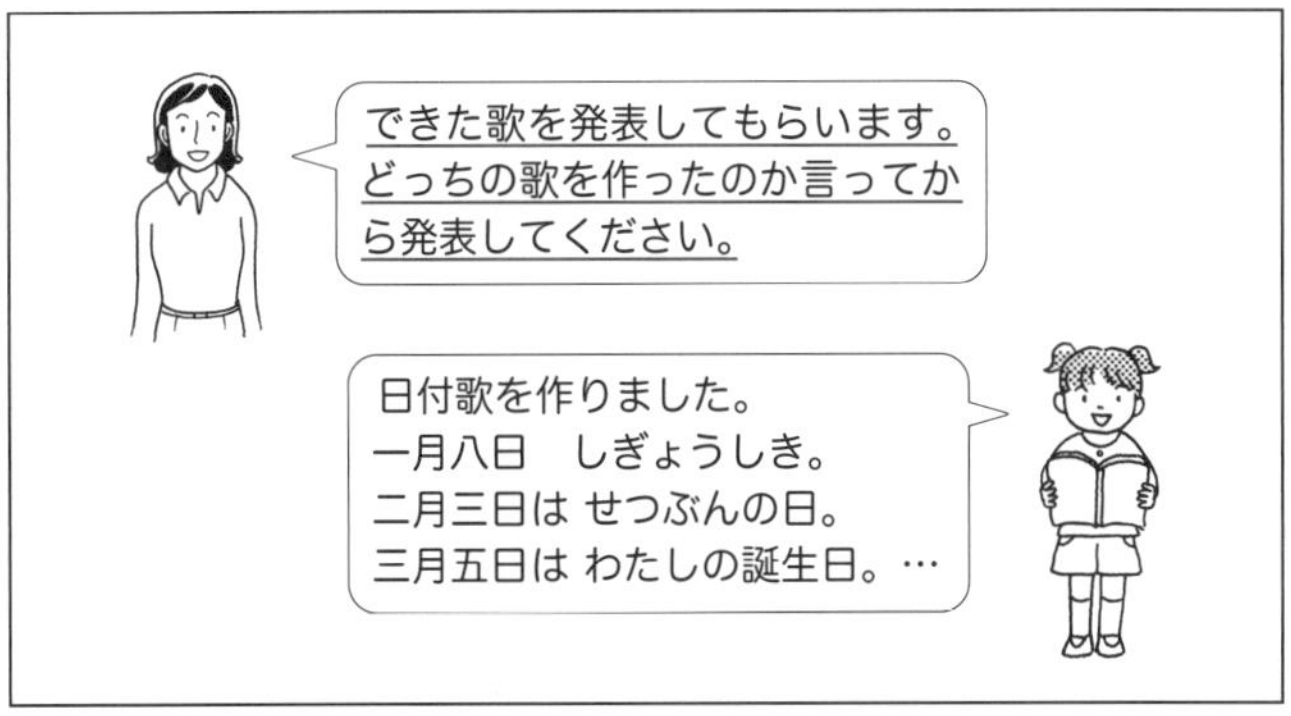
できた歌を発表してもらいます。どっちの歌を作ったのか言ってから発表してください。
日付歌を作りました。
一月八日　しぎょうしき。
二月三日は せつぶんの日。
三月五日は わたしの誕生日。…

「曜日歌は，漢字が決まっていて難しかったかもしれませんね。曜日歌を作った人で誰か発表してくれる人いますか。」
・日かげがすずしい，日よう日。
まんまるお月さま，月よう日。
火じはこわいよ，火よう日だ。
水あそびする，水よう日。
木のぼりたのしい，木よう日。
お金大すき，金よう日。
土をほったよ，土よう日は。

できていない児童がいたら，発表させた他の児童の作品を板書しておき，「この中でどれか 1 つを選んで読みましょう」としてもよい。

てがみで　しらせよう

全授業時間６時間

◉ 指導目標 ◉

・文章を読み返す習慣を付けるとともに，間違いを正したり，語と語や文と文との続き方を確かめたりすることができる。
・語と語や文と文との続き方に注意しながら，内容のまとまりが分かるように書き表し方を工夫することができる。
・丁寧な言葉と普通の言葉との違いに気をつけて使うとともに，敬体で書かれた文章に慣れることができる。

◉ 指導にあたって ◉

①　教材について

手紙の書き方を知り，実際に出してみようという学習です。メールや SNS などオンラインでのやり取りが増え，手紙を書く機会は全体としては減っています。それでも，やはり手紙をもらうとうれしいものです。この学習をきっかけに手紙を書くということへの関心をもつようになればよいでしょう。

手紙は，その書き方に慣れていないと，つい面倒に感じてしまいます。逆に，ある程度の形式を知っていれば，それだけでも一部分は書けてしまうということも言えます。この単元では，正式な書き方を経験させます。

ここで学習したことは，ぜひ，様々な場で活用したいものです。校外学習や地域の方との交流の機会などがあれば，学習計画に手紙を書くことも入れておきます。児童も，何かお世話になったらお礼の手紙を書くということが普通の感覚になり，抵抗が少なくなります。

②　主体的・対話的で深い学びのために

手紙はやはり実際に送る相手があってこそ意欲がわくものです。校外学習や行事の後など具体的に手紙を差し出す場を設定して学習したことを生かせると，主体的に取り組む児童が増えることでしょう。

◉ 評価規準 ◉

知識及び技能	丁寧な言葉と普通の言葉との違いに気をつけて使うとともに，敬体で書かれた文章に慣れている。
思考力，判断力，表現力等	・「書くこと」において，語と語や文と文との続き方に注意しながら，内容のまとまりが分かるように書き表し方を工夫している。 ・「書くこと」において，文章を読み返す習慣を付けるとともに，間違いを正したり，語と語や文と文との続き方を確かめたりしている。
主体的に学習に取り組む態度	これまでの学習をいかし，書いた文章を積極的に見直しながら，身近な人に手紙を書こうとしている。

◉ 学習指導計画　全 6 時間 ◉

次	時	学習活動	指導上の留意点
1	1 2	・学習課題「うれしかったことや楽しかったことを手紙にかいて知らせよう」を確認する。 ・教科書 P66，67 を読み，学習の見通しをもつ。 ・手紙を書く相手と題材を決める。 ・教科書を見て，手紙に書く内容を確かめる。	・手紙をもらったり書いたりした経験を出し合う。 ・いちばん伝えたいことは何かを考えさせる。
2	3	・書き方を確かめ，内容をより詳しく考える。 ・ノート（下書き用紙）に下書きをする。 ・書いた下書きを発表する。	・読み手に分かりやすく書くよう指導する。 ・下書きを始める段階で，できるだけ書く内容を決めておき，迷う時間を短くする。
	4 5	・下書きを読み直し，手紙を書く。 ・書いた手紙を見直す。 ・手紙を出す。	・清書はていねいな字でゆっくり書かせる。 ・宛先については，家の人にあらかじめ書いてもらっておくなどの配慮をする。
3	6	・手紙を書いた感想を交流する。 ・自分の気持ちを書くことができたか振り返る。	・手紙の書き方を確認するとともに，手紙を書く楽しさも印象に残せるようにする。

DVD 収録（児童用ワークシート見本）

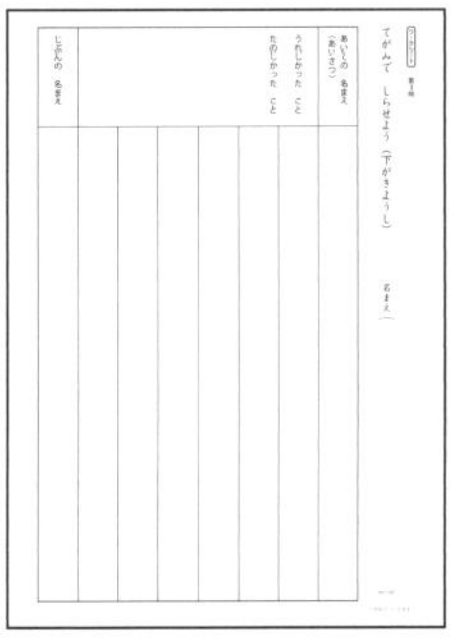

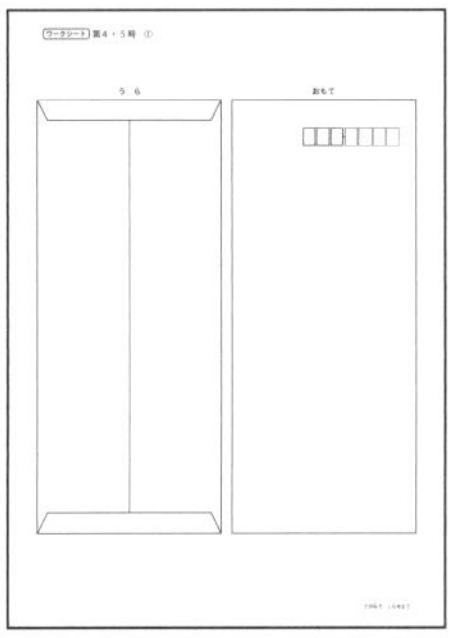

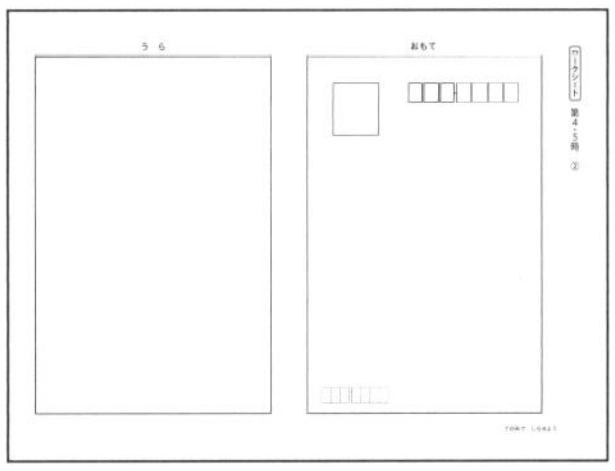

てがみで しらせよう
第 1,2 時（1,2/6）

本時の目標

手紙のやり取りに関心をもち，書くことに意欲をもつことができる。
うれしかったことや，楽しかったことを思い出し，誰に何を知らせたいかを考えることができる。

授業のポイント

手紙を書いたりもらったりした経験を出し合って，もらったときのうれしい気持ちを想起させて取り組ませる。

本時の評価

手紙を書く学習の見通しをもっている。
手紙を書く相手と内容を考え決めている。

板書例

〈手紙の宛先〉手紙を出す相手が決められない児童には，おうちの人や兄弟姉妹でもよいことに

（第 2 時）
ⓜ だれに　どんなことを　かくか　きめよう

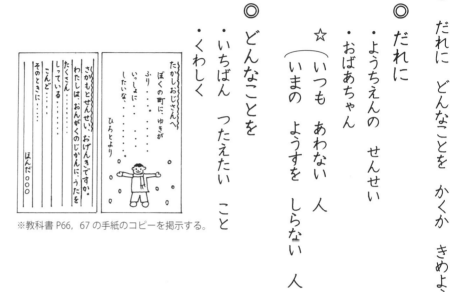

◎ だれに
・ようちえんの　せんせい
・おばあちゃん
☆（いつも　あわない　人
いまの　ようすを　しらない　人）

◎ どんなことを
・いちばん　つたえたい　こと
・くわしく

たかしおじさんへ
ぼくの町に，ゆきがふり・・・。・・・・・
いっしょに・・・・・・
したいな，・・・・・・。
ひろとより

さかもとせんせい，おげんきですか。
わたしは，おんがくのじかんに，うたをたくさん・・・・・・・
しっている・・・・・・
こんど・・・・
そのときに・・・・
ほんだ ○○○

※教科書 P66，67 の手紙のコピーを掲示する。

※児童の発表を板書する。

1 交流する めあて　手紙の経験を出し合い，学習課題を確かめよう。

「みなさんは，手紙を書いたりもらったりしたことはありますか。」
・さきちゃんが手紙をくれた。大事にとってあります。
・年賀状をかいて出したことがあるよ。

「手紙をもらったときの気持ちはどうでしたか。」
・うれしかった。
・手紙を書けるのがすごいなと思いました。
・返事を書くのが難しかった。

今度は，手紙を上手に書けるようになって，実際に書いて出してみようという勉強です。
誰に手紙を出そうかな。
おばあちゃんに書こう。
何を書いたらいいのかな …。

教科書 P66 上の文章を読み，学習課題を確かめる。

2 読む 見通す　教科書 P66，67 を読み，学習の見通しをもとう。

「教科書に 2 つの手紙があります。読みましょう。」
教科書 P66，67 の 2 つの手紙例を読む。

「手紙をもらった 2 人はどんな気持ちになったと思いますか。」
・うれしかったと思う。たかしおじさんは，ひろとさんと一緒に雪遊びしたいと思ったんじゃないかな。
・挿絵のさかもと先生もうれしそうに手紙を見てる。

「うれしかったことや楽しかったことを知らせましょう，と書いてありましたね。」
・ぼくだったら，休み時間のドッジボールのことかな。

誰に，どんなことを書くかも考えないといけないですね。
おばあちゃんに，どんなことを書こうかな。
わたしも教科書みたいに，幼稚園の先生に書きたい。逆上がりができるようになったことを書こう。

しましょう。

てがみで　しらせよう

（第１時）

め　学しゅうの　見とおしを　もとう

〈学しゅうの　めあて〉

うれしかったことや　たのしかったことを
てがみに　かいて　しらせよう

・だれに
・どんなことを
しらせたいか

主体的・対話的で深い学び

・手紙を出す相手と，伝えたいことが決まれば，あとはそれをより詳しくイメージしていくだけとなる。それがなかなか決められない児童には，隣やグループの人に相談して一緒に考えてもらうようにすると，対話的な学習になる。

準備物

・（黒板掲示用）教科書P66，67の拡大コピー

3 決める　だれにどんなことを知らせる手紙を書くのか決めよう。

「まだ決まっていない人は，他の人の発表を聞きながら，考えるといいですね。」

全員に相手を決めさせ，発表させる。普段あまり会わない人や自分の今の様子を知らない人に書くとよいことを説明してもよい。

「次は，何を書くかです。教科書の手紙は何が書いてありましたか。」
・雪のことと，歌のこと，です。

「みんながいちばん伝えたいことは何かを書けばいいですね。これもよく考えて，ノートに書きましょう。」

4 読み取る　教科書の文例を確かめよう。

「次は，手紙の内容です。教科書の２つの手紙を見てみましょう。２つの手紙のいちばん伝えたいことはそれぞれ何か分かりますか。」
・１つ目は１文目にある「雪が降りました」だよね。
・２つ目は「歌を覚えました」かな。

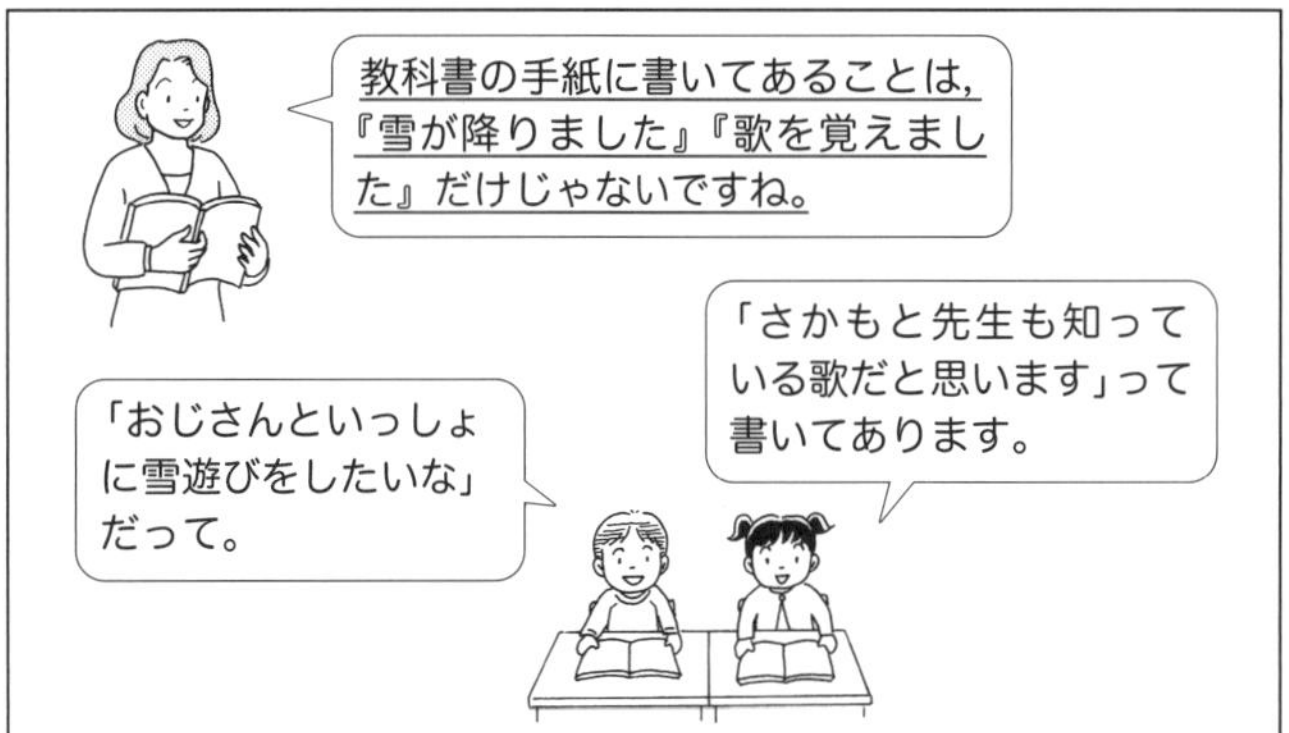

「いちばん伝えたいことの他にも詳しく書いてありますね。こんなふうに書いてくれたら，手紙をもらった人も読むのが楽しいですね。次の時間に詳しく書くことを考えてもらいます。」

てがみでしらせよう

第3時（3/6）

本時の目標

手紙の書き方を理解することができる。

授業のポイント

下書きを始める段階で，できるだけ書く内容を決めておき，迷う時間を短くする。

本時の評価

手紙の書き方を理解し，手紙の下書きを書いている。

〈書き始め〉 相手の名前だけでも書き始めると，続けて文案が浮かんでくることがよくあります。

板書例

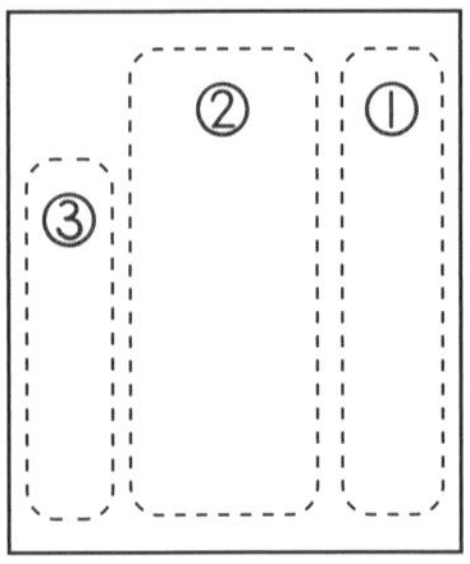

①
②
③

① あいての　名まえ
（あいさつ）

② うれしかったこと、
たのしかったこと

③ じぶんの　名まえ

〈気を　つけること〉

・ていねいな　ことば「〜です。」「〜ます。」

・字の　まちがいが　ないか

・てん（、）まる（。）の　つかいかた

・「は・を・へ」を　正しく

・つかえる　かん字

◇ てがみの　下がきを　かこう

◇ 下がきを　はっぴょうしよう

1 振り返る　教科書の手紙の書き方を確かめよう。

「手紙に書くことを確かめておきましょう。」

・うれしかったこと，たのしかったこと，です。

「他にはどうですか。」

・「だれに，どんなことを知らせたいか」も考えて書きます。

教科書の手紙を見ると，どうでしたか。
「歌をおぼえました」の他に，「先生も知っている歌だと思います。」って書いてあります。
「雪がふりました」だけじゃなくて，「いっしょに雪遊びをしたいな」も書いてありました。

「詳しく書けるといいのでしたね。」

前時の学習を振り返る。

2 考える　手紙に書くことを考えましょう。

「詳しく書くこと」を考えてみましょう。まず，何をいちばん言いたいのか考えます。
音楽会のことの中で…大太鼓に選ばれたことを書こうかな。

「『大太鼓に選ばれたこと』の他に，もっと詳しく言いたいことはありませんか。そのときの気持ちは？」

・大太鼓に選ばれて，うれしかった。

「それなら，読んだ人もよく分かりますね。」

・ぼくは，授業中に発表ができるようになったこと。参観日にも発表して，ほめられてうれしかった。

「それも，言いたいことがよく分かりますね。みんなも考えられましたか。」

・鉄棒のことで，連続逆上がりができるようになってうれしいことと，見てほしいということを伝えよう。

てがみで　しらせよう

㋱ てがみの　かきかたを　たしかめよう

〈てがみに　かくこと〉

・だれに

・どんなことを

（うれしかったこと、たのしかったこと）

・いちばん　つたえたいことを　くわしく

主体的・対話的で深い学び

・手紙とは，ふつう手紙の相手だけが読むものであるが，これは学習の一環ということで，児童に確認した上で下書きを交流する。よいところを広げ，深い学びにつなげたい。

準備物

・手紙の下書き用紙（児童数）

（児童用ワークシート見本　DVD 収録【1下_14_01】）

3 振り返る 書く　書くときに気をつけることを確かめ，手紙の下書きを書こう。

「練習でノート（下書き用紙）に書いてみましょう。教科書の手紙では，最初は何が書いてありますか。」

・「たかしおじさんへ」です。

・２つ目は「さかもとせんせい，おげんきですか。」

「まず，相手の名前を書きましょう。あいさつも書いた方がよいでしょう。そして，うれしかったことや楽しかったことで伝えたいことを詳しく書きます。」

書き出す前に，手紙はどんなことに気をつけて書けばよいか確かめておきましょう。
字の間違いに気をつける。
ていねいな言葉でていねいに書く。

他に，点や丸の使い方，「は・を・へ」を正しく，使える漢字がないか，など作文の留意点を確かめておく。

「さあ，書いてみましょう。」

4 交流する　手紙に書くことを発表しよう。

書けた人に発表してもらいましょう。
おばあちゃんへ
わたしは，音楽会で大太鼓に選ばれました。ずっとやりたいと思っていたので，とてもうれしかったです。音楽会ではがんばって大太鼓をたたきました。今度，ビデオを見てください。
ゆりなより

「よい手紙になりそうですね。きっともらった人もうれしいでしょうね。他の人はどうですか。」

田中せんせい，お元気ですか。

ぼくは，１年生の最初は授業中の発表ができませんでした。でも，今はできるようになって，このあいだの参観日に発表したときは，ほめられてうれしかったです。

さとう　けんと

下書きができている児童に見本として発表してもらい，まだ書けていない児童の参考にさせる。

てがみで しらせよう

第4,5時（4,5/6）

本時の目標

学習したことを生かして手紙を書くことができる。

授業のポイント

宛先については，家の人にあらかじめ書いておいてもらうなどの手配をする。

本時の評価

学習したことを生かして手紙を書き，出している（または，渡している）。

〈宛先の確認〉 相手の住所を全員がメモしてきているかを確認します。

板書例

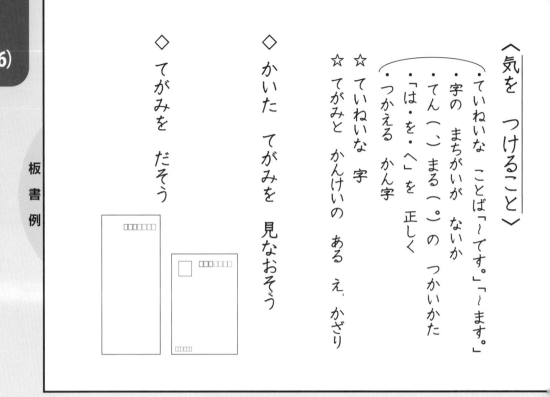

〈気を　つけること〉
・ていねいな　ことば「〜です。」「〜ます。」
・字の　まちがいが　ないか
・てん（、）まる（。）の　つかいかた
・「は・を・へ」を　正しく
・つかえる　かん字
☆ ていねいな　字
☆ てがみと　かんけいの　ある　え、かざり

◇ かいた　てがみを　見なおそう

◇ てがみを　だそう

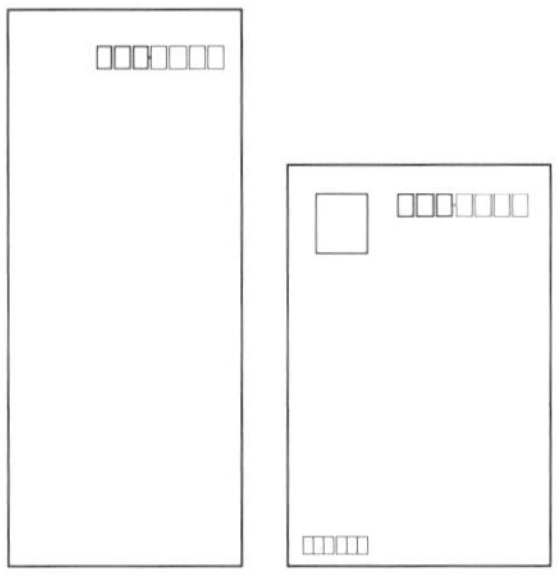

1 振り返る 見直す　下書きを読み直そう。

「今日は，本当に出す手紙を書きます。」
・早く書きたい！
・きれいな字で書けるかな。

せっかく，勉強して書くのだから，できるだけよい手紙にしたいですね。下書きを見直しておきましょう。
相手の名前や自分の名前も忘れずに。
どんなことを書いているか，を見直せばいいんだよね。

「手紙に書くことは何でしたか。また，書くときに気をつけることは何でしたか。」

○誰に　○どんなことを（うれしかったこと，楽しかったこと）○詳しく，書けているか確かめる。あわせて，手紙に書く順番（①相手の名前②内容③自分の名前），書くときの留意点も確認していく。

2 書く　ていねいに書こう。

書く字で気をつけることは何でしょう。
きれいな手紙だと喜んでもらえるよね。
ていねいに書くことです。

「そうですね。詳しく書いてあっても，ぐちゃぐちゃな字では？」
・読みにくいし，読んだ人がうれしくない。

「それでは，気持ちが伝わったことにはならないですね。一生懸命ていねいに書いたら，その気持ちも相手に伝わります。では，ゆっくりていねいに書きましょう。関係のある絵や飾りを描いてもいいですよ。」

手紙とはがきのどちらを書くかは，統一しておくと指導しやすい。

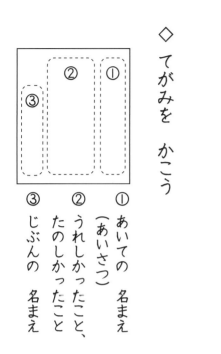

てがみで　しらせよう

㋱ てがみを　かいて　だそう

◇ てがみを　かこう

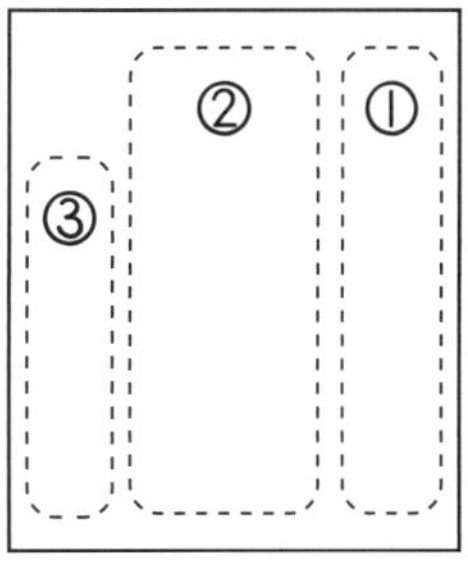

①
②
③

① あいての　名まえ
（あいさつ）
② うれしかったこと、
たのしかったこと
③ じぶんの　名まえ

主体的・対話的で深い学び

・清書をするときは，相手のことをイメージさせながらていねいに書かせたい。相手を思い浮かべることで，主体的に書こうという姿勢が生まれてくる。

準備物

・手紙用紙と封筒，または，はがき（児童数）
（必要に応じて）切手
・相手の住所と名前（事前に家の人に宛先欄と同じ形式で書いてもらうか，実際に送るものの宛先を書いておいてもらうようにする）
（児童用ワークシート見本　DVD 収録【1下_14_02，1下_14_03】）

3 見直す　書いた手紙を見直そう。

「書き終わったら，見直してみましょう。間違ったり抜けたりしているところはないですか。」
・あ，自分の名前が抜けていた。

大人でも，書いた後は見直さないと，間違えていることがあるのですよ。見直しは大事です。
しっかり見直そう！
せっかくおばあちゃんに出すのだから，間違いをゼロにしたいな。

「色を塗る人も，できるだけ隙間がなく，はみ出さないようにできるといいですね。」

4 投函する（渡す）　手紙を出そう。

手紙がかけたら，封筒（はがき）に住所や名前を書きます。おうちの人に書いてもらった紙を見て書きましょう。
難しいけど，これを書かないとポストに入れられないからね。

「分からない人は，先生が見てあげるので待っていてください。」

1年生が住所や宛名を書くことは，難しい。家の人に封筒(はがき)と同じ書式のものを書いてもらうか，あらかじめ宛先を書いてもらっておくなどの事前準備をしておく。

みんなでポストまで出しに行ければ理想的と言える。「持って帰って出してもらいましょう」とすると，出さないままになってしまう児童が出てくることが考えられるため，確認が必要となる。

下書き用紙は，次時の振り返りで使うため集めておく。

てがみで しらせよう

第 6 時 (6/6)

〈下書きの保管〉下書きをノートではなく別の用紙に書かせた場合は，清書ができた後に集めて

本時の目標

「てがみでしらせよう」の学習を振り返ることができる。

授業のポイント

手紙の書き方を確認するとともに，手紙を書く楽しさも印象に残るようにしたい。

本時の評価

手紙の書き方を振り返り，今後も手紙を書きたいという気持ちをもっている。

板書例

◇ ふりかえろう

〈てがみの　かきかた〉

○ てがみに　かくこと

・だれに

・どんなことを

（うれしかったこと、たのしかったこと）

・くわしく

○ かく　じゅんばん

① あいての　名まえ

② つたえたいこと

③ じぶんの　名まえ

◇ これからも　てがみを　かこう

（たとえば）

・おれい

・おたんじょうびの　おいわい

・しょうたいじょう

・うれしかったこと、たのしかったことを　しらせる

1 交流する　手紙を書いた感想を交流しよう。

手紙を書いた感想を発表してください。
上手にかけてうれしかったです。絵とかざりもきれいにかけたと思います。
おばあちゃんへ
△△より

「書くこともじっくり考えたし，字や絵もていねいに書いていました。みんな上手に手紙を書けましたね。」

・おばあちゃんが読んでくれるのが楽しみです。

・お返事がもらえるといいなあ。

「手紙をもらった人が喜んでくれたらうれしいですね。そういう気持ちで，ていねいに書けましたね。」

・がんばってきれいな字で書きました。

2 交流する　友達の手紙についてよかったところを交流しよう。

他の人の手紙も発表してもらいましたね。友達の手紙の書き方でよかったところを発表してください。
○○くんの手紙は，新しくできるようになったことが，とてもよく分かってよかったと思いました。
おじいちゃんへ
ぼくは，ドッジボールのボールを，うまく……。

・△△さんの手紙は，とてもていねいな言葉で書いてあってよかったです。

・□□さんの手紙は，おじいさんに早く会いたい気持ちがよく伝わってきたから，手紙をもらったおじいさんはきっと喜ぶと思います。

時間があれば，もう一度，下書きの手紙文をグループや全体で発表させた上で感想を交流させるとよい。

おくとよいでしょう。

てがみで　しらせよう

(め) かんそうを　こうりゅうしよう
学しゅうを　ふりかえろう

〈かんそう〉

・じょうずに　かけて　うれしかった
・えと　かざりも　きれいに　かけた
・よんでくれるのが　たのしみ
・へんじが　もらえると　いいな

※児童の発表を板書する。

主体的・対話的で深い学び

・学習したことをいかして，手紙を書く場があれば，徐々にスムーズに書けるようになり，より主体的に取り組めるようになるだろう。場の設定が教師の仕事だと考え，機会を見つけて積極的に取り入れるようにしたい。
・手紙は，感謝の気持ちや自分の振り返りにもつながってくる。国語の授業としてだけでなく，学級経営の１つの手立てとしても活用できる。ただし，１年生は，書くことに時間がかかるため，計画的に時間を確保し，段階的に指導する意識が指導側に求められる。

準備物

3 振り返る　書き方が守れたか振り返ろう。

何を書いたか，その書き方も覚えていますか。
うれしかったことや楽しかったことを書きました。
・だれに
・どんなことを（うれしかったこと　たのしかったこと）
・くわしく

「そうですね。せっかく手紙を書くのですから，どうでもいいことより，うれしかったことや楽しかったことを書いた方がもらった人もうれしいですよね。」
・いちばん伝えたいことを詳しく書いた方が，伝わりやすくなった。
・最初に，相手の名前を書きました。
・自分の名前は最後だったね。
・清書の前に，間違いがないか見直しもしました。

下書きを見ながら振り返らせる。

4 振り返る　これからも手紙を書こう。

勉強したことを生かして，これからも手紙をどんどん書いていきましょう。
もう一人のおばあちゃんにも書きたいな。
手紙のお返事もらえるかな。

「何かを貰ったり，してもらったりしたときは，お礼の手紙を書きます。『お誕生日おめでとう』のお祝いの手紙や，パーティーの招待状など書いたり貰ったりもしますよね。その他にも，今度のように，楽しかったことやうれしかったことがあったときに，よく知っている人にそのことを知らせる手紙を書くといいですね。」
・また書きたいな。

「身近な人に，うれしかったことや楽しかったことを手紙に書いて手渡ししてもいいですね。きっと喜んでくれますよ。」

つづけよう③ こえに　出して　よもう

「かたつむりの　ゆめ」「はちみつの　ゆめ」

全授業時間２時間

◉ 指導目標 ◉

・場面の様子など，内容の大体を捉えることができる。
・語のまとまりや言葉の響きなどに気をつけて音読することができる。

◉ 指導にあたって ◉

① 教材について

有名な詩集「のはらうた」からの２つの作品は，どちらも「夢」がテーマとなっています。かたつむりの詩は，なりたい自分を夢見ている内容で，くまの詩は冬眠している間に幸せいっぱいの夢を見ている内容です。かたつむりとくまの視点で書かれているため，その視点で読むことができれば，音読もより深みのあるものになるでしょう。かたつむりとくまが，それぞれなぜ詩の内容のような思いを持っているのか，どんな気持ちで語っているのかを１年生なりに想像させ，その想像について話し合いをさせたい教材です。また，短い詩なので，できれば暗誦もさせたいところです。

② 主体的・対話的で深い学びのために

挿絵も使って，語り手の立場になって想像を広げさせます。それができることで，主体的な音読につながることでしょう。短い詩なので，言葉の一つ一つを大切にして，内容をふまえて読み方を考えさせることが深い学びにつながります。

具体的には，みんなで声を合わせる，いくつかに分かれて交替で声を出し合う，内容からイメージする動きをつけて声を出す，など様々な工夫が考えられるでしょう。ペアやグループ，またはクラス全体で，音読の工夫を対話で広げながら，その違いを聞き合うことも深い学びにつながるでしょう。

◎ 評価規準 ◎

知識及び技能	語のまとまりや言葉の響きなどに気をつけて音読している。
思考力，判断力，表現力等	「読むこと」において，場面の様子など，内容の大体を捉えている。
主体的に学習に取り組む態度	これまでの学習をいかし，進んで詩の内容を捉え，音読を楽しもうとしている。

◎ 学習指導計画　全 2 時間 ◎

次	時	学習活動	指導上の留意点
1	1 2	・教科書 P68，69 の 2 つの詩「かたつむりのゆめ」「はちみつのゆめ」を音読する。 ・どちらか 1 つの詩を視写する。 ・読み方の工夫を考えて，理由とともに出し合う。 ・自分が考えた読み方の工夫で音読練習する。 ・隣の人に音読を聞いてもらう。 ・工夫について発表してから，音読発表する。 ・学習を振り返る。	・どちらかの詩を選ぶ。 ・語り手の気持ちを想像して読み方を工夫させる。 ・読む速度を変えたり，動作化したりして，いろいろな読み方を楽しませる。 ・音読を聞いた方は，できるだけ感想を伝える。 ・音読の工夫については，教師が補足するとよい。

※短時間で取り組むことが可能な単元です。各配当時間を 15 分ずつなどに分割して扱ってもよいでしょう。

DVD 収録（児童用ワークシート見本）

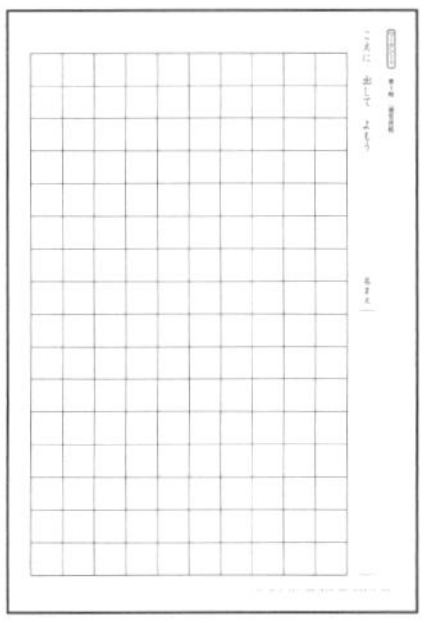

かたつむりの　ゆめ
はちみつの　ゆめ

第1,2時（1,2/2）

本時の目標

内容をふまえて，音読の工夫をすることができる。

授業のポイント

音読は，得意不得意があるので，思ったように工夫したことが音読で表現できていない場合もある。児童が工夫しようとしたことを評価する。

本時の評価

登場人物や場面の様子を想像して，読み方を工夫している。

〈音読指導〉短い詩ですが，読み方に変化をつけることができれば聞いている友達にも伝わり

板書例

「はちみつの　ゆめ」
こぐま　きょうこ

※

⇨

「のはらうた」くどう　なおこ

◇一つ　えらんで　かきうつそう

〈おんどくの　くふう〉

☆かたつむりや　こぐまの　きもちを
そうぞうして　よむ

・ゆっくり ↕ はやく
・大きく ↕ 小さく
・しあわせそう
・しんぱいそう
・うごきを　いれて

※児童の発表を板書する。

1（第１時）音読する 想像する　２つの詩を音読しよう。

「教科書 68 ページを開きましょう。２つの詩を今から先生が読みます。その後，みんなで音読しましょう。」

「音読して，気がついたことはありますか。」
・どちらの詩も作者が人ではありません。
・かたつむりとこぐまです。

「本当の作者は，くどうなおこさんです。くどうさんが，作者が動物ということにして作った詩です。」
・じゃあ，他の動物の詩もあるのかな。
（「のはらうた」シリーズの本を見せて紹介してもよい）

２つの詩を，動物の気持ちを想像しながら音読しましょう。
どっちも幸せな気持ちで夢見てると思う。
かたつむりとこぐまの気持ちだね。

「すらすら読めた人は，覚えるくらい何回も読みましょう。」

2 書く　気に入った方の詩を視写しよう。

２つの詩のうち，１つ選んで視写します。どちらがいいですか。
わたしは，「はちみつのゆめ」。
ぼくは，「かたつむりのゆめ」。

「選んだ理由が言える人はいますか。」
・かたつむりがいつもはゆっくりしか動けないけれど，本当は早く動きたいと思っていると考えたら面白いなあ，と思ったからです。
・自分がかたつむりだったら，早く動きたくなるかも。
・わたしは，こぐまが，どんなおかしの夢を見ているのかなあ，と思ったからです。

「選ぶ理由は，違っていてもいいですね。では，ノートにていねいに書き写しましょう。」

視写用の用紙に書かせて掲示してもよい。

やすくなることを助言します。

こえに　出して　よもう

かたつむりの　ゆめ

はちみつの　ゆめ

㋱　くふうして　おんどくを　しよう

「かたつむりの　ゆめ」

かたつむり　でんきち

※

※教科書 P68，69 の挿絵を掲示する。

主体的・対話的で深い学び

・読み方の工夫が分からない児童のために，工夫の仕方の例を板書しておき，そこから選ばせるという方法もある。発表のときも，板書を見れば，話しやすくなる。工夫することが明確になれば，音読練習にも主体的に取り組みやすくなるだろう。

・「のはらうた」から好きな詩を選ばせて，音読の工夫を生かして取り組むということも深い学びにつながってくる。

準備物

・（黒板掲示用）教科書P68，69の挿絵の拡大コピー

・視写用紙（児童数）
（児童用ワークシート見本　DVD 収録【1下_15_01】）

・「のはらうた」シリーズの本を何冊か

（第 2 時）

3 対話する　読み方の工夫を考え，工夫の理由もあわせて出し合おう。

「選んだ詩の読み方の工夫を考えてみましょう。」

- どんな風に読んだらいいかな。
- かたつむりはゆっくりかな。速くがいいのかな。
- こぐまは，楽しそうに読んだらいいんじゃないかな。

読み方の工夫には，どんなものがありますか。
大きな声で読む。
幸せそうな声で読む。
ゆっくり読む。

「色々な工夫がありそうですね。どうして，そう読んだらいいと思ったのか言えるかな。」

- かたつむりが速く走りたいという気持ちをゆっくり読むのが面白いから。
- 「あまい」のところをゆっくり読むと，すごくほしそうな感じがするから。

4 交流する　音読の工夫について発表しよう。

「それぞれの読み方で練習してみましょう。動きを入れてもいいですよ。後で，友達にも聞いてもらいます。」

- 走る格好で読もう。
- 目を半分閉じて読めるかな。

「隣の人に，音読を聞いてもらいましょう。聞いた人は，感想も言えるといいですね。」

- （隣の友達の音読を聞いて）ゆっくり小さな声だから，こぐまが眠りながら幸せそうだなって思ったよ。

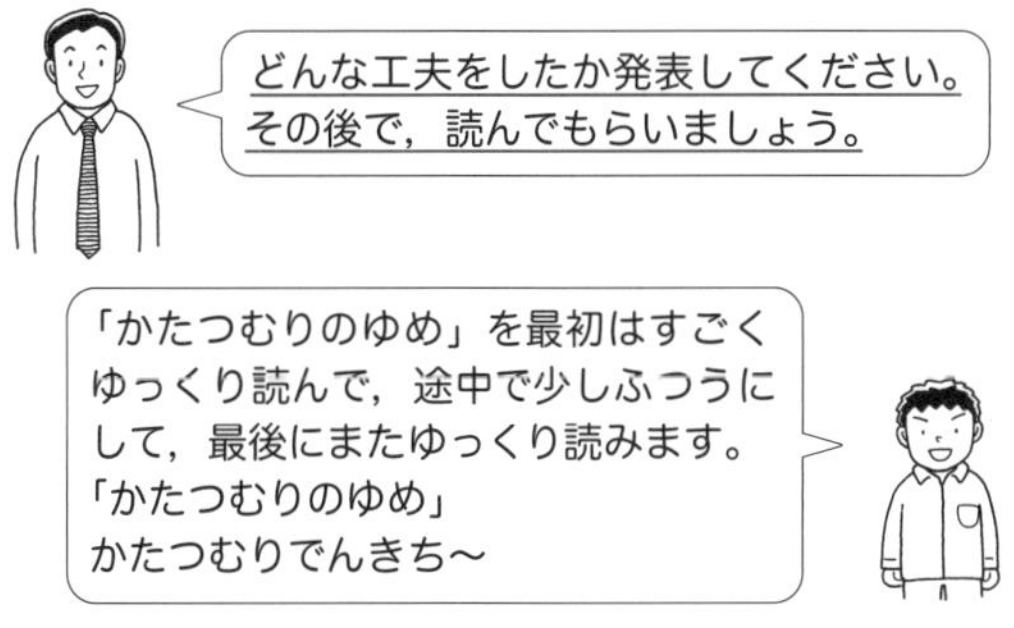
どんな工夫をしたか発表してください。その後で，読んでもらいましょう。
「かたつむりのゆめ」を最初はすごくゆっくり読んで，途中で少しふつうにして，最後にまたゆっくり読みます。
「かたつむりのゆめ」
かたつむりでんきち～

どんな工夫をしようとしたかを，全体に分かるように教師が説明を補足してもよい。

つづけよう③

ききたいな，ともだちの　はなし

全授業時間２時間

◉ 指導目標 ◉

- 話し手が知らせたいことや自分が聞きたいことを落とさないように集中して聞き，話の内容を捉えて感想をもつことができる。
- 言葉には，事物の内容を表す働きや，経験したことを伝える働きがあることに気づくことができる。
- 身近なことや経験したことなどから話題を決め，伝え合うために必要な事柄を選ぶことができる。

◉ 指導にあたって ◉

①　教材について

本の紹介という活動を通して，聞く・話す力を育てる単元です。本という素材があるために，児童の意識はそちらに向きがちになることが予想されます。教師としては，その児童の意欲を認めながらも，聞く・話すといった視点の活動もしっかりとさせていきたいところです。

これまでの学習経験をふまえ，好きな本を紹介するという活動を通して，言葉のやり取りをもとに友達に関心を向け，対話をつなげていくことを目指します。

②　主体的・対話的で深い学びのために

素材となる本を選ぶという段階で，かなり主体的に活動できる児童が出てくるはずです。一方，あまり読書が好きではなかったり，なかなか本を決められなかったり，話すことが分からないという児童もいるでしょう。それぞれの段階にあった手立てを用意することで，全ての児童が主体的・対話的で深い学びに近づくことができます。

また，友達の本の紹介を聞き，その本を読みたくなる児童も多く出てくると考えられます。そんな意欲がなくならないうちに，実際に学校図書館などに行って本を読む時間を確保したいところです。読み終わったら，紹介してくれた友達に自分が読んだ感想を伝えるよう促すと，より対話的で深い学びにつながるでしょう。

◎ 評価規準 ◎

知識 及び 技能	言葉には，事物の内容を表す働きや，経験したことを伝える働きがあることに気づいている。
思考力，判断力，表現力等	・「話すこと・聞くこと」において，身近なことや経験したことなどから話題を決め，伝え合うために必要な事柄を選んでいる。 ・「話すこと・聞くこと」において，話し手が知らせたいことや自分が聞きたいことを落とさないように集中して聞き，話の内容を捉えて感想をもっている。
主体的に学習に取り組む態度	学習の見通しをもって，積極的に友達の話を聞き，質問や感想を述べようとしている。

◎ 学習指導計画　全 2 時間 ◎

次	時	学習活動	指導上の留意点
1	1 2	・教師の本の紹介を聞く。 ・教師に質問をする。 ・自分が紹介する本を決め，話す内容を考える。 ・話す内容を各自で練習する。 ・ペアやグループで本を紹介し合う。 ・学習を振り返る。	・教師が紹介する本は，児童がイメージしやすく，分かりやすい児童書や絵本を選ぶようにする。 ・一人ひとりが本の紹介を行うと同時に，質問や感想もしっかり言うという意識で，話す内容を考えさせる。 ・本の紹介を聞く人は，もっと知りたいことを考えながら話をよく聞くよう指導する。

※短時間で取り組むことが可能な単元です。各配当時間を 15 分ずつなどに分割して扱ってもよいでしょう。

ききたいな，ともだちの　はなし

第1,2時（1,2/2）

本時の目標

本の紹介をし合って，交流することができる。

授業のポイント

教科書の絵は，本を使っていないようだが，実際には紹介する本を手にした方が説明をしやすく，聞いている方も分かりやすい。できれば用意させておきたい。

本時の評価

友達の本の紹介を積極的に聞き，質問したり，感想を言ったりしている。

〈事前の準備〉紹介する本については，学年だよりなどであらかじめ伝えておき学校に持たせて

板書例

かんそう

◇しょうかいする　本を　きめよう

（第２時）

㋱　本を　しょうかいしよう

〈はなす　人〉

◎はなす　ことを　きめて　おく
（二ふんまで）

・だいめい
・おもしろい　ところ、すきな　ところ

〈きく　人〉

◎しつもん

・どんな　おはなしか（おもしろい　ところ）
・もっと　しりたいことを　かんがえながら

◎かんそう

1（第１時）めあて つかむ　先生の本の紹介を聞いて，学習の見通しをもとう。

「この勉強は，自分の好きな本の紹介をし合って，質問したり，感想を言ったりします。」

まず，先生の好きな本を紹介します。みなさんも，自分はどんな本をどんなふうに紹介するか考えながら聞いて下さい。
やっぱり一番好きな本がいいかな。
みんなが知らなくても大丈夫かな。

「では，始めます。先生が好きなお話は，『手袋を買いに』です。狐のお母さんと子どもが出てきます。狐の子どもが片手だけ人間に化けて，人間の店にひとりで手袋を買いに行くところが面白いお話です。」

「それでは，質問をしてください。」

・片手だけ化けてお店の人にばれなかったのですか？

教師が紹介する本は，児童書や絵本など，児童がイメージしやすく分かりやすい本を選ぶとよい。

2 対話する 決める　紹介する本を決めて，伝える内容を考えよう。

本の紹介を聞く人は，質問や感想もしっかり言ってもらいたいと思います。どんな質問ができそうですか。
その本を選んだ理由。
登場人物のこと。特に，好きな登場人物について。
一番すきなところ。

教科書 P70，71 を読み，友達の話を聞いて，「もっと知りたいこと」を掘り下げて尋ねる例を確かめる。

「質問に出そうなことを参考にして，自分が紹介したい本を考えて，どんなふうに紹介するかを考えてもいいですね。」

・紹介する本が決まった。これで，紹介できるかな。
・何の本にしよう。

本が決まらない児童は，紹介する内容を考えることができない。学級文庫や学校図書館で紹介できそうなものをいっしょに選んでおくとよい。

もらうか，学校の図書館で選んでおくとよいでしょう。

（第１時）

ききたいな、ともだちの　はなし

め　しょうかいする　本を　きめて
つたえる　ことを　かんがえよう

〈本の　しょうかいを　きいて〉

しつもん

・その本を　えらんだ　わけ
・すきな　とうじょうじんぶつ
・一ばん　すきな　ところ
・はなし（しょうかい）を　きいて
もっと　しりたく　なった　こと

※児童の発表を板書する。

主体的・対話的で深い学び

・話を聞く活動は，つい集中できなかったり，他のことに気がそれてしまったりしがちである。質問をするつもりで聞く，感想を言うつもりで考えながら聞く，といった意識があれば，主体的な聞き方ができているといえるだろう。聞く学習を深い学びとすることができれば，学習の効率は大いに高まるはずである。

準備物

（第2時）

・紹介する本（各自）

※家から持ってくるか，学校図書館で借りておくように，あらかじめ伝えておく。

（第２時）

3 交流する　隣の人と本の紹介をし合おう。

「今日は，本の紹介をします。」
「本の紹介で気をつけるとよいことは何でしょう。」
・話すことを決めておく。
・題名を言う。
・好きなところをいう。

「時間が短すぎたら分かりにくいですが，長すぎても聞いている人が困ります。２分くらいを目指して，一度練習してみましょう。」（各自練習する）

それでは，本の紹介をし合いましょう。まず，お隣どうしで始めます。
お願いします。ぼくの紹介する本は〜
ぼくがこの本を選んだのは〜
どうしてその本を選んだのですか。

途中，上手なペアを取り上げて見本とする。

「今度は，グループになって一人ずつ本の紹介をしましょう。たくさん質問できるといいですね。」

4 交流する 振り返る　グループで本を紹介し合おう。学習を振り返ろう。

今度はグループで，好きな本を紹介し合いましょう。
ぼくが紹介する本は「○○○○」です。……ところが面白いお話です。
面白いところを聞き逃さないように聞こう。
もっと知りたいことを考えながら聞こう。

「学習の振り返りをしましょう」
・先生の紹介が面白かったので，後で本を読みました。
・紹介する本は早く決められたけれど，紹介するためにあらすじを考えるのはちょっと難しかったです。
・○○さんは，好きなところを読み聞かせしてくれました。
・紹介を聞いた中から，知りたいことを質問できました。

「みんな，本の紹介がよくできましたね。自分が紹介するだけでなく，質問や感想もよくできていました。これからも，友達の発表のときは，質問や感想をいつもするつもりで聞くようにしましょう。」

つづけよう③

たのしいな，ことばあそび

全授業時間２時間

◉ 指導目標 ◉

・身近なことを表す語句の量を増し，語彙を豊かにすることができる。

◉ 指導にあたって ◉

① 教材について

言葉に１文字，２文字を足して，あるいは濁点をつけて，違う言葉にする学習です。児童にとっては，ゲームであり，楽しみながら自然に語彙を増やすことができる学習といえます。

ただし，どの学習でも同じように，言葉遊びが苦手な児童がいるかもしれません。もっとも苦手な児童に，どのような手立てを用意し，寄り添えるかも考えておく必要があります。

楽しんで取り組むことさえできれば，十分に学習として成立する単元です。この言葉遊びを友達と一緒に楽しむことで，自分が知らなかった言葉に出会うきっかけとなる時間となるでしょう。

② 主体的・対話的で深い学びのために

言葉遊びのルールさえ理解すれば，あとは，いかに主体的に取り組むかが重要になってきます。たくさん言葉を見つけるほど，豊かな学習となります。

そのためには，まず，スタートラインがそろっているか，クラスの状態を把握すること，そして，遅れがちな児童も自分なりに前向きに取り組めるような手立てを用意することが必要です。さらに，活動の勢いがついたときに，どんどん言葉探しの対象を広げられるように，活動の範囲を指示すること（国語の教科書，他の教科の教科書，学級文庫など）が考えられます。

それができれば，ほとんどの児童が主体的に取り組むことができ，深い学びにつながっていくことでしょう。

◉ 評価規準 ◉

知識 及び 技能	身近なことを表す語句の量を増し，語彙を豊かにしている。
主体的に学習に取り組む態度	これまでの学習をいかし，身近なことを表す語句に積極的に関心をもち，言葉遊びを楽しもうとしている。

◉ 学習指導計画　全 2 時間 ◉

次	時	学習活動	指導上の留意点
1	1 2	・教科書 P72 を読み，言葉遊びのルールを確かめる。 ・教科書 P73 の問題を解く。 ・言葉遊びの問題を作る。 ・自作の問題を交流する。 ・学習を振り返る。	・答えをノートに書かせる。 ・問題づくりを前提として，ノート指導を行う。 ・教科書上巻巻末 P130，131 のひらがな一覧表を示して使わせる。また，教科書の他のページなどから言葉探しをさせる。 ・交流した感想を発表する。

※短時間で取り組むことが可能な単元です。各配当時間を 15 分ずつなどに分割して扱ってもよいでしょう。

「へんしん」言葉遊びの例

（教科書 P72，73 の言葉）

『まと』　→　マント，まとめ，など
『さら』　→　サラダ，など
『さい』　→　【1 文字増やす】やさい，さいご，サイズ，サイン，など
【2 文字増やす】さいこう（最高），さいころ，はくさい（白菜），てんさい（天才），など
『たい』　→　【1 文字増やす】タイム，たいら，タイル，かたい（固い），たかい（高い），など
【2 文字増やす】たいおん（体温），たいかい（大会），たいけつ（対決），たいけん（体験），たいせつ（大切），たいそう（体操），たいふう（台風），たいやき，たいよう（太陽），など
『いか』　→　いかり，など
『たき』　→　たきぎ，はたき，など

（その他の言葉）

『かん』　→　みかん，やかん，など
『はし』　→　はしご，はじめ，はしら，はしる（走る），はなし（話），など
『はな』　→　はなげ，はなし（話），はなぢ，はなび，はなみ，はてな，など
『かい』　→　【1 文字増やす】かてい（家庭），かいわ（会話），きかい（機械），せかい（世界），にかい（二階），など
【2 文字増やす】かいがい（海外），かいがら（貝殻），かいしゃ（会社），かいぞく（海賊），かいだん（階段），かいとう（解答），かいもの（買い物），かいぶつ（怪物），など

たのしいな，ことばあそび

第 1,2 時（1,2/2）

本時の目標

言葉遊びの問題を作り，交流する。

授業のポイント

問題をできるだけたくさん，作らせたい。苦手な児童には，友達の問題を写させてもらうなどして，たくさん書かせるようにするとよい。

本時の評価

言葉遊びの問題を作り，交流することで，語彙を豊かにしている。

〈個別の指導〉なかなかできない児童には，友達の使った言葉だけを教えてもらって残りを考え

板書例

たい　たい ＋ こ　→　たいこ

いか　いか ＋ す　→　すいか

たき　たき ＋ び　→　たきび

◎ 二字 ふやす

たい　たい ＋ いく → たいいく

◎「゛」を つける

まと　まと ＋「゛」→ まど

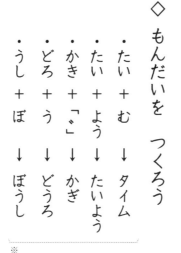

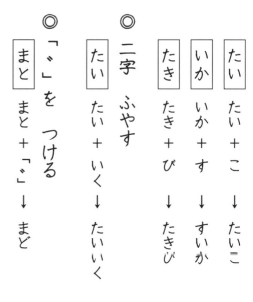

◇ もんだいを つくろう

・たい ＋ む　→ タイム

・たい ＋ よう → たいよう

・かき ＋「゛」→ かぎ

・どろ ＋ う　→ どうろ

・うし ＋ ぼ　→ ぼうし

※

※児童の発表を板書する。

1 （第 1 時） めあて つかむ　言葉遊びのきまりを確かめよう。

「教科書の 72 ページを，読みましょう。」

・「まと」の上に「と」を増やして「トマト」！

・「さら」のあいだに「く」で，「さくら」。

・「さい」の下に「ふ」で，「さいふ」。面白いね。

今日の言葉遊びは，字を増やして，ことばを変身させるという決まりです。
文字を言葉のあいだに，入れてもいいんだ。
言葉の上でもあいだでも，下でもいいんだね。

「みんなで練習してから，自分で言葉遊びの問題を作り，友達と交流します。」

・早く作ってみたいな。どうやって作るのかな？

教科書 P72 の 3 つの言葉で，他の言葉を全員で考えてみる。出なければ教師から「まと」→「マント」，「さら」→「サラダ」，「さい」→「やさい」など提示する。

2 解く 書く　教科書 P73 の問題を解いてみよう。

では，73 ページの問題を練習で解いてみましょう。
「たい」の下に「こ」を増やしたんだね。
「たい」の下に「たいこ」の絵があるから…。

「もう分かったかな？」

・分かった！どうやって書いたらいいのかな？

「では，『たい＋こ→たいこ』（板書例参照）のように，足し算の記号で書くことにしましょう。」

・いか＋す→すいか，たき＋び→たきび。分かった！

「できましたか。まだ，下に絵がありますよ。」

「たいや」「いかだ」なども解かせ，確かめ合う。

「その下には，別の変身の方法が載っていますね。」

教科書 P73 下段の「2 字増やす」「濁点（゛）をつける」の問題も確かめ，他の言葉の例を考え書かせる。

させてもよいでしょう。

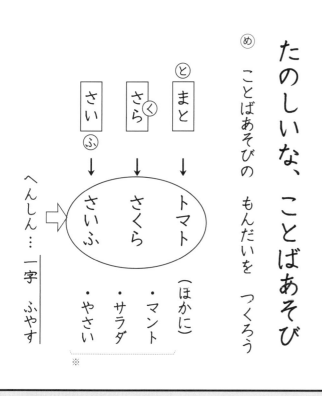

たのしいな、ことばあそび

ⓜ ことばあそびの　もんだいを　つくろう

ⓣ まと → トマト

さら ⓚ → さくら

さい ⓕ → さいふ

（ほかに）
・マント
・サラダ
・やさい
※

へんしん…　一字　ふやす

主体的・対話的で深い学び

・楽しい活動だけに，ぜひ，次々と問題を作っていく状態にもっていきたい。そのためにも，教科書の他のページから言葉を探すといったアドバイスが必要になってくるだろう。クラスの実態によっては，一度全体の活動をとめて，教科書を開かせて，使える言葉を探させるなどの支援をすることにより，主体的で，深い学びになる場合もある。

準備物

・教科書「こくご1上」P130，131「ひらがな表」のコピー（児童数）

3 作る 書く（第2時）　問題を作ってみよう。

「今度は，自分たちで作る番です。言葉に1字増やして別の言葉にしてみます。書き方は分かりましたか。」
・はい，もう1つできた！
・分からない…。

「教科書の下の段のように，2文字増やしたり，点々（゛）を付けたりしてもいいことにしましょう。」
・それなら，「かき」→「かぎ」もできるよ。

「ひらがなの表で見つけられるかな。（教科書上巻のコピーを配る）教科書の他のページを見てもいいですよ。」
・28ページの「どうろ」は，「どろ」で使えるね。

4 交流する 振り返る　作った問題で交流しよう。学習を振り返ろう。

「感想を言ってもらいましょう。」
・○○さんの問題は，わたしと同じ言葉を使って，違う問題が出来ていたので，びっくりしました。
・△△さんは，たくさん作ってすごいなあと思いました。

「学習の振り返りをしましょう。」
・言葉に1文字増やすだけで別の言葉になるのが面白かったです。
・問題作りは難しかったけど，思いついたときはすごくうれしくなりました。

「これからも，言葉遊びで楽しめるといいですね」

すきな　ところを　見つけよう

たぬきの　糸車

全授業時間８時間

◉ 指導目標 ◉

・場面の様子に着目して，登場人物の行動を具体的に想像することができる。
・場面の様子や登場人物の行動など，内容の大体を捉えることができる。
・語のまとまりや言葉の響きなどに気をつけて音読することができる。

◉ 指導にあたって ◉

①　教材について

たぬきとおかみさんの心の交流が分かりやすく描かれています。場面の変化もはっきりしており，想像を広げて読むことにもふさわしい作品です。

文章から想像を広げて読む楽しさを味わわせたい作品です。そのためにも，まずすらすらと音読できることが大前提です。その上で言葉に表されている以上のものをイメージ化することを目指します。たぬきやおかみさんの言葉や行動に着目して読み取ることを学習させたいところです。そのために，読み聞かせや音読をゆったりとさせたり，じっくり情景を想像させたりして，作品に浸る時間を作るようにします。教材文全てを同じように扱うのではなく，指導者が内容を精選してゆとりをもって進めることが必要です。

②　主体的・対話的で深い学びのために

「すきなところを見つけよう」という学習のめあては，後で，それをカードにして発表するというところまで見通すことで，それぞれの部分の読みの学習もより主体的に取り組めることでしょう。指導する側も意識して折々に声掛けをしていきます。

また，教材文の中から好きなところを選択し，選んだ文章に合う絵を描き，その文章の音読の工夫をそれぞれに考えることは主体的な学びです。その学びから，カードを読み合い交流する対話の中で，選んだ文章や音読の工夫の違い，さらにそれぞれのよさに気づける活動としたいものです。

◉ 評価規準 ◉

知識及び技能	語のまとまりや言葉の響きなどに気をつけて音読している。
思考力，判断力，表現力等	・「読むこと」において，場面の様子や登場人物の行動など，内容の大体を捉えている。 ・「読むこと」において，場面の様子に着目して，登場人物の行動を具体的に想像している。
主体的に学習に取り組む態度	これまでの学習をいかし，場面の様子に進んで着目し，好きな場面を音読しようとしている。

◉ 学習指導計画　全 8 時間 ◉

次	時	学習活動	指導上の留意点
1	1	・既習の物語教材から，音読の工夫を振り返る。 ・教科書 P84，85 を見て学習することを確かめ，学習の見通しをもつ。 ・教材文（教科書 P74-83）を範読し，難語句を確かめる。 ・感想を発表する。	・好きなところを見つけて，工夫して楽しく音読するという課題を確認する。 ・難語句の意味は，児童に考えさせても限界がある。知っている児童がいなければ教師が教えればよい。
2	2	・最初の場面を読み取る。	・挿絵をもとに考えさせる。
	3	・たぬきとおかみさんの出会いの場面を読み取る。	・たぬきの様子とおかみさんの気持ちを考えさせる。
	4	・わなにかかったたぬきの様子とおかみさんの気持ちを読み取る。	・助けたおかみさんの気持ちに着目させる。
	5	・冬から春の時間の流れを確かめ，戻ってきたおかみさんがたぬきのしたことを知る場面を読み取る。	・小屋の様子を図解で板書し，状況を理解させる。
3	6	・最後の場面でのたぬきの気持ちを想像する。 ・「好きなところカード」に書く文を決める。	・踊りながら帰っていくたぬきの動きに着目させる。 ・「好きなところカード」について理解させる。
	7 8	・好きな場面を選び，「好きなところカード」を作る。 ・カードを読み合って，感想を交流する。 ・学習を振り返る。	・カードを読むポイントを示し，感想をしっかりもてるようにする。 ・教科書 P84「たいせつ」を確かめる。

DVD **収録（画像，黒板掲示用イラスト）** ※本書 P196，197 に掲載しています。

たぬきの　糸車

第 1 時 (1/8)

本時の目標

学習の見通しをもつことができる。
全文を音読し，感想を発表することができる。

授業のポイント

「きこり」「いたの間」などの意味は，児童に考えさせても限界がある。知っている児童がいれば説明してもらい，あとは教師が教えればよい。

本時の評価

学習の見通しをもっている。
全文を音読し，感想をもっている。

板書例

〈長文の範読〉範読の間に，児童が同じところを読んでいるか確認し，必要ならば挿絵を押さえ

・すきな　ところを　見つける
← カード に かく（文、え）
← ☆ おんどくの くふう
よみあう

※教科書の挿絵を掲示する。

〈わからない　ことば〉
・山おく　・きこり　・しかけ
・糸車　・つむいで
・しょうじ　・いたの間　・土間

※簡単に説明する。

〈はじめの　かんそう〉
・たぬきが　かわいかった。
・おかみさんは　しんせつな　いい人だ。

※児童の発表を板書する。

1 振り返る　音読の学習を思い出そう。

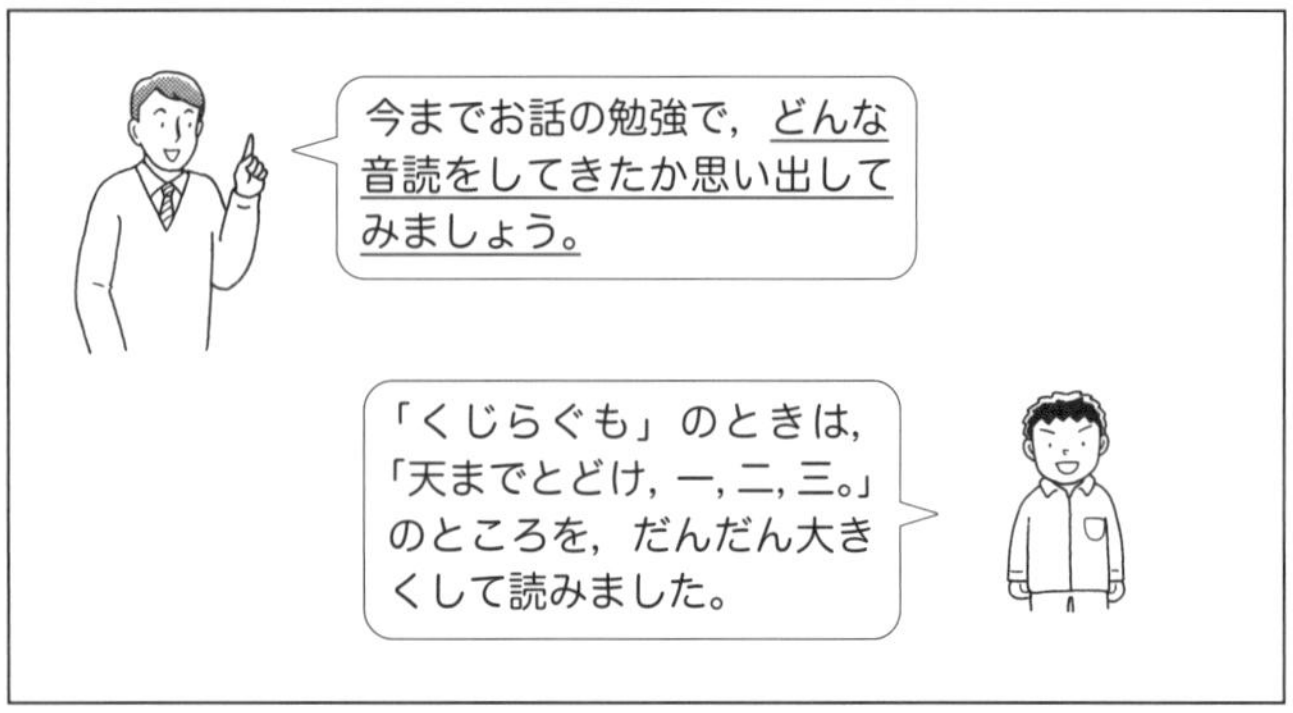
今までお話の勉強で，どんな音読をしてきたか思い出してみましょう。
「くじらぐも」のときは，「天までとどけ，一, 二, 三。」のところを，だんだん大きくして読みました。

「そうでしたね。では，思い出して，そこだけちょっとやってみましょう。8 ページを開けてください。」
「いくよ，さん，はいっ」
・（全員で）天までとどけ，一, 二, 三。
「最初は 30㎝だったのが，2 回目は 50㎝とべたのでしたね。」

他，「おかゆのおなべ」など，既習単元の音読の工夫を，振り返る。

「これから勉強する『たぬきの糸車』でも，音読の工夫を考えていきます。」

2 見通す めあて　教科書 P84，85 を見て，学習の見通しをもとう。

「では，教科書 84，85 ページを開きましょう。」
・84 ページには挿絵が並んでいるね。
「挿絵もしっかり見ながらお話を読んでいきます。先に 84 ページの一行目を読みましょう。」
・（全員で）「すきなところを見つけよう」

教科書 85 ページを見ましょう。
声の大きさや，読む速さを考えて，読む練習もする。
好きなところを選んで文を写して，絵も描くんだ。

教科書 P84，85 を読み，学習の見通しをもたせる。

「お話の中で好きなところをまず見つけます。最後には，カードに文と絵をかいて，音読の工夫を考えて読み合います。カードにかきたいところが見つかったら教科書に線を引いておくといいですね。」

させるなど適宜確かめるようにしましょう。

たぬきの 糸車

㋱ 学しゅうの 見とおしを もとう

〈学しゅうの めあて〉

すきな ところを 見つけて
みんなに しらせよう

・たのしく よむ
・たぬきが したこと
おかみさんが おもった こと かんがえる

主体的・対話的で深い学び

・単元の学習の最初に，最後の言語活動までの学習の見通しについて説明したからといって，全ての児童が意識を持ち続けられるわけではない。範読の前後や，発表の合間に「好きなところは見つかりそうかな」「それは，カードにかくといいかもね」などと声をかけていくことで，主体的に取り組む児童を増やしたい。

準備物

・画像「たぬき」「糸車」
DVD 収録【1下_18_01，1下_18_02】

・教科書の挿絵の拡大コピー，または，黒板掲示用イラスト
DVD 収録【1下_18_03】より

3 聞く 「たぬきの糸車」全文の範読を聞こう。

今日は，まず『たぬきの糸車』を先生が全文読みます。聞いてください。
どんなお話かな。
たぬきとおかみさんが出てくるんだね。

「できれば，挿絵もしっかり見ましょう。たぬきのしたことや，おかみさんが思ったことを見つけられたら上手な聞き方ですね。」

実際には，上述のことは1年生には難しい。学習の見通しを意識させるための声かけである。

「分からない言葉はありましたか。」

山おく，きこり，しかけました，糸車，つむいで，しょうじ，いたの間，土間，などの難語句について，教師が簡単に説明する。糸車については，教科書の二次元コードから動画を確認するとよい。

4 音読する 交流する 全文を音読し，感想を交流しよう。

「では，今度はみなさんが音読しましょう。」

全員で全文（教科書 P74-82）を音読する。

感想を言いましょう。
たぬきは，いたずらずきだけど，かわいかった。
おかみさんは，親切でいい人だと思いました。

・たぬきはいたずらをしたから悪いと思いました。
・でも，糸車を見てからは，いたずらしていないんじゃないかな。
・最後は，たぬきだって糸も上手につむいでいるね。

「次の時間から，たぬきのしたことやおかみさんが思ったことを考えながら，勉強していきましょう。」

たぬきの　糸車

第 2 時　(2/8)

本時の目標

挿絵をもとに，山奥やたぬきのいたずらの様子を確かめて読むことができる。

授業のポイント

山奥の様子やたぬきのいたずらの内容について，できるだけ具体的なイメージをもたせることであとの読み取りが深くなる。

本時の評価

山奥の様子やたぬきのいたずらの内容について想像して読んでいる。

板書例

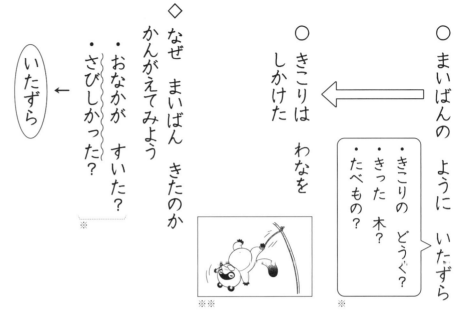

〈物語の読み取り〉自由に想像を広げる部分と，教材文の言葉をよりどころにして考える部分を

○まいばんの　ように　いたずら

・きこりの　どうぐ？
・きった　木？
・たべもの？

※

○きこりは　わなを　しかけた

※※

◇なぜ　まいばん　きたのか　かんがえてみよう

・おなかが　すいた？
・さびしかった？

※

いたずら

※児童の発表を板書する。

1 音読する　最初の場面（教科書 P74–P75L3）を音読しよう。

最初の場面の音読をしましょう。好きなところが見つかるかな。
たぬきの糸車
むかし，ある山おくに，～

この時期になると，はじめから上手に読める児童と，まだたどたどしい児童に差がでてきている。

すらすら読めていない児童には，まずは間違えずにスムーズに読むことを目指させることが基本となる。

上手な児童は，速く読む傾向がある。特にこの作品では，ゆったり読むことが聞いている人のイメージを広げることにつながってくる。ゆったりと間をとって読むことも音読が上手な児童への課題にすることができる。

2 想像する 対話する　山奥の様子を想像しよう。

「山おく」とは，どんなところでしょう。
挿絵もそんな様子だね。
山の奥の方だから，人はいなくて，木がいっぱい生えている。

・夜は真っ暗になる。
・木こりの夫婦のほかは誰もいない。

「周りに家は，ありますか。」
・ありません。「一けんや」と書いてあります。
・絵でも 1 つだけだよ。

挿絵も使ってイメージを広げさせていく。

意識して分けるとよいでしょう。

たぬきの　糸車

ⓜ 山おくの　ようすや　たぬきの
いたずらに　ついて　よみとろう

〈山おくの　ようす〉
・よるは　まっくら
・きこりの　ふうふだけ
・一けんや

〈たぬきの　いたずら〉

※※

※※教科書の挿絵を掲示する。

主体的・対話的で深い学び

・「山おく」「いたずら」という言葉も少し時間を使って，想像をふくらませると読みが深まる。あまり意見がもてない児童も，友達の発表を聞くことで，対話的で深い学びにつながっていく。

準備物

・教科書の挿絵の拡大コピー，または，黒板掲示用イラスト
DVD 収録【1下_18_03】より

3 想像する 対話する　たぬきのいたずらについて想像しよう。

「木こりの夫婦が使うものって何だと思いますか。」
・木を切る道具とか。
・あ，切っておいてある木をぐちゃぐちゃにするとか。

「そんなことをされると木こりの仕事が？」
・できなくなる。
・食べ物を勝手に食べたかも。
・山奥だから，食べ物を買うのもたいへんだよね。

いたずらをイメージさせることで，木こりの罠をしかける気持ちを理解させたい。

4 確かめる 想像する　罠について確かめ，たぬきの行動の意味を考えよう。

「だから木こりは，罠をしかけたのですね。『罠』って分かりますか。」
教科書 P78 の罠の絵を見て確かめる。

「どうしてたぬきは毎晩来たのでしょうね。」
・おなかがすいたからかな。
・食べ物のためだけじゃないよね。
・たぬきは自分でえさを捕れると思うよ。
・友達がいなくて寂しかったのかな。

たぬきの気持ちにも触れながら自由に発表させる。

「今日のところで好きなところは見つかりましたか。」

たぬきの　糸車

第 3 時　(3/8)

本時の目標

挿絵をもとに，おかみさんのまねをするたぬきの様子やおかみさんの気持ちを確かめて読むことができる。

授業のポイント

山奥の一軒家から糸車の音が響いてくる場面や，たぬきがおかみさんをのぞいている様子を，具体的な言葉をあげてイメージさせたい。

本時の評価

たぬきが糸車のまねをしている様子やおかみさんがたぬきをかわいいと思っていることを読み取っている。

〈音読の工夫〉「キーカラカラ」の部分の音読は，「どうしてそんなふうに読んだのかな」「聞いて

板書例

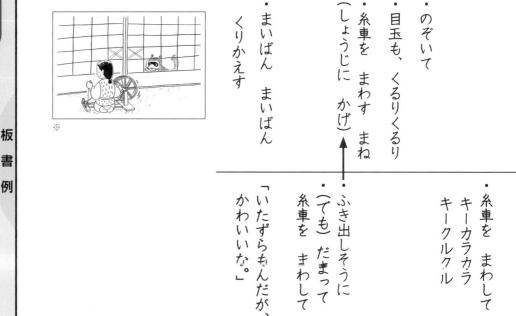

・のぞいて
・目玉も、くるりくるり
・糸車を　まわす　まね
（しょうじに　かげ）
・まいばん　まいばん
くりかえす

※

・糸車を　まわして
キーカラカラ
キークルクル

・ふき出しそうに
・（でも）だまって
糸車を　まわして
「いたずらもんだが、
かわいいな。」

※教科書の挿絵を掲示する。

1 音読する　たぬきとおかみさんの出会いの場面（教科書 P75L4–P77L7）を音読しよう。

糸車が出てくる場面です。今日も，好きなところを考えながら勉強しましょう。

たぬきが，おかみさんのことを穴からのぞいているところだね。

「キーカラカラ～」の糸車の音は，音読の工夫ができるところといえる。高低や強弱で変化をつけていろいろな読み方をし，違いを確かめることもできるだろう。例えば，最初の「キーカラカラ」を少し高く大きめの声で，次の「キーカラカラ」を低めで小さい声で読んで聞かせてみることも考えられる。

声の変化による印象の違いを意識させた上で，児童にも実際にやらせてみるとよい。

また，糸車をまわすまねなどの動作化を取り入れてもよい。

2 読み取る 対話する　たぬきが糸車をまわすまねをしている場面を読み取ろう。

「『月のきれいなばん』とは，どんなお天気でしょう。」

・晴れていると思います。
・挿絵のように，月が大きく見えて雲がない様子。

「山奥の一軒家で，糸車の音がするのですね。」

・まわりに響くね。
・たぬきにも聞こえるんじゃないかな。

たぬきは何をしているのでしょう。

おかみさんが糸車をまわしているところをのぞいています。

目玉をくるりくるりとまわしました。

糸車をまわすまねもしています。

教科書 P77 の挿絵を見ながら，たぬきの様子を確かめていく。

いてどんな感じがした？」などと尋ねると学びが深まります。

たぬきの　糸車

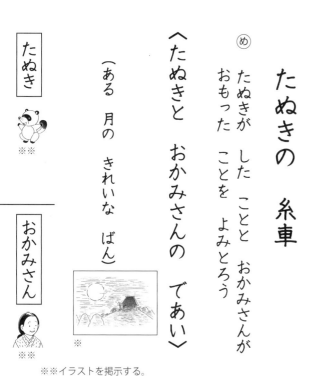

㋱たぬきが　した　ことと　おかみさんが
おもった　ことを　よみとろう

〈たぬきと　おかみさんの　であい〉

（ある　月の　きれいな　ばん）

※

たぬき

※※

おかみさん

※※

※※イラストを掲示する。

主体的・対話的で深い学び

・この単元の言語活動である「好きなところを見つけよう」と，それをカードにかく，という課題をどれぐらいの児童が覚えているかは，ときどき把握しておきたい。簡単な問いかけをして，既に「好きなところ」候補の場所が見つかっている児童に発表してもらうことで，周りも主体的に読み始めることが期待できる。

準備物

・教科書の挿絵の拡大コピー，または，黒板掲示用イラスト
DVD 収録【1下_18_03】より

・黒板掲示用イラスト「たぬき」「おかみさん」
DVD 収録【1下_18_04】

3 想像する 対話する　おかみさんの気持ちを想像しよう。

「糸車をまわすまねをするたぬきの影を見て，おかみさんはどのような様子でしたか。」

・吹き出しそうになりました。
・でも，だまって糸車をまわしています。

『ふき出しそう』とは，どういうことでしょう。
かわいいと思っているみたいです。
笑いそうってことです。

「木こりは，罠をしかけたのですよね。」

・毎晩のようにいたずらされたから…。

「おかみさんは，木こりほど怒っていなかったのかな。」

・「いたずらもんだが，かわいいな。」と言っています。

4 音読する　場面を想像しながら音読しよう。

では，たぬきの様子とおかみさんの気持ちを思い浮かべながら読んでみましょう。
たぬきは，糸車をまわすまねをしているんだね。
おかみさんは，たぬきがかわいいと思っている。

「思い浮かべながら読み」は，簡単なことではない。しかし，それを目指すことは指導していきたい。例えば，「ふと気がつくと」と読んだところで，頭の中でおかみさんが障子の方を見る場面を思い浮かべる，ということが考えられる。全ての言葉にこのようなことをするわけにはいかないにしても，1 カ所でも 2 カ所でもそれができると，音読も適度なスピードになったりして読み方も自然に変化してくることが期待できる。

「ここまでで，好きなところが見つかった人は発表してください。」

（いれば）発表させる。

たぬきの　糸車

第 4 時　(4/8)

本時の目標

挿絵をもとに，罠にかかったたぬきの様子とおかみさんの気持ちを確かめて読むことができる。

授業のポイント

木こりが仕掛けた罠にもかかわらず，おかみさんがたぬきを助けたということ，糸車のまねをしているのを見て親しみを感じていたことを押さえる。

本時の評価

殺されそうなところを助けてもらったたぬきの気持ちと，助けたおかみさんの気持ちを読み取っている。

板書例

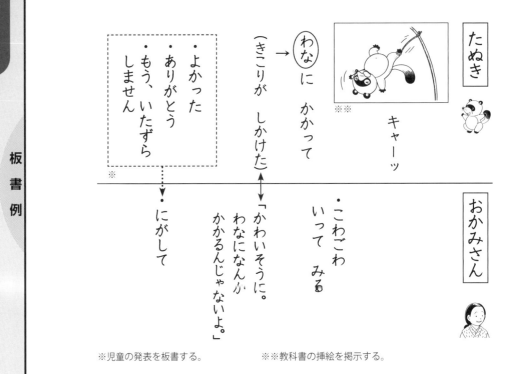

〈本時の読み取り〉 たぬきが毎晩いたずらをしたので，木こりが罠をしかけたということも思い

たぬき

※※

キャーッ

わなにかかって

（きこりがしかけた）

・よかった
・ありがとう
・もう、いたずらしません

※

おかみさん

・こわごわいってみる

「かわいそうに。わなになんかかかるんじゃないよ。」

・にがして

※児童の発表を板書する。　※※教科書の挿絵を掲示する。

1 振り返る 音読する

たぬきが罠にかかった場面（教科書P77L8–P78L8）を音読しよう。

たぬきが毎晩，糸車をまわすまねをしていましたね。この続きを音読しましょう。
最初は，毎晩いたずらをしていたのにね。

「好きなところが見つかっている人も続けて考えましょう。」

全員で音読し，本時で読み取りをするところを確認する。

「山奥の一軒家でしたね。」「毎晩いたずらされたら，腹が立ちますね。」などと前時までの学習を簡単に復習しておくとよい。たぬきが，毎晩いたずらをしていたことを確認することで，いたずらが糸車のまねに変わっていったことを確かめておきたい。

2 読み取る 対話する

罠にかかった，たぬきの様子を読み取ろう。

「『キャーッ』というのは，だれの叫び声ですか。」
・たぬきです。

たぬきは，どうして叫び声をあげたのでしょう。
罠にかかったからです。
罠にかかって，逆さまに吊るされたから。
びっくりしたから。

「この罠はだれが，どうして仕掛けたのでしたか。」
・木こりが仕掛けました。
・たぬきがいたずらするから。
・木こりがたぬきをつかまえようとして。
・毎晩，いたずらされて木こりが怒ったから。

「それなのに，おかみさんはどうしましたか。」
・たぬきを逃がしました。

出させたいところです。

たぬきの　糸車

め　たぬきが　した　ことと　おかみさんが　おもった　ことを　よみとろう

〈これまでの　たぬきの　ようす〉

・まいばん　いたずら

↓

・まいばん　まいばん　糸車を　まわす　まね

〈わなに　かかった　たぬき〉

※※

主体的・対話的で深い学び

・国語は言葉を中心に学ぶ教科であるが，この教材では挿絵も重要な役割を果たしている。折々に挿絵を見直したり，くわしく見たりした上で，文章に戻ることで，より深い学びにつながってくる。

準備物

・教科書の挿絵の拡大コピー，または，黒板掲示用イラスト

DVD 収録【1下_18_03】より

・黒板掲示用イラスト「たぬき」「おかみさん」
（第3時で使用したもの）

3 想像する 対話する　おかみさんがたぬきを逃がした理由を考えよう。

どうしておかみさんはたぬきを逃がしたのでしょう。
「かわいそうに」って言って逃がしているよ。
木こりにおかみさんが怒られるかもしれないのにね。
毎晩いたずらをされたんだからね。
もう，いたずらはしていなかったのではないかな。

・糸車をまわすまねをしていたたぬきが，おかみさんはかわいくなったんだよね。
・おかみさんは，初めから木こりほどは怒っていなかったのだと思います。
・たぬきのことが好きになったのかな。

おかみさんのたぬきに対する思いが変化していることに気づかせたい。

4 想像する 対話する　逃がしてもらったたぬきは，どんなことを思ったのか想像しよう。

「もし，おかみさんが逃がしてくれなかったら，たぬきはどうなっていたでしょう。」

・「たぬきじる」にされていた。
・殺されていたかもしれないんだね。

助けてもらったとき，たぬきはどう思ったのでしょう。
殺されなくてよかった，と思ったよね。
足が痛かったなあ，とか。
おかみさん，ありがとう！
もう，いたずらしません。

おかみさんに対するたぬきの気持ちを自由に想像させ出し合わせ，発表させる。

「今日のところで，好きなところが見つかった人はいますか。好きなところに線は引けましたか。」

・線がいっぱいになっちゃった。

たぬきの　糸車

第 5 時　(5/8)

〈時の流れの確認〉時間をかけて話し合うべき部分ではありません。具体的に「〜ヶ月ぐらい」と

本時の目標

挿絵をもとに，戻ってきたときの小屋と糸車を回すたぬきの様子を読み取ることができる。

授業のポイント

たぬきがおかみさんのやっていることを真剣に見つめていたことや，一生懸命に糸車を回していたことを文章中の言葉からイメージさせたい。

本時の評価

小屋の様子やたぬきが上手に糸をつむいでいる様子を読み取っている。

板書例

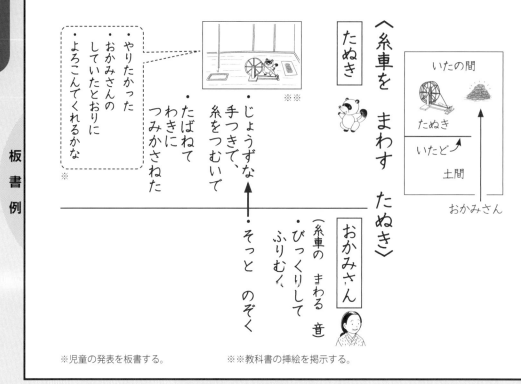

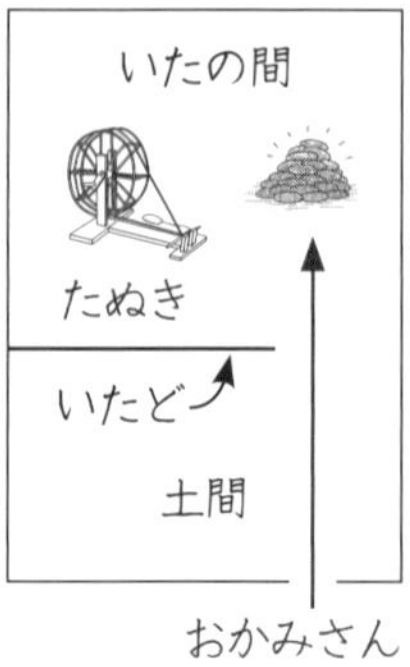
いたの間
たぬき
いたど
土間
おかみさん

〈糸車を　まわす　たぬき〉

たぬき

※※

・じょうずな
手つきで、
糸をつむいで

・たばねて
わきに
つみかさねた

・やりたかった
・おかみさんの
していたとおりに
・よろこんでくれるかな

※

おかみさん

（糸車の　まわる　音）
・びっくりして
ふりむく
・そっと　のぞく

※児童の発表を板書する。　※※教科書の挿絵を掲示する。

1 音読する

冬〜春の場面（教科書 P78L9-P79L7）を音読し，時間の流れを確かめよう。

「今日はたぬきを逃がしたあとのお話です。今日も，好きなところを考えながら音読しましょう。」

本時は範囲が広いので，時間配分を意識したい。音読でも，適宜言葉をはさんでいくと効率的である。

「（『ふゆが〜きました』の後）それまでは秋だったのですね。」
「（『はるになって』の後）冬が終わったのですね。」

木こりの夫婦は，何か月くらい小屋にいなかったのでしょう。
「雪が降り始めると」村へ下りた，と書いてあります。
雪が降り始めるということは，12月ぐらいかな。

雪の時期には地域差はあるが，山奥であること，雪が降り始めると木こりの仕事ができないことなどから，12月くらいを想定するとよい。

2 音読する 確かめる

おかみさんがたぬきのしたことを知る場面（P79L8-P82L3）を音読しよう。

「春になって木こりの夫婦が小屋に戻ってきましたね。では，続きを音読しましょう。」

前場面と同様に，音読しながらポイントを意識させる。

おかみさんは，何に「あっと」驚いたのでしょう。
いたの間に，白い糸のたばが，山のようにつんであったことです。

「糸車は何ヶ月も使ってないはずですよね。」

板の間と土間の位置については，１年生が考えるのは難しい。以下の内容を図解で板書し説明する。

「板の間に糸車があって，土間との仕切りに板戸があります。入り口の戸を開けたところで小屋の中を見ても，板戸のせいで，たぬきの姿はおかみさんからは見えなかったのです。」

数字で表現すると，イメージしやすくなります。

たぬきの　糸車

㋱ こやと　たぬきの　ようすを　よみとろう

〈ふゆから　はるへ〉

ゆきが　ふりはじめ（十二月？）

← 三、四か月

はるに　なって　（三月？）

☆こやの　ようす

※※

主体的・対話的で深い学び

・冬～春の時間の流れは，教師が「3ヶ月くらい経ったのかな」「(学習時期に合わせて) 10月から1月と同じだね」など押さえ，時間の経過をイメージさせ，その後の主体的な学びに生かしたい。

・児童が主体的に考えるためには，そのスタートラインに立っている必要がある。この時間の学習で，「土間」と「いたの間」の位置関係については，教師が図解で分かりやすく説明するとよい。そうして，やっと「しっぽがちらりと見えました」「そっとのぞくと」といった表現について，具体的な想像を広げることができるだろう。

準備物

・教科書の挿絵の拡大コピー，または，黒板掲示用イラスト
　DVD 収録【1下_18_03】より

・黒板掲示用イラスト「糸車」「糸のたば」
　DVD 収録【1下_18_05】

・黒板掲示用イラスト「たぬき」「おかみさん」
（第3時で使用したもの）

3 想像する 書く　たぬきの様子を読み取り，たぬきの気持ちを想像して書こう。

板の間でたぬきはどんなことをしていたのでしょう。
つむいだ糸を束ねて，わきに積み重ねました。
じょうずな手つきで糸をつむいでいました。

「糸車の使い方をどのように覚えたのでしょう。」
・おかみさんがしていたのを見て覚えたのかな。
・おかみさんがしていたとおりに，と書いてあります。
・長い冬の間，ずっと紡いで上手になったと思います。

「たぬきは，おかみさんがいない間，どんなことを考えながら糸車を回していたのでしょう。たぬきの気持ちを想像してノートに書いてみましょう。」

4 対話する 交流する　たぬきの気持ちについて考えたことを話し合おう。

糸車を回していたたぬきの気持ちについて考えたことを，隣の人と話しましょう。
おかみさんの仕事を手伝いたかったのかな，と思ったよ。
まねだけじゃなくて，本当にやりたかったから，うれしくなったと思う。

各自が想像して考えたことを話し合わせる。

「では，たぬきの気持ちについて話し合ったことを発表してください。」
・まねじゃなくて，本当に糸車を回せてうれしかった。
・おかみさんのしていたとおりに，糸車を使って糸をつむげるようになってよかった。
・おかみさん，喜んでくれるかな。

「今日の場面で好きなところが見つかった人に発表してもらいましょう。」

何人かに発表させる。

たぬきの　糸車

第 6 時　(6/8)

本時の目標

挿絵をもとに，最後の場面のたぬきの行動とおかみさんの気持ちを想像することができる。
好きなところを選ぶことができる。

授業のポイント

この時間の終わりには，全員が好きなところを選択し，カードにかく部分を決めていけるように進めていく。

本時の評価

最後の場面のたぬきの行動とおかみさんの気持ちを想像している。
カードをかくために，好きなところを選んでいる。

〈好きなところの選択〉 線を引きすぎるとカードにしにくいので，一文を目安とするとよいで

板書例

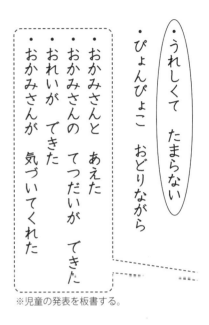

・うれしくて　たまらない
・ぴょんぴょこ　おどりながら

・おかみさんと　あえた
・おかみさんの　てつだいが　できた
・おれいが　できた
・おかみさんが　気づいてくれた

※児童の発表を板書する。

〈カードづくりの　すすめかた〉
① すきな　ところの　文を　うつす
② えを　かく
③ おんどくれんしゅう
④ カードを　見せながら　よみあう

☆ すきな　ところ
・一文くらい
・○を　つける

1 音読する　最後の場面（教科書 P82L4-P83）を音読しよう。

「前の時間には，たぬきがじょうずに糸車を回して糸をつむいでいたところを，おかみさんが覗いていた場面を勉強しました。ここまでで好きなところに線を引けていますか。」

今日は最後の場面です。短いので，様子を想像しながら音読できるといいですね。
たぬきが帰っていくところだね。
「ぴょんぴょこ」踊りながらって，どんな様子かな。

短い部分でもあり，音読後に言葉をていねいに確認していきたい。

「ふいに」「のぞいている」「ぴょこんと」「うれしくてたまらない」「ぴょんぴょこおどりながら」などの言葉を，挿絵をもとにイメージさせながら確かめていく。

2 読み取る 想像する　たぬきの様子から，たぬきの気持ちを想像しよう。

「うれしくてたまらない」とありますが，何がうれしくてたまらなかったのでしょう。
久しぶりにおかみさんに会えたからかな。
それもあるかもしれないけど，糸車がうまくできるようになったことを見てもらえたからだと思うな。

- 「ぴょこんと」外にとびおりているから，慌てていないよね。怖がってはいないということだよね。
- 踊りながら，というのも喜んでいることが分かる。
- たぬきは，命を助けてくれたおかみさんにお礼がしたかったんじゃないかな。
- だから，おかみさんの代わりに，糸車の仕事をじょうずに手伝えたことがうれしかったと思う。
- 自分がおかみさんのために頑張ったことをおかみさんに気づいてもらえて，うれしかったよね。

叙述をもとに，気持ちを想像させたい。

しょう。

たぬきの　糸車

㋱ さいごの　ばめんの　たぬきの
ようすと　きもちを　よみとろう
カードに　かく　文を　きめよう

〈かえって　いく　たぬき〉

・ふいに　気が　つく
（のぞいて　いる）← おかみさん

・ぴょこんと

※教科書の挿絵を掲示する。

主体的・対話的で深い学び

・毎時間，声をかけ続けていれば，何人もの児童がかなり意識を持っているはずである。一方，「特に見つからない」と何もしていない児童がいることも大いにあり得ることである。ここで，線を引いた部分を見せ合うなど対話的な学びを取り入れたい。

準備物

・教科書の挿絵の拡大コピー，または，黒板掲示用イラスト
DVD 収録【1下_18_03】より

3 めあて つかむ　好きなところカードの進め方について確かめよう。

教科書 85 ページを見て，カードにかくことを確かめましょう。
文に合う絵を，かくのだったね。
選んだところの文を写す。

「次の時間に，好きなところカードを作ります。好きなところは選べていますか。」
・線を引いたけど，いくつもあります。

「カードがかけたら，かいたところの音読の練習をして，絵を見せながら読み合いをします。」
・音読練習では，声の大きさや，読む速さを考えたりするんだ。だったら，読んで面白いところを選ぼう。
・お話の順につなげると，紙芝居みたいになるんだね。

4 決める　「好きなところ」から，カードに書く文を決めよう。

「もう，カードにする文は決めましたか。」
・たくさん線を引きすぎた。

「教科書 85 ページの絵をもう一度よく見ましょう。」
・上の絵は，挿絵の中にある「たぬきが糸車を回しているところ」だけを大きく描いています。
・下の絵は，たぬきが糸車を回しているところをおかみさんが覗いているところ。挿絵にはないよ。

「絵は，挿絵にあるところでも，お話から自分が想像したところでもどちらでもいいですよ。」

では，もう一度読み直して，１つに絞りましょう。いちばんかきたいものに〇をつけます。
覗いていたたぬきが目玉をくるりくるりとまわすところを絵に描きたいな。
最後の場面にしようかな。

「決まりましたね。次の時間はカード作りです。」

たぬきの　糸車

第 7,8 時（7,8/8）

本時の目標

好きな場面を選び，カードを作ることができる。
カードを見せ合い交流することができる。

授業のポイント

できるだけ自分の意志で選んだ思い入れのある部分をカードにかかせたい。そのために，一人ひとりがどの場所を選んだかを最初に表明させる。

本時の評価

好きな場面を選び，カードを作っている。
カードを見せ合い交流し，感想を伝えている。

板書例

〈好きなところの選択〉この時間までに，それぞれの「好きなところ」が決まっていることを確認

・ぶぶんでも　よい

③ おんどくれんしゅう
・こえの　大きさ
・よむ　はやさ

④ カードを　見せながら　よみあう
・えを　見せながら　よむ
・となりどうし
・いどうして

◇ ふりかえろう
○「たぬきの　糸車」に　ついて
・たぬきに　ついて
・おかみさんに　ついて
○「すきなところカード」に　ついて

※振り返りの参考にするために，挿絵を並べる。

1 発表する　（第 7 時）

自分が選んだいちばん好きなところを発表しよう。

「もう，好きなところカードに書く場所は，決まっていますね。まず，決めたところを発表してもらいます。」
・決まっている。
・まだ，迷っている…。
「迷っている人は，友達の発表を聞いて，決めてもいいですよ。」

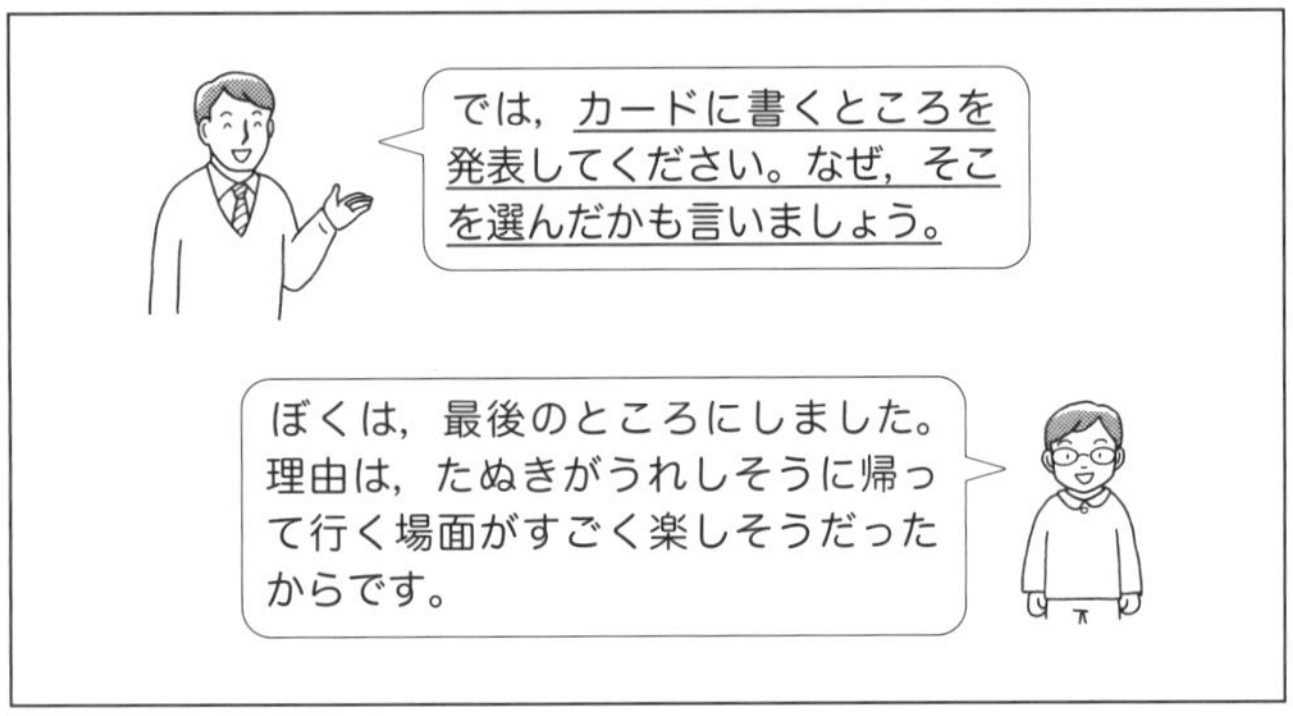
では，カードに書くところを発表してください。なぜ，そこを選んだかも言いましょう。
ぼくは，最後のところにしました。理由は，たぬきがうれしそうに帰って行く場面がすごく楽しそうだったからです。

決めた人からどんどん発表させていく。

・ぼくも，いちばん楽しそうな場面にしようかな。

基本的には，この時間までに決めておかせる。ここでは，どうしても迷っている人の最後の決断の場にさせたい。

2 作る

好きなところをカードにしよう。

「では，カードにかいていきましょう。」
・はやくかきたい！
・たぬきの絵が難しそうだな。

「カードにかく順番を覚えていますか。」

カードには，最初に文を書きます。文ができたら絵を描きましょう。
文が書けた。絵はどんな絵にしようかな…。
最後のところを書こう。「たぬきは，ぴょこんと～いきましたとさ。」

「絵は，教科書の絵をそのまま写してもよいですし，自分で考えてもよかったのでしたね。」
・しょうじからのぞいている目を大きくかこう。
・じょうずに糸をつむいでいるところにしよう。

絵が苦手な児童には，教科書の挿絵の書きやすい部分を選ぶことを助言する。

しておきます。

たぬきの　糸車

㋱　すきなところカードを　つくって
見せあおう

◇　すきなところを　はっぴょうしよう
・一文くらい

◇　すきなところカードを　つくろう
①　文を　うつす
②　えを　かく
・きょうかしょの　えでも　よい

主体的・対話的で深い学び

・振り返りを対話的な学びの場にするためには，発表した意見をうけて，話を続けられた児童をおおいにほめるとよい。つい自分の発表ばかりが気になり，友達の発表を聞かないということになりがちである。教師が「○○さんの言ってくれた，おかみさんについての意見と同じ人はいますか？」などとつなぐことで，少しずつできる児童が増えていくだろう。

準備物

・教科書の挿絵の拡大コピー，または，黒板掲示用イラスト
DVD 収録【1下_18 03】より

（第８時）

3 練習する 交流する　音読の工夫を考え，カードを見せ合って感想を伝えよう。

「カードがかけたら，見せ合いをします。」
・もう少し，色塗りしたいけど後で完成させよう。

「見せ合いをするときは，絵を見せながら自分が選んだ部分を読みます。声の大きさや，読む速さを考えて読みますよ。少し練習してみましょう。」

各自で，カードにかいた文の音読練習をする。

最初は，隣どうしで見せ合いをしましょう。聞いたら，音読のよかったところも言えるといいですね。
ぼくから読むよ。「糸車がキークルクルと…。」
「キークルクル」が上手に読めているね。

「では，どんどん相手を見つけて見せ合いをします。聞いた人は感想を伝えるようにしましょう。全員，カードを持って立ちましょう。」

自由に立ち歩いて読み合い，感想を伝え合う。

4 振り返る　「たぬきの糸車」の学習を振り返ろう。

「お話には，いくつかのまとまりがあって，まとまりごとに登場人物の様子や気持ちを読むことができました。」

お話の学習から，分かったことやできたことを振り返りましょう。
おかみさんがやさしいと思いました。理由は，いたずらをたくさんされたのに，助けてあげたからです。
たぬきは，お返しに，冬の間がんばって糸をたくさん紡いだのかなと思いました。

・おかみさんがたぬきを助けた気持ちを想像できました。
・文や挿絵から，たぬきの気持ちを考えられました。

「好きなところカードについてはどうですか。」
・みんながいろいろなところを選んでいると思った。
・絵がすごく上手な人がいて，びっくりしました。
・同じ場面でも違う読み方の人がいて面白かった。

時間があれば，好きなところカード全員分を机上において見て回らせるという活動もできる。

たぬき

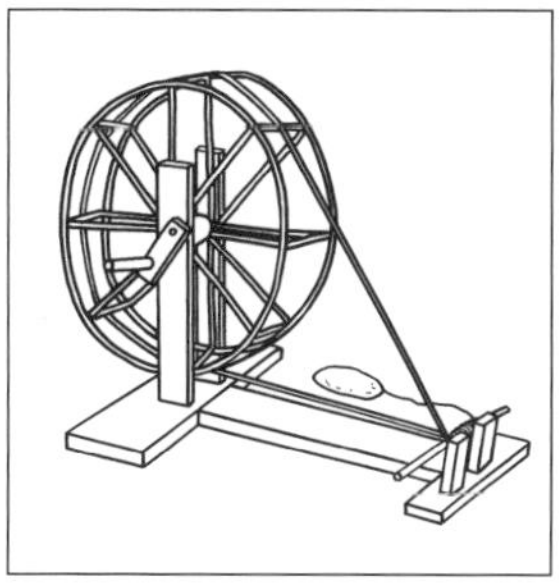

かたかなの　かたち

全授業時間 3 時間

◉ 指導目標 ◉

・片仮名を読み，書くとともに，文や文章の中で使うことができる。
・語と語との続き方に注意しながら，内容のまとまりが分かるように書き表し方を工夫することができる。

◉ 指導にあたって ◉

①　教材について

ひらがなと似ている形の片仮名や，片仮名どうしで似ている字に着目して，片仮名を正しく覚える学習です。実際に言葉や文の中でも使うことで実用的な力もつけていきます。

「ン」と「ソ」，「ツ」と「シ」は片仮名の中でも特に間違いやすい字です。教科書にもあるように，平仮名と重ね合わせて字形を意識させるなど，意図的に間違いやすい部分に目を向けさせます。その上で，何度も書くことで定着を図りましょう。

1 年生への指導は，平仮名には時間をかけてていねいに教えることが一般的です。それに比べると片仮名はあっさりと終わってしまうこともありがちです。今後の使用頻度から考えると，片仮名もよく使われることは確かです。教科書教材が出てきたときだけではなく，生活の中や他の授業でも片仮名がでてきたときには簡単に確認したいものです。

②　主体的・対話的で深い学びのために

何となく，片仮名が書けるようになった気になっている児童も「ここは，『はらい』かな。それとも，『とめ』かな。」などと，細かい部分に着目するように指導すると，興味をもち，主体的な学習態度となることが期待できます。さらに，細かい部分の確認については，隣どうしで見せ合ったり確認し合ったりするなどの活動を挟むと，対話的な学習にもなるでしょう。

また，片仮名の言葉集めと文作りでは，クラスの実態によっては，個人活動だけでなく，ペアやグループになって協同的・対話的な活動とすることも考えられます。

◉ 評価規準 ◉

知識及び技能	片仮名を読み，書くとともに，文や文章の中で使っている。
思考力，判断力，表現力等	「書くこと」において，語と語との続き方に注意しながら，内容のまとまりが分かるように書き表し方を工夫している。
主体的に学習に取り組む態度	形の似ている字を進んで探し，片仮名の言葉を使った文を書こうとしている。

◉ 学習指導計画　全３時間 ◉

次	時	学習活動	指導上の留意点
1	1	・教科書 P86 で，片仮名と平仮名を見比べる。平仮名と関係づけて，違うところに気をつけながら片仮名を書く。 ・教科書 P86，87 で，形の似ている片仮名を比べ，正しく書く練習をする。	・教科書付録 P130，131「ひらがなとかたかな」五十音表も活用する。 ・ひらがなと重ねて考えさせる。
	2	・教科書 P87 の片仮名の言葉を見て，形に気をつけて視写する。	・長音・拗音にも気をつけさせる。
	3	・身の回りから見つけた片仮名の言葉を使って文を書く。 ・書いた文を発表する。	・これまでの片仮名の単元でも片仮名の言葉を見つけたことを想起させる。片仮名がたくさん掲載されている広告チラシなども準備する。

DVD 収録（黒板掲示用イラスト，児童用ワークシート見本）

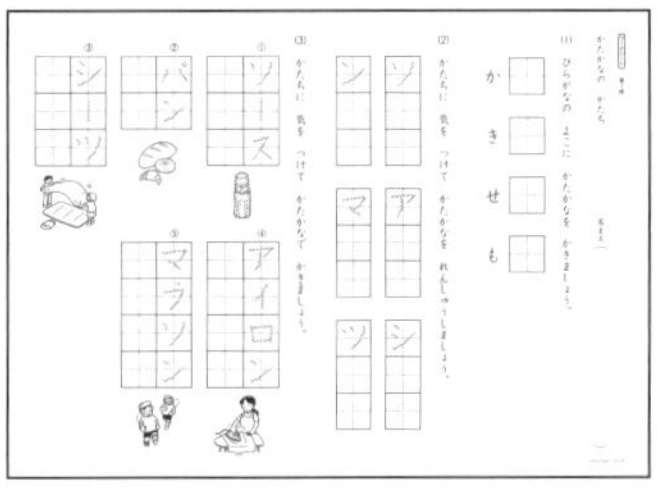

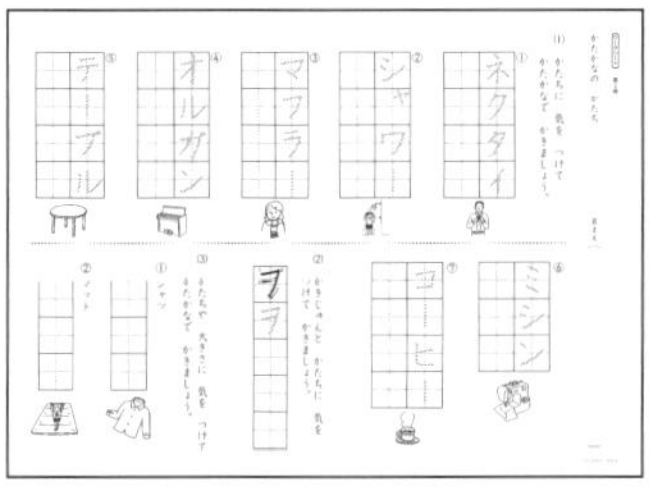

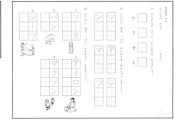

かたかなの かたち

第 1 時 (1/3)

本時の目標

平仮名と関連づけて片仮名を書いたり，形の似た仮名の区別に注意して書いたりすることができる。

授業のポイント

板書で教えるだけでなく，机間巡視などで，実際に児童が正しく書けているかを確認する必要がある。

本時の評価

細かい部分も意識して，片仮名を正しい形で書いている。

〈効果的な空書きの指導〉空書きは，始まりをしっかり揃えたり，途中で止める部分を作ったり

板書例

セ せ

モ も

※教科書 P130，131 の

◎ かたかなと　かたかな

ソ そ　ソース

ン ん　パン

ア あ　アイロン

マ ま　マラソン

シ し　シーツ

ツ つ

☆ ひらがなと　かさねて　みる

1 見比べる　片仮名と平仮名を見比べよう。

「教科書 86 ページを見ましょう。上の段に平仮名と似ている片仮名が並んでいます。」

・似ている字にもいろいろあるね。

『カ・キ・セ・モ』の字です。どこが違うか分かりますか。
キ き
カ か
「キ」「セ」も，1本少ないです。
「カ」は，3画目の線がないよ。

・「モ」と「も」は，たて線が上の横線より飛び出しているかどうかが違う。形も微妙に違うかな。

・かたかなは，とがっているところがあります。

全体的に，平仮名は曲線が多く，片仮名は直線が多いと言われている。そういう点では，片仮名の方が形はとりやすい。児童にも直線の意識を持たせ，字形を認識させたい。

2 書く　違うところに気をつけながら書く練習をしよう。

「では，『カ・キ・セ・モ』を書く練習をしましょう。」

・平仮名と違うところをよく見て書こう。

まず，空書きからです。筆順は平仮名と似ていますよ。違うところに気をつけましょう。では，指を出して。
ちょっと，とがるところがあるんだったね。
ひらがなと似ているから簡単だ。

「次は，黒板に書いてもらいましょう。8 人あてますから，先生に言われた字を黒板に書きましょう。」

「端の人から，『カキセモカキセモ』の順に書いてください。どうぞ。」

各自ノート（ワークシート）に丁寧に書かせる。

「他にも平仮名と片仮名で形が似ている字があります。」

・「へ」や「り」は，すごくそっくりだよ。

教科書 P130，131「ひらがなとかたかな」表で確認する。

してメリハリをつけると，より集中します。

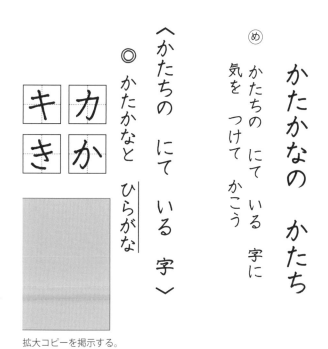

かたかなの　かたち

㋱ かたちの　にて　いる　字に
気を　つけて　かこう

〈かたちの　にて　いる　字〉

◎ かたかなと　ひらがな

カ	キ
か	き

拡大コピーを掲示する。

主体的・対話的で深い学び

・「ひらがなとかたかな」の一覧表をゆっくりと見せることで，教科書 P86 で紹介されていない，似ている字を見つける児童が出てくるかもしれない。それを取り上げて広げることで，より深い学びにつながるだろう。

準備物

・（黒板掲示用）教科書P130，131の拡大コピー

・ワークシート（児童数）
（児童用ワークシート見本 DVD 収録【1下_19_01】）

3 見比べる　形の似ている片仮名と片仮名を比べよう。

「カ・キ・セ・モ」の下には，「かたかなとかたかな」とあります。片仮名どうしで似ている字です。
ソ
ン
ア
マ
「ソ」と「ン」だ。
「ア」と「マ」も。本当にどっちも似ているね。

「『ソ』と『ン』，『ア』と『マ』は，学年が上がっても正しく書き分けられない人がいますよ。今のうちに，しっかり覚えてしまいましょう。」

教科書巻末「ひらがなとかたかな」表も確かめる。

「他にも形が似ている字があります。平仮名と重ねて考えると忘れにくいですよ。」

・「シ」と「ツ」は，すごく似ているね。
・平仮名と重ねてみると最後の線がどこにくるかが分かるね。
・かたかなをつなげると，ひらがなに近くなるんだ。
・「ア」の２画目は，「あ」の３画目と重なるよ。

4 書く　形の似ている片仮名を書く練習をしよう。

「『ソ・ン・ア・マ』と『シ・ツ』の字も書く練習をしましょう。」

また空書きからです。今度は，形が似ているので，線の方向がとても大事ですよ。
ソ
「ソ」は，ひらがなの「そ」と似ているから，上から下に２画目の長い線を書けばよかったよね。

・「ア」と「マ」は，字の最後をとめるかはらうか，の違いなんだね。
・「ソ・ン」と「ア・マ」と「シ・ツ」の違いは，どれも平仮名と重ねて最後の線の向きを考えると，分かりやすいね。

「次は，黒板に書いてもらいましょう。」

児童に板書させた字で，字形について再確認し，それぞれノート（ワークシート）に丁寧に書かせる。

かたかなの かたち

第2時 (2/3)

本時の目標

片仮名を書く練習をすることができる。

授業のポイント

すでに片仮名の読み書きができる児童もいるはずだが，そこだけを見ずに，ていねいに読みから進めていく。

本時の評価

間違えやすい字形や，長音，拗音などに気をつけて書いている。

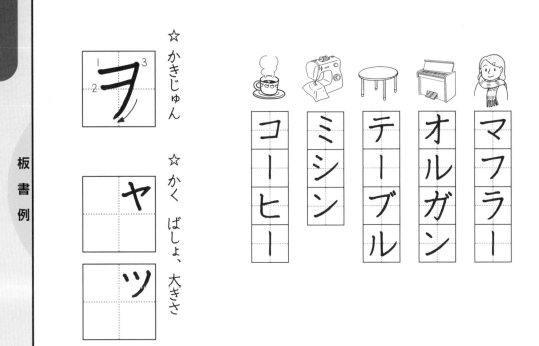

板書例

〈筆順〉「ヲ」については，筆順に間違いが非常に多いので，特に注意しましょう。

マフラー

オルガン

テーブル

ミシン

コーヒー

☆ かきじゅん

☆ かく ばしょ、大きさ

ヲ

ヤ

ツ

1 読む　教科書の片仮名の言葉を読もう。

「教科書 87 ページに片仮名の言葉が載っています。先生が先に読みます。続けて読みましょう。ネクタイ。」

・（全員で）ネクタイ。

同様に，続く言葉を読んでいく。

今度は，先生は読みません。みんなだけで読みましょう。さん，はい。
ネクタイ，シャワー，マフラー，～

「もう読めていますね。では，今度は列ごとに読みましょう。廊下側の列から 1 つずつ順番に読みます。」

片仮名を読み慣れていない児童に，読みながら形を覚えさせていくためにも音読を繰り返す。児童に飽きられないように，音読の方法にいろいろ変化をつけるとよい。

2 とらえる　長音や拗音の書き方を確かめよう。

「小さい『ヤ』のある言葉がありましたね。何と読んでいましたか。」

・シャワー，です。

『シャワー』を平仮名で書くと『しゃわあ』です。小さい『ヤ』の使い方は平仮名と同じですね。
伸ばす音が線になっているね。
小さい字は，ぜんぶひらがなと同じ使い方だったね。
シャワー

「線がないと『シャワ』になってしまいますね。」

教科書 P132「小さくかくかな」を見て，拗音，促音の字の書く位置を確かめる。

・やっぱり，ひらがなと書く場所も同じところだね。
・小さい『つ』も，平仮名と同じように使えばいいね。

「かたかなをかこう」（教科書 P36, 37）で既習の内容だが，再確認しておく。

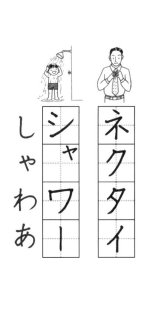

かたかなの　かたち

㋱ かたかなの　ことばを　かこう

◇ かたちに　気を　つけて　かこう

ネクタイ

シャワー

しゃわあ

主体的・対話的で深い学び

・拗音のように，細かい文字になると苦手な児童が出てくることが予想される。ペアで見せ合ったり確認し合ったり，などの活動を挟むことで対話的な学習となり，効果的にもなる。

準備物

・黒板掲示用イラスト　DVD 収録【1下_19_02】

・ワークシート（児童数）
（児童用ワークシート見本　DVD 収録【1下_19_03】）

3 書く　教科書の片仮名の言葉を視写しよう。

87 ページの片仮名の言葉を書く練習をしましょう。まず，空書きからです。指を出して。「ネクタイ」の「ネ」からです。
ネ
①
②
③
④

全ての言葉をテンポよく進める。できない児童がいて当然と考え，まず全ての言葉の空書きをする。特に「ヲ」は筆順に気をつけて正しい筆順を確認する。

「次は，教科書の上を指でなぞりましょう。『ネ』の最初の点を指でおさえて。さん，はい。」

「いち，に～，…。」と画数の声を揃えてなぞらせると，集中が増す。払いの部分は，「し」ではなく「しっ」と言い方を変えると，より意識させることができる。

「今度は，ノート（ワークシート）に書きましょう。」

4 書く　自分で片仮名の言葉を書く練習をしよう。

残りの時間は，自分で片仮名の練習をしましょう。間違えそうな字から始めて，書いていきましょう。
「ミシン」には「シ」も「ン」もあって，間違えてしまいそう。
ミシン

「隣の人に問題を出してもらってもいいですよ。」

・よし，やろう。

・わたしから問題だすね。「コーヒー」

自分だけで，書く練習をするのではなく，隣と 2 人組で取り組ませるのもよい。

時間があれば，ワークシートに取り組ませる。

かたかなの かたち

第 3 時 (3/3)

本時の目標

身の回りから片仮名を集めて，文を書くことができる。

授業のポイント

すぐに片仮名の言葉が思いつかない児童のために，黒板にできるだけたくさん片仮名の言葉を書き出しておく。

本時の評価

ノートにたくさん片仮名の言葉を書き，文を書いている。

〈言葉集め〉 黒板全面を使って，見つけた片仮名の言葉を，児童に自由に書かせていくという方法も

板書例

・クレヨン
・テープ
・
・
※

☆ かたちに　気を　つけよう

ソ　ア　シ
ン　マ　ツ

◇ 文を　つくろう

・クリスマスプレゼントは、おもちゃの
ロボットでした。
・フォークで　スパゲティを　たべました。
・テーブルの　上に　ノートと
クレヨンと　テープが　あります。
※

※児童の発表を板書する。

1 めあて つかむ　課題を確かめ，教科書の片仮名の言葉を使って文を作ってみよう。

「今日は，片仮名の言葉を使って文を作ってもらいます。教科書に載っていた言葉を見直しましょう。」
・（全員で）ネクタイ，シャワー，…。

教科書 P87 の言葉を音読する。

まずは，試しにこの言葉を使って，文を作ってみましょう。誰か作れた人いますか。
ミシンはテーブルの上にある。
はい！「ネクタイをむすぶ。」

「いいですね。2つの言葉を使って文を作れた人がいましたね。他にはどうですか。」
・おとうさんのマフラーは，ながい。
・せんせいは，オルガンをひく。

「うまく作れました。みんなできそうですね。」

2 見つける 発表する　身の回りから片仮名の言葉を見つけよう。

今度は，教室の中にあるもので，片仮名で書く言葉を探しましょう。
ノート！
テレビ
チョーク

・けしゴムの「ゴム」。
「それも片仮名ですね。いいことにしましょう。」
・じゃあ，まどガラスの「ガラス」。
・スパゲティ，カレー（給食献立表から）。
・クレヨン，テープも，見つけました。

1年上巻「かたかなをみつけよう」下巻「かたかなをかこう」で，見つけた片仮名の言葉を思い出させるとよい。また，スーパーマーケットの広告チラシなどをたくさん準備して配り，探させてもよい。

あります。

かたかなの　かたち

ⓜ かたかなの　ことばを　見つけて
文を　つくろう

◇ことばを　あつめよう

・ノート
・テレビ
・チョーク
・けしゴム
・まどガラス
・スパゲティ
・カレー

主体的・対話的で深い学び

・片仮名は様々なところに使われている。教室の中のカレンダーや本も使ってもよいことにすると，いっそう主体的な学習となるだろう。

準備物

・（必要に応じて）児童に身近な片仮名の言葉が載っている，スーパーマーケット等の広告チラシ

3 書く　片仮名の言葉を使って文を作ろう。

「見つけた片仮名の言葉を使って，文を作ってみましょう。ノートに書いてください。」

最初に，試しで考えてみたようにやればできますよね。自分で見つけた言葉を使ってもいいですよ。
給食献立表の言葉を見てみよう。
教科書の他のページを見ると，何か見つかるかな。

・「クリスマスプレゼントはおもちゃのロボットでした。」よし，2つ使って文が作れた！

「できるだけたくさん片仮名を使うと練習になります。自信がないときは教科書で確かめましょう。形が似ている字や，間違えやすい片仮名に気をつけましょう。」

・「ソ」と「ン」，「ア」と「マ」だったね。
・「ツ」と「シ」もあるよ。

4 交流する　作った文を発表しよう。

できるだけ全員に発表してもらいたいので，自分でいちばん気にいった文の上に丸をつけて，1人ずつ発表してください。
「フォークでスパゲティをたべた。」にしよう！
フォークって書くのが難しいね。

・1つの文にいっぱい片仮名の言葉があるやつを選ぼう。

「みんな，友達の発表を聞くときは，片仮名の言葉が文の中にいくつ出てきたか数えながら聞きましょう。」

この指示は，片仮名を意識させるとともに，聞くことに集中させるためのものでもある。

「では，最初の人からどうぞ。」

・はい。テーブルの上にノートとクレヨンとテープがあります。
・わあ，4つも片仮名の言葉があったね。

ことばを　見つけよう

全授業時間６時間

◉ 指導目標 ◉

・身近なことを表す語句の量を増し，文章の中で使い，語彙を豊かにすることができる。
・言葉には，事物の内容を表す働きがあることに気づくことができる。
・語と語との続き方に注意しながら，内容のまとまりが分かるように書き表し方を工夫することができる。

◉ 指導にあたって ◉

① 教材について

「『かばん』のなかには，『かば』がいる。」というように，言葉の中に言葉を見つける遊びです。ゲーム感覚で楽しめる児童が多いでしょう。説明や指示に時間をさかず，できるだけ言葉遊び自体の活動をたくさんさせたいところです。

慣れてくると次々と浮かんでくることでしょう。たくさん考えさせ，それを次々とノートに書かせていくことで，達成感も味わわせます。

本単元では，言葉遊びを通して，「話す・聞く」「書く」「読む」活動をすることになります。1人で言葉遊びを作るのではなく，グループ活動でお互いが知っている言葉を出し合わせることで，語彙の拡充を目指します。また，なかなか考えつかない児童でも，友達との対話の中でヒントを得たり，友達の考えた文をそのままノートに写したりすることからも，語彙力の向上が期待できるでしょう。

② 主体的・対話的で深い学びのために

言葉遊びやクイズは好きな児童が多いと予想されます。ただし，作るとなると苦手な児童にはとても難しい課題となります。手本やヒントをしっかりと与え，友達と対話的に学ぶ場も作ることで，主体的な活動につながるでしょう。

授業展開例では，クイズ大会を，クラス内のグループどうしでクイズを出し合う形式に設定していますが，他のクラスや保護者などに広げることも可能でしょう。

また，朝の会や給食の待ち時間などにクイズの時間を取るなどして継続して取り組むこともできるでしょう。

◉ 評価規準 ◉

知識 及び 技能	・言葉には，事物の内容を表す働きがあることに気づいている。 ・身近なことを表す語句の量を増し，話や文章の中で使い，語彙を豊かにしている。
思考力，判断力，表現力等	「書くこと」において，語と語との続き方に注意しながら，内容のまとまりが分かるように書き表し方を工夫している。
主体的に学習に取り組む態度	これまでの学習をいかし，積極的に身近なことを表す語句を使った文を書き，語彙を豊かにしようとしている。

◉ 学習指導計画　全 6 時間 ◉

次	時	学習活動	指導上の留意点
1	1 2	・教科書 P88，89 を見て，教材文の言葉遊びの仕組みを理解する。 ・教材文の□の中に入る言葉を考える。 ・「いる」と「ある」の使い方の違いを理解する。	・次時に使えるように，見つけた言葉の横に線を引いて示すなど，言葉の中の言葉の表し方を決めておく。
2	3 4	・文の中の隠れた言葉を補いながら教科書の言葉遊びの文をリズムよく読む。 ・言葉遊びの文を作る。 ・作った文をグループで読み合う。	・文の作り方を確かめ合わせる。 ・箇条書きでたくさんノートに書かせたい。 ・声に出して確かめる。 ・グループで 1 つの言葉遊び歌にしてもよい。
3	5 6	・言葉遊びで「クイズ大会」のルールを確かめる。 ・言葉遊びの問題を選んで書く。 ・「クイズ大会」で，他のグループと言葉遊びの問題を出し合う。 ・学習を振り返る。	・クラスのルールを話し合って決めさせたい。 ・どの文を選ぶか，グループで話し合わせる。 ・クイズ大会のルールは，クラスの実態に合わせる。ただし，全員が出題して，全員が答えることを原則としたい。

DVD 収録（黒板掲示用イラスト，児童用ワークシート見本，資料）

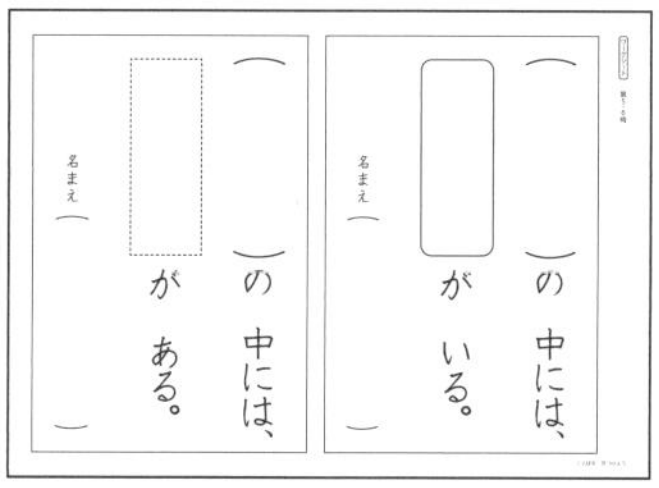
の 中には、
が いる。
の 中には、
が ある。
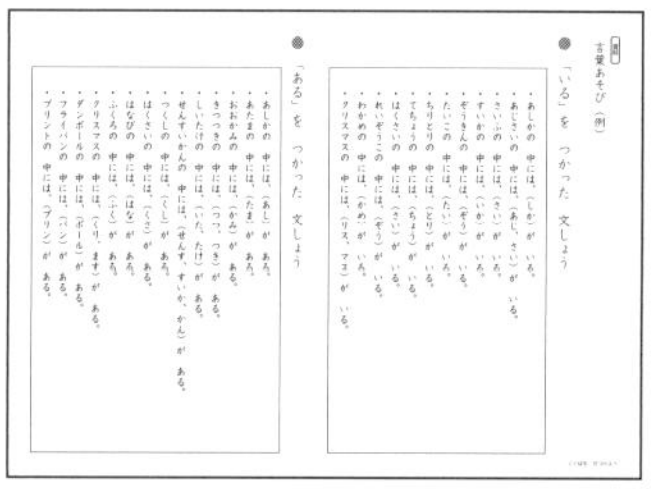

ことばを見つけよう

第1,2時（1,2/6）

本時の目標

文の中の隠れた言葉を補いながら言葉遊びの文を読むことができる。

授業のポイント

言葉で説明するよりも，実際にやりながら理解する方が早いだろう。

本時の評価

言葉遊びのやり方を理解して考えることができた。

〈さじ加減〉クラスの実態に合わせて，1問目だけ一緒にやってみる，2問目までヒントを出す，

板書例

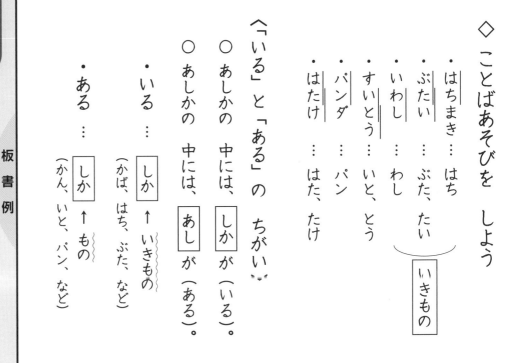

◇ことばあそびを　しよう

・はちまき…はち
・ぶたい…ぶた、たい
・いわし…わし
・すいとう…いと、とう
・パンダ…パン
・はたけ…はた、たけ

いきもの

〈「いる」と「ある」のちがい〉

○あしかの　中には、しかが（いる）。
○あしかの　中には、あしが（ある）。

・いる…しか↑いきもの
（かば、はち、ぶた、など）

・ある…しか↑もの
（かん、いと、パン、など）

1 読む　教科書P88，89を読もう。

教科書88，89ページを読んでみましょう。
「ことばを見つけよう」かばんの　中には，かばが　いる。～

□の穴あき部分は，そのままとばして読むか，「しかく」「なになに」などと言葉を決めるなどして読んでいく。

読み進める中で，「分かった！」「～だ！」と穴あき部分の答えを言おうとする児童がいるかもしれない。「分かっても，今は内緒でね」と黙らせて，まずは読み通すようにする。

2 めあて つかむ　言葉遊びの決まりを理解しよう。

「かばんの中には，かばがいる。」で気づいたことはありませんか。
「かばん」と「かば」だ！

「そうですね。『かばん』の中に『かば』がいる，と書いてあるのですね。」

板書した文の「かばん」と「かば」に傍線を引いて示す。

「『みかんの中には，かんがある。』はどうですか。」
・「みかん」と「かん」！

「そう，このように『言葉を見つける』言葉遊びをします。何をすればよいか分かりましたか。」
・もう，分かった！もっとできる。
・「はちまき」の中の言葉も，分かったよ。

などのさじ加減を行います。

ことばを　見つけよう

㋱ かくれて　いる　ことばを　見つけよう

〈ことばあそびの　きまり〉

◎かばんの　中には、かばが　いる。

◎みかんの　中には、かんが　ある。

※　※

※教科書 P88，89 の挿絵を掲示する。

主体的・対話的で深い学び

・おそらく「もっとこんな言葉もあるよ」と自分で考える児童もいるはずである。大いに褒めて認め，「また後で問題を作るから覚えておいてね」といった声掛けをする。また，「○○さんが言葉遊びを見つけたんだって！」とクラス全体に伝えることで，周りの児童も意欲を持ち，主体的に動き出すことだろう。

準備物

・教科書P88，89挿絵の拡大コピー，または，
黒板掲示用イラスト DVD 収録【1下_20_01】

3 解く　言葉遊びをしよう。

では，「言葉を見つける」言葉遊びをやってみましょう。ヒントはいらないですか。
大丈夫！
「はちまきの中には□がある。」の□には…「はち」がいる！

教科書に直接書き込ませるか，ノートに書かせる。

○はちまき → はち　○ぶたい → ぶた・たい
○いわし → わし
ここで「いわ（岩）」という言葉を見つけた児童には，その言葉を探せたことを認めた上で，「いわがいる。」という表現について考えさせ，後の学習につなげる。

○すいとう → いと・とう
○パンダ → パン　　○はたけ → はた・たけ

「できましたか。では，見つけた答えを□に入れて，『かばん』の文から読みましょう。」

4 対話する とらえる　「いる」と「ある」の使い方のちがいを理解しよう。

「教科書の文の終わりが『いる』と『ある』になっていますね。どう違うのでしょう。」
・「かば」が「いる」で，「かん」が「ある」なんだね。

では，「あしかの中の『しか』が…」『いる』か『ある』か，どちらでしょう。
しかがいる，しかがある…，
「いる」だ！「ある」だと変だもの。

「では，あしかの中の『あし』は？」
・あしがいる，あしがある…，今度は，「ある」だね！

隣どうし，またはグループで考えさせる。

「もう，分かりましたか。」
・生き物だと「いる」で，ものは「ある」になります。
「そうですね。教科書の文で確かめてみましょう。」

「いる」「ある」の違いを確かめ合う。

ことばを見つけよう

第3,4時（3,4/6）

本時の目標

言葉遊びの文を作って，友達と読み合うことができる。
文字を組み合わせると言葉になることに気づくことができる。

授業のポイント

言葉が見つけられるかどうかが最大のポイントとなる。それができない児童には，ヒントを与えたり，黒板に使える言葉を書いておいたりして支援する。

本時の評価

言葉遊びの文を作ることができ，友達の作品から面白いと思うものを見つけている。

〈言葉探し〉言葉が思いつかない児童には，教科書の他のページから探させてもよいでしょう。

板書例

① ことばを 見つける
② 「ある」「いる」を たしかめる
③ 文に する

◇ 文を つくろう

☆ ことばさがし（きょうしつの 中／きょうかしょ／ほかの 本）

見つけた ことば（見つけた 人）
・ちりとり（きのした）
・あたま（すずき）
・あじ さい（さとう、まきの）

◇ グループで よみあおう

☆ そうだんする

1 読む めあて　教科書を読もう。本時のめあてを確かめよう。

教科書88，89ページの文の□の中に，答えを入れて全文読んでみましょう。
「ことばを見つけよう」かばんの　中には，かばがいる。はちまきの中には，はちが　いる。～

言葉の調子を楽しみながら，全文を音読する。

「今日は，自分たちで言葉遊びの文を作ってみましょう。」
・どうすればいいの？

「教科書90ページにあるような，言葉がかくれている文をつくります。文は2つありますね。似ている文ですが，よく見ると，どんな違いがありますか。」
・文の最後が，「いる」と「ある」の違いです。
・「いる」の方は，□に生き物が入るんだったね。

課題を確かめ，前時に学んだことを振り返る。

2 対話する つかむ　言葉遊びの文の作り方を理解しよう。

「最初はみんなで練習します。だれか言葉遊びの文に使える言葉を思いついた人はいますか。」
・はい！「てちょう」です。

「みんな，『てちょう』の中の言葉が分かりますか。」
・ちょう。

そう，『ちょう』です。ちょうは，「いる」と「ある」のどちらを使ったらいいですか。また，どんな文が作れますか。
生き物だから「いる」です。
てちょうの中には，ちょうがいる。

「すごいね。もう1つできました。他にも見つかった人はいるかな？」

何人かに見本を見せてもらう。
教科書P90，91の例文「ぼうしの中には，うしがいる。」「ぼうしの中には，ぼうがある。」も確かめ合う。

ことばを　見つけよう

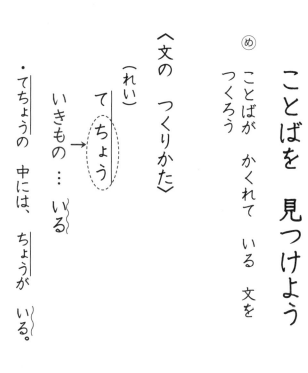

ⓜ ことばが　かくれて　いる　文を
つくろう

〈文の　つくりかた〉

（れい）

て　ちょう

いきもの … いる

・てちょうの　中には、ちょうが　いる。

主体的・対話的で深い学び

・語彙が豊かな児童は，考えるだけで次々と言葉が浮かぶかもしれない。一方，言葉が浮かばない児童には，友達にヒントをもらう，教科書から探すなど，自分ができることを見つけて取り組むよう助言することによって，主体的に動くきっかけになるだろう。

準備物

3 対話する 書く　言葉がかくれている言葉を見つけて，言葉遊びの文を作ろう。

「では，ノートに書いていきましょう。なかなか言葉が見つからない人は，教室の中にある言葉や，教科書の他のページや他の本にある言葉を探してみましょう。」

どうしても言葉が見つけられない児童がいる場合，他の児童が使っている言葉を発表してもらい，板書する。見つけられない児童にはその言葉を使ってもよいことにする。

言葉の下に，発表者の名前を書いておくと，友達のために教えてあげたという気持ちになれる。

・ちりとりの中に，とりがいる。
・あたまの中に，たまがある。

4 交流する　作った文を，グループで読み合おう。

「友達の作った文を聞いて，他に隠れている言葉を見つけた人がいました。ノートに書いておきましょう。」

・「クリスマス」という言葉を使って，「『クリスマス』の中には，『リス』がいる。」という文を作ったよ。
・「クリスマス」だったら，「クリ」もあるよ！
・片仮名の言葉は片仮名で書く方がいいのかな。
・「パンダ」は片仮名だったから，そうだと思うよ。

グループで読み合わせ，相談も含めて交流する。時間があれば，グループで教科書 P88，89 のようなまとまった言葉遊び歌を作らせてもよい。

ことばを見つけよう

第5,6時（5,6/6）

本時の目標

クイズを作り，グループで言葉遊びをすることができる。

授業のポイント

全員が，ここまでの学習を生かしてクイズを作り，積極的に参加するように準備を進める。

本時の評価

言葉遊びの準備を楽しみながら取り組み，積極的に参加しようとしている。

板書例

〈ルール決め〉ルールは，いろいろ考えられますが，「全員が出題して，全員が答える」を原則に

・こたえを　すぐに　いわない

〈こたえかた〉

・みんなが　こたえる　（一人だけ×）
・かみに　かく（または、小さな　こえで）
・パスあり
・ヒントあり

※児童に話し合わせて決めたルールを，

◇クイズたいかいを　しよう

①グループの　中で
はんぶんに　わかれる
（ぜんはんと　こうはんに　なる）

②となりの　グループに
いどうして　もんだいを　だしあう

③ぜんはんと　こうはんが　こうたいする

※クラスの実態に合わせて進め方を変えるとよい。

◇ふりかえろう

1 めあて つかむ　言葉遊びの「クイズ大会」をしよう。ルールを考えよう。

「前の時間に，言葉遊びの文を作りましたね。作った文を使って，他のグループの友達に問題を出す『クイズ大会』をしましょう。」

「クイズ大会」をするには，どんな準備をすればいいですか。
言葉遊びの問題は前の時間に作ってグループで読み合ったよね。
どの文をクイズとして出すとよいかグループで相談する。
ルールも決めないとね。

「全員が参加できるようなルールも決めて，楽しい言葉遊びクイズにしたいですね。問題の出し方や答え方はどうするとよいでしょう。」

・問題を紙に書いて見せた方が，問題を出された人が分かりやすいよね。
・得意な人が全部答えてしまわないようにしようよ。

2 対話する 決める　言葉遊びの準備をしよう。

クイズ大会の進め方を決めておきましょう。みんなが問題を出して，みんなが答えるように考えてください。
答えを紙に書いて，いっせいに見せるのは？
正解が出てもすぐに言わない。
耳元で小さい声でいうのはどうかな。

・問題を出す方は，答えをすぐに教えない。
・分からない人には，ヒントをあげるといいよね。

「ルールが決まったので，グループでだれがどの問題を出すか決めて，それぞれ問題を書きましょう。」

・一人二問は，作ろう。「ある」と「いる」の文を一問ずつ書くといいよね。
・もっとできる人は，どんどん作ることにしよう。

1人2～3枚の問題用紙を配り，問題を書かせる。全員が自作の問題を出題できるように，遅れがちな児童の進み具合を見ながら展開する。

します。

ことばを　見つけよう

㋱ ことばあそびを　たのしもう

クイズたいかい

〈もんだいの　出しかた〉

☆ グループで　そうだん

・かみに　かいて　見せる

一人　二まい（いる・ある）

↓　もっと　たくさん　○

板書にまとめる。

主体的・対話的で深い学び

・問題を作るだけでなく，積極的に答えを考えることでも言葉の力は育つ。答えがすぐに分からない児童がいるときは，出題側から上手にヒントを出すように助言すると，出題側も解答側もより深い学びにつながるだろう。

・ルールは，児童に考えさせてオリジナルのものにすることができる。その場合は，しっかりとルールを共有し，スムーズに活動を進められるようにしたい。

準備物

・問題用紙（各児童2～3枚分）
（児童用ワークシート見本　DVD 収録【1下_20_02】）

・（参考）資料　DVD 収録【1下_20_03】

3 交流する　クイズ大会をしよう。

グループの中で，先に問題を出す前半２人と，後で問題を出す後半２人に分かれてください。前半の人は席に残ってください。後半の人は，隣のグループに移動しましょう。
では，問題です。
「すいかの中には，□がいる。」だね。あ，分かった。

「解答者全員が答えてから正解を言う」「分からないときはパスあり」「答えられない人にはヒントを出す」など，みんなで決めたルールを事前に確かめておく。

「ヒントをうまく出せるのは，上手な人ですね。」

終わったら，同じ組み合わせで出題者と解答者が交代して問題を出し合う。そのあとは，組み合わせを変えて，出題者と解答者で交互に問題を出し合わせる。

クラスの実態によっては，２つのグループが一緒になって交互に問題を出し合わせたり，グループで協力して答えを考えさせたりしてもよい。

4 振り返る　学習を振り返ろう。

「ことばを見つけよう」の振り返りをしましょう。
問題を作るのが楽しくて，いっぱい作れました。
〇〇さんの問題が面白かった。
グループで協力して考えるのが楽しかった。

「友達のクイズで面白い，すごいと思った問題があったら発表してください。」

よかったと思う例を出し合わせ，全員で共有する。

「この問題だったら，授業時間ではなくても，自分たちでもできますね。」

・また，問題を思いついたよ。

・休み時間にもっとやろうよ。

朝の会や給食の待ち時間などにクイズの時間を取るなどして継続して取り組むのもよい。

くらべて　よもう

どうぶつの　赤ちゃん

全授業時間 10 時間

◉ 指導目標 ◉

・共通，相違，事柄の順序など情報と情報との関係について理解することができる。
・文章の中の重要な語や文を考えて選び出すことができる。
・読書に親しみ，いろいろな本があることを知ることができる。
・時間的な順序や事柄の順序などを考えながら，内容の大体を捉えることができる。
・文章を読んで感じたことや分かったことを共有することができる。

◉ 指導にあたって ◉

① 教材について

動物の赤ちゃんは，児童にとってはとても興味を引かれる対象ではないでしょうか。しかも，読んでいると知らないことや，驚くこともたくさん出てきます。関心を持って読み進められることでしょう。さらに，他の動物や人間についての関心につながっていくことも期待できます。

既習の説明文「じどう車くらべ」では，「しごと」「つくり」に着目して読み進めました。その経験を生かして，動物の赤ちゃんについて「生まれたばかりの様子」と「大きくなっていく様子」という視点で読んでいきます。これは，最初の段落に出てくる「問いの文」に書かれていることであり，この点でも「じどう車くらべ」と共通しています。学習したことをできるだけ生かして進めることで，自主的に取り組む姿勢が強まることでしょう。

第３次では，他の動物について本を読んで調べる活動を入れています。教科書 P99 に紹介されている本は，教材文と同じ著者のものもあり，調べ学習としても使いやすい構成になっています。できれば，用意したい本です。

② 主体的・対話的で深い学びのために

「調べたことを文章に書く」という言語活動が単元の終わりに設定されています。そのことを教師が明確に意識して教材分析を行い，指導計画を立てることで児童も見通しがつきやすくなります。毎時間の学習の中で，言語活動のイメージが明確になっていくような仕掛けができれば，児童の主体性も増すようになるでしょう。

◉ 評価規準 ◉

知識 及び 技能	・共通，相違，事柄の順序など情報と情報との関係について理解している。 ・読書に親しみ，いろいろな本があることを知っている。
思考力，判断力，表現力等	・「読むこと」において，時間的な順序や事柄の順序などを考えながら，内容の大体を捉えている。 ・「読むこと」において，文章の中の重要な語や文を考えて選び出している。 ・「読むこと」において，文章を読んで感じたことや分かったことを共有している。
主体的に学習に取り組む態度	学習の見通しをもち，文章の内容を比べながら粘り強く読むことで，本から得たことを友達に知らせようとしている。

◉ 学習指導計画　全 10 時間 ◉

次	時	学習活動	指導上の留意点
1	1 2	・学習の見通しをもち，「動物の赤ちゃんについて，書かれていることを比べながら読もう」という学習課題を確かめる。 ・教科書 P92-97 全文通しで，教師の範読を聞く。 ・教科書 P92 の「問題の文」を確かめる。	・動物の赤ちゃんについて知っていることを発表させる。 ・初めて知ったことや不思議に思ったことを話し合わせる。
2	3	・ライオンの赤ちゃんの「生まれたばかりの様子」について読み取る。	・「生まれたばかりの様子」「大きくなっていく様子」に着目させる。 ・挿絵や児童の体験談などから，できるだけイメージ豊かに読み進める。
	4	・ライオンの赤ちゃんの「大きくなっていく様子」について読み取る。	・ライオンの「大きくなっていく様子」が人間より早いという印象をもたせる。
	5	・しまうまの赤ちゃんの「生まれたばかりの様子」について読み取る。 ・ライオンとしまうまの赤ちゃんの「生まれたばかりの様子」を比べてみる。	・板書や授業の進め方を意識させ，板書する前にノートに書かせるなど，自発的に考えさせる。 ・比べるときの板書はキーワードを列記する程度とする。
	6	・しまうまの赤ちゃんの「大きくなっていく様子」について読み取る。 ・ライオンとしまうまの赤ちゃんの「大きくなっていく様子」を比べてみる。	・指示なしでも，板書の内容を自力でノートに書けることを目指す。
	7	・教科書 P100，101 の「カンガルーの赤ちゃん」を読み，ライオンやしまうまの赤ちゃんと比べる。	・これまで学習した成果を発揮できるよう，あまり指示を出しすぎない。
3	8 9	・他の動物の赤ちゃんについて調べる。 ・調べたことを文章に書く。	・成長のようすなどと合わせて，感想をワークシートにまとめさせる。
	10	・調べて分かったことを読み合う。 ・学習を振り返る。	・比べながら読むことで違いがよく分かったことを確かめる。

DVD 収録（黒板掲示用イラスト，児童用ワークシート見本）※本書 P232，233 に掲載しています。

どうぶつの赤ちゃん

第1,2時（1,2/10）

本時の目標

学習の見通しをもつことができる。
範読を聞いて，感想を話し合うことができる。

授業のポイント

関心をもたせるために，動物についての知識を自由に話させたい。

本時の評価

学習の見通しをもっている。
範読を聞いて，感想を交流している。

〈範読の工夫〉指なぞりは，範読スピードに変化をつけることで，ゲーム感覚で目の動きを鍛える

板書例

○ライオンの　赤ちゃん
・よわよわしい

○しまうまの　赤ちゃん
・大きくなるのが　はやい　↑　びっくり
・やぎぐらいの　大きさで　生まれて
すぐ　立ち上がれる　↑　すごい

○おなじ　赤ちゃんなのに
ぜんぜん　ちがう

◎もんだいの　文
・生まれたばかりの　ようす
・大きくなって　いく　ようす

〈学しゅうの　すすめかた〉
①ライオンの赤ちゃんと　しまうまの
赤ちゃんを　くらべて　よむ
②ほかの　どうぶつの　赤ちゃんの　本を
よんで　しらべる

※児童の発表を板書する。

1 出し合う　動物の赤ちゃんについて知っていることを発表しよう。

今日からの勉強は「どうぶつの赤ちゃん」という題名の説明文です。動物の赤ちゃんについて知っていることがあったら言ってください。
テレビで生まれたばかりの犬の赤ちゃんの兄弟を見たよ。
水族館でペンギンの赤ちゃんを見ました。

「どんな様子でしたか。」
・小さい子犬たちがお母さんのお乳を飲んでいた。
・ペンギンの赤ちゃんは体に毛が生えていて驚いた。

題名について触れ，知っていることを出し合い，内容への関心を高めたい。そのため，ここでは，厳密に正否を確認する必要はない。

また，教科書を先に読んで内容を言う児童がいたり，挿絵を見て発表する児童がいたりするかもしれないが，それも止める必要はない。

2 めあて つかむ　学習課題を確かめよう。

「教科書92ページの題名の前に書いてある文を読みましょう。」
・（全員で）くらべてよもう

今度の学習のめあては『どうぶつの赤ちゃんについて，書かれていることを比べながら読もう』です。
何を比べるのかな。
早く読みたいな。

「何を比べるのでしょうね。ちょっと絵を見てみましょう。」
・ライオンとしまうまかな。
・赤ちゃんのときと，大きくなったときかな。

「このことを考えながら，勉強していきましょう。」

ことができます。

どうぶつの　赤ちゃん

㋱ 学しゅうの　見とおしを　もとう
よみきかせを　きこう

〈学しゅうの　めあて〉
どうぶつの　赤ちゃんに　ついて
かかれていることを　くらべながら　よもう

〈よみきかせの　かんそう〉
はじめて　しった　こと
ふしぎだなあと　おもった　こと

主体的・対話的で深い学び

- 範読を聞くという活動は，どうしても受け身的になりがちである。できるだけそうならないために，範読を始める直前に「聞き終わったら，感想を発表してもらいます」と伝えたり，範読の途中で「発表することは見つかった？」などと意識させたりするとよい。聞くことにも主体性が出てくるようになるだろう。
- 範読を聞きながら，指なぞりを全員にさせる場合，途中でわざと止めたり，やや早く読んだりすると，指なぞりが必要のない児童でも楽しく活動できる。

準備物

- 教科書P93～97の挿絵の拡大コピー，または，黒板掲示用イラスト DVD 収録【1下_21_01】より

3 聞く 交流する　教科書 P92-97 全文の範読を聞き，感想を発表しよう。

「まずは，先生が読みます。みなさんも目で読みながら聞いてください。後で感想を発表してもらいます。」

新出漢字の読み方を確かめながら，全文を範読する。

そろそろ，目で追うことにもかなり慣れている児童が多いだろう。その一方で，範読の際に集中できなかったり，まだ目で追うことができなかったりする児童がいれば，指でなぞることをあえてさせてもよい。

初めて知ったことや不思議だなあと思ったことを発表してください。
ライオンは強いのに，その赤ちゃんが弱々しいとは知りませんでした。
しまうまの赤ちゃんは大きくなるのが早くてびっくりしました。

- しまうまの赤ちゃんは，やぎぐらいの大きさで生まれて，すぐ立ち上がれるのはすごいと思った。
- 同じ赤ちゃんなのに，ぜんぜん違うと思いました。

4 読む 見通す　教科書 P92 の「問いの文」を音読し，確かめよう。学習を見通そう。

「最初の 92 ページの 4 行の文は『問題の文』になっています。みんなで読んでみましょう。」

- （全員で）どうぶつの赤ちゃんは，生まれたばかりのときは，どんなようすをしているのでしょう。そして，どのようにして，大きくなっていくのでしょう。

「この質問に答えて，生まれたときの様子や大きくなっていく様子について，このあと書いてあるのですね。」

学習のめあては『比べながら読もう』でしたね。何の違いについて比べながら読めばよいのか分かりますか。
ライオンとしまうまの赤ちゃんを比べて読みます。
「生まれたばかりのとき」と「大きくなっていくとき」の２つの違いについて比べて読むんだね。

「次の時間からは，ライオンとしまうまの赤ちゃんを比べて読んでいきましょう。その後は，他の動物の赤ちゃんの本を読んで調べる勉強をします。」

どうぶつの赤ちゃん

第3時（3/10）

本時の目標

ライオンの赤ちゃんの様子について読み取ることができる。

授業のポイント

挿絵を見たり，児童の体験談などを出させたりして，できるだけイメージ豊かに読み進めさせる。

本時の評価

ライオンの赤ちゃんのよわよわしい様子を読み取っている。

〈言葉の確認〉「ようす」など，授業中に使っている重要な言葉を本当に理解しているかを確認

板書例

〈ライオンの　赤ちゃん〉

生まれたばかりの　ようす

・子ねこぐらい

・目や　耳は　とじた　まま

・よわよわしくて
おかあさんに　あまり
にて　いない

×　どうぶつの　王さま

◇　みんなが　赤ちゃんの　ときは？

・からだは　小さい

・よわよわしい

・なきごえも　小さい

※児童の発表を板書する。

子ねこの　大きさ

1 音読する　段落分けをして，第2段落を音読しよう。

音読練習をしましょう。第2段落（教科書 P93 L1-L8）です。

ライオンの赤ちゃんは，生まれたときは，子ねこぐらいの　大きさです。～

文章が長い場合，段落番号を教科書に書き込ませるとよい。低学年は，このような活動も時間がかかるが，繰り返すことで，正しく速くできるようになっていく。

初めて段落番号を振らせる場合は，下記のように1つずつ確認しながら全員で進めていくとよい。

「92ページの文の1行目，いちばん上の『どうぶつの』をおさえましょう。その上に①と書きます。それが第1段落の始まりになります。」

教科書の拡大コピーを黒板に貼付け，そこに一緒に書き込みながら視覚的に示すと，より分かりやすい。

2 確かめる　「問いの文」を思い出そう。

「前の時間に『問題の文』について勉強しましたね。覚えていますか。」

・「生まれたばかりの様子」と「大きくなっていく様子」です。

これから4時間は「問題の文」を中心に読解を進めることになる。掲示用として画用紙などに質問項目を書き，毎回貼るだけにしておくとよい。

児童が覚えてしまうように，繰り返し確認する。

『生まれたばかりの様子』と，『大きくなっていく様子』についての答えが書いてあるはずです。それを考えながら，読んでいきましょう。

答えはどこかな…。

まずは，ライオンの赤ちゃんの生まれたばかりの様子だ。

「ようす」の意味が分かっていない場合がある。「『ようす』は『見て分かること』です」などと学習の流れにそった意味を簡単に確認しておくとよい。

しておきましょう。

どうぶつの　赤ちゃん

(め) ライオンの　赤ちゃんが　生まれた　ばかりの　ようすに　ついて　よみとろう

〈もんだいの　文〉
・生まれたばかりの　ようす
・大きく　なって　いく　ようす

主体的・対話的で深い学び

・「問いの文」について最初に押さえただけで，全ての児童が授業中ずっと意識しつづけられるわけではないだろう。適宜，言葉に出したり板書を指すなどしたりして「問いの文」にもどることで，主体的に学習に取り組む児童が増えるだろう。

準備物

・教科書P93～97の挿絵の拡大コピー，または，黒板掲示用イラスト DVD 収録【1下_21_01】より
・「問題の文」の掲示物
・ライオンの親と赤ちゃんの大きさを示す掲示物（段ボールなどに簡単に描いた物など。なければ黒板に描いても，拡大印刷したイラストを貼ってもよい）

3 読み取る 対話する　ライオンの赤ちゃんの生まれたばかりの様子について読み取ろう。

「最初の動物は何でしょう。」
・ライオンです。

では，生まれたばかりの様子について書いてあるところはどこでしょう。
目や耳はとじたまま。
子ねこぐらいの大きさ。
弱々しくて，お母さんにあまり似ていない。
ライオンは動物の王様なのにね。

「ライオンを本当に見たことありますか。ライオンの赤ちゃんはどうですか。」

ライオンの親と赤ちゃんの大きさの違いについて，手で示したり，黒板で図示したりして実感させたい。画像や映像等も活用するとよい。

「みんなが赤ちゃんのときはどうだったのでしょう。」
・人間の赤ちゃんの体もすごく小さいし，弱々しいね。
・弟が生まれたとき，泣き声も弱々しくて小さかった。

4 書く　学習したところを視写しよう。

では，今日学習したところを書き写しましょう。
ライオンの赤ちゃんの「生まれたばかりの様子」だったね。

できるだけ短い部分の視写を入れることで，短時間で力もつき，学習した内容も定着しやすくなる。

視写は，経験を重ねるごとに，注意力，集中力も育っていく活動だといえる。あまり視写の練習をしていない場合，最初の文字の書く位置や改行の仕方などを全員で確認することが必要となる。練習を重ねている場合は，この時期になるとスピード，正確さともに大きな伸びが見られるようになっている。

「書けましたか。次の時間は，ライオンの赤ちゃんの『大きくなっていく様子』を見ていきます。」

どうぶつの赤ちゃん

第 4 時（4/10）

本時の目標

ライオンの赤ちゃんが大きくなっていく様子について読み取ることができる。

授業のポイント

ライオンの赤ちゃんが大きくなっていく様子について「人間より早い」という印象をもてば，しまうまは，いかに早いか，いっそう鮮明に感じられる。

本時の評価

ライオンの赤ちゃんがゆっくり育っていくことを読み取っている。

〈イメージの明確化〉数字を使った記述部分は，少し具体的に問えば明確なイメージをもてる場合が

板書例

大きく なって いく ようす

○・じぶんで あるけない
（はこんで もらう）

○・おちちだけ（生まれて二か月）

・おかあさんの とった えものを たべる

・えものの とりかたを おぼえる（一年）

・じぶんで とる
（えもの）…つかまえた えさ
（ほかの どうぶつ）

◇みんなが 一さいの ときは？

・なにも できない

・やっと あるきはじめる

※児童の発表を板書する。

1 音読する 「問いの文」を確認し，第 3，4 段落を音読しよう。

「どんな問題について読んでいくのでしたか。」
・生まれたばかりのときは，どんな様子か。
・どのようにして大きくなっていくか。

児童の発表を確かめ，「問題の文」の掲示物を貼る。

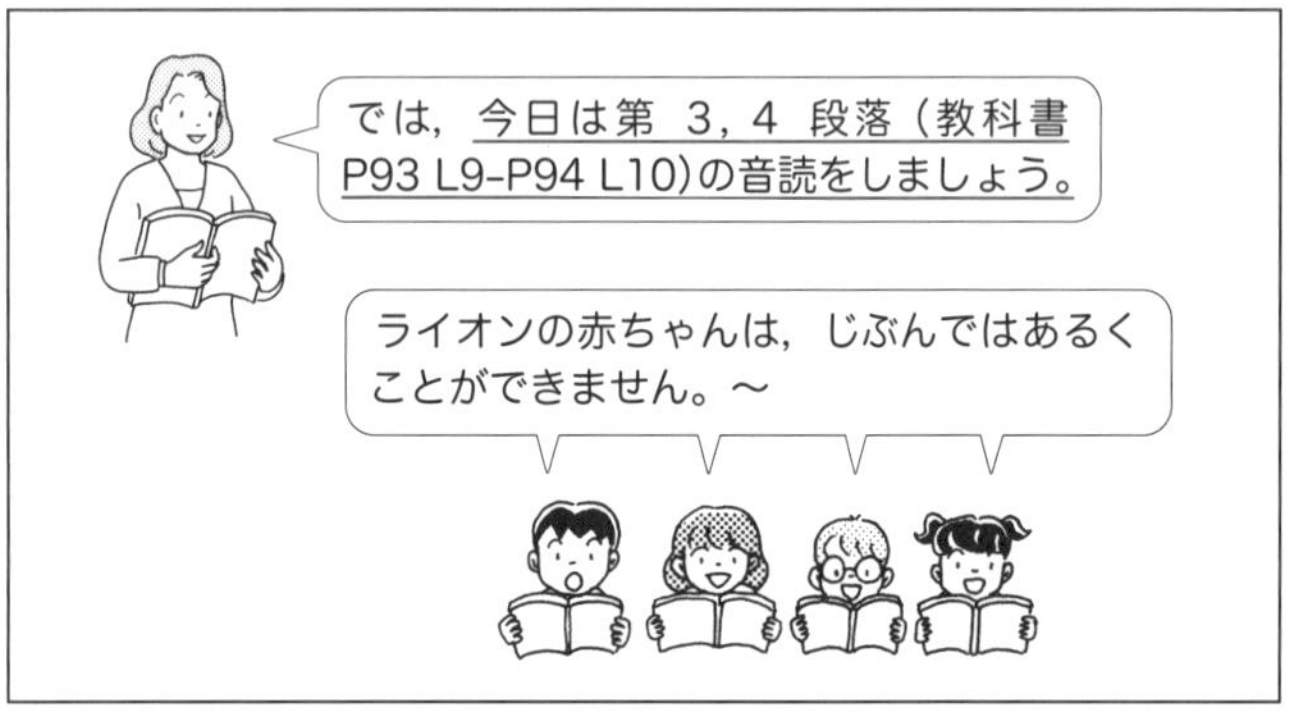
では，今日は第 3，4 段落（教科書 P93 L9-P94 L10）の音読をしましょう。
ライオンの赤ちゃんは，じぶんではあるくことができません。～

指導書では，すぐに「ようす」についてライオンとしまうまを比べているが，本稿では，教科書の内容順に読み取りながら，比べていくこととする。後者の方法は，学習が苦手な児童もついていきやすく，同じパターンで進めることで，児童にも分かりやすくなると考えるからである。

2 対話する 読み取る ライオンの赤ちゃんが「大きくなっていく様子」を読み取ろう。

「前の時間に，ライオンの赤ちゃんの『生まれたばかりの様子』を勉強しました。今日は何の勉強でしょう。」
・ライオンの赤ちゃんが大きくなっていく様子です。

音読前に「問題の文」を確かめているが，読解の前にさらに絞って確認し，観点に意識を集中させる。

『大きくなっていく様子』はどんなことが書いてありますか。
二か月ぐらいはおちちだけ。
自分では歩くことができない。

・やがて獲物も食べ始める。
・一年ぐらいで，獲物の取り方を覚える。
・そして，自分で捕まえるようになる。

児童の発表を板書していく。板書の形式は前時と同じパターンを続け，児童の理解をより助けるものとしたい。

あります。

どうぶつの　赤ちゃん

㋱ ライオンの　赤ちゃんが　大きくなって
いく　ようすを　よみとろう

〈もんだいの　文〉

・生まれたばかりの　ようす
・大きく　なって　いく　ようす

〈ライオンの　赤ちゃん〉

主体的・対話的で深い学び

・本文にも記載しているように，読み取りの方法を児童にも分かりやすくすることで，主体的に考えるようになってくる。そうすると，時間も短縮され，その分，深い学びにつなげることもできるようになる。

準備物

・教科書P93〜97の挿絵の拡大コピー，または，黒板掲示用イラスト DVD 収録【1下_21_01】より

・「問題の文」の掲示物（第3時で使用したもの）

3 想像する　くわしくイメージをもとう。

「えもの」については，分かっている児童に発表させるか，「ライオンが捕まえたえさです。ライオンは，他の動物を捕まえて食べます」などと簡単に説明する。

「それくらいの間，ずっとおちちだけなんですね。獲物はまだ食べないのです。」

・そんなに長い間，お母さんのおちちだけなんだ。

ライオンの赤ちゃんが成長する過程と，その成長にかかる期間を，文中の数字の部分を使ってできるだけ具体的に児童にイメージさせる。

4 比べる 書く　人間の赤ちゃんと比べてみよう。学習したところを視写しよう。

ライオンの赤ちゃんの成長が，人間より早いという印象をもたせ，その後に学習するしまうまの成長の早さを際立たせたい。

「では，今日学習したところを書き写しましょう。」

・ライオンの赤ちゃんが「大きくなっていく様子」だね。

時間を見ながら，視写をさせる。第3，4段落のうち好きな方を選ばせたり，1文だけにしたりするなど調節して，無理のないようにする。

「書けましたか。次の時間は，しまうまの赤ちゃんの勉強をします。」

どうぶつの赤ちゃん

第 5 時（5/10）

本時の目標

しまうまの赤ちゃんが生まれたばかりの様子について読み取り，ライオンとしまうまの赤ちゃんの生まれたときの様子を比べることができる。

授業のポイント

前半は，同じパターンの３回目の授業である。児童に板書や進め方を意識させることで，板書前にノートに書かせるなど，自発的に考えることを促す。

本時の評価

しまうまの赤ちゃんがお母さんにそっくりな様子を読み取り，ライオンとしまうまの赤ちゃんの生まれたときの様子を比べている。

〈授業の進め方〉同じパターンで進めるということは，ヒントを減らしていくことができるはずだ

板書例

〈しまうまの　赤ちゃん〉

生まれたばかりの　ようす

・やぎぐらい
・目は　あいて、耳も　ぴんと
・しまの　もよう
　おかあさんに　そっくり

やぎの　大きさ

◇生まれたばかりの　ようすを
　くらべよう

ライオンの赤ちゃん	・子ねこ ・目、耳　とじたまま ・にて　いない
しまうまの赤ちゃん	・やぎ ・目は　あいて、耳も　ぴんと ・そっくり

※キーワードを列記する程度にして，まとめる。

1 音読する　第５段落を音読し，しまうまの赤ちゃんについてまとめていこう。

「今日も音読からです。何を考えながら読むのでしたか。」
・「生まれたばかりの様子」と「大きくなっていく様子」。

「では，第５段落（教科書 P95 L1-10）の音読をしましょう。」（全員で音読する）

では，考えていきましょう。まず，黒板に何を書けばいいですか。
違うよ。「しまうまの赤ちゃん」です。
「しまうま」!

「前の時間は『ライオンの赤ちゃん』でしたが，今日は『しまうまの赤ちゃん』です。」

同じパターンで，板書も計画的に進めていると，児童も次に何をすればよいか分かってくるだろう。次の時間には，板書をする前にほとんど児童が自分で考えてノートに書けるようになることを目指したい。

2 対話する 読み取る　しまうまの赤ちゃんが「生まれたばかりの様子」を読み取り，イメージしよう。

しまうまの「生まれたばかりの様子」については，どんなことが書かれていますか。
しまのもようもついている。
目はあいていて，耳もぴんと立っている。
やぎぐらいの大きさ。
おかあさんにそっくり。

「『やぎぐらいの大きさ』とありますが，『やぎ』はどれくらいの大きさでしょう。」
・動物園で見たことがあるよ。大きな犬ぐらいだった。

「種類とか何歳かでも違うはずですが，大人のやぎになると体長 1m は超えるみたいですね。」

大きさを表現した段ボールなどを見せるか，1m 程度のやぎの形を簡単に黒板に描いて示す。

「挿絵を見てみましょう。しまの模様もありますね。」
・本当にお母さんそっくりです。

ライオン同様に，画像や映像等も活用するとよい。

という発想をもちましょう。

どうぶつの　赤ちゃん

㋱ しまうまの　赤ちゃんが　生まれた
ばかりの　ようすを　よみとろう
ライオンと　しまうまを　くらべよう

〈もんだいの　文〉

・生まれたばかりの　ようす
・大きく　なって　いく　ようす

※※児童の発言を板書する。

主体的・対話的で深い学び

・ここでの「やぎぐらいの大きさ」については，取り上げなければ何となく流れてしまうことかもしれない。大きさを視覚的に示すことで，ライオンと比較しやすくなり，深い学びにつながる。

準備物

・教科書P93～97の挿絵の拡大コピー，または，黒板掲示用イラスト　DVD 収録【1下_21_01】より
・「問題の文」の掲示物（第3時から使用しているもの）
・やぎの大きさをあらわす掲示物，子ねこの大きさを表す掲示物（段ボールなどに簡単に描いたものなど）
・ワークシート（児童数）（児童用ワークシート見本　DVD 収録【1下_21_02】）

3 対話する まとめる　ライオンの赤ちゃんとしまうまの赤ちゃんを比べよう。

では，ライオンとしまうまの「生まれたばかりの様子」について比べましょう。今まで書いてきたノートを見て考えましょう。「大きさ」は？
ライオンは「子ねこぐらい」。
しまうまは「やぎぐらい。」

「目や耳の様子はどうですか。」
・ライオンは「目や耳は閉じたまま」です。
・しまうまは「目はあいて，耳もぴんと」しています。「お母さんに？」
・ライオンは，あまり似ていません。弱々しい。
・しまうまは「そっくり」。しまの模様もついている。

1つずつセットにして確認していく。ここは，教師主導で確認していく。板書は，キーワードを列記する程度が分かりやすいだろう。

4 書く 交流する　比べた感想を発表しよう。

「ライオンとしまうまの赤ちゃんの『生まれたばかりの様子』を比べて思ったことや考えたことを書きましょう。」

比べて考えたことをノート（ワークシート）に簡単に書かせる。

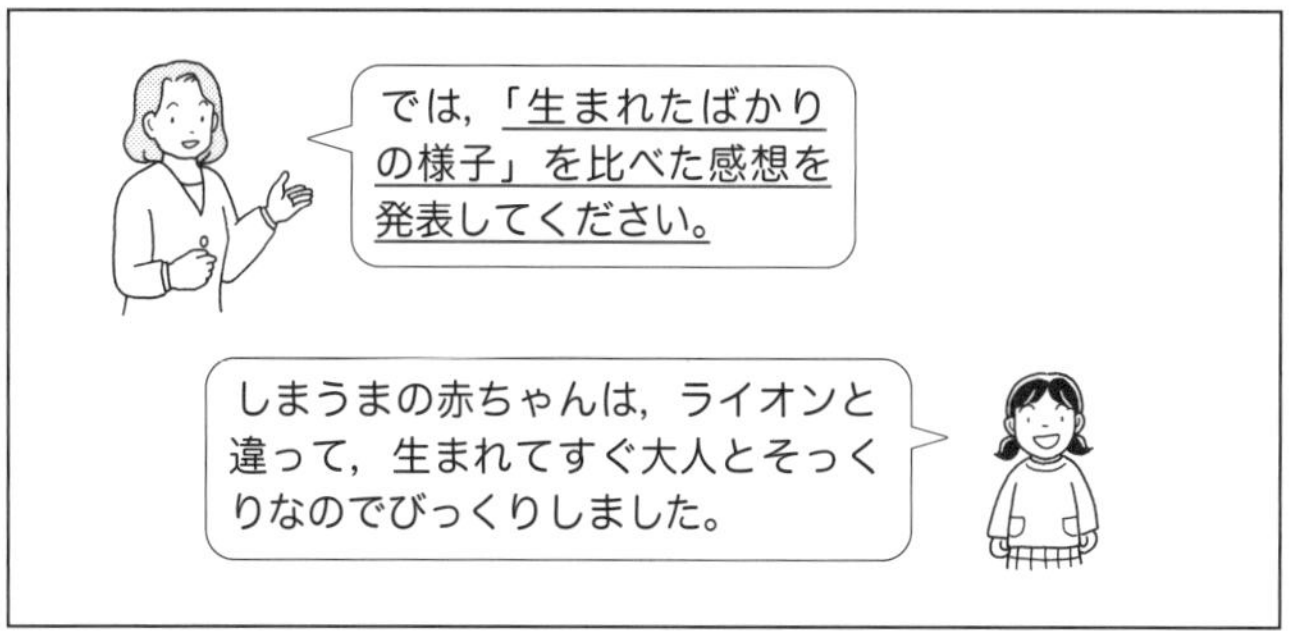

では，「生まれたばかりの様子」を比べた感想を発表してください。
しまうまの赤ちゃんは，ライオンと違って，生まれてすぐ大人とそっくりなのでびっくりしました。

・ライオンや人間が生まれたばかりのときは，小さくて弱々しいのに，なぜこんなに違うのかな，と思いました。

比べた感想を交流する。

どうぶつの赤ちゃん

第 6 時（6/10）

本時の目標

しまうまの赤ちゃんが大きくなっていく様子について読み取り，ライオンとしまうまの赤ちゃんの比較をすることができる。

授業のポイント

前半は，４時間，同じ形式で読み取りを進めている。できれば，何も指示しなくても板書の内容を児童が自力でノートに書けるようになることを目指し，促していく。

本時の評価

しまうまの赤ちゃんの大きくなっていく様子について読み取り，ライオンとしまうまの赤ちゃんの大きくなっていく様子を比べている。

〈効果的な音読活動〉音読する前に，後で行うことなどのポイントを明示しておくと，より効果的に

板書例

大きく なって いく ようす

○・じぶんで 立つ（三十ぷんも たたない うち）
　　←・はしる（つぎの 日）

おそわれても にげる ことが できる

○・おちちだけ（七日）
　　←・じぶんで 草も たべる

◇大きく なって いく ようすを くらべよう

ライオンの赤ちゃん 	・あるけない ・おちち（二か月） ・えもの じぶんで（一年）
しまうまの赤ちゃん 	・立つ（三十ぷん） ・はしる（つぎの 日） ・おちち（七日） ・草 じぶんで（その あと）

※第 5 時同様に，まとめる。

1 音読する 書く

第 6，7 段落を音読し，しまうまの赤ちゃんについてまとめていこう。

「今日は，最後の第 6，7 段落（教科書 P96，97）を音読します。もう何を考えながら読むのかは分かっていますね。」

・しまうまの赤ちゃんが大きくなっていく様子です。

第 6，7 段落を音読する。学習の進め方は 1 年生なりに，もうイメージできるだろう。

まず，何を書けばよいでしょう。ノートに書いてみましょう。
その次は，「大きくなっていくようす」だね。
これまでと同じように書けばいいから，最初に「しまうまの赤ちゃん」と書く。

ノートの書き方を統一し，継続して指導していれば，簡単な指示で活動できる児童が多くいるだろう。迷っている児童には，「前の時間のノートを見てごらん」「ライオンのときはどうだった？」など振り返らせるとよい。

2 対話する 読み取る

第 6 段落からしまうまの赤ちゃんが「大きくなっていく様子」を読み取ろう。

「第 6 段落で，しまうまの『大きくなっていく様子』には，どんなことが書かれていますか。」

・生まれて 30 分もたたない内に，自分で立ち上がる。
・次の日には，走るようになる。

ライオンと同様に，読み取ったことを簡単な言葉で箇条書きにしてまとめていく。

しまうまの赤ちゃんは，お母さんそっくりに生まれて，次の日には走るようになります。ライオンとは違いますね。どうしてなのでしょう。
ライオンは強い動物だから襲われない。だから，逃げなくてもいいんだ。
強い動物に襲われても逃げられるように。

「しまうまの赤ちゃんは，ライオンなど強い動物から逃げることができるように早く大きくなるんですね。」

しまうまの赤ちゃんが早く大きくなる意味と，ライオンとの違いについて考えさせる。

音読に取り組めます。

どうぶつの　赤ちゃん

め　しまうまの　赤ちゃんが　大きく
なって いく　ようすを　よみとろう
ライオンと　しまうまを　くらべよう

〈もんだいの　文〉

・生まれたばかりの ようす
・大きく なって いく ようす

〈しまうまの　赤ちゃん〉

主体的・対話的で深い学び

・最後の読み取り時間となる。読み取る段落を音読した後すぐに，「『大きくなっていく様子』が書いてあるところをおさえてみましょう」や「線を引いてみましょう」などの指示で進められる場合もある。あくまでクラスの実態に合わせて，方法を選んでいくということが必要だろう。
・比べるということは，深い学びにつなげるための有力な手立てだといえる。但し，何と何を比べればよいかが分かっているかを確認しながら進める必要がある。

準備物

・教科書P93～97の挿絵の拡大コピー，または，
　黒板掲示用イラスト　DVD 収録【1下_21_01】より
・「問題の文」の掲示物（第3時から使用しているもの）
・ワークシート（第5時で使用したもの）

3 書く 読み取る　第７段落を読み取り，しまうまの赤ちゃんが早く大きくなる様子をくわしくイメージしよう。

最後の第７段落は，どんなことが書かれていますか。同じようにノートに書いてみましょう。
「おちちだけ（七日ぐらい）」と書けばいいかな。
そのあと，自分で草も食べるようになることも書こう。

読み取りの最後は，できるだけ各自で書かせたい。

「生まれたばかりの人間の赤ちゃんを見たことある人いますか。７日でご飯を食べていましたか。」
・妹が生まれたときのこと，覚えているけど，ずっとミルクばっかり飲んでいたよ。

生まれて７日で，自分で食べるようになることがいかに早いかをイメージさせたい。クラスに，弟・妹が生まれたときのようすを話せる児童がいればいちばんよい。７日で，自分で大人と同じ食事をすることがいかに早いかが確認できる。

4 比べる 交流する　ライオンの赤ちゃんとしまうまの赤ちゃんを比べ，感想を発表しよう。

では，ライオンとしまうま赤ちゃんの「大きくなっていく様子」について比べましょう。ノートには，まず，最初に何が書いてありますか。
ライオンは「自分では歩けない」。
しまうまは，30分で立つ。全然違うね。

「生まれたばかりの様子」の比較と同様に，１つずつセットにして比べていく。これまでにイメージをしっかり持たせてあれば，児童は自然とライオンとしまうまを比較している可能性が高く，容易に取り組めるだろう。

「ライオンとしまうまの赤ちゃんが『大きくなっていく様子』を比べて思ったことや考えたことを書きましょう。書けたら発表してください。」
・しまうまの赤ちゃんは，ライオンに比べてとても早く大人のようになるんだなと思いました。

どうぶつの赤ちゃん
第 7 時（7/10）

本時の目標

カンガルーの赤ちゃんの生まれたばかりの様子や大きくなっていく様子を読み取り，ライオンやしまうまと比べることができる。

授業のポイント

「どうぶつの赤ちゃん」でこれまで学習してきた成果を発揮する場であるということを教師が十分に意識して，あまり指示を出しすぎないように気をつけたい。

本時の評価

カンガルーの赤ちゃんの生まれたばかりの様子や大きくなっていく様子を読み取り，ライオンやしまうまと比較している。

〈ポイントの提示〉比べることが難しそうなときは，比べるポイントを絞って考えやすくします。

板書例

○・じぶんの　力で　おなかの　ふくろに

ふくろに　まもられて　あんぜん

○・ふくろの　中で　おちち（六か月）

・じぶんで ← 草（六か月ほど　たっと）

◇ライオン、しまうまの　赤ちゃんと
くらべよう

カンガルーの赤ちゃん	・一円玉 ・目、耳？ ・にて　いない（おなかの　ふくろ） ・おちち（六か月） ・草　じぶんで（六か月たつと）
ライオンの赤ちゃん	・子ねこ ・とじたまま ・にて　いない ・あるけない ・おちち（二か月） ・えもの　じぶんで（一年）
しまうまの赤ちゃん	・やぎ ・あいて、ぴんと ・そっくり ・立つ（三十ぷん） ・はしる（つぎの日） ・おちち（七日） ・草　じぶんで（その　あと）

※第５，６時に板書でまとめた表を活用してもよい。

1 音読する　カンガルーの赤ちゃんの文章を読もう。

教科書 100 ページのカンガルーの赤ちゃんについての文を読みましょう。考えることは同じです。
「生まれたばかりの様子」と「大きくなっていく様子」だね。

これ迄学習してきたことで生かせる部分は，最大限活用したい。今回の教材については，「生まれたばかりの様子」と「大きくなっていく様子」の２つを繰り返し取り上げ，それをもとに読み取りしてきている。

カンガルーの赤ちゃんについての文は，最初に問いの文がない。本来は，問いの文を確認するところから始めたいところだが，発展的な学習として教材が位置づけられているので，これまでの学習方法をそのまま活用して進める。当然，できるだけ児童自身が考え，書く場面を増やしていくようにしたい。

2 読み取る 書く　「生まれたばかりの様子」「大きくなっていく様子」を読み取ろう。

さあ，何も言わなくても，ノートに書くことは分かりますか。
次は，「生まれたばかりの様子」。
最初は，「カンガルーの赤ちゃん」と書けばいいね。

「どうぶつの赤ちゃん」で学習したことがどれくらい定着しているかが分かる。細かい部分は別にして，ほとんどの児童は，どんなことをどんな順番に書けばよいかは分かっているだろう。また，ここでそれができるようになっていることが「どうぶつの赤ちゃん」を同じパターンで学習してきたねらいでもある。

できるだけ教師の指示を減らし，児童の活動のあとから確認することを中心とする。クラスの実態にもよるが，この時間は遅れがちな児童への個別指導に集中できることが理想といえる。

どうぶつの　赤ちゃん

㋱ カンガルーの　赤ちゃんの　ようすを
よみとり、　ライオンや　しまうまの
赤ちゃんと　くらべよう

〈カンガルーの　赤ちゃん〉

生まれたばかりの ようす

・一円玉ぐらい
・目、耳？
・口と　まえあしだけ

大きく なって いく ようす

主体的・対話的で深い学び

・ここでは，「比べる」という活動に主体的に取り組ませたい。そのために，ここまでの学習を生かし，児童の実態に合わせて，比べるポイントを提示することが大切である。

準備物

・教科書P100，101の挿絵の拡大コピー，または，黒板掲示用イラスト DVD 収録【1下_21_03】
・第5，6時に板書でまとめた比較表を紙に書いた掲示物

3 比べる 対話する　カンガルーの赤ちゃんと，ライオンやしまうまの赤ちゃんを比べよう。

「カンガルーの赤ちゃんの『生まれたばかりの様子』について，ライオンやしまうまと比べてみましょう。」

ライオンと似ているところはありますか。
目や耳が使えなさそう。
生まれたときに小さいところも…。一円玉って本当に小さいよね。

「比べる」と言っても，この場合，同じところと違うところを，ライオン，しまうまについてカンガルーと比較するので，いくつもの視点があることになる。ここでは，何か１つの視点に絞って始めるとよい。その際，教科書のどこに書いてあることかを確認しておく。

第５，６時でライオンとしまうまの赤ちゃんを比べてまとめた表を活用してもよい。

「『大きくなっていく様子』についても比べましょう。」

4 交流する　比べたことを発表し，感想を交流しよう。

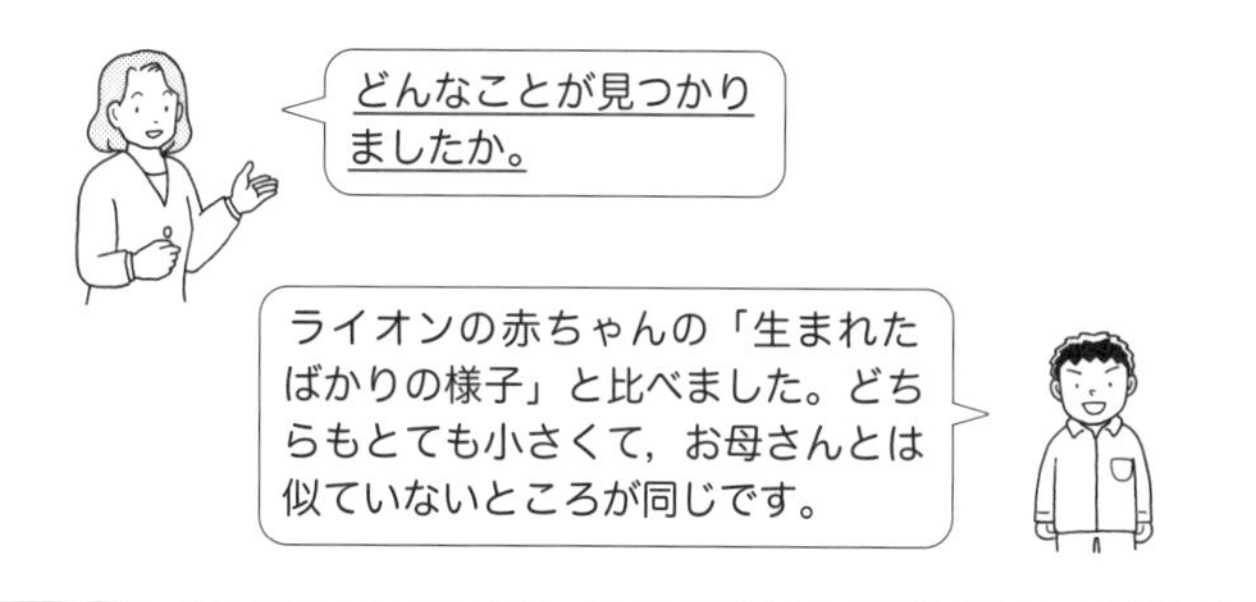
どんなことが見つかりましたか。
ライオンの赤ちゃんの「生まれたばかりの様子」と比べました。どちらもとても小さくて，お母さんとは似ていないところが同じです。

大まかには，しまうまとカンガルーは肉食動物に襲われる対象である。但し，カンガルーの赤ちゃんはお母さんの袋に守られているので，すぐに自分で逃げる必要はない。自分でえさを取り始める時期が，ライオン１年，カンガルー６ヶ月，しまうま７日，という違いはそれを象徴している。この点は児童から出てこなければ，教師が「えさを取るようになるのが早い順に言うと？」などと指示して気づかせてもよい。

「違いを比べてみて思ったことや考えたことを書きましょう。書けたら発表してください。」

どうぶつの赤ちゃん

第8,9時（8,9/10）

本時の目標

他の動物の赤ちゃんについて調べることができる。

授業のポイント

できれば，２種類，３種類と同じ書き方で違う動物を取り上げさせたい。書き方にも慣れ，楽しんで活動できるだろう。

本時の評価

本や資料を使って他の動物の赤ちゃんについて調べ，まとめている。

〈本の準備〉調べ学習の本を準備するときには，あらかじめ授業で取り組んできたパターンでまとめ

板書例

・本や　ずかんから　えらぶ

・「生まれたばかりの　ようす」

「大きく　なって　いく　ようす」

↑しらべる

◇しらべたことを　まとめよう

（かく　こと）

生まれたばかりの　ようす
大きく　なって　いく　ようす

↑かならず　かく

＋

おもしろかった　こと
はじめて　しった　こと

↑できるだけ　かく

① 下がき　…　ノート

② せいしょ

③ 見なおし

☆ つぎの　じかんに　よみあう

1 出し合う めあて　知っている動物の名前を出し合い，本時の課題を知ろう。

「ライオン，しまうま，カンガルーの他に，知っている動物の名前を言ってください。」

・ぞう。　　・きりん。　　・うさぎ

「動物にはたくさんの種類がありますね。」

・赤ちゃんはどうなんだろう。

ライオンとしまうまの赤ちゃんは，ずいぶんと違いました。他の動物の赤ちゃんはどうなのでしょう。
ライオンの赤ちゃんともしまうまの赤ちゃんとも違うかもしれないね。
しまうまみたいに，生まれてすぐお母さんそっくりの動物がいるのかな。

「今日の勉強は，ライオン，しまうま，カンガルーと違う，別の動物の赤ちゃんについて調べることにします。」

2 対話する 決める　調べたい動物を決めよう。

ここに動物についての本があります。この中から最初に調べたい動物を決めましょう。
パンダが可愛くて大好きだから，パンダにしよう！
ペンギンがいいな。

教科書P99で紹介されているように，動物の種類ごとになっていて，写真が多い本をできるだけたくさん集めておく。同じ動物の本でも何冊かあれば，それに超したことはない。

資料になる本や図鑑が足りない状態では，待ち時間が多すぎて授業として成立しない。学校になければ，あらかじめ公立図書館の団体貸し出しのシステムを利用して借りておくようにする。グループに何冊かずつ渡してその中から選ばせるという方法もある。

られている内容かどうかを確認しておくとよいでしょう。

どうぶつの 赤ちゃん

(め) ほかの どうぶつの 赤ちゃんに ついて しらべよう

〈ほかの どうぶつの 赤ちゃん〉

・ライオン、しまうまの どちらとも ちがう？

・生まれたばかりで おかあさんと そっくりの どうぶつは いるのかな？

※児童の発表を板書する。

◇しらべたい どうぶつを きめよう

主体的・対話的で深い学び

・調べて書く活動を主体的に取り組ませるには，児童の実態を捉えて，それに合った手立てが必要となってくる。なかには，お手本をそのまま写すだけでも難しい児童がいるかもしれないし，その一方で，授業の前から書きたいことがたくさんあって，うずうずしている児童もいるかもしれない。児童の実態の少し先を示す手立てが出せれば，主体的な姿が引き出せるだろう。

準備物

・動物に関する本や図鑑。できれば，人数分以上。

・ワークシート（児童数）
（児童用ワークシート見本 DVD 収録【1下_21_04】）

3 調べる 書く　文の書き方を確かめ，調べた動物についてノートに下書きしよう。

「勉強したことを生かして，調べたことを文にしましょう。」

「『どうぶつの赤ちゃん』では，２つのことについて特にくわしく書いていましたね。覚えていますか。」
・生まれたばかりの様子。
・大きくなっていく様子。

その２つは，必ず調べて書くことにしましょう。他にも読んでいて面白いことや初めて知ったことなどをノートに書いていくといいですね。
これまでのノートを見直して，ライオンやしまうまと同じようにに書いてみよう。

調べても分からなかったことは，書かなくてもよいことを伝えておく。

4 書く　調べたことを清書しよう。

「では，ていねいに清書しましょう。」
・生まれたばかりの様子と大きくなっていく様子は必ず書くのだったね。

まず，調べる動物の種類について書きましょう。『ペンギンの赤ちゃん』というような書き方です。
まず，『パンダの赤ちゃん』と書けばいいね。
ペンギンの生まれたばかりの様子は…。

調べ学習になると，着手するまでに迷って時間が過ぎてしまう児童がいる。名前，題名，書き出しだけでも指示してワークシートに一斉に書かせておくとスムーズに始めやすくなる。

書けたら，間違いがないか，見直しさせる。

「次の時間は，調べて書いたことを読み合います。」

どうぶつの赤ちゃん

第 10 時（10/10）

本時の目標

調べたことを書いた文を友達と読み合うことができる。
学習を振り返ることができる。

授業のポイント

それぞれがまとめたワークシートを読み合うときに，関連本を見せ合いながら共有させ，より学びを深めさせたい。

本時の評価

調べて分かったことを友達と共有している。
新しく知ったことや読み取りの方法などについて思い出し，学習を振り返っている。

〈情報の共有〉調べたことを友達に知らせるときは，書いたワークシートだけでなく，調べた本も

板書例

☆ グループで　よみあう
① ともだちが　まとめた　ものを　よむ
② ともだちに
「よかった　ところ」
「もっと　きいてみたい
こと」
つたえる

〈よみあった　かんそう〉
・生まれたときの　ようすが　よく
にている　ことが　わかって
おもしろかった
・赤ちゃんの　ようすが　よく　わかった
・ほかにも　しらべてみたい

※児童の発表を板書する。

◇ ふりかえろう
・学しゅうの　ながれ
・学しゅうしたこと

たいせつ　くらべて　よむと，
なにが　ちがうのかが
よく　わかる

1 めあて 交流する　他の動物の赤ちゃんについて調べたものを読み合おう。

「今日は，前の時間にみんなが他の動物について調べてまとめたものを友達と読み合います。」
・みんな，どんな動物について調べたのか楽しみだな。

では，自分が調べたものを友達と読み合いましょう。調べた本も用意しておきましょう。

ペンギンの赤ちゃんは…，へえ，卵で生まれるなんて知らなかったよ。

キリンについて調べたんだね。キリンは生まれたときから首が長いんだね。

それぞれが書いてまとめたワークシートを読み合わせる。クラスの実態によっては，ペアで読み合わせる。

「友達の調べたことで，『よかったところ』『もっと聞いてみたいこと』を，その友達に伝えましょう。」
・ゾウは，生まれたときから大きな体で，すぐに立ち上がるし，おちちを３年も飲むんだ。しまうまと比べやすいように，うまく調べて書いているね。

2 交流する　読み合った感想を発表しよう。

友達と調べたことを読み合った感想を発表しましょう。

○○さんが調べたキリンと，ぼくが調べたゾウは，しまうまと生まれたときの様子がよく似ていることが分かって面白かったです。他にも同じような動物がいないか調べてみたいと思いました。

・△△さんがパンダについて調べたものを読みました。生まれたときは全身真っ白の小さな体だとか，おちちを飲むのは６か月ぐらいとか上手に書いてあって，パンダの赤ちゃんのことがよく分かりました。
・□□さんがゴリラの赤ちゃんを調べたものを読んで，人間の赤ちゃんに似ているような感じがしました。サルやチンパンジーのような，人間に似ている他の動物のことも知りたいと思いました。

「いろいろな動物の赤ちゃんの様子を比べて，似ているところや違うところをたくさん見つけられましたね。」

あわせて示しながら，情報を共有させるとよいでしょう。

どうぶつの　赤ちゃん

㋱ ほかの　どうぶつの　赤ちゃんに　ついて
わかった　ことを　しらせよう

〈しらべた　こと〉
○ほかの　どうぶつの　赤ちゃんに　ついて
・生まれたばかりの　ようす
・大きく　なって　いく　ようす
・おもしろかった　こと、
はじめて　しった　こと

◇ともだちと　よみあおう

主体的・対話的で深い学び

・動物の赤ちゃんについて，それぞれが調べたことを共有することで，自分では気づかなかったことや知らなかったことを知り合わせることができる。新しく知識が増える喜びだけでなく，自分が調べてまとめたことを友達に読んでもらう喜びも感じさせたい。
・振り返りという活動は，学習の定着という意味で重要でありながら，児童にとってあまり面白い学習にはなりにくいものである。学習を振り返った友達の発表や感想についてどのように考えるか，あらためて尋ねると，それは対話的な学びにつながるだろう。

準備物

・動物に関する本や図鑑。（前時の調べ学習で使用したもの）

3 振り返る　学習の流れを思い出そう。

学習の振り返りをしましょう。学習課題は何でしたか。
ライオンの赤ちゃんとしまうまの赤ちゃんについて比べたね。
「比べて読もう」でした。

・カンガルーの赤ちゃんについても比べました。
・他の動物の赤ちゃんについて調べました。

最初から順番に簡単に確かめていく。

学習の振り返りでは，ノートを見直しながら進めるようにする。手がかりがない状態では，うまく振り返れない児童もノートに書いてあることを見ながらであれば思い出せるはずである。板書やノート指導も，あとで見直すときのことも考えて，日付を書いたり，余白をとって見やすくしたりするなどの指導をしておくとよい。

4 振り返る　学習したことを振り返ろう。

この勉強で初めて知ったことや不思議だなあと思ったことを発表しましょう。
しまうまが，生まれてすぐに大人のようになる理由が分かりました。
ライオンとしまうまで赤ちゃんが全然違うことが分かりました。

・ペンギンが卵で生まれるって，初めて知りました。

ライオンやしまうま，カンガルー以外の動物について調べて分かったことでもよい。

「『どうぶつの赤ちゃん』では，違いを考えて読みましたね。何と何の違いだったでしょう。」
・ライオンの赤ちゃんとしまうまの赤ちゃんの違い。
・「生まれたばかりの様子」と「大きくなっていく様子」を考えて読んで，1つずつ比べたね。

比べながら読むことで，違いがよく分かったことを確かめ合う。

DVD 収録（黒板掲示用イラスト，児童用ワークシート見本）

ワークシート　第5・6時

どうぶつの　赤ちゃん

名まえ（　　　　）

● ライオンの　赤ちゃんと　しまうまの　赤ちゃんを　くらべましょう。

	（　　　）ようす	（　　　）ようす
ライオンの　赤ちゃん 		
しまうまの　赤ちゃん 		

ワークシート　第8・9時

名まえ（　　　　）

● ほかの　どうぶつの　赤ちゃんに　ついて　しらべましょう。

（　　　）の　赤ちゃん	生まれたばかりの　ようす	大きく　なって　いく　ようす	おもしろかった　こと はじめて　しった　こと

これは，なんでしょう

全授業時間４時間

◉ 指導目標 ◉

・互いの話に関心をもち，相手の発言を受けて話をつなぐことができる。
・身近なことや経験したことなどから話題を決め，伝え合うために必要な事柄を選ぶことができる。
・事柄の順序など情報と情報との関係について理解することができる。

◉ 指導にあたって ◉

① 教材について

クイズを自分たちでつくる学習です。ほとんどの児童はクイズが大好きです。しかし，自分でつくるとなると意外と難しいことに気づくでしょう。問題が易しすぎたり，難しすぎたり，または，問題自体が分かりにくかったりと様々な課題が出てくるはずです。それを解決していくことが力をつけることにつながっていきます。

１つ１つの段階で着実に取り組ませて力をつけさせていきます。そのためには，ヒントを考える，問題にする，発表する，といったそれぞれの段階をていねいに指導することが必要になってきます。

指導したことをこの単元だけで終わらせずに，できるだけ活用したいところです。既習の「どうぶつの赤ちゃん」で学習したことも生かして「どうぶつクイズ」をつくる，などのようにつなげると，時間的にも内容的にも無理なく楽しく学習に取り組むことができます。

② 主体的・対話的で深い学びのために

クイズは，多くの児童が好きな活動であり，クイズを出すことが好きな児童も多いはずです。ただし，問題を作ったり相手も楽しめるような尋ね方をしたりできるかというと，これはかなりていねいな指導が必要です。問題の考え方や出し方の枠組みをはっきりと伝えることで，児童は主体的にこの学習に向かうことができるようになります。

◉ 評価規準 ◉

知識及び技能	事柄の順序など情報と情報との関係について理解している。
思考力，判断力，表現力等	・「話すこと・聞くこと」において，身近なことや経験したことなどから話題を決め，伝え合うために必要な事柄を選んでいる。 ・「話すこと・聞くこと」において，互いの話に関心をもち，相手の発言を受けて話をつないでいる。
主体的に学習に取り組む態度	これまでの学習をいかし，粘り強く二人で話し合い，協力してクイズを作ろうとしている。

◉ 学習指導計画　全 4 時間 ◉

次	時	学習活動	指導上の留意点
1	1	・教師が出すクイズに答え，学習の見通しを持ち，学習課題「2人で問題を考えてクイズ大会をしよう」を確かめる。 ・クイズの出し方について考え，教科書 P102-105 を見て確かめる。	・児童に作らせたい形式の出題をする。
2	2 3	・2人組でクイズの答えになるものを決める。 ・決めたものの特徴から，ヒントを3つ以上考え，ヒントを出す順番を考える。 ・2人組で，更にクイズづくりをする。 ・クイズ大会に向けて，問題を出す練習をする。	・教室にあるものなど，身近なもので考えさせる。 ・ヒントを出す順は，話し合って考えさせる。 ・3つ目4つ目でも，問題を自由に作らせる。 ・音声 CD や動画で，問題の出し方や答え方を確認するとよい。
3	4	・クイズの見直しをして，問題の出し方の分担を確かめる。 ・「これは，なんでしょう」クイズ大会をする。 ・学習を振り返る。	・クイズの約束を確かめる。 ・グループで行う。 ・指名の仕方や答え方も指導する。 ・話し合うときに大切なことも確かめる。

DVD 収録（児童用ワークシート見本）

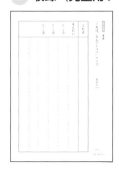

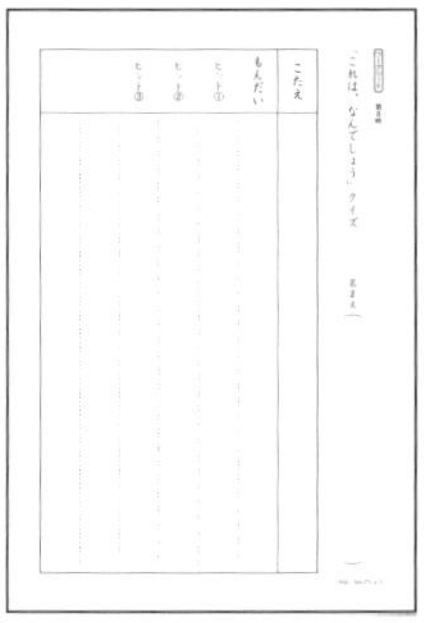

これは，なんでしょう

第1時　(1/4)

本時の目標

「これは，なんでしょう」クイズの手順を理解し，学習の見通しをもつことができる。

授業のポイント

教師がどんな形で進めるかをあらかじめ具体的にイメージしておくことが大切である。導入では，その形に合わせて例題となるクイズを出していく。

本時の評価

ヒントの作り方や出し方，クイズ大会を開くことなど学習することをイメージしている。

〈ヒントの重要性〉 ヒントの内容と順番を考えるところが難しくもあり，楽しいところでもある

板書例

〈クイズの　つくりかた・出しかた〉

1 学校に　ある　ものから
こたえを　かんがえる

2 ヒントは　三つ（より　おおく）
☆ かたち、はたらきなどから

3 ヒントを　出す　じゅんばんを
はなしあう
☆ さいしょは　むずかしい　ヒント
（れい）「とけい」の　ヒント
①
・まるい
・すうじが かいてある
・いつも うごいている
・じかんが わかる
さいご
（ほかに）
・はりが ある
・ながい はりと みじかい はり
→ ヒントを　出す　じゅんばん

4 クイズを　出す
☆ すぐに　こたえを　いわない

1 答える　先生の出すクイズに答えてみよう。

今から，クイズを出します。分かった人は答えを勝手に言わずに手を挙げましょう。「4本足です。硬くて四角いものです。これは，何でしょう。」分かった人！
はい！車ですか？
うーん，「4本足」って聞いたときは，動物かと思ったけど…。

「（答えの正否は言わず）質問してもいいですよ。」
・どれぐらいの大きさですか。
・どこにありますか。
「大きな犬ぐらいの大きさです。教室にあります。」
「では，次のヒント。教科書や道具箱が入っています。」
・わかった！机です。

何も説明していない段階だが，児童に指導していこうと考えているヒントの出し方や指名の仕方などをできるだけそのまま行うようにする。そうすることで児童はあとの説明をより明確に理解することになる。

2 めあて 見通す　学習の見通しをもとう。

「この勉強では，みんなにクイズを作ってもらいます。」
・さっき先生が出したみたいなクイズかな？
・やった！楽しそう。
「そうです。『これは何でしょう』クイズです。今回は，お隣の人と2人組で作ることにします。」
隣がいない場合は，3人組にする。

クイズは，まず，学校にあるものから答えにするものを決めて，2人で，さっき先生がしたようなヒントの出し方ができるものを作ってもらいます。
最初は，答えをいっても，正解か間違いか言わなかったね。
ヒントをいくつ作るのかな。

「問題の作り方もヒントの出し方も説明するので，それに合わせて進めましょう。最後には，みんなでクイズ大会をしましょう。」

ことを児童に伝えましょう。

これは、なんでしょう

㋱ 学しゅうの 見とおしを もとう
クイズに ついて しろう

〈学しゅうの めあて〉

ふたりで もんだいを かんがえて
クイズ大かいを しよう

主体的・対話的で深い学び

・最初に教師から出すクイズは，児童が取り組む流れを具体的に体験させることがねらいである。あらかじめ指導するポイントを明確に押さえた上でクイズを出すようにする。そうすれば，イメージが鮮明になり，児童が主体的に活動するようになる。

準備物

3 つかむ　クイズの出し方を知ろう。

「まず，ヒントは３つか，それよりたくさん作ります。」

教師の出したクイズのヒント①４本足②硬くて四角い③大きな犬ぐらいの大きさ④教室にある⑤教科書や道具箱が入っている，を確かめる。

先生は，すぐに正解かどうかを言いませんでした。なぜだか分かりますか。
他の子も考えられるように，かな。
質問することを考えたり，次のヒントも聞いて考えたりできるように。

「クイズの得意な人がすぐに１人で答えてしまっては，みんなで考えられません。せっかく作ったヒントを使うためにも，もし答えがあっていてもすぐには言いません。」

「ヒントの順番も大切です。」
・最初に簡単すぎるヒントはダメなんだね。

4 読む とらえる　教科書を読んで学習の進め方を確かめよう。

「教科書（P102-105）を見てみましょう。教科書では『時計』を答えにして，問題を考えています。」

ヒントの順番を話し合っている場面では，「まるい」は先にして，「時間」は最後に言おう，と相談して決めています。どうしてこんな順番がよいのでしょう。
最初は，難しいヒントの方がいいからです。
すぐに答えが分かるクイズでは，つまらないからです。

「難しそうなヒントから出して『これは，なんでしょう』と言っています。他にヒントは考えられますか。」
・針があります。

「なるほど。針と糸の『針』もあるから，面白いヒントかもしれませんね。」
・長い針と短い針があります。
・それだとすぐに分かるし，使うなら最後の方だね。

「では，次の時間からクイズづくりをはじめましょう。」

これは，なんでしょう

第 2,3 時（2,3/4）

本時の目標

クイズの答えになるものを決め，そのものの特徴からヒントを考え，２人で話し合って，クイズの問題を作ることができる。

授業のポイント

ヒントが思い浮かばない児童には，いっしょに考えたり，教科書の例題のヒントを一部変えたりさせてもよい。

本時の評価

クイズの問題を考え，ヒントを３つ以上作り，難易度を考えて順番を決めている。

〈教え合い〉クイズの答えを決める段階で進まないペアがいたら，他のペアからどんな答えが考え

板書例

・いろ　・ようす
・つかいかた　・ばしょ
・かず　・大きさ、おもさ

③ ヒントの　じゅんばんを　はなしあう
☆ さいしょは　むずかしい　ヒント
④ クイズようしに　かく

◇ れんしゅうを　しよう
☆ ていねいな　ことば
・はっきり　ゆっくり　はなす
・一人ずつ　じゅんばんに　しつもん
「ほかに　しつもんは　ありますか」
「つぎの　ヒントを　だします」
・「わかった　人は　いますか」
↓ あてられてから　こたえる

1 振り返る 練習する

前時の学習を振り返ろう。クイズ作りを練習しよう。

「今日は，クイズを作ってもらいます。クイズを作るときに気をつけることは何でしたか。」

・ヒントは３つ以上考える。
・出す順番を考えて，最初は難しいものから出す。

「クイズは，１人１問（２人組で２問）作ります。まず，ノートに書いてからクイズ用紙に清書しましょう。ヒントの順番もしっかり考えます。」

では，練習です。答えを『鉛筆』としてヒントになりそうな形や働きなどを考えてみましょう。
細長い。
使うと，だんだん短くなる。
字が書ける。
筆箱の中にある。

「いいですね。そんなヒントをいくつも見つけて，クイズを作りましょう。」

2 決める 書く

クイズの答えになるものを決めよう。

最初に答えを決めましょう。学校にあるものの中から考えます。隣の人と考えて，それぞれノートに書きましょう。
いいね。消しゴムはどう？
黒板は？

「教室にあるものだと考えやすいかもしれませんね。他の人と同じになっても構いません。答えが見つからない人は，練習に使った『鉛筆』や教科書にのっている『時計』でもいいですよ。ヒントは教科書や黒板に書いてあるものとは少し変えられるといいですね。」

クイズの形式で書くだけでも，学習になっている。最もよくないのは，何もしないままで終わってしまうことである。

られるか（自分たちの問題以外で）教えてもらってもよいでしょう。

これは、なんでしょう

㋱ クイズの もんだいを かんがえよう

〈クイズの つくりかた〉

① 学校に ある ものから
こたえを かんがえる
・二人 一もん（二人で 二もん）

② ヒントは 三つ（より おおく）

・かたち ・はたらき

主体的・対話的で深い学び

・児童は，課題が明確になり取り組み方が理解できると，主体的に行動を始める。「練習」はそのための準備だと，教師が意識しておく必要がある。

準備物

・クイズ用紙（グループ数×3～4枚）
（児童用ワークシート見本 DVD 収録【1下_22_01】）
・（あれば）指導書の音声CD

3 書く 対話する　ヒントを考え，問題に出す順番を話し合おう。

「答えが決まったら，ヒントを考えます。形や働きの他，色や様子も，ノートに書き出してみましょう。」
・消しゴムは…，小さくて白い。字や絵を消せる。
・黒板は，四角い。大きい。緑色。教室にある。…

ヒントをたくさん考えられたら，2人で相談して，3つか4つ選んでその順番を決めましょう。
「黒板」だと，最初は「四角い形」がいいよね。
そうだね。他にいっぱい四角い形のものがあるからね。じゃあ，最後のヒントは何がいいかな。

「最初に簡単なヒントを出さないように考えましょう。」

2人でよいと思うヒントを選択させ，出す順を話し合わせる。どうしてもヒントが3つ浮かばない場合は2つでもよいことにする。

後のクイズ大会のときに，「答えが分かったあとで，どんなヒントができたか一緒に考えてあげて下さい」と加えて，考えさせる時間をとってもよい。

4 作る 練習する　もっとクイズを作ってみよう。問題を出す練習をしよう。

「1つ目の問題ができたら，2つ目も作ってみましょう。」
・次は，プールで考えよう。
・これもヒントを「四角い形」から始めると面白いね。

慣れると面白さも増してくるだろう。3つ目4つ目ができる2人組には自由に作らせるとよい。

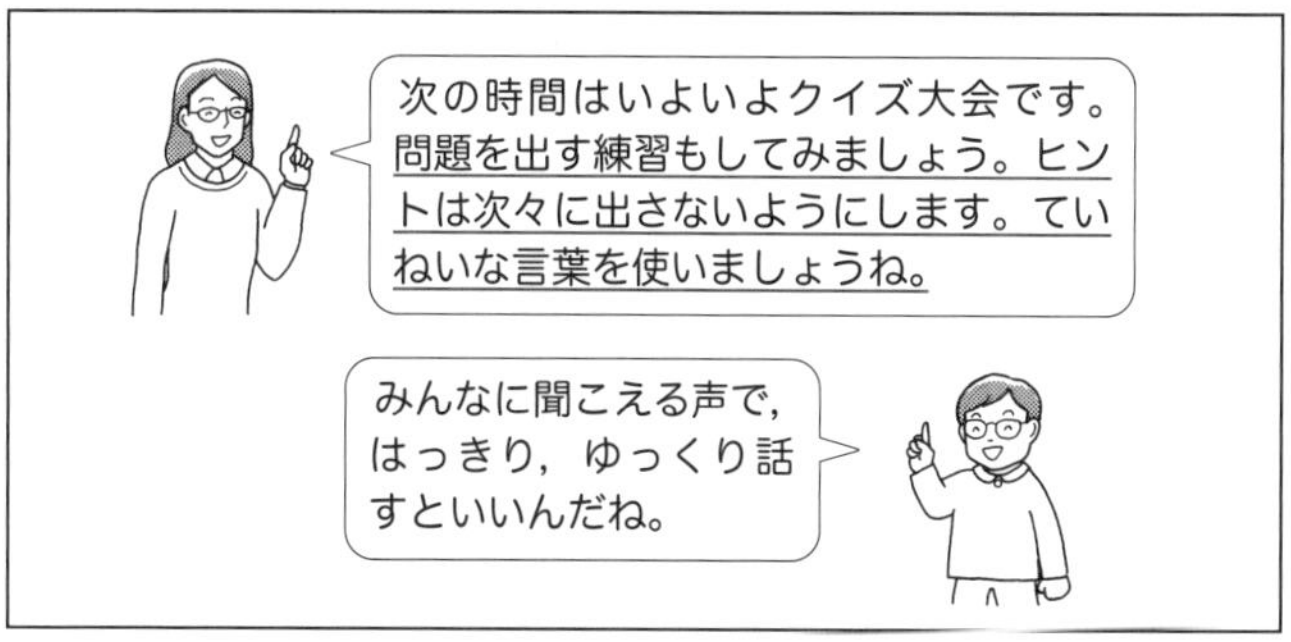
次の時間はいよいよクイズ大会です。問題を出す練習もしてみましょう。ヒントは次々に出さないようにします。ていねいな言葉を使いましょうね。
みんなに聞こえる声で，はっきり，ゆっくり話すといいんだね。

指導書付録の音声CDや，教科書の二次元コードの動画で問答の以下の様子を確かめる。
○一人ずつ順番に質問する。
○「他に質問はありますか」「次のヒントを出します」
○「分かった人はいますか」と言われてから答える。

これは，なんでしょう

第4時　(4/4)

本時の目標

話し方・聞き方に気をつけながら，話題に沿って質問したり応答したりして，適切なやり取りをすることができる。

授業のポイント

発表を始めるときの言葉や，指名の仕方などを確認しておくことで，流れがかなりスムーズになる。

本時の評価

約束通りの出題や聞き方で，適切にやり取りしている。

〈模擬応答〉 教師が答える側になって，実際にクイズを出す活動をさせてみると，できていない

板書例

〈もんだいを　だす　人〉

☆　すぐに　こたえを　いわない

「クイズを　だします。」

「さいしょの　ヒントです。・・・

これは、なんでしょう。」

「（ほかに）しつもんは　ありませんか」

「つぎの　ヒントを　だします」

「わかった　人は　いますか」

〈こたえる　人〉

・手を　あげて　あてられてから

↓　しつもん、こたえ

◇　ふりかえろう

・クイズに　ついて

・はっぴょうの　しかた

・はなしあいで　気を　つけたこと

1　見直す　確かめる

作ったクイズを見直そう。問題の出し方の分担を確かめよう。

「前の時間に作ったクイズを見直しましょう。」

自分が書いた字が読めなかったり，スムーズに読めなかったりすると，場の雰囲気がだらけてしまう。1年生では，正しく書けているか，読めているかを自分で判断することが難しい児童もいる。あらかじめ教師がそういった児童の練習に寄り添ってアドバイスしておき，クイズの本番で達成感を味わわせたい。

だれが最初のヒントを言うか，質問にはだれが答えるかなど，問題の出し方を2人で話し合って決めておきましょう。
ぼくは，1つ目の問題のときに，ヒントを出す役をするよ。
じゃあ，わたしは，質問はないか聞いたり，質問に答えたりするね。

問題を出すときの，2人の役割分担を確認する。

2　確かめる

クイズの約束を確かめよう。見本で確かめよう。

「クイズを出すときと答えるときの約束がありましたね。」

・答えをすぐに言わない。
・手を挙げて，当てられてから答える。

これまで学習した内容を確かめる。

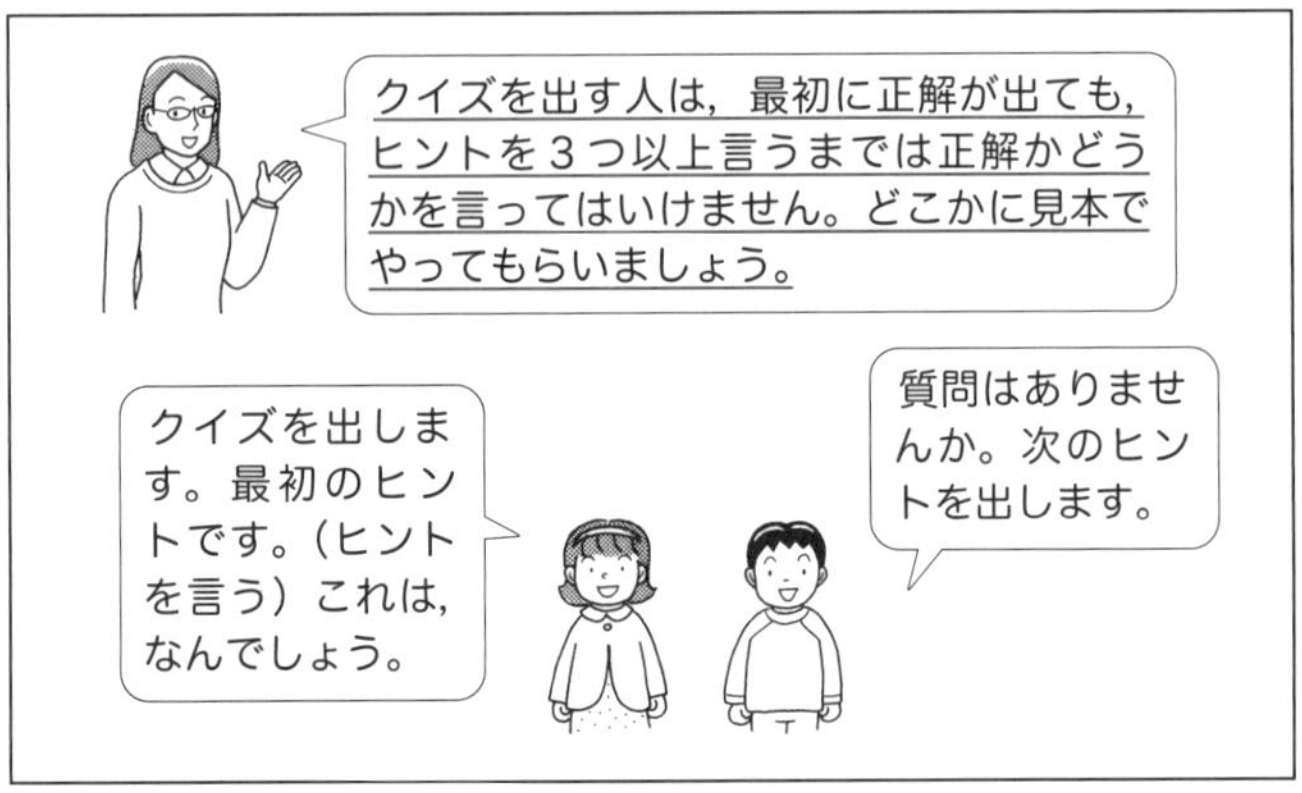
クイズを出す人は，最初に正解が出ても，ヒントを3つ以上言うまでは正解かどうかを言ってはいけません。どこかに見本でやってもらいましょう。
クイズを出します。最初のヒントです。（ヒントを言う）これは，なんでしょう。
質問はありませんか。次のヒントを出します。

クイズを多く作った2人組に見本をしてもらう。

「聞いてなかった」「もう言った」などの余計な混乱は避けたい。「クイズを出します」のような節目の言葉をしっかり言わせ，聞く側の体勢も整わせる。また，発表側も質問側も「～ます」「～ですか」など丁寧な言葉遣いをすることで，適度な緊張感を保つことができる。

ことが明確になります。

これは、なんでしょう

(め) クイズ大かいを　たのしもう

◇やくわりを　きめよう

・ヒントを　だす　人

・しつもんを　やりとりする　人

クイズ大かい

〈やくそく〉

・ていねいな　ことば

主体的・対話的で深い学び

・クイズでは，答える側もルールを理解し，積極的に参加するという姿勢で臨むことで，より楽しい時間となる。上手に進めている組み合わせがあれば，全体的に紹介することで，より深い学びにつながるだろう。

準備物

3 交流する　ペアを組み合わせたグループになって，クイズを出し合おう。

「では，グループを作ってクイズ大会をしましょう。」

クイズを出します。四角い形をしています。これは，何でしょう。
動きますか。
どれぐらいの大きさですか。
何色ですか。

・(出題側) 動きません。とても大きいです。緑色です。分かった人はいますか。他に質問はありませんか。(なければ) 次のヒントを出します。文字や絵を描いたり消したりして使います。分かった人はいますか。

・(解答側) はい！(あてられて) それは黒板です。

・(出題側) 正解です。答えは黒板です。

「問題を出す人は，ていねいな言葉でヒントを出したり質問に分かりやすく答えたりしていました。答える人も，あてられてから上手に質問できましたね。」

4 振り返る　学習の振り返りをしよう。

「クイズの感想を言ってもらいましょう。」

・○○さんのクイズのヒントが面白かったです。

・大きな声で，ていねいな言葉でできました。楽しかったので，クイズ大会をまたしたいです。

2人で話し合って，問題を作りました。話し合うときにどんなことに気をつけましたか。
友達の話をよく聞いてから，自分が考えたことを話しました。
言っていることがよく分からないときは，そのままにせずに，質問しました。

クイズの内容（ヒントを出す順番，答えが面白かったなど），発表の仕方（声の大きさ，指名の仕方，挨拶の仕方など）に加え，話し合うときに大切なことや話し合ったよさについても振り返らせる。

「問題を出す人も，答える人も約束どおりできたので，楽しいクイズ大会になりましたね。」

よんで　かんじた　ことを　はなそう

ずうっと，ずっと，大すきだよ

全授業時間８時間

◉ 指導目標 ◉

- 文章を読んで感じたことや分かったことを共有することができる。
- 場面の様子に着目して，登場人物の行動を具体的に想像することができる。
- 身近なことを表す語句の量を増し，話や文章の中で使うとともに，言葉には意味による語句のまとまりがあることに気づき，語彙を豊かにすることができる。

◉ 指導にあたって ◉

①　教材について

「ずうっと，ずっと，大すきだよ」は，少年「ぼく」とエルフとの交流が描かれており，ここまでに出てきた「おおきなかぶ」「くじらぐも」などと比べると，登場人物の思いが深く表現されている物語です。児童は，「ぼく」と自分とを重ねて読むことも多く，児童によっては，涙を流すほど感動する子もいるでしょう。その一方で，まだ読書になじんでいない児童には，文章が長いため，やや抵抗があるかもしれません。そういったことも心得た上で，「ぼく」のエルフへの思いを読み取らせていきたい教材です。

すばらしい作品だけに，音読練習を充分にさせたいものです。児童は，早く読むのが上手だと思いがちです。ゆったりと間をとって，読み手も聞き手も場面をイメージすることができるような音読も指導していきましょう。

言語活動ということが言われるようになってから，読解を軽視するような風潮も一部にあります。確かに，以前は教師の思い入れが大きすぎて配当時間も展開も児童にとって負担になるような授業がされているときもありました。こういったことは改める必要があります。

しかし，読解を言語活動のための準備のような位置づけで軽く扱うことも賛成できません。必要以上に時間をかけないように，充分に絞り込んだ内容で児童が感情移入できるような授業を目指したいと思います。それがあった上でこそ，言語活動も生きてくると考えます。

②　主体的・対話的で深い学びのために

１年生にとって，読んだことについて話し合うという活動は，決して容易なことではありません。読み取りの段階で話し合いのことを考えて，展開やノート指導を行い，単元を通してそれが上達していくような指導をすることで主体的な学びに近づけます。

この学習を通して，全員が同じような感想をもつ必要はなく，それぞれの感想や意見を話し合いながら共有するよさを感じ取らせることを目指します。

◉ 評価規準 ◉

知識 及び 技能	身近なことを表す語句の量を増し，話や文章の中で使うとともに，言葉には意味による語句のまとまりがあることに気づき，語彙を豊かにしている。
思考力，判断力，表現力等	•「読むこと」において，場面の様子に着目して，登場人物の行動を具体的に想像している。 •「読むこと」において，文章を読んで感じたことや分かったことを共有している。
主体的に学習に取り組む態度	学習の見通しをもち，友達の考えや感想を積極的に知ろうとし，読んで感じたことを伝え合おうとしている。

◉ 学習指導計画　全 8 時間 ◉

次	時	学習活動	指導上の留意点
1	1 2	・「読んで感じたことを話そう」という課題を理解し，学習の見通しをもつ。 ・読み聞かせを聞き，全文を音読する。 ・出し合った感想をもとに，みんなで話し合いたいことを決め，これからの学習計画を立てる。	・ペットを飼った経験を出し合わせる。 ・難語句やあらすじを確かめる。 ・「いいな」「すきだな」「どうしてかな」など，心に残ったことを出し合わせる。
2	3	・エルフの変わっていく様子を確かめ，話の筋を押さえる。	・教科書に線を引かせる。 ・挿絵も活用する。
	4	・「ぼく」がエルフを大好きだと分かる部分を探しながら，話の筋を押さえる。	・「ぼく」の会話や行動に着目させ，教科書に線を引かせる。
	5	・エルフが死んだとき「ぼく」はどうして「いくらか気もちがらくだった」のかを考え，話し合う。	・本文の叙述から読み取らせた後，さらに深ぼりした質問で話し合わせる。
	6	・「ぼく」は，どうして子犬をもらわなかったのかを考え，話し合う。	・吹き出しの言葉を考えさせる活動で，「ぼく」の気持ちを考えさせる。
	7	・「ぼく」は，どうして隣の子にバスケットをあげたのかを考え，話し合う。	・「あなただったらどうしますか」という問いかけから，「ぼく」の気持ちを考えさせる。
3	8	・学習を振り返る。 ・学習全体の感想を伝え合う。	・自分の考えの変わったところや，楽しかったところを振り返らせる。

DVD 収録（黒板掲示用イラスト）

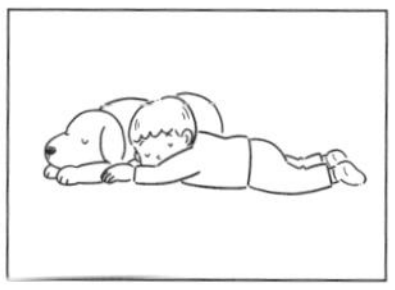

ずうっと，ずっと，大すきだよ

第1,2時（1,2/8）

本時の目標

学習の見通しをもつことができる。
範読を聞いて，感想を話し合うことができる。

授業のポイント

分からない言葉を理解し，登場人物を確かめるだけでも，あらすじはかなり分かってくる。教えるべきところは教えてテンポよく進める。

本時の評価

学習の見通しをもっている。
範読を聞いて，感想を交流している。

〈長文の範読〉長いお話などを範読しているときは，児童のページをめくる様子などを見て，

板書例

ハンス＝ウイルヘルム　さく・え（さくしゃ）
ひさやま　たいち　やく（やくしゃ）
―やくす　人

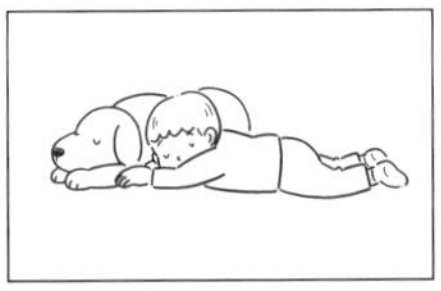

※教科書 P107 の挿絵を掲示する。

〈とうじょうじんぶつ〉
・エルフ
・ぼく
・にいさん、いもうと（かぞく）
・じゅうい
・となりの　子

〈かんじた　こと〉
・エルフは　しあわせだった
・まいばん「ずうっと　大すき」
⊙どうして　いくらか　気もちが　らく　だったのか
⊙どうして　子犬を　もらわなかったのか
→⊙どうして　バスケットを　あげたのか

※児童の発表を板書する。

◎みんなで　はなしあう（あとで）

1 出し合う 見通す（第１時）

ペットを飼った経験を出し合おう。学習の見通しをもとう。

「みんなの中で，ペットを飼っている人はいますか。前に飼っていたことがある人でも構いません。」
・はい！犬が２匹いる。
・前に，ネコを飼っていたよ。

ペットと一緒にどのように過ごしていますか。
家族の誰かが，犬と毎日お散歩しています。
ネコは年を取って死んでしまったけれど，生きている間は一緒に遊んだりしました。

「今度の勉強は，『ずうっと，ずっと，大すきだよ』という男の子とペットとのお話です。『読んで感じたことを話そう』というのが，この勉強のめあてです。」
・どんなふうに話したらいいのかな。

「自分が『いいな』『好きだな』と思ったところや，『どうしてかな』と不思議に思ったところを見つけて，それについて話します。」

2 聞く 音読する

読み聞かせを聞き，言葉やあらすじを確かめながら音読しよう。

「教科書 106 ページです。作者は誰ですか。」
・ハンス＝ウイルヘルム。外国の人。絵も描いている。

「外国のお話ですが，日本語に直されています。直すことを『訳す』，訳した人を『訳者』と言います。日本語に訳されていても，絵の人は外国人ですよね。絵だけでもいろいろ想像できるから，絵も大切ですね。では，先生が読むので聞いてください。」

範読後，難語句を確かめながら音読させる。

お話のだいたいの流れを「あらすじ」と言います。挿絵であらすじを確認しましょう。
最初は，エルフも「ぼく」も赤ちゃんだね。
次のページの挿絵は，エルフのおなかを枕にして寝ているよ。

物語の簡単なあらすじを，挿絵でおさえながら，登場人物も確認しておく。

その集中度をときどき確認します。

ずうっと、ずっと、大すきだよ

ⓜ 学しゅうの　見とおしを　もとう

よみきかせを　きこう

〈学しゅうの　めあて〉

よんで　かんじた　ことを　はなそう

・「いいな」「すきだな」

・「どうしてかな」

↓　見つけて　はなす

主体的・対話的で深い学び

・読み聞かせを聞くという活動も，意識づけによって，主体的な活動になる。事前に聞くポイントとして「好きなところを３つ見つけようね」などと明確にして，合間に「見つかった？」などと声かけをすると，かなり違ってくるはずである。

準備物

・教科書P107の挿絵の拡大コピー，または，黒板掲示用イラスト　DVD 収録【1下_23_01】より

(第２時)

3 書く　感じたことをノートに書こう。

「『いいな』『好きだな』と思ったところや，『どうしてかな』と不思議に思ったところを書きましょう。好きな挿絵で考えた人は，その挿絵の場面に関わる文章のところを見つけて，文章の中でいいと思うところを書けるといいですね。」

読んで感じたことをノートに書きましょう。
エルフに「ずうっと，大すき」って言ってあげていたところが好きだな。
エルフを抱っこして階段を上っている挿絵が好きだから…。

・「ぼく」は，本当にエルフのことが大好きだったんだね。ずうっとそばにいたい気持ちがよく分かった。
・なぜ，隣の子から子犬をもらわなかったのかな。

ここに至るまでに，メモをする指導をしていない場合は，教科書に線を引かせるだけでもよい。

4 交流する 決める　感じたことを発表しよう。学習計画を立てよう。

「では，書いたこと（線を引いたところ）を発表してもらいましょう。」
・エルフが死んでしまって可哀想なお話だと思った。
・死んで可哀想でも，エルフは幸せだったと思うよ。

友達の発表を聞いて自分も同じだと思ったら，今からノートに書いて（教科書に線を引いて）もいいですよ。他にありませんか。
毎晩「ずうっと，大すきだよ」と言うのがいい。
エルフが死んでも，「ぼく」は，どうしていくらか気持ちが楽だったのか。

・「ぼく」が子犬をもらわなかったのはどうしてかな。
・隣の子に，なぜバスケットをあげちゃったのだろう。

「好きなところや不思議に思うところが出てきました。この中で，みんなで話し合いたいことはありますか。」

ある程度教師主導で，後にクラスで話し合う題材を決め，学習計画を立てる。

ずうっと，ずっと，大すきだよ

第3時 （3/8）

本時の目標

本文を読み，エルフが変わっていく様子を読み取ることができる。

授業のポイント

エルフの様子を書いた部分は，たくさんある。児童から出てきたものを整理して，関係づけることで，理解させたい。

本時の評価

エルフが変わっていく様子を表す文章を見つけようとしている。

〈変容箇所〉徐々に変わっていったはずですが，授業では一番変わったところを選ばせると分かり

板書例

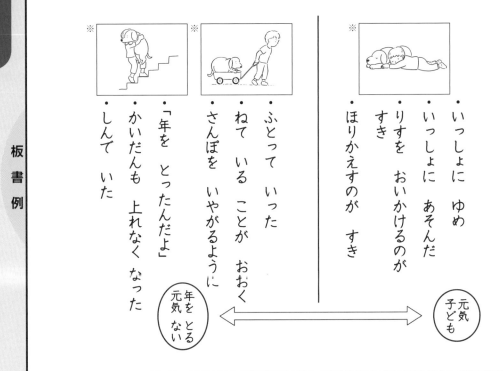

・いっしょに　ゆめ
・いっしょに　あそんだ
・りすを　おいかけるのが　すき
・ほりかえすのが　すき

※
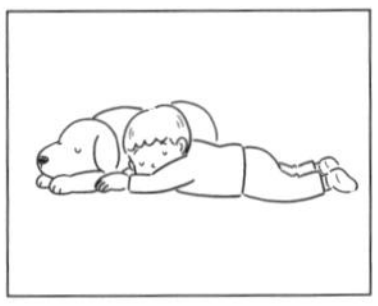

・ふとって　いった
・ねて　いる　ことが　おおく
・さんぽを　いやがるように
・「年を　とったんだよ」
・かいだんも　上れなく　なった
・しんで　いた

※

※

元気　子ども　⟷　年を　とる　元気　ない

1 めあて 音読する　本時の課題を確かめ，全文を音読しよう。

今日は，エルフが変わっていく様子を確かめましょう。
最初は，赤ちゃんだったよね。どこから弱ってきたのかな？
最後は死んでしまったね。

「エルフが変わっていく様子は，どのように探せばよいでしょう。」

・「エルフ」って書いてあるところを見ていったら？
・絵を見ても分かるよ。
・分かるところに線を引いたらいいと思う。
・エルフのことが書いてあるところを全部見つけて，最後に見直したら分かりやすいよ。

「では，エルフがどう変わっていったのか様子が分かる部分を探しながら読みましょう。」

全文を音読する。

2 見つける 対話する　変わっていく様子が分かる部分を探そう。

では，今から，エルフの様子が分かる部分を探しましょう。
絵は，全部エルフが入っているから，探さなくても分かるよね。
絵はどうしたらいいですか。
線を引いたらいいね。

「まず，教科書のエルフの様子が分かる部分に線を引きましょう。最初はどこかな。」

・エルフっていう言葉は出てくるところ…。
・エルフのことが分かるのは…。
・「いっしょに大きくなった」で，最初は小さかったけど，一緒にだんだん大きくなっていったことが分かる。
・でも，「ずっと早く」で，ぼくよりも大きくなるのは早かったんだね。
・犬は，人間より早く大人になるんだよ。

やすいでしょう。

ずうっと、ずっと、大すきだよ

㋱ エルフの　かわって　いく　ようすを　よみとろう

◇エルフの　ようすが　わかる　ところに　せんを　ひこう

・いっしょに　大きく
・ずっと　早く
・あったかい　おなか

※

※教科書 P106 ～ 112 の挿絵を順に並べて掲示する。

主体的・対話的で深い学び

・「エルフの変わっていく様子が分かるところ」と尋ねると，考えにくくなる児童もいるだろう。まず，エルフの様子が分かる部分を見つけて，その次に変化について考えさせると，全員が主体的に線引きに向かうようになる。

準備物

・教科書P106～112の挿絵の拡大コピー，または，
黒板掲示用イラスト DVD 収録【1下_23_01】より

3 対話する 読み取る　エルフの変わっていく様子をまとめてみよう。

「みんなが見つけたところを見直してみましょう。」
・最初は，赤ちゃんで，「ぼく」と兄弟みたいに育った。
・エルフもそう思っていたかも。

エルフが一番大きく変わるのはどこでしょう。
「ふとっていった」は，運動しなくなったからじゃないかな。
寝ていることが多くなったところかな。最初は，いつも一緒に遊んでいたから。

「教科書 109 ページの 3 行目で間がありますね。この間は何かな。」
・時間が過ぎて，何年も経っている。
・エルフが子どもから大人になったんだ。
・犬は早く年を取るから，ぼくよりも先に大人になって，年をとったんだね。

エルフの変化を，時系列で板書してまとめていく。

4 振り返る　今日の学習について振り返ろう。

「今日の勉強を振り返りましょう。」
・エルフの様子が分かる部分がたくさん見つかった。
・線を引くところがいくつもあったよ。

エルフが一番大きく変わったのは，どこでしたか。
遊ばなくなって，ふとって，散歩もいやがった。
109 ページの，エルフが年をとってから。

「エルフはこんなふうに変わっていきましたが，『ぼく』は，エルフのことをどう思っているでしょうか。」
・ずっと大好き。
・でも，散歩には行きたかったのかな。
「次の時間は，この勉強をしましょう。」

エルフの変化を確かめて，気づいたことや考えたことを簡単にノートに書かせてもよい。

ずうっと，ずっと，大すきだよ

第 4 時　(4/8)

本時の目標

「ぼく」がエルフを大好きな様子を読み取ることができる。

授業のポイント

「大すき」と書いていない部分については，意見が違う場合もあるだろう。その場合，なぜそう思うかを言わせて交流させる。

本時の評価

ことばや挿絵に着目し，「ぼく」がエルフを大好きなことが分かる部分を見つけようとしている。

〈発表の進め方〉 発表させるときは，教科書の順番に進めると，遅れがちな児童もついていき

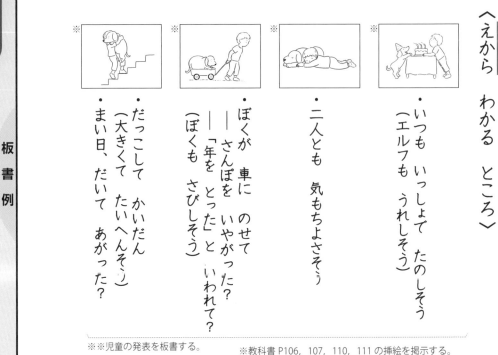

板書例

〈えから　わかる　ところ〉

※ 

・いつも　いっしょで　たのしそう
（エルフも　うれしそう）

※ 

・二人とも　気もちよさそう

※ 

・ぼくが　車に　のせて
—さんぽを　いやがった？
—「年を　とった」と　いわれて？
（ぼくも　さびしそう）

※ 

・だっこして　かいだん
（大きくて　たいへんそう）
・まい日、だいて　あがった？

※※児童の発表を板書する。

※教科書 P106，107，110，111 の挿絵を掲示する。

1 めあて 音読する　本時の課題を確かめ，本文を音読しよう。

「ぼくがエルフのことを大好きだというのは，いいかな。」
- ぜったいそうだよ。
- 題名にも，「大すきだよ」って書いてある。

今日は，ぼくがエルフのことを大好きだと分かる部分を探してみましょう。
まず，題名。
次は，「せかいでいちばんすばらしい犬です。」のところ。

- 「せかいで～」の文は，大好きって書いていないよ。
- でも，犬はたくさんいるのに，世界でいちばんすばらしいって思っているから，大好きって分かるよ。

「『大好き』という言葉を使っていなくても分かるところもありますね。その調子で，『ぼく』がエルフを大好きだと分かる部分を探しながら読みましょう。」

全文を音読する。

2 見つける　ぼくがエルフのことを大好きだと分かる文章に線を引こう。

では，続きの 107 ページからどれだけあるか，探しましょう。
きっとたくさんあるよ。
また，線を引いたらいいね。

「では，教科書の順番に言ってください。」
- おなかを，いつもまくらにするのがすきだった。
- いっしょにゆめを見た。
- ぼくの犬だったんだ。
- まい日いっしょにあそんだ。
- みんなは，エルフのこと，大すきだった。
- ぼくは，とてもしんぱいした。
- ぼくのへやでねなくちゃいけないんだ。
- やわらかいまくらをやって
- 「エルフ，ずうっと大すきだよ。」

教科書に線引きさせていく。

やすくなります。

ずうっと、ずっと、大すきだよ

㋱ ぼくが　エルフを　大すきだと
わかる　ところを　さがそう

〈文しょうから　わかる　ところ〉

・せかいで　いちばん　すばらしい　犬
・いっしょに　ゆめを　見た
・ぼくの　犬
・ぼくの　へやで　ねなくちゃ　いけない
・「エルフ、ずうっと、大すきだよ。」

※※児童には，教科書の該当箇所に線を引かせる。但し，第３時で引いた線と区別して，別の色で線引きさせるとよい。

主体的・対話的で深い学び

・児童によって意見が違う箇所があれば，ぜひ取り上げて話し合いに持ち込みたい。例えば，「ねなくちゃいけないんだ」を上げた児童に対して，「大好きだとは分からない」という児童がいた場合，なぜそう思うのか，みんなはどう思うか，など取り上げて掘り下げていくことで深い学びにつながっていく。最終的に，意見が一致しなくても，無理にまとめる必要はないだろう。

準備物

・教科書P106～111の挿絵の拡大コピー，または，黒板掲示用イラスト DVD 収録【1下_23_01】より

3 対話する 読み取る　絵から分かるところを出し合い，文章とつなげよう。

「たくさん，見つかりましたね。」
・絵を見ても分かるよ。

絵から分かることもありますね。絵から「ぼく」がエルフを大好きだ分かることを考えてみましょう。
遊びも，ケーキでお祝いも一緒で楽しそう。
一緒に寝ていて，気持ちよさそうだね。

・エルフが散歩を嫌がったら，ぼくが台車を引いてる。
・なんか，「ぼく」の顔も寂しそうだね。
・獣医さんに，「年をとったんだ」と言われたからかな。
・エルフを抱っこして，階段を上がっているよ。
・大きくて大変そうだね。
・でも，毎日，抱いて上がっていたんだね。

ペアやグループで考えさせる。挿絵から読み取ったことはできるだけ文章とつなげ，理解を深めさせたい。

4 振り返る　今日の学習について振り返ろう。

「今日の学習の振り返りをしましょう。」
・「ぼく」がエルフを大好きなことがよく分かったね。
・自分では気づかなかったけど，みんなの話で分かったところがあったし，絵からもたくさん分かった。

エルフは，だんだん弱っていくけど，「ぼく」がエルフを大好きなことは変わらないですね。
もっと大好きになっているかも。
台車に乗せてあげたり，階段を抱いて上がったりしているよね。

・どうしても一緒に「ねなくちゃいけない」と思った。
・一緒に遊べなくなっているのに。

「エルフの変わっていく様子と，『ぼく』が大好きなところは分かりましたね。次の時間からは，最初の感想でみんなが不思議に思ったことについて考えていきましょう。」

読み取った感想を（書かせて）交流する。

ずうっと，ずっと，大すきだよ

第 5 時 (5/8)

本時の目標

エルフが死んだとき,「ぼく」は，どうして「いくらか気もちがらくだった」のかを考え，話し合うことができる。

授業のポイント

本文の叙述部分から，理由はすぐに見つけられるだろう。そこで,「どうして『ずうっと～』と言っていたら気持ちが楽だったのか」まで深掘りして考えさせたい。

本時の評価

「ぼく」は，どうして「いくらか気もちがらくだった」のかを考え，話し合っている。

〈言葉への着目〉「だって」が理由を表す言葉であることに気づいて発表した児童を褒め，全体に

板書例

※教科書 P113 の挿絵を掲示する。

・にいさん、いもうとは すきと いって いない（ないて いる）

※※

だって、まいばん エルフに「ずうっと、大すきだよ。」と いって やって いたから

※教科書 P111 の挿絵を掲示する。

⇦

◎どうして 気もちが らくなのか

・「大すき」を まい日 つたえて いたから
→ こうかいが ない

・「ずうっと」から、「しんでしまっても 大すき」と わかるから

※※

※※児童の発表を板書する。

1 めあて 音読する　本時の課題を確かめ，本文を音読しよう。

「前の時間は,『ぼく』がエルフを大好きな様子を見ていきましたね。」

・文章と挿絵から分かることを見つけたね。

今日は，大好きなエルフが死んだのに「ぼく」が「いくらか気もちがらくだった」と言ったのはなぜか，みんなで考えていきましょう。
悲しくてたまらなかったのにね。
「気持ちがらく」の意味がよく分からないね。

・大好きな人がいなくなったら，ふつうはとてもつらいはずだよね。

・わたしは，ペットの猫が死んじゃったとき，何日もの間，思い出すたびに涙がでちゃった。

「そのことを考えながら，全文を読みましょう。」

全文を音読する。

2 書く 対話する　なぜ「いくらか気もちがらくだった」のか考えたことを書き，話し合おう。

「まず,『ぼく』はなぜ『いくらか気もちがらくだった』のか，考えたことを書きましょう。」

・大好きな犬が死んだら，ふつうはとても辛いと思う。それなのに「気もちがらく」だなんて，自分だったら考えられないし，その気もちはよく分からない。

自分の考えをノートに書かせる。

では，自分の考えを，隣の人と話し合ってみましょう。自分がそう考えた理由も言えるといいですね。
毎晩エルフに「ずうっと大好きだよ。」って言ってやっていたから。
わたしも同じ考え！「だって」で始まっているから，わけを書いていると思った。

・挿絵でも，好きと言ってやらなかった兄さんや妹は，「ぼく」と違って，悲しくて泣いているね。

隣どうしで，ノートに書いた自分の考えを話し合わせる。

広げましょう。

ずうっと、ずっと、大すきだよ

㋱「いくらか 気もちが らくだった」のは
どうしてなのか かんがえよう

〈学しゅうの ながれ〉

① じぶんの かんがえを かく

② となりの 人と はなしあう

③ クラスで はなしあう

主体的・対話的で深い学び

・本単元の初発の感想で，児童から出た疑問をもとに展開する対話の授業の１回目である。自分の考えを，まず，ノートに書かせ（自力解決），ペアで話し合い（協同解決），それからクラスで話し合い（一斉検証・深い学び）へという流れで進めていく。

・最後の振り返りでは，友達と意見を交流することによって，自分一人では考えられなかったことも気づくことができた，などの対話・交流のよさを感じ取らせたい。

準備物

・教科書P111，113の挿絵の拡大コピー，または，黒板掲示用イラスト DVD 収録【1下_23_01】より

3 交流する 対話する　クラス全体で，考えたことをもっと話し合おう。

「では，2人で話し合ったことを発表してください。」

・「ぼく」は，兄さんや妹と違って，エルフに毎晩「ずうっと，大すきだよ」って言ってやっていたからです。「だって」と書いてあるから分かります。

ペアでの話し合いから出た意見を全体で交流する。

「理由を表す『だって』に，よく気がつきましたね。」

では，「ずうっと，大すきだよ」と言ってやっていたら，どうして「気もちがらく」なのですか。
「大すき」という気持ちをいつもエルフにちゃんと伝えていたから。
「ずっと」に比べると，「ずうっと」は「死んでしまっても」「いなくなっても」という感じがする言葉だから。

・エルフに自分の気持ちを毎日伝えたことで，伝えていなかった兄妹のような後悔がなかったのだと思う。

・年をとっても変わらなかったエルフへの気持ちは，死んでも変わらない自信があるのかもね。

4 書く 交流する　今日の学習について振り返ろう。

「今日は，どうして『ぼく』はエルフが死んでも『いくらか気もちがらくだった』のか，みんなで話し合いました。」

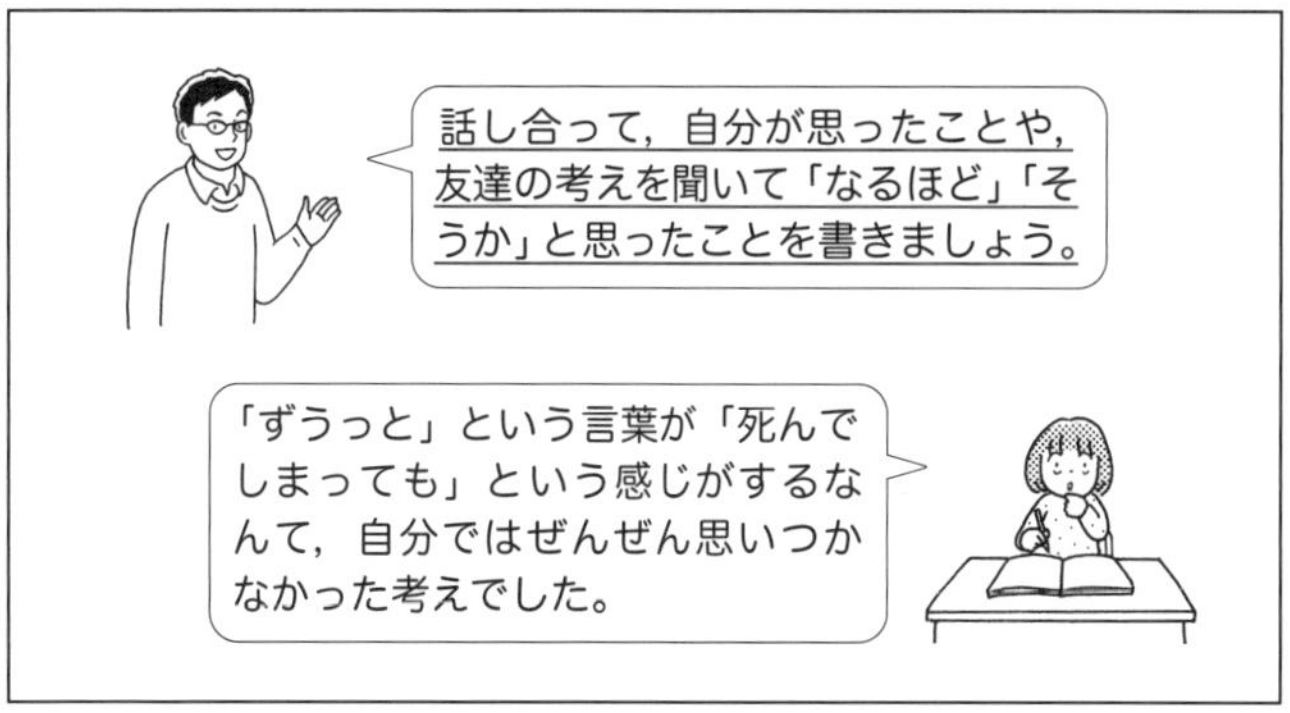
話し合って，自分が思ったことや，友達の考えを聞いて「なるほど」「そうか」と思ったことを書きましょう。
「ずうっと」という言葉が「死んでしまっても」という感じがするなんて，自分ではぜんぜん思いつかなかった考えでした。

学習を振り返った感想をノートに書かせる。なかなか書き進められない児童には，板書の中でいちばん「なるほど」と思える意見を視写させてもよい。

「ノートに書いたことを発表してください。」

・隣の人やクラスのみんなと話し合うと，自分一人で考えたこととは違うことに気づくことができてよかったです。

ずうっと，ずっと，大すきだよ

第 6 時 (6/8)

本時の目標

「ぼく」は，どうして子犬をもらわなかったのかを考え，話し合うことができる。

授業のポイント

ここで「ぼく」の気持ちを考えるとき，ここまでの学習やペットを飼った経験のある児童の意見を取り上げていくとよい。

本時の評価

「ぼく」は，どうして子犬をもらわなかったのかを考え，友達に伝えている。

〈自分だったら〉「ぼく」の気持ちを考えるとき，ぼくだったら，わたしだったら，と自分に引き

板書例

どうして　子犬を　もらわなかったのか

◇はなしあおう

・じぶんだったら、さびしくて　もらう

⟺

・エルフを　ずうっと　おもって　いるから　さびしくは　ない

・エルフは　ずっと　いっしょだから

※

◎「エルフは　気に　しないって　わかって　いた」を　かんがえよう

・エルフを　ずうっと　すきだから　ほかの　犬を　かっても　気に　しない

・まるで　まだ　生きて　いる　ように

※

※児童の発表を板書する。

1 めあて 音読する　本時の課題を確かめ，本文を音読しよう。

「前の時間に，エルフが死んでしまったときの『ぼく』の気持ちについてみんなで考えましたね。」

・「ぼく」は，エルフが死んでも，気持ちはいくらか「らく」だった。
・まいばんエルフに「ずうっと，大すきだよ」って言ってやっていたから。
・後悔がなかったから。

今日は，隣の子が子犬をくれると言ったのに，「ぼく」はどうしてもらわなかったのか，について考えましょう。みんなだったら，どうしたと思いますか。
わたしだったら，寂しくてもらってしまうと思う。
ぼくだったら，どうするかな。悩むなあ。

「そのことを考えながら，全文を読みましょう。」

2 出し合う 対話する　教科書 P114 挿絵の，吹き出しの言葉を考え，話し合おう。

「『ぼく』はどうして子犬をもらわなかったのかでしょう。隣の子が子犬をくれるといった場面の，『ぼく』の吹き出しの言葉を想像して考えてみましょう。」

・ありがとう。でもいらないよ。「ぼく」の犬はエルフだけと思っているから。
・また飼うかもしれないけど，今はいいんだ。せっかくだけど，ごめんね。

教科書 P114 の挿絵に「ぼく」の言葉の吹き出しを想像させ，書かせる。

では，吹き出しの言葉で考えてみたことから，「ぼく」がどうして子犬をもらわなかったのか，隣の人と話し合ってみましょう。
エルフ以外の犬はいらない，って考えていると思った。
でも，「いつか，ぼくも，ほかの犬をかうだろうし」と書いてあるけど…。

隣どうしで，自分の考えを話し合わせる。

寄せて考えている児童を取り上げて褒めましょう。

ずうっと、ずっと、大すきだよ

め 「ぼく」は どうして 子犬を もらわなかったのか かんがえよう

◇ふきだしの ことばを かんがえよう

※※

・ありがとう、でもいいよ ぼくの犬は エルフだけ
・エルフは ずっと いっしょに いるから
・また、犬を かうかも でも、今は いいんだ

※

※※教科書 P114 の挿絵を掲示する。

主体的・対話的で深い学び

・気持ちを考えることが苦手な児童がいる。「分からない」「何も思い浮かばない」などの答えが返ってくる場合もよくある。このような児童にも，吹き出しの中に当てはまる言葉を考える活動は，有効に働くことがある。「気持ちを考えよう」とほぼ同じ活動をしているにもかかわらず，「吹き出しの言葉を考えよう」というちょっとした手立てで，主体的に動き出す場合もある。

準備物

・教教科書P114の挿絵の拡大コピー，または，黒板掲示用イラスト DVD 収録【1下_23_01】より

3 交流する 対話する　どうして子犬をもらわなかったのか，クラス全体で話し合おう。

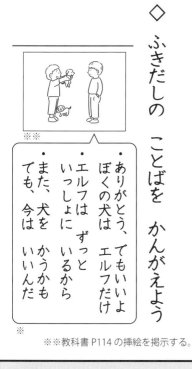

「では，２人で話し合ったことを発表してください。」

- 今は，エルフ以外の犬はほしくないからだと思います。わたしだったら，死んだばかりのエルフとの思い出を大事にしていたいと思うからです。
- エルフをずうっと好きと思っているから，寂しくなんかない，と思っている。

「エルフは気にしないとわかっていたけど」という文から，どんなことを思いましたか。
エルフは，他の犬を飼ってもいいと思っているってことだよね。
「ぼく」がエルフのことをずうっと好きだって分かっているから，別の犬を飼っても怒らないと思っている。

- エルフは死んじゃっているのに，まるでまだ生きているような感じの言い方だと思った。

4 書く 交流する　今日の学習について振り返ろう。

「今日は，どうして『ぼく』は隣の子から子犬をもらわなかったのか，みんなで話し合いました。話し合って，自分が思ったことや，友達の考えを聞いて『なるほど』『そうか』と思ったことを書きましょう。」

最初は，「ぼく」がいらないと言った理由がよく分からなかったけれど，みんなと話し合っているうちに…。
○○さんが，「ぼく」の中では，エルフはまだ生きているんだと思うという発表を聞いて「なるほど」と思いました。

学習を振り返った感想をノートに書かせる。

「ノートに書いたことを発表してください。」

- 自分だったら，寂しくて子犬をもらってしまうと思ったけれど，みんなの話を聞いているうちに，このお話の「ぼく」にとってずっとエルフはいるのだから寂しくないんだと考えられました。

ずうっと，ずっと，大すきだよ

第 7 時 (7/8)

本時の目標

「ぼく」は，どうして隣の子にバスケットをあげたのかを考え，話し合うことができる。

授業のポイント

まず「自分だったら」で考えさせた後に，「ぼく」の視点で話し合わせる。バスケットは，ふつうは簡単にあげられるものではないことを理解させたい。

本時の評価

「ぼく」は，どうして隣の子にバスケットをあげたのかを考え，友達に伝えている。

〈自分だったら〉本時では全員に「自分だったらどうするか」考えさせてから，「ぼく」の行動，

板書例

⇔

・「ぼく」は、つかって　もらいたかった
子犬が　いたら　つかうから

・エルフも　きっと　よろこぶ

※※

◎ バスケットは　いらない　もの？

・エルフとの　おもいで　…　たいせつ

・つかって　もらうほうが　いい

・おもいでは　きえない

※※

◇ ふきだしの　ことばを
かんがえよう

※教科書 P114 の挿絵を掲示する。

・やさしい　きみに　あげる

・子犬が　たくさん
いるから　つかうよね

・おもいでは　きえないから
だいじょうぶだよ

・エルフも　よろこぶよ

※※

※※児童の発表を板書する。

1 めあて 音読する　本時の課題を確かめ，本文を音読しよう。

「前の時間に，『ぼく』はどうして隣の子から子犬をもらわなかったのかをみんなで考えましたね。」

・今は，「ぼく」の犬はエルフだけで，他の犬はいらないと思っているから。
・エルフをずうっと思っているから，いらない。
・「ぼく」の中にエルフがいるから寂しくない。

今日は，なぜ「ぼく」は，隣の子に，バスケットをあげたのかを，みんなで考えてみましょう。自分だったらどうするか，も考えてみましょう。

「ぼく」にはバスケットはもういらないものだったのかな。

わたしだったら，あげられない。

「めあてを考えながら，全文を読みましょう。」

2 書く 対話する　自分の考えを書き，友達と話し合おう。

「『ぼく』は，なぜ，隣の子にバスケットをあげたのでしょう。まず，自分だったらどうするかを考えて書きましょう。それから『ぼく』の気持ちを考えましょう。」

・わたしだったら，エルフが死んだばかりで，エルフに使ったバスケットをあげるなんて考えられない。
・バスケットには，エルフとの思い出がつまっているはず。ぼくだったら，持っておきたいな。
・大切なものを「ぼく」は，なぜあげたのかな…。

自分の考えをノートに書かせる。

では，「ぼく」がどうしてバスケットを隣の子にあげたのか，自分だったらどうするか，話し合ってみましょう。

わたしだったら，大切なものは大事にとっておきたいけどな…。

「ぼく」は，やさしい隣の子に，エルフのバスケットを使ってもらいたかったんじゃないかな。

ペアやグループで，自分の考えを話し合わせる。

気持ちについて考えましょう。

ずうっと、ずっと、大すきだよ

㋱「ぼく」は なぜ となりの 子に
バスケットを あげたのか
かんがえよう

◇じぶんの かんがえを かこう

☆じぶんだったら？

◇はなしあおう

・じぶんだったら、だいじに とっておく

主体的・対話的で深い学び

・本時では，全員に「あなただったらどうしますか」を先に考えさせてから，「ぼく」の気持ちにせまりたい。前時に話し合った「なぜ子犬をもらわなかったのか」も振り返って「ぼく」の気持ちをつなげて考えさせたいところである。

・前時と同じ挿絵を使って吹き出しの言葉を考えさせている。ここでは，展開４で「ぼく」の気持ちをまとめる活動に利用しているが，「自分だったら」→「ぼく」の気持ちに視点を変えるときに利用することもできるだろう。

準備物

・教科書P114の挿絵の拡大コピー，または，黒板掲示用イラスト DVD 収録【1下_23_01】より

3 交流する　クラス全体で話し合おう。

「では，なぜ『ぼく』は隣の子にバスケットをあげたのか，話し合ったことを発表してください。」

・エルフのバスケットを使ってもらいたかったから。
・子犬がたくさんいた方がよく使うから。
・隣の子は，やさしいよい子だから使ってもらいたい。
・家においておくだけより，子犬たちが使ってくれた方がエルフもきっと喜んでくれると思う。

ペア（グループ）で話し合った意見を全体で交流する。

「ぼく」にとっては，もうバスケットはいらないものだったのでしょうか。
エルフとの大切な思い出がつまったものです。
でも，子犬がたくさんいる隣の子の方がバスケットを使うし，この子に使ってもらいたいと思ったのかな。

・「ぼく」はエルフとずうっと一緒で，エルフとの思い出はバスケットがなくても消えないと考えたんだね。

4 振り返る 交流する　挿絵の吹き出しの言葉を想像し，今日の学習について振り返ろう。

これまで話し合ってきたことを振り返って，教科書114ページの場面の絵で，『ぼく』は何と言って隣の子にバスケットをあげたのか考えてみましょう。
ぼくとエルフとの思い出は，バスケットをあげても消えないから大丈夫。
バスケットを使ってもらうとエルフも喜ぶよ。

・子犬をくれるなんて言ってくれてありがとう。子犬はいらないけど，やさしい君にバスケットをあげるよ。
・子犬がたくさんいるから使うよね。

「今日話し合って，思ったことや考えたことをノートに書きましょう。書けたら発表してください。」

・自分だったら，エルフとの思い出のつまったバスケットをあげるなんて考えられないと思いました。でも，「ぼく」にとってエルフはずうっと一緒にいて思い出は消えないから大丈夫なんだという考えを聞いて，「ぼく」の気持ちが分かりました。

ずうっと，ずっと，大すきだよ

第 8 時 （8/8）

本時の目標

学習を振り返ることができる。

授業のポイント

振り返りの作文は，1人1人内容が違うので，苦手な児童には書きにくい。「考えが変わったこと」「楽しかったこと」など具体的に書くことを指示する。

本時の評価

学習を振り返っている。

〈感想の観点〉学習全体を振り返って，どのような観点で感想を書けばよいのか板書で明確に

板書例

○ みんなで　はなしあう

◇ かんそうを　かこう

○ おはなしに　ついて　はなしあって

・おもった　こと

「おはなしを　よんで、（はじめは）～と
おもいました。はなしあってみると　～」

「～　ともだちの　かんがえを　きいて
なるほどと　おもいました。」

※※

・かんがえが　かわった　こと

「はじめは　～　と　おもったけれど、
はなしあって　かんがえが　かわりました。」

※※

・たのしかった　こと

◇ かんそうを　よみあおう

※教科書 P114 の挿絵を掲示する。

※※クラスの実態によっては，書き方を例示してもよい。

1 思い出す　学習の流れを思い出そう。

「ずうっと，ずっと，大すきだよ」の学習を振り返りましょう。学習課題は何でしたか。
みんなで話し合いをいっぱいしたね。
「よんで感じたことを話そう」でした。

「最初，みんながお話を読んだ後，『いいな』『すきだな』と思ったところや，『どうしてかな』と不思議に思ったところを出し合いましたね。」

・その中から，みんなで話し合って考えたいことを決めたね。

最初から順番に簡単に確かめていく。

学習の振り返りでは，これまで書いてきたノートを見直しながら進めるようにする。

2 めあて 書く　本時の課題を確かめよう。学習を振り返った感想を書こう。

「これまで，みんなで話し合いたいことを決め，その決めたことについて考え，話し合ってきました。今日はこれまで話し合ってきた感想をまとめて，伝え合います。」

・感想を書いて，発表するんだね。

「ずうっと，ずっと，大すきだよ」を学習した感想をノートに書きましょう。
お話を最初に読んだときに思ったことから，話し合って考えが変わったことを書こうかな。
みんなで話し合いをして，思ったことでもいいのかな。

「お話を読んで感じてきたことを話し合うことで，自分の考えの変わったところや，楽しかったところを書けるといいですね。」

学習全体の感想をノートに書かせる。

示しましょう。

ずうっと、ずっと、大すきだよ

㋱ 学しゅうを　ふりかえり
かんそうを　つたえあおう

◇ 学しゅうを　ふりかえろう

○ めあて
よんで　かんじた　ことを　はなそう

○ おはなしを　よんで
・「いいな」「すきだな」
・「どうしてかな」

※教科書 P111 の挿絵を掲示する。

主体的・対話的で深い学び

・学習全体の振り返りの時間となる。同じ物語を読み，その内容について違う意見や同じ意見の友達と話し合う中で，自分の考えが深まったり広がったりしたことに気づかせたい。

準備物

・教科書P106～115の挿絵の拡大コピー，または，
黒板掲示用イラスト DVD 収録【1下_23_01】より

3 対話する　学習した感想をグループで読み合おう。

では，書いたことを読み合いましょう。
いろんなことを話し合って楽しかったです。初めは違う考えだったことも，みんなの考えを聞いてなるほどと思いました。
同じことを思った！
違う考えの人と話すのも面白いと思ったね。

・「いくらか気もちがらくだった」という「ぼく」の気持ちは，最初はぜんぜん分からなかった。でも，みんなで話し合ってみると，「ぼく」は「ずうっと，大すき」と毎日言っていて後悔の気持ちがない，という友達の考えを聞いて，なるほどと思った。

・「自分だったら」と考えてから話し合ってみて，お話の「ぼく」がエルフをずうっと大すきと思う気持ちの強さに気づきました。

書いた感想をグループで交流する。

4 交流する　グループ対話の感想を交流しよう。

「グループで読み合った感想を発表しましょう。」

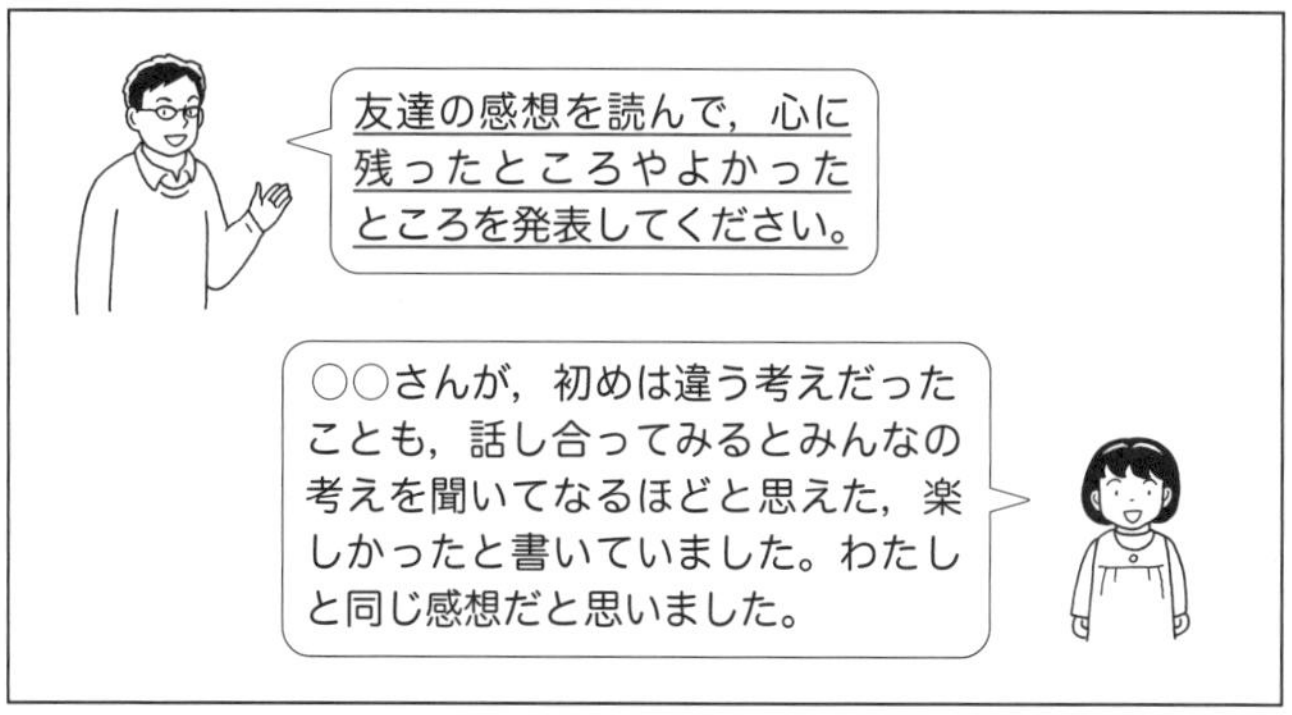
友達の感想を読んで，心に残ったところやよかったところを発表してください。
○○さんが，初めは違う考えだったことも，話し合ってみるとみんなの考えを聞いてなるほどと思えた，楽しかったと書いていました。わたしと同じ感想だと思いました。

・△△さんが，自分だったらぜったい違う，と思っていたことも，みんなで話し合って友達の考えをよく聞いていると，お話の「ぼく」の気持ちがよく分かるようになったと書いていました。話し合いでは，自分の考えも大事だけれど，友達の考えをたくさん聞いて，よく考えることが大事なんだなと思いました。

グループで読み合った感想を全体で交流し，物語を読んだ感想について話し合うよさを確かめ合わせたい。

にて　いる　かん字

全授業時間３時間

◉ 指導目標 ◉

・第１学年に配当されている漢字を読み，漸次書き，文や文章の中で使うことができる。
・語と語との続き方に注意しながら，内容のまとまりが分かるように書き表し方を工夫することができる。

◉ 指導にあたって ◉

①　教材について

1年生も後半になると，鉛筆を使い慣れ，細かい部分も書き分けられる児童が増えています。しかし，ここまでに意図的にはらいや折れなどをていねいに書くことに取り組んでいない場合，いい加減な書き方に慣れてしまっている場合もあります。この教材で，あらためて，教科書通りに正しく書くことを意識させたいものです。

1年生の漢字は画数が少ないものが多く簡単なように感じます。しかし，2年生以降に漢字が苦手になる児童には，1年生の漢字を不正確にしか覚えていない児童が少なくありません。まず，1年生の漢字を正しく覚えることが2年生以降の漢字を習得するために重要なことです。

漢字練習では，少し書き間違えただけで，他の字になることも強調し，細かいところまで気をつけさせます。普段から違いを意識しながら書くことを指導しましょう。

②　主体的・対話的で深い学びのために

1年生の段階では，まだ漢字嫌いはそんなに多くはないはずです。この時期に，漢字の面白さを味わわせて，漢字を主体的に観察し，学ぶ児童に育てたいものです。

本単元では，形に着目するので，教科書の漢字にこだわらなくてもよいでしょう。場合によっては2年生以上の配当漢字でも似ている漢字を見つけた児童をおおいに褒め，全体に広げることで深い学びにもつなげていけるでしょう。

◉ 評価規準 ◉

知識及び技能	第１学年に配当されている漢字を読み，漸次書き，文や文章の中で使っている。
思考力，判断力，表現力等	「書くこと」において，語と語との続き方に注意しながら，内容のまとまりが分かるように書き表し方を工夫している。
主体的に学習に取り組む態度	これまでの学習をいかし，進んで漢字の形に注意し，楽しみながら文を書こうとしている。

◉ 学習指導計画　全３時間 ◉

次	時	学習活動	指導上の留意点
1	1	・教科書 P118 の漢字の似ているところや違っているところに気をつけて書く練習をする。 ・その漢字を使った文をつくる。	・似ているところを赤で囲ませて意識させる。 ・実際に正しく書けていることを確認しながら進める。
2	2	・教科書 P119 の漢字を，書き順を確かめながら書く練習をする。 ・その漢字を使った文をつくる。	・１画目だけ赤で書かせ，書き順を意識させる。
	3	・教科書 P133－135 の漢字一覧から，似ている漢字や筆順を間違えやすい漢字を探す。 ・探した漢字を使って文を作る。	・教科書巻末の既習漢字表を参考にする。 ・できるだけ机間指導でノートに書いた字を確認し，間違いがあればその場で訂正し覚え直させる。

DVD 収録（漢字カード，児童用ワークシート見本）

貝	村	右	人	学	右	土
見	林	石	入	字	左	上

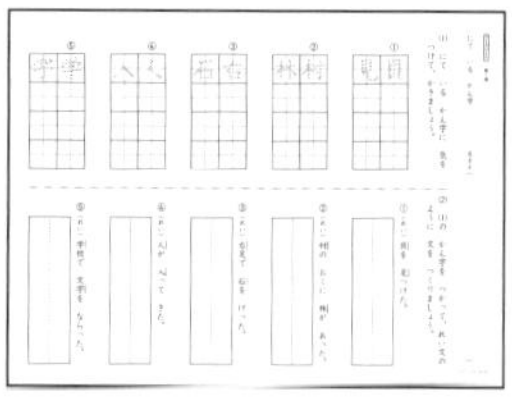
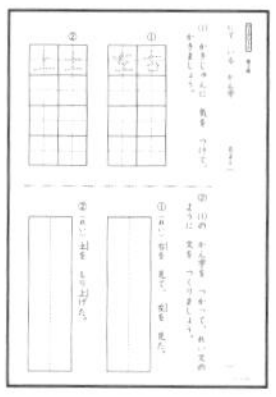

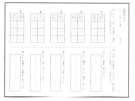

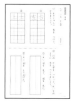

にて　いる かん字

第 1 時　(1/3)

本時の目標

形が似ている漢字について，漢字の形に注意して正しく読んだり書いたりすることができる。

授業のポイント

実際にノートに書かせること，そしてそれが正確に書けているかを１文字ずつ確認することが大切である。できるだけ授業中にチェックし，間違いがあればその場で書き直させたい。

本時の評価

似ている部分や違う部分に気をつけて，ノートに漢字を書いている。

〈間違い探し〉わざと間違えた漢字を文に入れて，それを見つけるという練習方法もあります。

板書例

字　学　　入　人　　石　右　　林　村

・村を　とおって
林へ　いく。

・右手で
石を　なげる。

・人が
入り口に　いる。

・かん字の
学しゅうを　する。

※児童の発表を板書する。

1 読む　教科書 P118 の似ている漢字を読もう。

教科書 118 ページの「にている かん字」を一緒に読みましょう。
こんなに似ていたら，間違えてしまうね。
「人」と「入」は，本当にそっくりだよ。

児童はこれまでにも，この教材に出てくる漢字を見たり，あるいは間違えたりしている。ゆっくり１文字ずつ確認するように読むことで，児童は自然に，漢字の似ている部分や間違えやすいところを意識させることになる。

新出漢字の指導は，教材とは別に漢字ドリルなどで一定のペースで進めることが有効である。できれば，この教材を扱うときには，「貝」「林」などの新出漢字としての指導，練習は既に終わっている方が望ましい。そうすれば，よりスムーズに授業が進められる。

2 見つける　漢字の似ているところと違うところを見つけよう。

「見」と「貝」のどこが似ていて、どこが違っているでしょう。
見
貝
どちらも上の方は「目」の形です。
下のところが違うよ。「見」は下の右側が曲がっているね。

「そうですね。ここが違うと別の漢字になってしまうので，気をつけないといけませんね。では，そこを赤で囲んでおきましょう。」

教科書の漢字の違う部分を赤で囲ませ，全員ができていることを確認する。

「他の字でも，違うところを赤で囲んでみましょう。」

教科書 P118 の 10 文字を確かめる。「貝」と「見」，「人」と「入」などは，分かっていてもつい間違えてしまうこともある。空書きなどで繰り返し練習し，この場で習熟させることを目指す。

にて いる かん字

ⓜ にて いる かん字に 気を つけて
かこう

にて いる
かん字

貝 見

◇ 文を つくろう

・見つけた
貝を ひろう。

主体的・対話的で深い学び

・隣の友達と問題を出し合うと，対話的で楽しい練習になる。出てきた漢字を使ってノートに文を書いたり，わざと間違えたりしてもよい。この活動が難しい児童は，教科書や黒板の文をそのまま写してもよいだろう。

準備物

・（黒板掲示用）漢字カード　DVD 収録【1下_24_01】
・ワークシート（児童数）
（児童用ワークシート見本　DVD 収録【1下_24_02】）

3 書く　似ている部分や違う部分に気をつけて漢字を書く練習をしよう。

「右」と「石」は書き順も気をつけましょう。この漢字をノートに書いてみましょう。
1画目と2画目を書く順番に気をつけよう。
石
右

ノートに書いたあとには，板書と同様に違う部分を赤で囲ませ，より違いを意識させる。

1年生だけに，これだけ繰り返し強調してもなお，間違えている児童もいると考えるべきである。机間巡視で全員が正確に書けていることを確認していく。

書く速さはそれぞれ違い，書き直しの場合もある。誰を確認したかが分からなくならないように，それぞれの児童のノートに丸をつけていく，など教師の目印になることも工夫するとよい。

4 作る　練習した漢字を使って文を作ろう。

これらの漢字を使って文を作ってみましょう。だれか文を作れた人はいますか。
右手で石をなげる。
村をとおって，林へいく。

「こんなふうに，似た漢字を1つの文の中で使えると気をつけやすいですね。そんな文が思いつかないときは，1つずつ使ってもいいですよ。では，ノートに考えた文を書きましょう。」

・「人が入り口にいる。」
・できた！「かん字の学しゅうをする。」

時間があれば，書けた文を発表させるとよい。ただ，ここではどんな文を作るかということよりも，漢字を細かい部分まで意識して書くことが重要となる。できるだけ，書く時間を確保したい。

にている かん字

第 2 時　(2/3)

本時の目標

漢字の筆順に注意して正しく書いたり，これまでに学習した漢字を使って文を作ったりすることができる。

授業のポイント

簡単な漢字であるが，これらの筆順は大人になっても自信がもてない人が少なくない。それだけに，1 年生のときにしっかりと体得させておきたい。

本時の評価

正しい筆順で，ノートに漢字を書いている。

〈覚え方の工夫〉語呂合わせは，クラス全体で考えると意外と児童の記憶に残るものが出てくる

板書例

左

て

うで

（左から　手が　のびた）

土

上

（二かく目は　一かく目を　つきぬけないように）

◇文を　つくろう

・左と　右を　見て、おうだんほどうを　わたる。

・土の　上を　あるく。

※児童の発表を板書する。

1 読む　教科書 P119 の似ている漢字を読もう。

「今日勉強する字は，書き順を間違えやすい字です。」

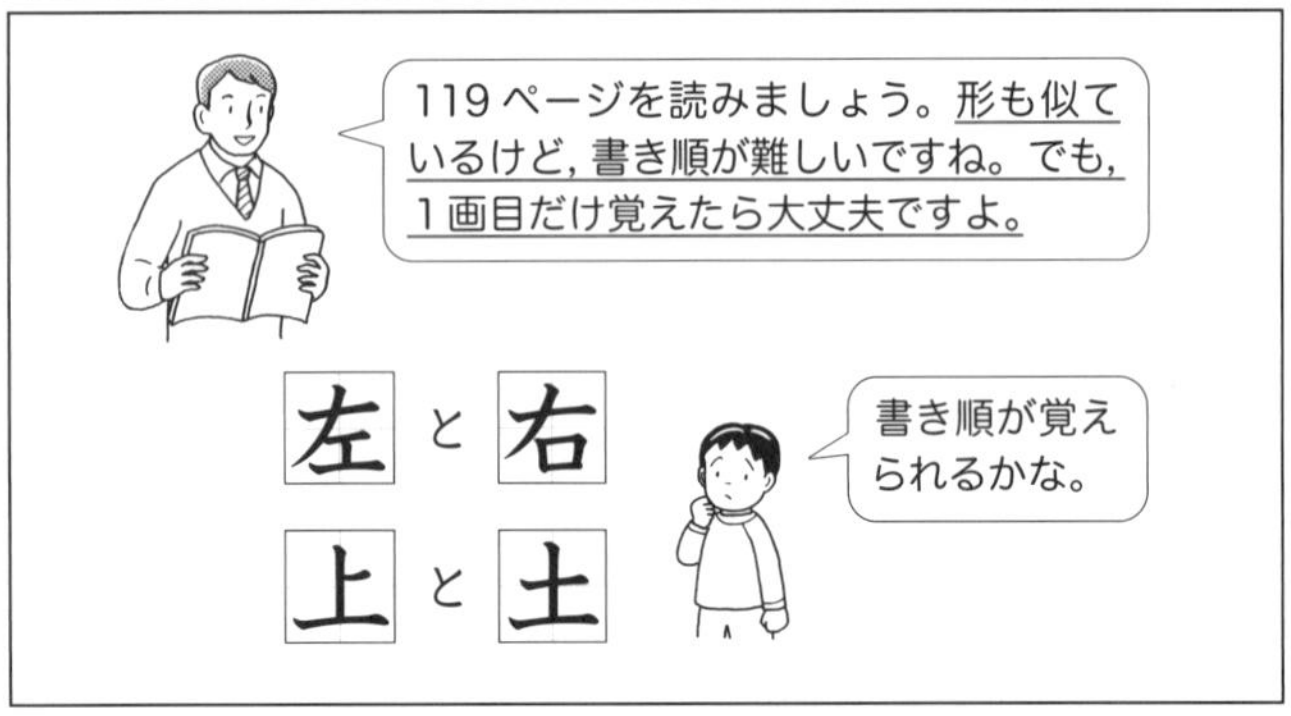

119 ページを読みましょう。形も似ているけど，書き順が難しいですね。でも，1 画目だけ覚えたら大丈夫ですよ。
左 と 右
上 と 土
書き順が覚えられるかな。

「右」と「左」の，1，2 画目の筆順が違うのは，字源によるものである。「左」は左側から「右」は右側から手が伸びた絵で，腕に当たる部分が 2 画目になっている。短い方の線は手（指）にあたる。一方，筆の流れでこの順になるという人もいる。字源と筆順により，線の長さが微妙に違っていると考えられる。

いずれにしても，児童に分かりやすい覚え方を伝えたい。

なお，「上」と「土」は字源から筆順の説明にはつなげられない。

2 なぞる とらえる　漢字の筆順を確かめよう。

「書き順を声に出しながら，教科書の字をなぞりましょう。まず，『右』の 1 画目は上から下へ。」

・いーち，…。（画数を声に出しながらなぞらせる）

教科書の字をなぞった後，空書きでも同様に練習する。

どのように覚えるとよいでしょう。
「右」は，「ノ（の），一（いち）」で覚えられないかな。
1 画目だけ覚えればいいのだったら…，「右」は，はらって，「左」は，「一（いち）」，というのは？

児童から意見が出れば，それを取り上げてみんなで試すとよい。こじつけのような語呂合わせも児童が覚えるのには意外に有効な場合がある。

「『右』の昔の字は右から手が伸びた絵でした。先に手をかいて，後から長い線を書くと力が入るから腕の部分が後になるそうです。『左』はその逆ですね。」

ことがあります。

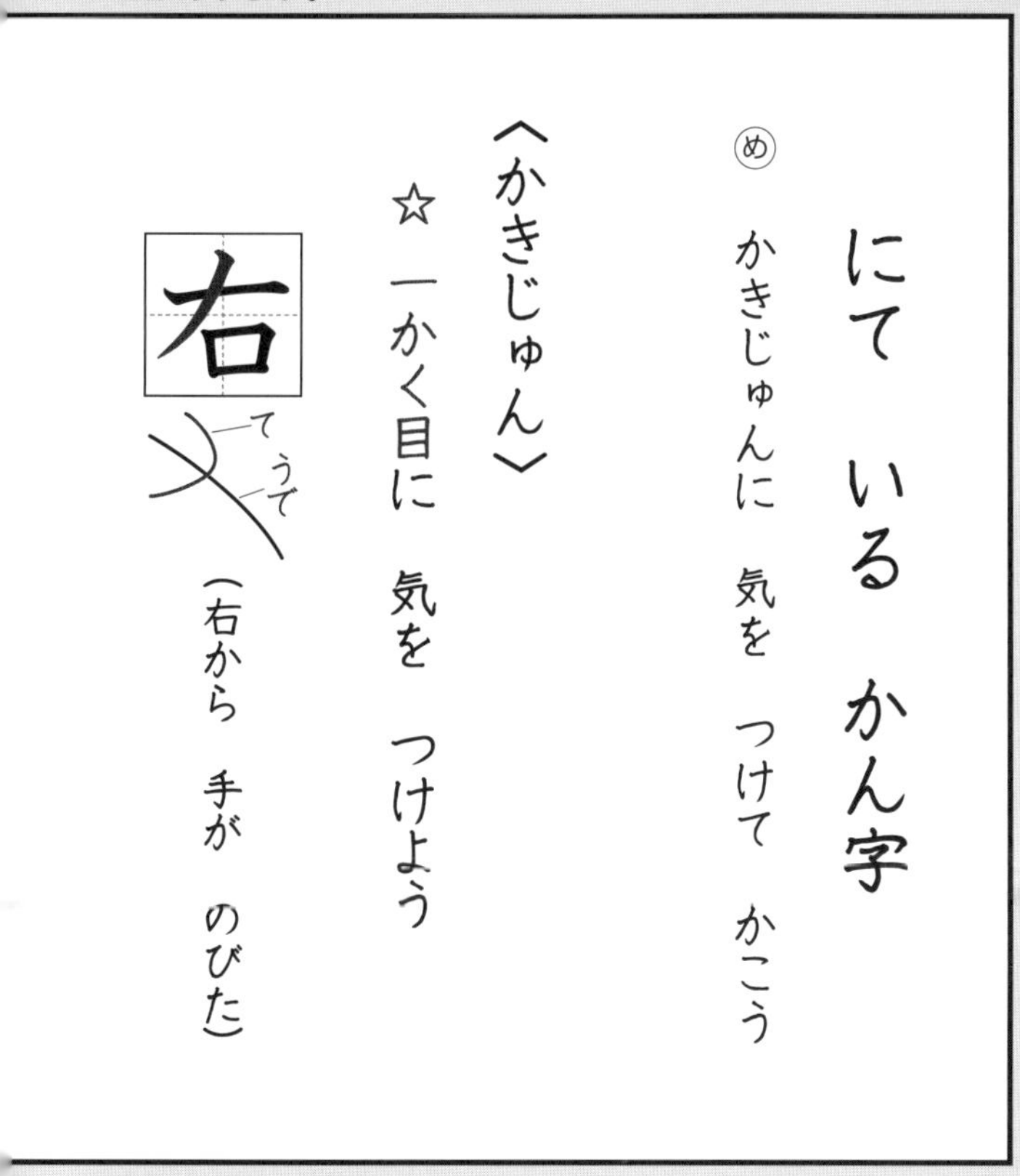

にて いる かん字
㋱ かきじゅんに 気を つけて かこう
〈かきじゅん〉
☆ 一かく目に 気を つけよう
右
て
うで
（右から 手が のびた）

主体的・対話的で深い学び

・ここで学習することは，大人でもはっきりと自信を持って答えられない場合もある内容となっている。児童が自分なりの覚え方を工夫したり，定着を確認したりするなど，主体的な学びの時間も取るようにしたい。

準備物

・（黒板掲示用）漢字カード DVD 収録【1下_24_03】
・ワークシート（児童数）
（児童用ワークシート見本 DVD 収録【1下_24_04】）

3 書く 筆順に気をつけて漢字を書く練習をしよう。

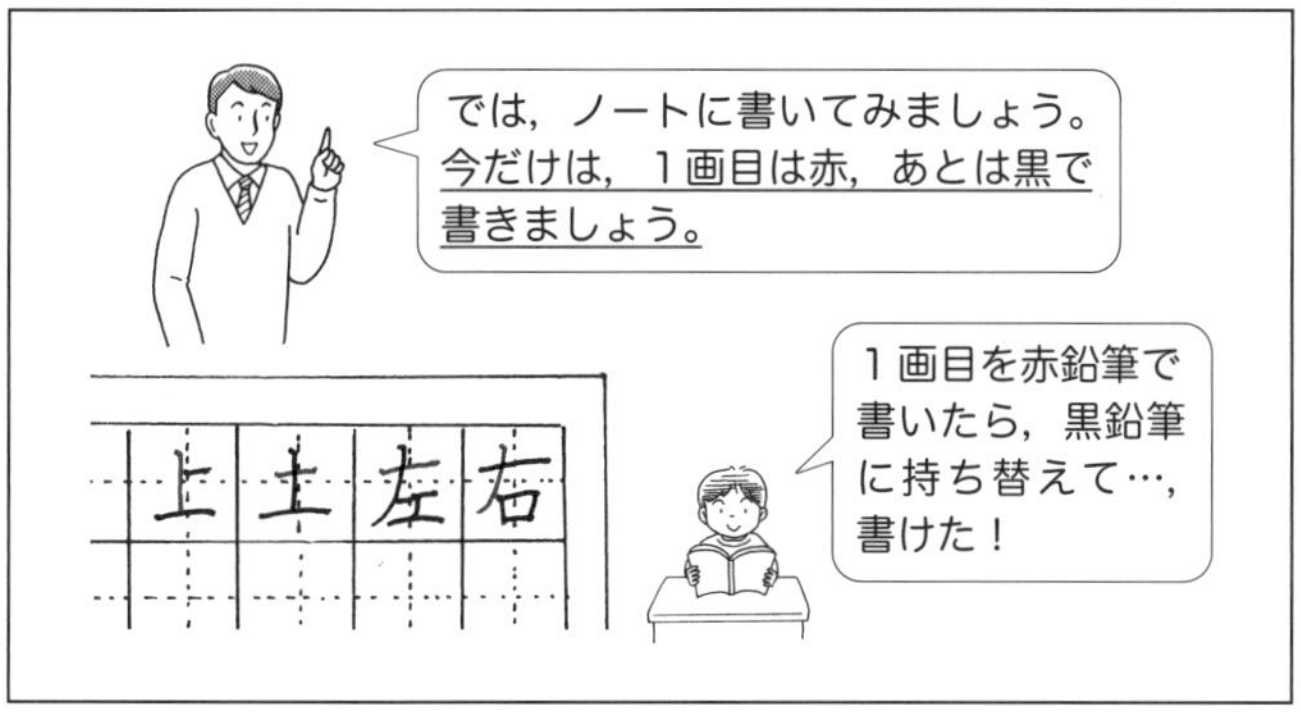

では，ノートに書いてみましょう。今だけは，1画目は赤，あとは黒で書きましょう。
上 土 左 右
1画目を赤鉛筆で書いたら，黒鉛筆に持ち替えて…，書けた！

「ゆっくりでよいので，ていねいに書きましょう。」

この4つの文字は，1画目を覚えておけば，あとは間違えることは少ない字でもある。わざわざ手間のかかる赤鉛筆を使うのは，それだけ筆順を意識させるためである。急いで雑に書かせては意味がない。

4つの字を順に書いたら，2巡目に入り，3順程度書かせるとよい。きれいに早く書ける児童には，4巡目を書かせてもよい。

4 作る 練習した漢字を使って文を作ろう。

今日勉強した漢字を使って文を作り，ノートに書きましょう。
右と左を見て，おうだんほどうをわたる。
土の上をあるく。

前の時間も同じ活動をしているので，多少はスムーズに進むはずである。ただ，苦手な児童への配慮として，以下のようなアドバイスや支援をするとよい。

○ 1つの漢字だけを使ってもよい。
○ 断片的な言葉だけでもつぶやいたら，教師がそれを文にしてあげて書かせる。
○ 教科書の文や友達の考えた文を写させる。

「文が書けたら，発表してください。」

時間があれば，作った文を交流する。

にて　いる かん字

第 3 時　(3/3)

本時の目標

形の似ている漢字や書き順が間違えやすい漢字を探し，文の中で使うことができる。

授業のポイント

できるだけ机間指導でノートに書いた字を確認し，間違いがあればその場で覚え直させる。

本時の評価

教科書にある漢字を正しく使って，文を作っている。

〈発表前の見直し〉 発表する候補がいくつかある場合は，１つに○をつけさせることで自分が

板書例

学・字

百・日
百・白
中・虫
王・玉
早・草
※

◎かきじゅん

右・左
土・上

九、力、
火、女、糸、
正、出、青、車、
耳、王、年
※

◇文を　つくろう

・大きな　犬が　ほえる。
・かばんの　中に　虫が　入った。
・お日さまの　ひかりが　目に　入って　まぶしい。
※

※児童の発表を板書する。

1 見る　教科書 P133-135 の「1 年生で習う漢字」を見てみよう。

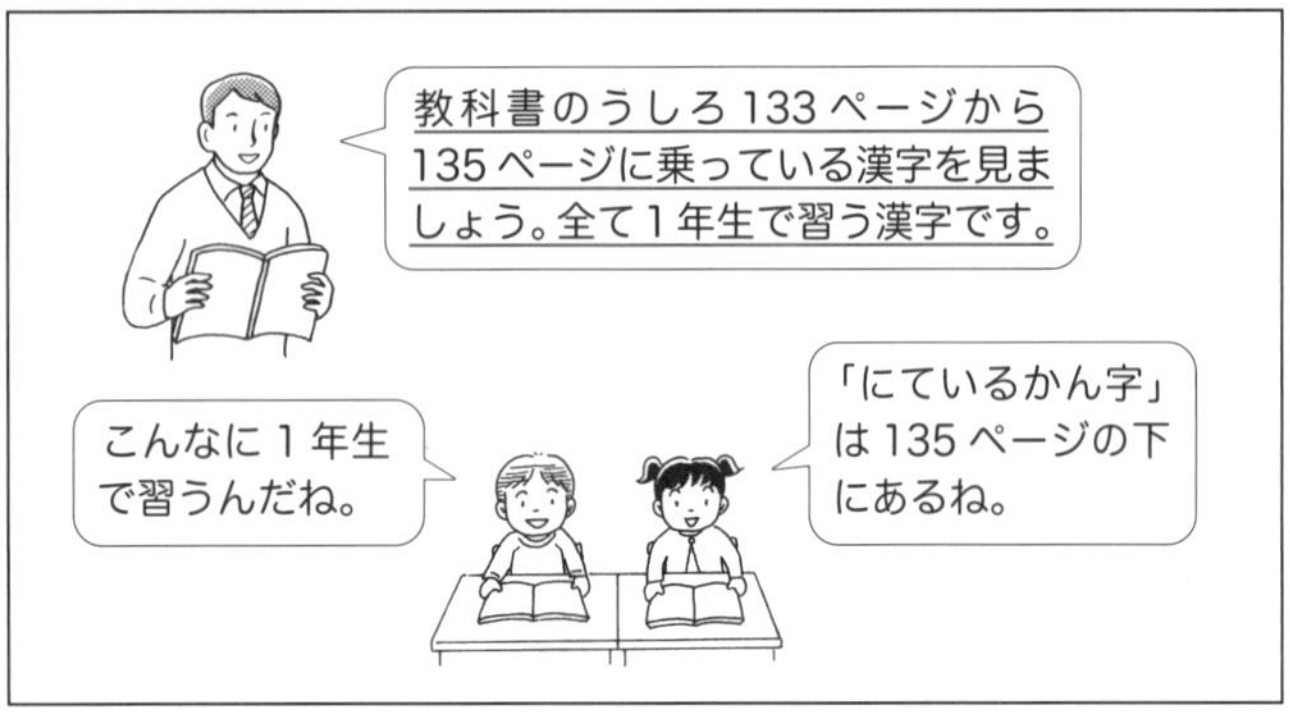
教科書のうしろ 133 ページから 135 ページに乗っている漢字を見ましょう。全て 1 年生で習う漢字です。
こんなに 1 年生で習うんだね。
「にているかん字」は 135 ページの下にあるね。

「みんながんばって練習してきましたね。」
・全部，書けるかな。
・ぼくは覚えているよ。
・漢字を見ているだけで，勉強したことを思い出すね。

「漢字は，1 文字でも意味を表します。漢字がこれだけ並んでいると，3 ページだけでも，いろいろなことを思い出したり考えたりできますね。」

2 めあて 探す　形が似ている漢字，書き順の間違えそうな漢字を探してみよう。

「『にているかん字』では，『貝』『見』などが出てきました。他に形が似ている字はありませんか。133 ページから 135 ページの中から探してみましょう。」
・一, 二, 三は似ているよね。
・意味と線の数が同じだから，それは間違えないよ。

形が似ていれば，自分は間違えないと思う漢字でもいいです。似ている部分と，なぜそう思ったかも言える人は発表してください。
本と木が似ています。横棒が 1 つあるかないかです。
犬と大です。大に点がつくと，犬になります。大は木とも似ています。

・日と目も似ているよ。□の中の線の数が 1 本違うだけ。
・1 画違うだけで別の字になる漢字がたくさんあるね。

「では，書き順を間違えそうな漢字はありますか。」
・「九」の 1 画目。形が似た「力」とは違う順だから。
・「火」の 1 画目。先に「人」と書いてしまいそう。

作った文を見直すことにもつながります。

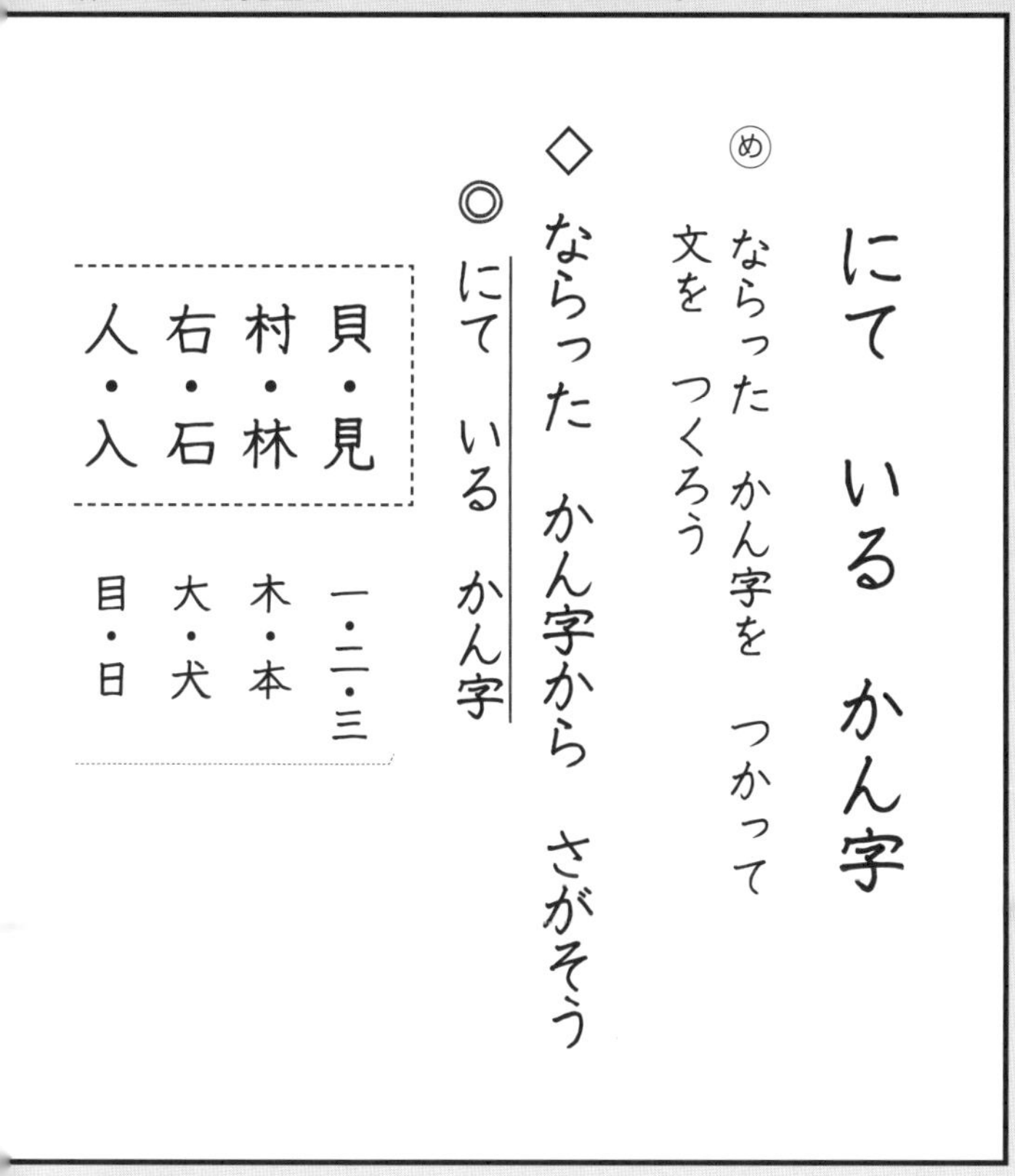

にて いる かん字
ⓜ ならった かん字を つかって
文を つくろう
◇ ならった かん字から さがそう
◎ にて いる かん字
一・二・三
木・本
大・犬
目・日
貝・見
村・林
右・石
人・入

主体的・対話的で深い学び

・児童によっては「似ている漢字」というと，細かい部分にこだわりすぎる場合も出てくる。そんなときは，主体的に取り組んでいることを評価し，それぞれが自分の思う「似ている」を探すように促すとよい。

準備物

・（黒板掲示用）漢字カード　（第1，2時で使用したもの）

3 書く　筆順に気をつけて漢字を書く練習をしよう。

「では，言ってもらった漢字を使って文を作りましょう。
誰か，見本で言える人はいますか。」

・はい！大きなこえで本をよむ。
・大きな木の下にいます。

「いいですよ。『大と本』『大と木』が使えていますね。」

では，自分が考えて作った文をノートに書いていきましょう。
大きな犬がほえる。
かばんの中に虫が入った。
お日さまのひかりが目に入ってまぶしい。

できるだけ机間指導でノートに書いた字を確認し，間違いがあればその場で訂正し，覚え直させる。

4 作る　練習した漢字を使って文を作ろう。

ノートに書いた文を発表してもらいます。書いた文の中から，文を１つ選んでください。
たくさん書けたけど，発表するのは１つだけなんだね。

「文が短いので，全員に発表してもらいます。２つ以上書いた人は，発表する文を１つ選んでその文の上に丸をつけておいてください。できるだけ他の人が作っていないような文を選ぶようにしましょう。」

選ばせるという活動は，それ自体で復習にもなる。また，○をつけるということは，活動を促すきっかけにもなり，スムーズな発表の準備にもなる。

「さあ，選べましたか。発表してください。」

作った文を発表し，交流する。

いい　こと　いっぱい，一年生

全授業時間 10 時間

◉ 指導目標 ◉

・自分の思いが明確になるように，事柄の順序に沿って簡単な構成を考えることができる。
・経験したことから書くことを見つけ，必要な事柄を集めたり確かめたりして，伝えたいことを明確にすることができる。
・言葉には，経験したことを伝える働きがあることに気づくことができる。

◉ 指導にあたって ◉

①　教材について

1 年間を振り返って，テーマを考えて作文を書きます。1 年生にとっては，1 年，半年前のことを書くのはとても難しいことです。教師が写真を用意しておき，みんなで思い出しながら，自分が書きやすいテーマを考えさせるようにします。

作文の力をつけるには，まずはたくさん書くことです。最初は全員に決めた数のテーマを選ばせますが，早くできた児童は，たくさん書いてよいことにします。書くことが苦手な児童にも，3 枚は書かせたいところです。

書くことがない，書き方が分からないというのが，作文の苦手な児童の 2 大要因です。写真を選ぶという段階を経ることで書くことが明確になります。写真の説明から入り，そのとき思ったことやうれしかったこと，印象に残ったことなどを聞き出してやれば，無理なく書くことができるでしょう。

②　主体的・対話的で深い学びのために

単元の最初に，写真を手掛かりに 1 年を振り返り友達と過ごしてきた出来事について語り合います。対話の中で，薄れていた記憶が鮮明によみがってくるでしょう。また，友達とカードに書いた文章を読み合って推敲したり，仕上げたカードを見せ合ってよいところを伝え合ったりする活動もします。これらの交流を通して，自分や友達の文章の内容や表現のよいところを見つけ合わせたり，お互いをよりよく理解し合ったりすることを目指します。

作文が苦手な児童にとっては，文を書くという活動は気の重いものです。それでも，書き方が分かり，書く内容が明確になったとき，多くの児童は主体的に作文に向かうようになります。この点を意識し，一貫した指導を心掛けたいものです。

◉ 評価規準 ◉

知識及び技能	言葉には，経験したことを伝える働きがあることに気づいている。
思考力，判断力，表現力等	・「書くこと」において，経験したことから書くことを見つけ，必要な事柄を集めたり確かめたりして，伝えたいことを明確にしている。 ・「書くこと」において，自分の思いが明確になるように，事柄の順序に沿って簡単な構成を考えている。
主体的に学習に取り組む態度	これまでの学習や経験をいかし，事柄の順序に沿って構成を粘り強く考えながら，1年生の思い出を伝える文章を書こうとしている。

◉ 学習指導計画　全10時間 ◉

次	時	学習活動	指導上の留意点
1	1	・写真を手掛かりに1年を振り返る。 ・教科書P120-123を読み，「一年生の『おもいでのアルバム』をつくろう」という学習課題を確かめ，学習の見通しをもつ。 ・教科書P121を見て，「思い出カード」に書くテーマを選ぶ観点を理解する。	・行事や児童の印象に残っていそうな場面の写真を教師が用意する。家の人にもあらかじめ協力を依頼しておく。 ・カードを綴じて「思い出のアルバム」にすることを伝えておく。
2	2	・1年間の写真から，出来事を振り返り，アルバムに載せたいことを選ぶ。 ・勉強など写真にないことは，ノートにメモをとる。	・配布用の写真を事前に準備し，希望者が多いと思われる行事の写真は多めに印刷しておく。
	3	・教科書P122を見て，「思い出カード」の作文に書くことを確かめる。 ・選んだテーマで書くことを考え，メモする。	・最初に，思い出した出来事を簡潔に，次に詳しく書いていることに気づかせる。 ・写真を見ながら文を考えさせる。 ・「思ったこと」を必ず書かせる。
	4	・メモをもとに文を書く。 ・写真を貼ったり，様子を表す絵を描いたりして1枚目の「思い出カード」を仕上げる。	・「写真（絵）の説明」と「思ったこと」を必ず書かせる。 ・会話なども含めるよう指導し，詳しく文を書かせる。
	5 6	・2枚目以降の作文を書き，カードを仕上げる。	・自分なりに見直しした上で，教師に見せにこさせる。
	7	・句読点やかぎ（「」），誤字脱字がないか見直す。	・隣どうしで交換し，見直しさせる。
	8	・グループでカードを見せ合い，感想を交流する。	・家の人にも見てもらい，感想をもらう。
3	9 10	・アルバムの表紙をかき，製本する。 ・「いいこといっぱい，一年生」の学習を振り返る。 ・1年間の学習を振り返る。 ・頑張ったことを教科書P136の表彰状に書く。	・日付順に並べるなどの工夫をする。 ・いちばん頑張ったことを思い出させる。

DVD 収録（児童用ワークシート見本）※本書P281「準備物」欄，及びP284，285に掲載しています。

いい こと いっぱい，一年生

第 1 時（1/10）

本時の目標

「思い出のアルバム」をつくるという見通しをもち，１年間の出来事を思い出して書きたいことを考えることができる。

授業のポイント

大きな行事だけでなく，ふだんの授業や休み時間なども，人によっては，とてもよい作文が書ける可能性があることを指摘する。

本時の評価

学習の見通しをもつことができ，書く素材を選ぶ観点について理解している。

〈提示写真の選択〉学校の行事とクラスとしての活動のバランスを取って，写真を選択し提示します。

板書例

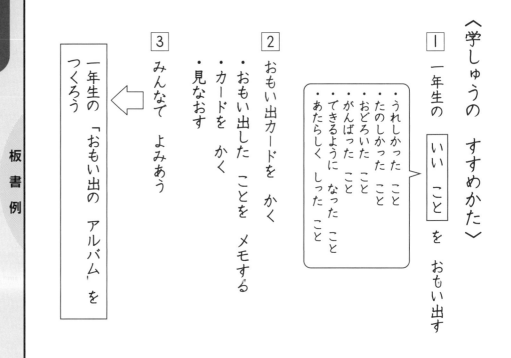

〈学しゅうの　すすめかた〉

1 一年生の　いい　こと　を　おもい出す

・うれしかった　こと
・たのしかった　こと
・おどろいた　こと
・がんばった　こと
・できるように　なった　こと
・あたらしく　しった　こと

2 おもい出カードを　かく

・おもい出した　ことを　メモする
・カードを　かく
・見なおす

3 みんなで　よみあう

⇦ 一年生の「おもい出の　アルバム」を　つくろう

1 めあて つかむ　学習課題を知ろう。

「今日から，一年生最後の勉強です。教科書 120 ページを開きましょう。『いいこといっぱい，一年生』の学習全体のめあては，何ですか。」

・「おもい出してかこう」です。
・最初の１行目が全体のめあてだね。

「いつのことを思い出すのでしょう。」

・「いいこといっぱい，一年生」だから，１年生のことかな。
・４月から１年間のことだね。いっぱい思い出せるよ。

どんないいことがありましたか。思い出せる人は，発表してください。
運動会のリレーで１位になりました！
遠足で動物園に行って，みんなでお弁当を食べました。

簡単に出し合わせる。ここで時間はあまりかけない。

2 見る 思い出す　写真を見て，１年間を振り返ろう。

「１年生になってからの写真を持ってきました。全部を見せることはできないので，できるだけ全員に関係することを中心に選んできました。」

写真を提示する。写真はあらかじめできるだけたくさん用意しておく。ただし，１年間を振り返るための，どんなことがあったかを思い出すための写真なので，あまり多すぎては逆に考えにくい。１つの行事やできごとに対して１枚を原則とするとよい。

写真のときのことを思い出せますか。
入学式の看板の横で，写真を撮ってもらいました。
音楽発表会で，鍵盤ハーモニカをみんなで吹きました。

写真を見ながら，思い出したことなどを発表させる。

おもい出して かこう

いい こと いっぱい、一年生

め 学しゅうの 見とおしを もとう

〈一年かんの できごと〉

入学式

※４月からの写真を順番に掲示する。

主体的・対話的で深い学び

・この時間はできるだけいろいろなことを思い出し，学習への意欲を引き出したい。ペアやグループで思い出す時間をとり，対話的な学習として取り組む。

準備物

・（黒板掲示用）１年間の出来事の写真（各A4サイズ程度の大きさ）

3 読む 見通す　学習の見通しをもとう。

「教科書を 120 ページから読みましょう。」

・もうすぐ二年生。一年生になってから，いいことがいっぱいありましたね。詳しく思い出してかきましょう。

～（P120-123 を音読する）

・写真だけじゃなくて，周りの人から聞いてもいいね。

学習の手順を確かめていく。

思い出したことを，122 ページのような「思い出カード」にかきます。
勉強のこともいいのかな。
絵もかいていいんだね。

「授業でできるようになったことや，掃除や給食のことでもいいですよ。」

・ぼくは，漢字をたくさん覚えたことをかこうかな。

・わたしは，ぞうきんがけを頑張ったこと。

4 見通す つかむ　何について書けばよいのか，選ぶ観点を理解しよう。

「教科書 121 ページの1をもう一度見てみましょう。うれしかったこと，たのしかったこと，…1 年間にとてもたくさんのいいことがありました。どれを選ぶか迷いますね。」

・いっぱいかきたいな。

・何をかこうかな。

何枚かカードを書いて，最後は，綴じてアルバムにします。1 年生の「思い出のアルバム」です。
嬉しかったことは，運動会のかけっこかな。
できるようになったことは，なわとび！

「これは人によって違うものです。せっかく作るのだから，自分が上手に『思い出カード』に書けることの方がいいですね。1に書いているようなことから選ぶと，文が書きやすくなります。次の時間に，カードにかきたい出来事を考えましょう。」

いい　こと　いっぱい，一年生

第 2 時（2/10）

本時の目標

1 年間を振り返り，「思い出のアルバム」に残したい出来事を選ぶことができる。

授業のポイント

できるだけ大きな行事だけでなく，授業中のことやできるようになったことなども取り上げさせたい。

本時の評価

1 年間を振り返り，「思い出のアルバム」に残したい出来事を選んでいる。

板書例

〈事前連絡〉保護者には，この活動内容についての説明と，児童への助言や写真の準備などの協力

◇一年かんを　ふりかえろう

入学式

※第 1 時と同様に写真を掲示する。

〈アルバムに　入れたい　こと〉

○しゃしんから

↓　えらんだ　しゃしんを　もらう

○しゃしんが　ない

↓　ノートに　メモ

○いえの　しゃしんを　つかう

↓　いえの　人から　かりて　くる

1 めあて つかむ　本時の課題を確かめよう。

「今日は，自分だけの『思い出のアルバム』にどんなことを載せたいかを考えて，『思い出カード』に書くことを選びます。」

アルバムに入れることは，どんな「いいこと」を選べばよかったのでしょう。
うれしかったこと。楽しかったこと。
驚いたこと。頑張ったこと。
できるようになったこと。新しく知ったこと。

「これを考えながら，もう 1 度写真を見直しましょう。」

- 「楽しかったこと」は，やっぱり遠足だなあ。大きなすべり台でみんなと滑ったのが楽しかった。
- 「驚いたこと」って，育てていた朝顔があっという間につるが伸びて大きくなったことでもいいのかな。
- 「新しく知ったこと」は，授業でいっぱいあるよね。

2 思い出す 対話する　写真で 1 年間を振り返り，アルバムに載せたいことを考えよう。

どんな「いいこと」があったかを，写真を見て話をしながら思い出しましょう。
懐かしい！春の遠足の写真だよ。このときは楽しかったね。
夏休みに，毎日，朝顔の水やりをしたよね。

写真を見ながら，グループ対話で思い出させる。

「授業のことは写真がありません。写真にないことでも，何か『いいこと』がありませんか。」

- やっぱり勉強や宿題は「頑張ったこと」だよね。
- ぼくの「頑張ったこと」は，なわとびだよ。
- わたしは，鉄棒の逆上がり。初めてひとりでできるようになったときは本当にうれしかった。
- 「できるようになったこと」は，ひらがなが上手に書けるようになったことかな。
- 漢字もたくさん書けるようになったよ。

依頼を，学年だよりなどであらかじめ伝えておきます。

いい　こと　いっぱい、一年生

㋱　アルバムに　入れたい　ことを　えらぼう

〈いい　こと〉

・うれしかった　こと
・たのしかった　こと
・おどろいた　こと
・がんばった　こと
・できるように　なった　こと
・あたらしく　しった　こと

主体的・対話的で深い学び

・自分が書きたいと思うことが決まれば，後はスムーズに進み主体的な学習になりやすくなる。決まらない児童には，カードに書く候補になりそうな写真を見せたり出来事を思い出させたりして，どれくらいのことが思い浮かべられるかで判断させてもよい。

準備物

・1年間の出来事の写真
（黒板掲示用:各A4サイズ程度の大きさ）
（児童配布用:A4サイズに9枚入る程度の大きさで多めに印刷しておく）

3 選ぶ　写真からアルバムに載せたいことを選ぼう。

「友達と話をして，この1年間のことをいろいろ思い出してきましたね。『思い出カード』に書けそうな，『いいこと』が考えられましたか。」

写真は，入学式，運動会，遠足などの，全員が選びそうな行事は多めに印刷しておき，あとは希望者の数を確認してから印刷すればよい。

アルバムに使う写真は，カードをかく時間までに，A4サイズに9枚ずつ印刷する程度のサイズを準備すればよいだろう。

4 対話する かく　写真にない題材は，ノートにメモしよう。

「お家の人にも，何か『いいこと』を聞いてきてもいいですよ。」

「家の人から借りられる写真があったら先生がコピーします。写真がなくても，絵を描けばいいのです。」
・夏休みの旅行のことをアルバムに載せたいな。

学校のことを中心に考えさせたいところだが，どうしても載せたいという児童は家族旅行なども認める。

家からもってくる写真は，この「思い出アルバム」用にプリントアウトしてもらったもの以外は，原則として教師側でコピーをしておくようにする。

いい こと いっぱい，一年生

第 3 時（3/10）

本時の目標

「思い出カード」の作文に書くことを考え，メモすることができる。

授業のポイント

この段階でメモがしっかりできていれば，あとで「書くことが分からない」ということにならない。「がんばったこと」などの観点を強調する。

本時の評価

「思い出カード」の作文に書くことを考え，メモに書いている。

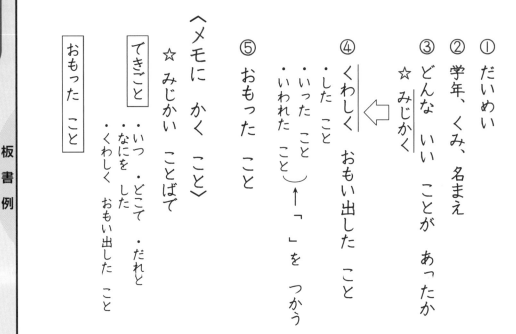

〈個別の指導〉メモを書くことが難しい児童もいるので，「思ったことを一言でいうと？」などと

板書例

① だいめい
② 学年、くみ、名まえ
③ どんな いい ことが あったか
☆ みじかく
④ くわしく おもい出した こと
・した こと
・いった こと
・いわれた こと ）←「」を つかう
⑤ おもった こと

〈メモに かく こと〉
☆ みじかい ことばで

できごと
・いつ ・どこで ・だれと
・なにを した
・くわしく おもい出した こと

おもった こと

1 見直す 確かめる　写真やメモを見直して，載せたいことを確かめよう。

「自分がアルバムに入れたいことを前の時間に考えました。」
・ぼくは，写真 3 枚決めた。あと 1 つ，写真がないけど載せたいことがあるから，絵を 1 枚かくつもりだよ。

人によって枚数が違うと思いますが，3 枚は必ずカードを作ってもらいます。3 枚分載せることを決めておきましょう。
写真を 4 枚選んだから大丈夫。
2 つしか選んでいなかった。もう 1 つ考えよう。

「あとで，最初は選んでいなかったことを増やしたり，選んだけど作文に書くことが見つからなかったり，ということがあってもかまいません。」

印刷した写真をはさみで切らせる場合は，アルバムに載せることを決めた児童から用紙を取りに来させ，切っていくように指示する。

2 読む つかむ　思い出カードにかくことを確かめよう。

「では，思い出カードには何をどのようにかけばよいのか見ていきましょう。教科書 122 ページを見ましょう。」
・運動会のことをかいているね。
・絵を描いているよ。

カードの文の書き方で気づいたことはありますか。
最初に頑張ったこと。
会話の文もあるよ。
1 行目に題名，2 行目に名前です。
最後に思ったこと。

作例の下の箇条書きの項目「どんないいことがあったか」「くわしく思い出したこと」などについて，例文と照らし合わせながら確かめていく。

「カードの文では，最初に，したことやあったことなどの出来事について短く書いています。その次に，詳しく思い出したことを書いてありますね。」

分かりやすく指導します。

いい こと いっぱい、一年生

(め) カードに かく ことを メモしよう

〈おもい出カード〉

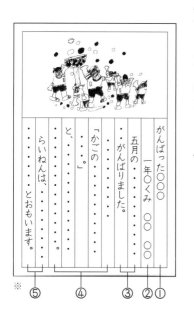

がんばった〇〇
一年〇くみ 〇〇 〇〇
五月の・・・・・・・・
・・がんばりました。
・・・・・・・・・・
「かごの・・・・・・・
・・・。」
と、・・・・・・・・
・・・・・・・・・・
・・・・・・・・・・
らいねんは、・・・・
・・・・・・・とおもいます。

※ ⑤ ④ ③ ② ①

※教科書 P122 のカード作例を掲示する。

主体的・対話的で深い学び

・メモの段階で，カード本文をそのまま書き始める児童もいるかもしれない。意欲的な姿勢は認めつつも，「メモはたくさん書いた方がいいから，短い言葉で書けるといいね」などと声かけをするとよい。メモができると，主体的に取り組みやすくなる。

準備物

・（黒板掲示用）教科書P122のカード作例の拡大コピー

・メモ用紙（児童数×3枚以上）
　※ノートでもよい。
　（児童用ワークシート見本 DVD 収録【1下_25_01】）

3 書く　作文に書くことをメモしよう。

「作文に書きたいことをメモしましょう。必ず書くことは，いい『できごと』と，そのとき『思ったこと』です。『できごと』は，『いつ，どこで，だれと，何をした』のか，短く簡単にメモしましょう。」

・運動会で一番になってうれしかったことを書こう。

ただ『うれしかったこと』などだけではなく，詳しく思い出したことも書けるといいですね。

したこと，言ったこと，言われたこと，だね。

おかあさんに，「頑張ったね」と言われたことも入れようかな。

「できるだけたくさんメモをしておく方が，作文を書くときに使えますよ。」

メモには，今思い出したことの他に，そのとき『思ったこと』は必ず書くように指示し，次時の作文活動につなげる。

4 交流する　メモしたことを発表しよう。

では，メモが書けた人は，発表してください。

ぼくは，字が上手になりたくて頑張ったことを書きます。4月のときは，ひらがなを全部書けなくて間違いも多かったけれど，練習して今はきれいに書けるようになりました。

「いいですね。他に字が上手になって言われたりしたことや思ったことがあれば，メモしておきましょう。」

発表することで，書くことが分からない児童のヒントになる。また，発表する児童も，足りないことに気づく機会にもなる。

「メモすることが思い浮かばない人の参考になるので，決まった人にどんどん発表してもらいましょう。」

いい こと いっぱい，一年生

第 4 時（4/10）

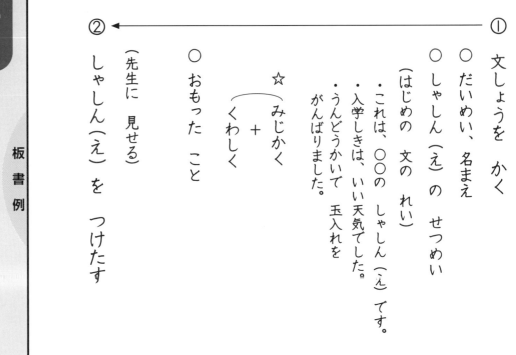

本時の目標

「思い出カード」の書き方を考え，語と語，文と文との続き方に注意しながら，正しい表記で文章を書くことができる。
1 枚目のカードを仕上げることができる。

授業のポイント

1 枚目をていねいに指導しておけば，2 枚目以降は児童だけでできる部分も多くなり，個別指導に回りやすくなる。雑に書き殴っている児童には，書き直しをさせる。

本時の評価

「思い出カード」の書き方を考え，1 枚目の文章を正しい表記で書いてカードを仕上げている。

板書例

〈進度を速める〉メモの中から最初に書くテーマに○をつけさせると，次のステップに進みやすく

① 文しょうを かく
○ だいめい、名まえ
○ しゃしん（え）の せつめい
（はじめの 文の れい）
・これは、○○の しゃしん（え）です。
・入学しきは、いい天気でした。
・うんどうかいで 玉入れを がんばりました。
☆（みじかく ＋ くわしく）
○ おもった こと

② しゃしん（え）を つけたす
（先生に 見せる）

1 めあて つかむ　例文を見て，書き方をもう一度確かめよう。

「今日は，いよいよ『思い出カード』を書き始めます。教科書 122 ページで，書き方を確かめましょう。」

写真を貼ったり，絵を描いたりするのは，文ができてからにしましょう。教科書の文に書いてあることをもう一度確かめましょう。
まず，題名と名前。
どんないいことがあったか。

・詳しく思い出したこともありました。
・「詳しく」の中身は，したこと，言ったこと，言われたことです。
・最後に，思ったことです。

作例の下に書かれているポイントを押さえて確認し，あわせて改行時の一字分下げや，かぎ（「　」）の使い方等の書き方も確かめておく。

2 決める　最初に書く題材を決めよう。

メモを見ましょう。選んだテーマからいちばん書きたいものを選びましょう。
運動会にしようかな。
最初はやっぱり入学式かな。

「書いてあるテーマの中で，たくさんメモがしてあって，書くことがいろいろ思いつきそうなテーマを選ぶと，文が書きやすいですよ。」

1 度書き出せば，勢いがついて筆が進む場合も多いものである。そのためには，時系列順に書くのではなく，いちばん書きやすい題材から書く方法もある。

「おもいでカード」用紙を児童に配る。

なります。

いい こと いっぱい、一年生

㋱ 一まい目の おもい出カードを かこう

〈見本〉

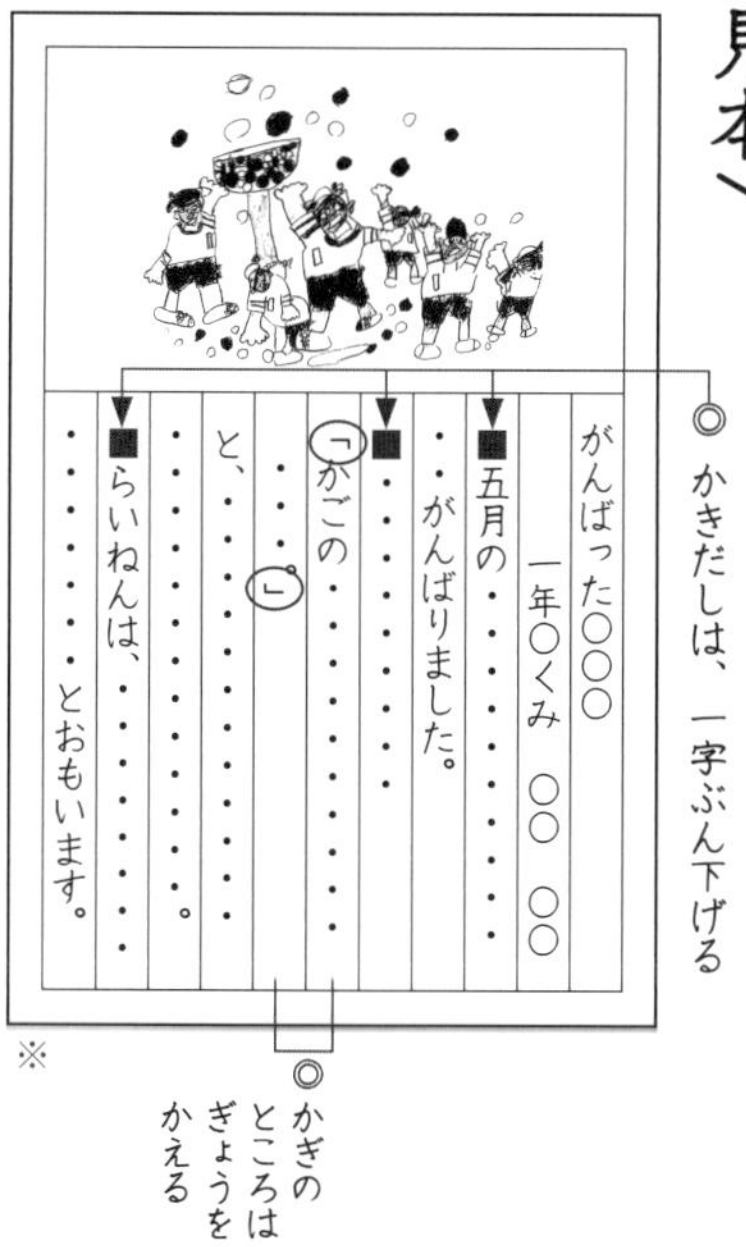
◎ かきだしは、一字ぶん下げる
がんばった○○○
一年○くみ ○○ ○○
■五月の・・・・・・・・・
・・がんばりました。
■・・・・・・・・
「かごの・・・・・・・・・・
・・・」
と、・・・・・・・・・
・・・・・・・・・。
■らいねんは、・・・・・・・
・・・・・・・とおもいます。
◎ かぎのところはぎょうをかえる
※

※教科書 P122 のカード作例を掲示する。

主体的・対話的で深い学び

・メモがたくさん書き溜めてあれば，そこから選ぶという活動自体が主体的な活動といえるだろう。
・なかなか書く作業が進まない児童には，何を書くか選んだことを評価し，励ますようにするとよい。

準備物

・（黒板掲示用）教科書P122のカード作例の拡大コピー
・「おもいでカード」用紙（児童数×2，3枚）
（児童用ワークシート見本 DVD 収録【1下_25_02】）
・1年間の出来事の写真（児童配布用）

3 文を作る　1枚目のカードに書く文を考えよう。

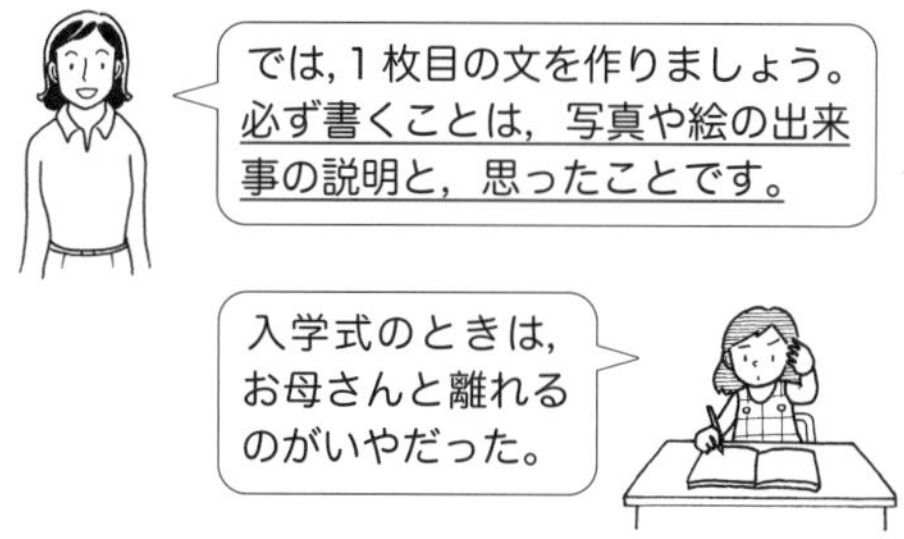
では，1枚目の文を作りましょう。必ず書くことは，写真や絵の出来事の説明と，思ったことです。
入学式のときは，お母さんと離れるのがいやだった。

「他に，言われたことや言ったことなど詳しく書けるといいですね。」

文には，①写真（または絵）の出来事の説明と，②思ったこと，の大きく分けて２つのことを必ず書くよう指示する。この２文だけでも必要最小限の内容は書いたことになる。メモから，出来事についてもう少し詳しく書き足すことを目指したい。

何枚も書くので，下書きなしにしたいところではあるが，1枚目は失敗や書き直しが多いかもしれない。用紙は余裕をもって準備しておくとよい。

4 書く 作る　ていねいに文を書き，写真か絵を付け足して，1枚目のカードを仕上げよう。

では，カードに文を書いていきましょう。文が書けたら，写真を貼ったり，絵を描いたりしましょう。
春の遠足で動物園に行きました。…
最初に，「これは，入学式の写真です。」でいいかな。

「これは，○○のしゃしんです。」というパターンが分かりやすい。ただし，こればかりでは面白みがない。「入学式は，いい天気でした。」と書いても，入学式の写真だと分かるといったことも教えておくとよい。

「1年生の最後に書く文です。今までいちばんきれいな字で書けるといいですね。字が上手くなったことも分かりますよ。文が書けたら，先生に見せてください。」

教師の作文チェックのあとに，絵や写真に取り組ませ，1枚目のカードを完成させる。

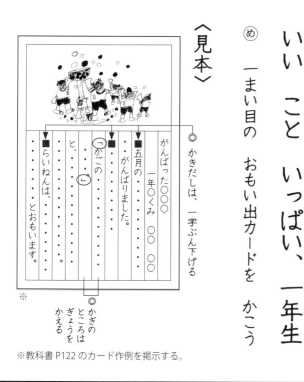

いい　こと　いっぱい，一年生

第 5,6 時（5,6/10）

本時の目標

２枚目以降の作文を書き，カードを仕上げることができる。
書いた文章を読み直し，必要に応じて修正することができる。

授業のポイント

できるだけ主体的に進めていく児童を増やしたい場面である。自分から取り組めば自然と枚数も増える。その分，作文が苦手な児童への個別指導もしやすくなる。

本時の評価

２枚目以降の作文を書き，カードを仕上げている。
文章を見直し，必要に応じて書き直している。

〈状況の把握〉 進まない児童はだれで，どういう状態にあるかを常に把握しておきましょう。

板書例

①　メモから　テーマを　きめる
☆　メモに　ない　ことでも　よい
②　二まい目の　カードを　かく
・文しょうを　かく
←
・見なおし
（きれいな　字、まちがい　など）
←
・先生に　見せる
←
・しゃしんを　はる（えを　かく）
←
（・先生に　見せる）
③　三まい目の　カードを　かく

1　めあて つかむ　カードの書き方を再確認し，本時の課題を確かめよう。

「前の時間は，１枚目の『思い出カード』をかいて完成させましたね。今日からどんどんかいていきましょう。カードの文章に必ず書くことは何でしたか。」

- まず，題名，名前。
- それから，どんないいことがあったか，写真や絵の説明を書く。
- 詳しく書くとよかったね。
- 最後に思ったこと。

前の時間に１枚かいているから，みんな２枚目もかけそうかな。
他の「いいこと」も，早くかきたい！
次は，何をかこうかな。「音楽発表会」のことにしようかな。

「全員，カードを３枚かきましょう。もっとできる人は，４枚よりたくさんかいてもいいことにします。」

2　決める　２枚目のカードのテーマを決めよう。

では，2つ目にかくことを決めましょう。
給食のことがいいかな。
次は，鉄棒をがんばったことにしよう！

メモしたもの以外のテーマで書きたいことも出てくるかもしれない。「学校探検で，いっしょにまわってくれた２年生と，その後も仲良くなったので」というように，きちんと話せるような内容であれば認めるとよい。

もし，何となく迷い続けているだけなら，時間だけが過ぎてしまい，何も書けずに１時間が終わるということもある。「まず，決めたテーマで書いてみてはどう？」と，書き始めることを勧める。

いい こと いっぱい、一年生

め おもい出カードを もっと かこう

〈見本〉

がんばった○○○
一年○くみ ○○ ○○
五月の・・・・・・・・・
・・がんばりました。
・・・・・・・・
「かごの・・・・・・・・
・・・・。」
と、・・・・・・・・
・・・・・・・・。
らいねんは、・・・・・
・・・・・・・とおもいます。

・しゃしん(え)の
せつめい
☆（みじかく
＋
くわしく）

※・おもった こと

※教科書 P122 のカード作例を掲示する。

主体的・対話的で深い学び

・この時間までくると，かなり勢いがついて書き続けることができる児童もいるはずである。教師による指導の他に，児童どうしで教え合って素材を見つけるという対話的な学習も有効だろう。

準備物

・（黒板掲示用）教科書P122のカード作例の拡大コピー

・「おもいでカード」用紙（児童数×2，3枚）
（第4時で使用したもの）

・1年間の出来事の写真（児童配布用）

3 文を作る 仕上げる　2 枚目をかいて，カードを仕上げよう。

2 枚目からは，自分のペースでかいていきます。文ができた人は先生に見せてから，写真や絵を付け足しましょう。完成したら，3 枚目をかき始めましょう。

文が書けた！間違いがないか見直そう。

写真があれば，書くことは浮かびやすく，説明から書き始めればよいので，流れが理解できれば難しい作文ではないだろう。

「先生に見せにくる前に，自分でも見直しをしましょう。」

1 年生のまとめの学習活動でもある。字が雑だったり，誤字脱字があるようだったりすることは避けたい。あとで，じっくり見直す機会を持つことになっているが，書く度に見直す習慣もつけさせたい。

4 かく　3 枚目以降のカードを どんどんかいて仕上げよう。

授業でかくのはこの時間で終わりですが，家でもていねいにかけるという人は，かいてきてもいいですよ。

運動会のこともかきたいな。写真をもらって帰ってもいいかな。

印刷した写真は 1 カ所にまとめておき，どんどんとってよいことにしておく。欲しい写真を他の児童が使ってしまっていたら，その分だけ追加印刷して渡すとよい。

少なくとも最初にメモした 3 つのテーマについてはかかせたい。4 枚以上かきたい児童には用紙を追加で渡せばよい。

また，写真ではなくゆっくり絵に時間をかけて描きたい児童には，作文を先に仕上げさせてから授業時間外や家で取り組ませるようにする。

いい こと いっぱい，一年生
第 7 時（7/10）

本時の目標
書いた作文を見直し，句読点や誤字脱字の間違いを直すことができる。

授業のポイント
見直すことで自分の作文がよくなることに意義を感じさせたい。そのために，「作文がよくなったね」といった声かけを続けたい。

本時の評価
ポイントを意識しながら見直し，間違いを直している。

〈見直し〉見直した印を各カード（または，見直し確かめシート）につけさせることで，全員が活動

板書例

○ よみやすい 文しょう
○ ていねいな 字

① じぶんで 見なおす
☆ こえに 出して
☆ 見なおし できたら ○しるし

② となりの 人の さく文を 見なおす
「おねがいします。」
☆ まちがいが あれば、
うすく わかりやすく かく
「ありがとう。」

③ まちがいを かきなおす
☆ ていねいに

1 めあて つかむ　本時の課題を知り，見直しについて確認しよう。

「みんな頑張って作文ができましたね。アルバムにする前に，本当に間違いがないか見直してみましょう。」
・作文の後は，いつも見直ししているよ。

見直しは，どんなことをするのでしたか。
字の間違いがないか。
点（、）や丸（。）やかぎ（「 」）も。
習っている漢字を使っているか。
ていねいな字でかけているか。

「そうですね。作文が上手でも，字を急いで書いて雑になっている人がいますよ。1年生での最高の字になっていますか。しっかり見直ししましょう。」
・どう直したらいいか分からないときは，どうしよう。

「文の書き方が分からなかったら，先生に聞いてください。」

2 見直す　作文の見直しをしよう。

では，見直しを始めましょう。声に出して読むと，間違いに気づきやすいのでしたね。
これは，入学式の写真です。
5月の遠足で，動物園に行きました。

声に出した方が，「何かおかしい」と感じて間違いを見つけられることが多い。

黙読の方が集中できる児童もいるかもしれないが，「やりやすいように」と言うと，読むことが面倒な児童は読まない。読むことが苦手な児童は，書き間違いが多い傾向にあるため，全員，声に出して読ませたい。

「見直したら，確かめシートに○印をつけましょう。」

すでに1回見直しが終わって印をつけている場合，今回の見直しでは，○の上にもう一つ○を重ねて◎をつける，などしてもよい。

することにつながります。

いい こと いっぱい、一年生

め さく文の 見なおしを しよう

〈見なおしポイント〉

○ 字の まちがい
・くっつき「は・を・へ」
・小さい「や・ゆ・よ・つ」

○ てん（、） まる（。）

○ かぎ（「 」）

○ ならった かん字

主体的・対話的で深い学び

・推敲も，するべきことが明確であれば，主体的に取り組める活動となる場合もある。教師によるチェックも，指導したポイントを確認しながら説明していくようにしたい。

準備物

・見直しワークシート（児童数）
（児童用ワークシート見本 DVD 収録【1下_25_03】）

3 読み合う 交流する 隣の友達の作文を読んで，見直しの練習をしよう。

今日は，友達の作文でも見直しの練習をさせてもらいましょう。隣の人とカードを交換してください。
お願いします。
わたしも，お願いします。

「間違いを見つけたら，チェックを入れてあとで分かるようにしてあげましょう。消しやすいように薄く書きますよ。親切な気持ちで見直しをしましょう。」

自分が書いた作文は内容が分かっているので，大人でもつい見逃してしまうことがある。他の児童の作文だと間違いが見つけやすいという面もある。

間違いを見つけてもらって直すということと，見直しの意義を再認識し，見直しの練習をするという，２つのねらいを持った取り組みである。

4 書き直す 間違いを書き直そう。

友達の作文に間違いがあったら，教えてあげます。教えてもらえたおかげで，自分の作文がよくなるのだから，「ありがとう」を忘れずにね。
間違いを見つけてくれて，ありがとう。
わたしも，ありがとう。こんな間違いに気づかなかったな。

見直しをすることで，間違いを馬鹿にしたり，間違いの指摘に腹を立てたりということになっては，学級経営的にマイナスになってしまうだろう。

逆に，親切な気持ちで見直し，感謝の気持ちで受け取ることができれば，授業の中で人間関係の面も育つことになる。

「『思い出アルバム』に綴じてとっておく作文です。間違いがあれば，ていねいに書き直しましょう。」

製本して残す作文なので，間違いのない状態で完成させたい。最終的には，教師がチェックをする。

いい　こと　いっぱい，一年生

第 8 時（8/10）

本時の目標

「思い出カード」を読み合い，感想を話し合うことができる。

授業のポイント

家に持ち帰らせ，感想を書いてもらう場合，再度学校に持たせてもらい，アルバムに綴じる（貼る）ことを伝えておく。製本が完成したあとに，再度持ち帰らせてもよい。

本時の評価

「思い出カード」を読み合い，感想を話し合っている。

〈保護者への依頼〉保護者に感想を求める場合は，クラスの実態をふまえ，学年で相談した上で

板書例

〈かくとき　きを　つけた　こと〉

・ていねいな　字で

・まちがいが　ないように

① グループで　よみあおう

・すべての　カードを　よむ

・よい　ところを　見つける

② かんそうを　つたえよう

（・よかった　ところ

・字の　まちがい）

③ いえの　人に　よんでもらおう

・かんそうを　かいてもらう

1 振り返る　カードに文章を書くときの注意を振り返ろう。

「思い出カード」に，どんなことを文章にして書きましたか。
どんないいことがあったか。
「したこと」と「思ったこと」を書いた。

「題名や名前も書くのでしたね。」

・字をていねいに書く。

・漢字の間違いもないように。

「他の人に見てもらったり，自分が大きくなってから見たりしても，『頑張っていたね』『すごいね』と思えるようなアルバムにしたいですね。そのためには，字や絵もていねいにかくことも気をつけましたね。」

・字は，きれいに書いたよ。

・最後に，ちょっと急いじゃったから書き直そう。

2 めあて 交流する　「思い出カード」を見せ合おう。

「では，カードの読み合いをします。グループでカードを交換しましょう。」

全てのカードを必ず読むようにします。できるだけよいところを見つけるようにしましょう。
プール学習で泳げるようになって○○くんが思ったこともよく分かるね。
○○くんは，できるようになったことを詳しく書けているなあ。

・△△さんのカードは，ていねいな字だから，とてもきれいで読みやすいな。こんなふうに書けたらいいな。

・□□さんは，ぼくと同じ給食の写真を使っているね。ぼくは「楽しかったこと」を書いたけれど，□□さんは「がんばったこと」を書いているんだな。作文を読むと，どんなところを頑張ったのかよく分かった。

「友達のよいところを見つけることが，自分の勉強にもなりますね。」

進めましょう。

いい　こと　いっぱい、一年生

㋱　おもい出カードを　よみあって
かんそうを　つたえあおう

〈カードに　かいた　こと〉

・しゃしん（え）の　せつめい

☆いい　ことを
みじかく　＋　くわしく

・おもった　こと

主体的・対話的で深い学び

・感想を言うことも，苦手な児童にとっては難しいものである。上手にできている例を取り上げて広めたり，具体的な感想の言葉の例を板書に残したりすることで，少しずつ主体的に感想を伝えられるようになるだろう。

準備物

・保護者の感想用のカード
（必要に応じて。感想欄の大きさは，負担にならないようにする）
（児童用ワークシート見本
DVD 収録【1下_25_04】）

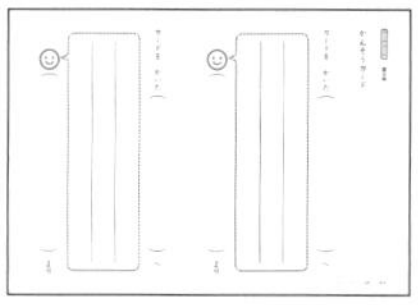

3 交流する　感想を伝え合おう。

読み終わったら，カードを返しましょう。
ありがとう。
とても字がきれいで，読みやすかったよ。

「カードを返すときに，感想も伝えます。もし，字の間違いを見つけたときは教えてあげた方が親切です。あとは，できるだけよいところを相手に言うようにしましょう。」

・「字がきれい」「間違いがない」とか，書くときの注意で考えたら，よいところも言いやすいね。

「作文に書いてある内容でも，『したこと』『思ったこと』が詳しく書いてあって，『うれしかったこと』『がんばったこと』などがよく分かれば，感想で伝えてあげるといいですね。」

4 持ち帰る 見せる　カードを家に持ち帰り，家の人に見てもらおう。

今日は，「思い出カード」を持って帰って，家の人にも読んでもらいましょう。
お母さん，カードを読んだら何て言うかな。
頑張ってかいたから，褒めてもらいたいな。

「家の人に見てもらったら，感想を書いてもらいましょう。」

カードを持ち帰らせる場合は，あらかじめ学年だよりなどで家庭に知らせておく方がよい。児童がカードをなくしてしまったり，持って帰っていることに気づかないままになったりということを防ぎたい。感想を書いてもらいたい場合は，そのことも説明しておき，どこに書いてもらいたいかもはっきりと伝えておく。

感想用に別のカードを作り，製本するときにはそれも加えるようにすることもできる。

いい　こと　いっぱい，一年生

第9,10時 (9,10/10)

本時の目標

表紙を作り，「思い出アルバム」の本を仕上げることができる。学習を振り返ることができる。

授業のポイント

表紙で印象がかなり違う。配置やバランスをうまくとることが難しい場合は，印刷しているものを使わせる。白紙と両方用意し，児童に選ばせてもよい。

本時の評価

ていねいに表紙を作り，「思い出アルバム」を仕上げている。学習を振り返っている。

〈仕上げ〉製本テープを使うと印象がかなりよくなります。より満足感を味わえるよう，きれいに

板書例

・だいめい
・日づけ（○月○日）
・学年、くみ、名まえ
・え（ないようと　かんけいの　あるもの）

〈つくりかた〉
① むき、じゅんばんを　たしかめる
② そろえて、とじる
③ テープで　しあげる

◇ 学しゅうを　ふりかえろう
・「いい　こと　いっぱい、一年生」の　こと
・一年かんの　学しゅう

⇦ いちばん がんばったこと

ひょうしょうじょう

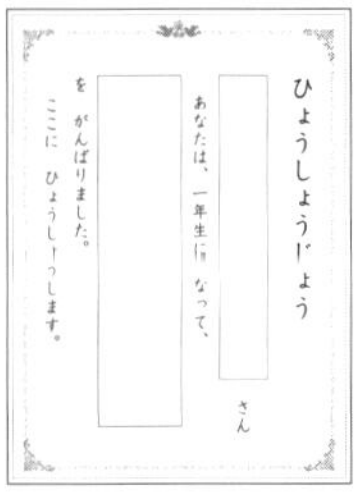
ひょうしょうじょう
さん
あなたは、一年生に なって、
を がんばりました。
ここに ひょうしょうします。

1 めあて かく　本時の課題を確かめ，表紙をかこう。

今日は「思い出アルバム」の表紙をかいて，アルバムを仕上げます。日付，学年と組，名前，題名は必ず書きます。他は何か絵を描くといいですね。
好きなマンガの絵でもいいのかな。
1年生や，自分がかいたカードに関係のあることがいいと思うよ。

「好きな絵を」の指示では，内容と関係のないアニメやキャラクターの絵を描いてしまうことがある。内容を表す絵を描くことも学習の一部ともいえる。

用具は，色鉛筆が無難だろう。絵が苦手という児童にも，枠囲いなどを描かせ，きれいな表紙とさせたい。あとで，製本テープを使う場合は，隠れてしまう部分ができることを事前に伝え，注意を促しておく。

配置は自由としてもよいが，題名，月日，学年組，名前の枠を印刷したものに書き込ませると間違いが少なくなる。題名は「いいことといっぱい，一年生」でもよい。

2 作る　製本して，アルバムを完成させよう。

表紙とカードを合わせて，本にします。まず，向きと順番を確認します。アルバムですから４月から順番にしましょう。
いちばん最初はどれになるかな…。
４月の入学式のあとに，５月の遠足，それから10月の音楽発表会だね。

「きれいにそろえたら，先生がホッチキスで留めます。その後に製本テープを貼ったら完成です。」
・やった！きれいな「思い出アルバム」ができた！
・このアルバムを，家の人に見てもらいたいな。

ホッチキス留めは，児童にやらせると，ずれたりやり直しの際に破けたりしがちとなる。経験がない場合は，教師が留める方が無難だろう。経験を重ねていれば，１年生でもできる作業といえる。

製本テープは，できれば何色か用意して児童に選ばせたい。

仕上げましょう。

いい　こと　いっぱい、一年生

㋱ おもい出アルバムを　つくろう
学しゅうを　ふりかえろう

◇ おもい出アルバムを　つくろう

〈ひょうし〉

いいこといっぱい、一年生
三月十日
一年 一くみ 名まえ ○○ ○○○

※表紙の見本を掲示する。

主体的・対話的で深い学び

・時間をかけて，一年間のまとめとして取り組んだ学習である。製本してきれいに仕上げたものをゆっくり読み直し，充実感，達成感を味わうことで，今後の学習につながる深い学びとなるだろう。

準備物

・表紙の紙（児童数）※月日，題名，学年組，名前欄を印刷したものと，白紙の両方を用意したい。
（児童用ワークシート見本　DVD 収録【1下_25_05】）
・製本テープ（何色かあるとよい）
・色鉛筆（各自）
・表彰状（児童数）
（児童用ワークシート見本　DVD 収録【1下_25_06】）

3 振り返る　学習を振り返ろう。

「学習の振り返りをしましょう。」
・最初に写真を見て，1年間にあったことを思い出しました。
・写真から，アルバムに載せたいことを選びました。

「作文を書くときの注意点もありましたね。」
・「したこと」と「思ったこと」を両方書きました。
・いろいろな「いいこと」を思い出しました。
・「できるようになったこと」は勉強のことも書きました。

分かりやすく文を書くときに，気をつけたことがありましたね。
次に，詳しく思い出したことを書きました。
最初に，あったことを短く書きました。

教科書 P123「たいせつ」についても確かめる。

「これから作文を書くときも，気をつけたいことですね。」

4 振り返る 書く　一年間の学習を振り返ろう。表彰状に頑張ったことを書こう。

教科書 136 ページに表彰状があります。「がんばったこと」を自分で振り返って考えてみましょう。
漢字をいっぱい覚えて書けるようになりました。
ひらがなやカタカナがきれいに書けるようになりました！

「いちばん自分で頑張ったと思うことがいいですね。」
・なわとび！頑張ったし，上手になったよ。
・給食が早く食べられるようになった。
・本読みが大きな声で上手にできるようになった。

「せっかくの表彰状です。いちばんきれいな字で書きましょう。」

「みんな，1年間で字がとても上手になりましたね。」

最後に，1年生の初めに書いた「名前カード」と見比べて，自分の成長を確認するとよい。

ワークシート　第3時

メモようし　名まえ（　　）

● おもい出カードに　かきたい　ことを　メモしましょう。

できごと						おもった　こと
みじかく				くわしく　おもい出した　こと		
いつ	どこで	だれと	なにを　した	・した　こと ・いった　こと ・いわれた　こと など		

いい　こと　いっぱい、一年生

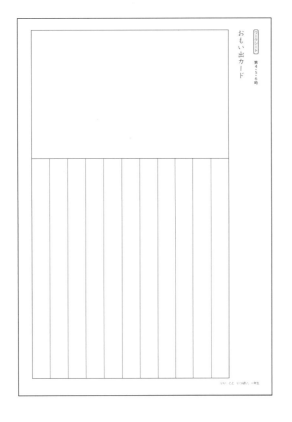

ワークシート　第4・5・6時

おもい出カード

いい　こと　いっぱい、一年生

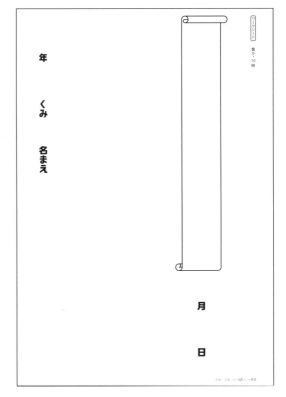

ワークシート　第9・10時

年　くみ　名まえ

月　日

いい　こと　いっぱい、一年生

ワークシート　第7時

見なおしシート

名まえ（　　　　）

● 文しょうが　かけたら、たしかめましょう。
できて　いた　ところは　○を　つけましょう。
×が　ついた　ところは、なおしましょう。
なおしたら、×の　下に　○を　つけましょう。

	たしかめる　こと	たしかめ ○ ×
①	字の　まちがいが　ない。（くっつきの「は」「を」「へ」、小さく　かく　字「ゃ」「ゅ」「ょ」「っ」を　正しく　かいて　いる。）	
②	てん（、）や　まる（。）を　正しく　かいて　いる。	
③	はなした　ことは、かぎ（「　」）を　つかって　正しく　かいて　いる。	
④	ならった　かん字を　つかって　いる。	
⑤	よみやすい　文しょうに　なって　いる。	
⑥	ていねいな　字で　かいて　いる。	

いい　こと　いっぱい、一年生

ワークシート　第10時

ひょうしょうじょう

［　　　　　　］さん

あなたは、一年生に　なって、

［　　　　　　］

を　がんばりました。

ここに　ひょうしょうします。

いい　こと　いっぱい、一年生

1年（上）　目次

いい　てんき

さあ　はじめよう

おはなし　たのしいな

あつまって　はなそう

えんぴつと　なかよし

どうぞ　よろしく

なんて　いおうかな

こんな　もの　みつけたよ

うたに　あわせて　あいうえお

つづけよう①

こえに だして　よもう 「あさの　おひさま」

ききたいな，ともだちの　はなし

たのしいな，ことばあそび

はなの　みち

としょかんへ　いこう

かきと　かぎ

ぶんを　つくろう

ねこと　ねっこ

わけを　はなそう

おばさんと　おばあさん

くちばし

おもちやと　おもちゃ

あいうえおで　あそぼう

おおきく　なった

おおきな　かぶ

(は)(を)(へ)を　つかおう

すきな　もの，なあに

おむすび　ころりん

としょかんと　なかよし

こんな　ことが　あったよ

つづけよう②

こえに　だして　よもう

「いちねんせいの　うた」

ききたいな，ともだちの　はなし

たのしいな，ことばあそび

おはなしを　たのしもう

やくそく

かたかなを　みつけよう

よんで　たしかめよう

うみの　かくれんぼ

かずと　かんじ

著者紹介（敬称略）

【著者】
岡 篤　　神戸市立ありの台小学校教諭

＊所属は 2020 年 10 月現在

【著者・特別映像 寄稿】
菊池 省三　　教育実践研究家
菊池道場 道場長

＊所属は 2020 年 10 月現在

【初版 著者】（五十音順）
岡 篤
菊池 省三
原田 善造

喜楽研の DVD つき授業シリーズ

新版
全授業の板書例と展開がわかる　DVD からすぐ使える
～菊池省三 授業実践の特別映像つき～
まるごと授業　国語　1 年（下）

2015 年 8 月 8 日　初版　第 1 刷発行

2021 年 1 月 10 日　新版　第 1 刷発行

著　　者：岡 篤　菊池 省三

イラスト：山口 亜耶

撮影協力：有限会社オフィスハル（菊池 省三 特別映像）
河野 修三

企画・編集：原田 善造（他 8 名）

編　　集：わかる喜び学ぶ楽しさを創造する教育研究所　編集部

発 行 者：岸本 なおこ

発 行 所：喜楽研（わかる喜び学ぶ楽しさを創造する教育研究所）
〒 604-0827 京都府京都市中京区高倉通二条下ル瓦町 543-1
TEL　075-213-7701　FAX　075-213-7706
HP　http://www.kirakuken.jp/

印　　刷：創栄図書印刷株式会社

ISBN : 978-4-86277-303-6

Printed in Japan